教育研究中的领军人物系列
LEADERS IN EDUCATIONAL STUDIES

[美]伦纳德·J.瓦克斯（Leonard J. Waks）/丛书主编

张斌贤/译丛主编

Leaders in the Historical Study of American Education

美国教育史研究中的领军人物

[美]韦恩·J.厄本（Wayne J. Urban）/本卷主编

王慧敏　高玲　吴婵　张潇方/译

王慧敏　张潇方/校

上海教育出版社
SHANGHAI EDUCATIONAL
PUBLISHING HOUSE

图书在版编目（CIP）数据

美国教育史研究中的领军人物/(美)韦恩·J.厄本（Wayne J. Urban）主编；王慧敏等译. — 上海：上海教育出版社，2021.6
（教育研究中的领军人物系列）
"西方教育思想史"项目　马克思主义理论研究和建设工程重点教材　教育部哲学社会科学研究重大课题攻关项目成果
ISBN 978-7-5720-0123-9

Ⅰ. ①美⋯　Ⅱ. ①韦⋯ ②王⋯　Ⅲ. ①教育工作者-人物研究-美国-现代　Ⅳ. ①K837.125.46

中国版本图书馆CIP数据核字(2021)第166215号

Leaders in the Historical Study of American Education © 2011 Brill/Sense
Edited by Wayne J. Urban, Brill/Sense, 2011, ISBN: 978-94-6091-754-7 (hardback).
All Rights Reserved.
上海教育出版社已取得本书中文简体版授权并独家出版，在中国（不包括港、澳、台地区）销售。未经出版者书面许可，不得以任何方式复制或发行本书的任何部分。

责任编辑　谢冬华　孔令会
封面设计　郑　艺

教育研究中的领军人物系列
[美] 伦纳德·J.瓦克斯（Leonard J. Waks）　丛书主编
张斌贤　　译丛主编

美国教育史研究中的领军人物
[美] 韦恩·J.厄本(Wayne J. Urban)　本卷主编
王慧敏　高　玲　吴　婵　张潇方　译
王慧敏　张潇方　校

出版发行	上海教育出版社有限公司
官　　网	www.seph.com.cn
地　　址	上海市永福路123号
邮　　编	200031
印　　刷	上海普顺印刷包装有限公司
开　　本	700×1000　1/16　印张27.25　插页4
字　　数	422千字
版　　次	2021年10月第1版
印　　次	2021年10月第1次印刷
书　　号	ISBN 978-7-5720-0123-9/G·0093
定　　价	118.00元

如发现质量问题，读者可向本社调换　电话：021-64377165

作者介绍 | About the Author

丛书主编

伦纳德·J. 瓦克斯（Leonard J. Waks），美国天普大学（Temple University）教育领导与政策研究系荣休教授。先后任教于普渡大学（Purdue University）、斯坦福大学（Stanford University）、宾夕法尼亚州立大学（Pennsylvania State University）、天普大学。主要从事哲学和教育理论方面的研究与教学。曾任约翰·杜威协会（John Dewey Society）主席，现为杭州师范大学特聘教授。主要著有《约翰·杜威的<民主主义与教育>：百年纪念手册》（John Dewey's Democracy and Education：A Centennial Handbook，2017）、《教育 2.0：学习网络的演进与学校的变革》（Education 2.0: The Learning Web Revolution and the Transformation of the School, 2013）等，主编"教育研究中的领军人物系列"（Leaders in Educational Studies）丛书。

本卷主编

本卷主编与本卷第一译者合影

韦恩·J. 厄本（Wayne J. Urban），美国阿拉巴马大学（University of Alabama）和佐治亚州立大学（Georgia State University）荣休教授。先后任教于南佛罗里达大学（University of South Florida）、佐治亚州立大学和阿拉巴马大学。曾任美国教育史协会主席、美国教育研究协会主席、教育史国际常设会议主席。主要从事美国教育史、教师史、全国教育协会史研究。主要著有《不止是事实：全国教育协会的研究部（1922—1997）》（More than the Facts: The Research Division of the National Education Association, 1922–1997, 1998）《美国教育：一部历史档案》（American Education: A History, 2009）《不止是科学和苏联人造卫星：<1958 年国防教育法>》（More than Science and Sputnik: The National Defense Education Act of 1958, 2010）等。

译者介绍 | About the Translator

译丛主编

张斌贤，北京师范大学教育历史与文化研究院教授。主要从事美国教育史、西方教育思想史、教育史学等领域的研究。曾任北京师范大学社会科学处处长、教育学院院长。2009年被评为国家教学名师，2012年获聘"长江学者"特聘教授，2014年入选"万人计划"哲学社会科学领军人才。现兼任全国教育专业学位研究生教育指导委员会秘书长、中国教育学会教育史分会理事长、教育部高校教学指导委员会（教育学类）副主任委员等。主要著有《教育是历史的存在》《社会转型与教育变革：美国进步主义教育运动研究》《迎接工业化的挑战：美国职业教育运动研究》《美国教育改革：1890—1920年》《教育史学论稿》等。

本卷译者

王慧敏，浙江大学教育学院副教授，教育学博士。主要从事美国教育史研究。著有《美国建国初期高等教育的演进》，主编《美国高等教育史（上）：开拓与奠基（1636—1861年）》。主持和参与多项国家级、省部级课题。

高玲，天津大学教育学院讲师，教育学博士。主要从事美国职业教育史和教师史研究。合著《迎接工业化的挑战：美国职业教育运动研究》等。主持和参与多项国家级、省部级课题。

吴婵，陕西师范大学教育学院副教授，教育学博士。主要研究领域为美国教育史、美国中学史，尤其关注美国中学的课程和体制改革，以及中学与大学的衔接问题。主持和参与多项国家级、省部级课题。

张潇方，浙江大学教育学院教师，教育学硕士。

丛书中文版总序

中国和西方都有着悠久的教育思想传统。在西方,这种传统始于智者派(Sophists)和苏格拉底(Socrates),并经由柏拉图(Plato)、亚里士多德(Aristotle)、斯多葛学派(Stoics),再到文艺复兴时期的人文主义者、约翰·洛克(John Locke)、伊曼努尔·康德(Immanuel Kant)和约翰·杜威(John Dewey),形成了一种出色的传承。从人文主义者尤其是从莎士比亚(Shakespeare)开始,强调每一个独立的个体都有着不可估量的价值。洛克为每一独立个体增加了自由主义的底色,康德则赋予每一独立个体18世纪欧洲启蒙运动的精神。19世纪的浪漫主义作家在为人类的理性赋予启蒙的信念时,进一步阐述了人类个体潜能的话题——尽管在现在看来是建立在不同的国家文化基础上的。至20世纪,西方同化了这些各不相同的观点并融合成一种广泛的、共享的公共哲学,尽管当然并未得到一致认同。第一次世界大战削弱了对天赋的普遍理性的广泛信念,并以另外一种信念取而代之——这种信念认为,在一个不断走向全球化的世界,和谐的文明生活充满了偶然性和脆弱性。

杜威的主要贡献也在于此,他在战争期间写下了《民主主义与教育》(*Democracy and Education*),并直接表达了其带来的挑战:有着各不相同甚至经常是相反习性的不同民族如何和谐地生活在一起?不同的民族和国家,互相之间有着历史宿怨,各自控制着对自己公民的教育,如何能够形成一种和谐的全球性世界秩序?杜威的回答在今天看来似乎有点老套,但是在《民主主义与教育》出版的时候,很多国家的哲学家和政治家都认为它带来了希望。

杜威认为,美国能够引领这个全球性的教育计划,并不是因为它占据了任何意义上的道德制高点,而是由于其公民构成的多民族性。这个国家不是由单一的民族构成的,而是由许许多多具有不同宗教和文化习俗的民族组成的:英格兰人、爱尔兰人、苏格兰人、德国人、波兰人、俄国人、斯堪的纳维亚人、非裔美国人、亚洲人、墨西哥人等;他们信仰不同的宗教:罗马天主教、新教、犹太教、伊斯兰教、佛教等。因此,美国教育可以成为以和平和睦为目标的多民族、多种族教育的全球性实验室:来自不同群体的年轻人可以聚集到同一个屋檐下,在传递必备知识的实际活动中通力合作,在教师的监督下共同学习,他们能够找到解决他们共同问题的方式,并且这种方式对每一个群体都行得通——而且在这个过程中,他们也获得并重构了成人世界的知识——借此,他们可以建立起具有实践理性、合作意识和互助态度的社会习性。

这一意义深远的观点鼓舞了整整一代教育思想家,包括威廉·克伯屈（William Kilpatrick）和他在哥伦比亚大学师范学院（Teachers College, Columbia University）的团队。后来,克伯屈的团队扩大了,有一部分最初的成员来到了伊利诺伊大学厄巴纳－香槟分校（University of Illinois at Urbana-Champagne）,在那里,有其他一些哲学家、历史学家、课程思想家加入进来。第一次世界大战之前,为数不少的年轻的中国学者就已经在哥伦比亚大学师范学院跟随杜威学习。"一战"后,杜威、克伯屈以及哥伦比亚大学师范学院他们那个圈子中的部分人先后访华,并影响了一大批教育思想家,这些思想家在民国时期发挥了重要的影响力。

在教育领域,哥伦比亚大学和伊利诺伊大学在"一战"后的年代并不突出。当杜威和克伯屈把教育视为大学里的一门学科并为所有教师规划一种本科层次的教育时,美国基础教育领域的绝大部分教师仍然是在师范学院中培养的,这种情况一直延续到20世纪50年代。之后,由于对美国学校的广泛不满,大学的领导者和政府官员开始敦促教师自身的提升。到1960年,美国和英国的教师教育都转移到了大学。之前的一些师范学院被重组为大学,提供学士和硕士学位,而那些最有声望的大学则随着教师教育项目一起,增设了一些教育研究生院。

很快,人们就发现,大学中的教育研究缺乏一定的知识基础,因为教育学术发展呈现出来的只不过是几十年前杜威和克伯屈所阐发的思想的复述而已。大学领导者们和私人基金会都呼吁一种"新型的"教育学术研究,就如当时人文和社会科学所做的那样,受到外部资助的教育学院聘请在哲学、历史学、心理学、社会学等学科领域获得博士学位的学者。他们的职责非常明确,就是要为教育研究创建一个知识基础,使教育研究跟上这些非教育领域当时的研究进展,同时培养新的教育学者,使他们在所有大学的教育学院中承担起教育基础领域的职责。在教育哲学领域,英国的理查德·彼得斯(Richard Peters)和美国的伊斯雷尔·谢弗勒(Israel Scheffler)是这一努力的领军人物,他们一起为新型的教育哲学构建了一种共识。同样的跨国努力也存在于其他新的教育分支领域,教育研究领域随之发生了一次自觉的"革命"。

在接下来的20年里,这种革命精神逐渐开始衰退。新式学者们一直在创作,其中绝大部分是高质量的,但这些作品看起来、听起来感觉都像是其母学科的成果。他们在教育学院的同事以及他们自己都开始想知道,这些成果对师资培训或者深刻理解教育问题是否起到重要作用。因此,在1980年以后,许多革命式学者及其学生的工作就变得更具规范性和跨学科性,有着更加强烈的实用导向性。基础学科更加紧密地整合在一起,变成一门跨学科的"教育研究"。20世纪八九十年代的学者把注意力转向女性、少数族裔教育以及国家机构对年轻人的强制支配等议题。随着全球主义的兴起,学者们的关注点更加聚焦于新自由主义意识形态及其对教育产生的影响。教育领域的学者从后现代理论家——从利奥塔(Lyotard)、福柯(Foucault)、德里达(Derrida)到伽塔利(Guattari)、列维纳斯(Lévinas)、斯拉沃热·齐泽克(Slavoj Žižek)——那里借鉴思想。与此同时,这些来自欧洲的学术之声开始进入教育研究的英语世界,欧洲的学者通过研讨会和跨国项目,更加频繁地与说英语的学界同仁进行交流。

我在21世纪初开始着手主编"教育研究中的领军人物系列"丛书。当时,很多教育基础学科领域的革命式领军人物都还在世,他们的学生也都已经成为学术界的领军人物。我想捕捉他们的人生故事,为历史记录下他们的思想和成就。我的这一想法也确实是切实可行的。该系列包括教育哲学两卷,教育史、教育社会学和课程各一卷,还有社会教育学、批判教育学和性别研究等卷。所有这些都共同记录了英语世界的教育研究领域那个最充满活力的时期——大约从1960年至2010年。

* * *

这项工作对中国教育学者的价值是什么？我的回答是，从西方大学的教育学术研究领域的领军人物身上可以学到很多。每一章都讲述了一个明确的个体成功地适应学术环境并取得有影响力的研究成果的故事。中国的教师教育也像西方一样，已经转移到大学层次，中国的教育研究也日益受到西方模式的影响。中国把学术的国际化放在突出位置，派遣很多大学教师前往欧洲和英语国家进行高水平的研习。中国的教授也被督促在被认可的国际期刊上发表成果。著名的西方学者，包括美籍华裔学者，最近基于西方标准非常严厉地批评了中国的教育研究，[1]其言下之意认为，中国的研究者应该变得像西方著名大学里的研究者那样。然而，也有人质疑这种批评背后的认识论假设，认为中国有着悠久的历史，在教育思想和实践方面都产生了很多知识，作出了其独特的贡献，[2]中国学者不应该盲目地模仿西方学者，而是应该去做真实的自己。我赞同第二种观点。

现代中国大学遵循西方模式发展的最糟糕的影响之一就是，削弱了独特的中国式思考和认知方式。在教育理论方面，中国已经向西方学习了很多，我也希望"教育研究中的领军人物系列"丛书是有用的。但是，西方也应该在教育理论和实践方面向中国学习，我强烈主张中国学者从自己的所是和所在出发，思考和研究自身所处环境中备受关注的问题和议题。本丛书中这些西方学者寻找他们各自独特道路的故事，或许可以激发中国同仁在自己的土地上找到属于自己的道路。

丛书主编　伦纳德·J. 瓦克斯
2020 年 10 月 10 日

---

[1] Yong Zhao, Gaoming Zhang, Wenzhong Yang, David Kirkland, Xue Han, Jianwei Zhang, "A Comparative Study of Educational Research in China and the United States," *Asia Pacific Journal of Education* 28, no. 1(2008): 1-17.

[2] Rob Tierney, "Global Educational Research in Western Times: The Rise and Plight of Chinese Educational Research," *Frontiers of Education in China* 13, no. 2(2018): 163-192.

本卷中文版序言

很高兴看到这本美国教育史学者的集体自传被翻译成中文,与中国的学者和学生见面。2018年,我曾经去过北京师范大学和北京的其他几所高校,较之到北京之前,我更加意识到中国的学者和学生对美国教育史研究有着广泛的兴趣。在北京,我遇到了很多研究生,读了他们的研究成果,与他们进行交流,看到了他们所从事的工作对推动中国、美国乃至全世界正在蓬勃发展的教育史研究事业的重要意义。所有这些都让我备受鼓舞。我由衷地希望本书可以增强他们的兴趣,并在将来推动中美两国学界之间更加富有成效的对话。

在本书中,26位美国学者书写了他们与教育史相遇的人生,此外还包括一篇本卷英文版序言、一篇前言、一篇导言和一篇后记,前言和后记的作者都是教育史领域的知名学者。值得注意的是,在本书初版九年后的2020年,26位作者中已经有6位离开了我们。至少对这6位中的一些人来说,甚至是对在世的20位中的一些人来说,他们在本书中留下的文章可能是他们专业写作中最后的篇章或之一。

没有一个主题可以概括所有这26篇文章。但是,它们都不约而同地呈现出一个共同特征:没有一位作者是提前规划好这份教育史的专业人生的,尽管他们所有人最后都在这个领域做得很出色。在很多情况下,慢慢走上教育史研究学术道路的本质是多样的、复杂的和鼓舞人心的。

然而,26位作者的背景也有一个共同的困扰:他们都是白人学者,尽管本书主编努力想在书中加入一些非裔或拉丁裔学者。亚裔学者同样也在本书中缺席。我们只能希望,在不久的将来,在美国乃至世界范围内,非白人学者在教育史方面作出的发掘和阐释能够更多地呈现。

在此,最后一个值得讨论的话题是美国教育史研究的未来。绝大部分教育史学者的学术归属是学院和大学中的教育系或教育学院。当然,这项工作的其他平台还有历史系、专业教育机构中的其他部门,以及其他学术或非学术组织。正如本书导言最后一段所指出的,专业教育机构中的学术职位出现了萎缩。自2011年以来,这种情况甚至变得愈发糟糕。当下,教育史学者在教育学院、教育系获得的职位越来越少。有些像我这样的学者最近已经退休了,但根本没有人顶替上来,就算有,也不是教育史学者。我们只能去反思,一个专业领域在其学术职位面临萎缩的情况下,如何使自身实现持续的、丰富多彩的发展。唯一逆流而上的路径可能就在于教育史研究事业本身的繁荣,以及看似稳定的高等教育史学者的职位——他们都是研究学院史和大学史的学者,其中有很多学者在从事高等教育史研究之余,还从事高等教育领域的相关研究,如高等教育管理、高等教育政策、学生事务等。因此,高等教育史看起来比初等教育史和中等教育史有着更可靠的未来。但是,如果像教育领导或者教育政策这些领域的职位没能继续保存下来,如果这些领域并不认为历史研究对它们的生存有一定的价值,那么这个未来依然是暗淡的。

但是,正如本书导言所指出的,作为美国教育史专业人士的"独立学者"的出现,或许在向我们表明,一个专业领域即便在高等教育中没有学术职位作为基础,也可以部分地实现自我延续。独立学者的工作是重要的且有意义的,尽管这项工作并不足以维持一个与高等教育机构相脱离的专业领域。

我在犹豫要不要以一种悲观的论调结束此文,因为克服这种悲观主义的良药看起来并不有效。然而,这些文章呈现的是一个专业领域在20世纪后半叶的发展和茁壮成长,并且将在21世纪继续生存下去。认同和分析这些文章的时候,把它们看作是对如何生存下去的探讨,这或许有望期待一个更加乐观的未来。

本卷主编 韦恩·J. 厄本
美国阿拉巴马大学和佐治亚州立大学荣休教授
2020年6月26日

本卷英文版序言

"教育研究中的领军人物系列"丛书记录了1960年以来教育学术的发展，透过其中教育从业者的眼睛，我们看到了一个发展惊人和硕果累累的时代。

这里简要介绍一下1960年以来的学术成就。20世纪中期以前，学校教学（school teaching），尤其是初等教育中的学校教学，既是一个行业，也是一门专业。学校教师主要在师范学校（normal school）或教师学院（teachers college）接受培训，很少有人上过大学。但在20世纪40年代，美国的师范学校转变为教师学院，到60年代，又继而转变为州立大学。与此同时，英国和加拿大的学校教学也正在向一种人人拥有学位的专业转变。这是学校教师第一次需要接受正式的大学教育。

自此之后，对于当时被广泛认为糟透了的教育学术状态，时人认为必须有所作为。20世纪50年代早期，詹姆斯·科南特（James Conant）[1]在哈佛大学（Harvard University）校长任内的最后几年里，预见到需要建立一种新型的基于大学的教育学院（school of education），从诸如历史学、社会心理学和哲学等主流学科中吸收学者，来培养潜在的教师，指导教育研究，以及训练未来的教育学者。最初受聘来印证这一远见的有两位教授，一位是年轻的科学与语言学家伊斯雷尔·谢弗勒（Israel Scheffler）[2]，他在宾夕法尼亚大学

---

[1] 詹姆斯·科南特（1893—1978），1916年获得哈佛大学博士学位，1919年起历任哈佛大学化学系助理教授、教授、系主任，1933—1953年担任哈佛大学校长。20世纪50年代，他受卡内基金会资助，对美国中等教育和师范教育进行考察并发表报告，提出了批评和改进的建议，对20世纪后半叶美国教育的发展有很大的影响。——译者注

[2] 伊斯雷尔·谢弗勒（1923—2014），美国分析教育哲学的倡导者和代表人物之一。美国分析教育哲学产生于英国之后，1953年谢弗勒在美国促进科学进步协会的一次学术讨论会上提交了一篇题为《建立一种分析的教育哲学》的文章，呼吁把分析哲学的方法应用于教育哲学。1958年，他主编了《哲学和教育》论文集，被美国分析教育哲学家作为运用分析方法的典范。其代表作之一 *Of Human Potential: An Essay in the Philosophy of Education*，该书已有中译本，见：伊斯雷尔·谢弗勒. 人类的潜能：一项教育哲学的研究[M]. 石中英，涂元玲，译. 上海：华东师范大学出版社，2006.——译者注

(University of Pennsylvania)获得哲学博士学位,于1952年成为哈佛大学的教育学教师;另一位是伯纳德·贝林(Bernard Bailyn)[①],他于1953年在哈佛大学获得博士学位后留校任教,他撰写的《教育与美国社会的形成》(*Education in the Forming of American Society: Needs and Opportunities for Study*, University of North Carolina Press, 1960)[②]一书,使得美国教育史研究焕发了活力。自此以后,这些领域很多非常重要的学术作品开始在由这批开创性领军人物开辟的天地中涌现。对本套丛书来说,非常幸运的是,谢弗勒为教育哲学卷撰写了前言,贝林则为本卷撰写了前言。

本卷汇集了26篇自传体文章,另有一篇前言、一篇导言和一篇后记,均由公认的美国教育史学家撰写。作者们详细叙述了各自早年的生活经历、与历史和教育史的初次结缘、不同阶段的学习和早期的专业性研究,以及如何逐渐成为该领域的领军人物,成熟期工作的开展,对教育史研究领域当前面临的挑战和机遇的反思。

本丛书的前两卷分别关注教育哲学和课程研究领域的领军人物。那两卷中的自传体文章的作者差不多一半来自北美,一半来自英国。但是,早先与本卷主编韦恩·J. 厄本(Wayne J. Urban)的讨论就让我确信,这一计划并不适用于教育史。教育哲学和课程研究有着广泛的跨大西洋交流,而相比之下,教育史学家主要关心的是他们各自国家的社会和教育制度。因此,我们决定本卷的编写对象仅限于美国教育史学家,将来再编一卷专门以英国和欧洲大陆的教育史学家为对象的。

最后要说的是,自1960年以来,教育史就确立了其作为一个重要且充满活力的分支学科的地位。然而,这并不能保证持续的成功。20世纪80年代以来,北美和英国信奉新自由主义的国家权力直截了当地强势介入学校和教师教育项目。在"卓越"和"学术成就"这种标语之下,他们试图把传统的教学实践转变为那些仅仅用标准化测试来测量进步的教学实践,他们还贬

[①] 伯纳德·贝林(1922—),美国著名历史学家,主要研究早期美国史,成绩斐然,自成一家。其作品多次获得普利策奖、班克罗夫特奖、国家图书奖,其代表作一 *The Ideological Origins of the American Revolution*,已有中译本,见:伯纳德·贝林. 美国革命的思想意识渊源[M]. 徐永前,译. 北京:中国政法大学出版社,2007.——译者注

[②] 该书已有中译本,见:伯纳德·贝林. 教育与美国社会的形成[M]. 王晨,章欢,译. 合肥:安徽教育出版社,2014.——译者注

低人文学科的学者对教育的思想贡献。政府的官僚们现在需要的是用更加"实用"的东西来代替这些"无用"的研究,尽管他们并不打算以此来加强教学实践,而只是满足政府的需要。人文学科中的严谨探究不可能迎合那种需要。与科南特和其他大学的领导者在20世纪60年代吸收人文学者不同,今天的许多大学领导者非但没能及时补充新鲜血液来充实学者队伍(因为有些学者面临退休),反而在很多情况下撤销了可以培养这类学者的项目。在这里,我衷心希望这几部作品能像灯塔一样,为未来的教育学者指引方向,尽管前方可能并非坦途。

丛书主编　伦纳德·J. 瓦克斯[①]
美国天普大学

[①] 伦纳德·J. 瓦克斯,美国天普大学教育领导与政策研究系荣休教授。他于1968年在威斯康星大学麦迪逊分校获得哲学博士学位,先后在普渡大学、斯坦福大学、宾夕法尼亚州立大学、天普大学教授哲学和教育理论。——译者注

前　言

集体传记总是非常有意思。不同的个性特质、八卦故事、成功与失败、开始与结束，不同人之间相互比照着看，往往能抓住读者的心。而集体自传——明快的和晦涩的，主观的和客观的，轶闻的和叙事的——尤其令人着迷。我从来没有看到过如本卷中教育史领域的领军人物撰写的这般令人着迷的简明自传。这种魅力一部分源自这些著名学者不为人知的人生细节：于尔根·赫布斯特(Jurgen Herbst)在还是一个孩子的时候就被招募进希特勒的国防军，卡尔·F. 克斯特尔(Carl F. Kaestle)曾经是威芬普夫斯合唱团(Whiffenpoofs)[①]的歌手，马里斯·A. 维努韦斯基斯(Maris A. Vinovskis)做过市长竞选活动的负责人，罗纳德·E. 布查特(Ronald E. Butchart)曾是一名六级鲱鱼捕手，迈克尔·B. 卡茨(Michael B. Katz)曾是一名百科全书销售员，帕特里夏·阿尔伯耶格·格雷厄姆(Patricia Albjerg Graham)在出任哈佛大学教育研究生院院长和斯宾塞基金会(Spencer Foundation)主席之前，曾作为教师两次被解雇。在很大程度上，这种魅力来自作者们在探索知识和其职业生涯中展现出来的坦率、敏锐和文学技巧。除了所有的个人细节之外，我在这些自传体文章中还发现了一个重要的魅力所在，那就是这些自传体文章生动地展示了作为一种社会过程的教育，富有创造性的教育史学术研究的起源和发展，以及一批美国教授在教育史研究领域的成长。而最打动我的是，这些人生故事的核心中隐隐存在着一种矛盾。

这些教育史学家中，没有一个人曾经打算在教育史领域一展抱负，有些人在专业生涯的很长一段时间中甚至都未听说过这个研究领域，很多人在

[①] 威芬普夫斯合唱团来自耶鲁大学，是美国历史最悠久、最著名的大学男生合唱团，素以优美的和声闻名，平均每年要参加200多场音乐会，还做过全球巡回演出。这个团体的成员仅限于大学四年级男生，选拔严格，竞争激烈。——译者注

拥有自己的研究领域的同时,像行进在一个"Z字形轨道"[拉里·丘班(Larry Cuban)语]一样在教育史领域进进出出,只有在认为合适的时候才沉浸其中。他们自己也都意识到这个矛盾。哈维·坎特(Harvey Kantor)以惊讶的口吻写道:"我上高中和大学时,从未想过自己会成为一名教育史学者。"戴安娜·拉维奇(Diane Ravitch)的怀旧式惊讶表达得更为彻底:"我从未想过自己有一天会成为一名教授、一名学者,而且还是一名教育史学者。"M. B. 卡茨在回忆自己的一生时说:"一名偶然的历史学家在成就事业的过程中一直很走运。"其他人的职业生涯也都印证了这一矛盾。没有辉煌的目标,也没有迷人的典范来引起任何人的兴趣。这些自传体文章的作者都从不同的角度,基于各自独特的兴趣,把教育史研究做成了毕生的事业。确实,除此以外,难以解释为什么这些学者来自那么多不同的领域。

  这些作者来自美国的不同地区,拥有丰富多样的亚文化背景。有些人来自南布朗克斯区(South Bronx)①和遥远的西北部渔村,有些人来自中西部新建的市郊,有些人来自纽约州的偏远地区和加利福尼亚州的繁华地带。而且令人惊奇的是,他们往往出身移民家庭——欧洲各地移民的第二代和第三代,他们定居在不同的地方,如弗拉特布什(Flatbush)和休斯敦(Houston)②。其中有两位作者本身就是移民,一位来自德国的沃尔芬比特尔(Wolfenbüttel),一位来自拉脱维亚的里加(Riga),更巧的是,他们都是先到内布拉斯加州定居。这些教育史学家各自接受的早期学校教育也像他们的家庭渊源一样千差万别。有几位学者的学校经历是非常糟糕的。格雷厄姆写道,"我并不喜欢学校……,我发现学校里的功课枯燥无味,学校的环境让人感到孤独和沮丧",而且"高中生活就更糟糕也更令人沮丧"。很多人觉得,学校与自己生活的周围世界毫不相干,而这种不相干却激励着他们追求自己的理想。但也有一小部分人进入了精英学校,而且很喜欢那里的学校教育。中等教育后的职业发展同样是各不相同。如果在一个地理/学术的网格上绘制他们的职业线,它们不会像线条一样汇聚成某些模式,而是会像纵横交错的复杂路线一样,穿过广阔的、无组织的、多样化的美国高

---

① 南布朗克斯区,纽约五大行政区之一布朗克斯的一部分,其居民以非裔和拉美裔为主,犯罪率、失业率非常高。——译者注
② 弗拉特布什,纽约的五大行政区之一,位于美国东北部;休斯敦,得克萨斯州的第一大城市,位于墨西哥湾沿岸。两大城市的地理位置、气候条件、社会文化等方面都有很大的不同。——译者注

等教育机构,并没有特许的、指定的、确定的路径。

虽然在家庭背景、学校①和大学经历方面有着极大的差异,但是这26位学者最后都在同一个广阔的教育史领域作出了重要贡献。他们在读大学的过程中或者毕业后不久,就发现了这个领域独特的重要性,并觉得可以在其中有所作为。在部分自传体文章里,这个重要的时刻被记录下来。维努韦斯基斯写道:"对我而言,教育史曾经只是一个令人着迷的但很小的学术话题,但此时,它已成为我几个主要的学术追求之一。"对一些人来说,这种认识似乎因为纯粹的学术和智力冲动而变为显而易见,但在多数情况下,是某位老师、同事或者朋友指出了方向。"你为什么不去研究教育史呢?"西奥多·赛泽(Theodore Sizer)问 M. B. 卡茨,"历史会赋予你很大的灵活性。人们似乎也喜欢聘请历史学者来做管理者"。"我采纳了他的建议"(M. B. 卡茨)。这些回忆录中最有趣的地方是,在这个小群体中,职业线是如何交叉的,同代人之间的合作如何被证明是富有创造性的,一篇自传体文章是如何成为一种激励、一种引导,并最终与其他自传体文章相辅相成的。例如,克斯特尔和维努韦斯基斯,维努韦斯基斯和拉维奇,罗杰·L. 盖格(Roger L. Geiger)和休·霍金斯(Hugh Hawkins),玛丽·安·德朱巴克(Mary Ann Dzuback)和埃伦·康德利夫·拉格曼(Ellen Condliffe Lagemann)。而在这些互动式的职业生涯的中心,屹立着一位重要人物——哥伦比亚大学师范学院的劳伦斯·A. 克雷明(Lawrence A. Cremin)。

在这些自传体文章中,克雷明似乎无处不在,无时不有。很难想象——又让人惊讶——克雷明竟然鼓舞了那么多课程助教的职业生涯,为那么多迷茫的进取者提供了明智的建议,而且参与了那么多的合作性项目,还在全国杂乱的教育系统中的很多职位之间游刃有余。从这些自传体文章来看,似乎戴维·泰亚克(David Tyack)在斯坦福大学(Stanford University)也发挥了这样的影响和鼓舞作用。他的风格和影响力与克雷明不太一样——更加个人化,更加亲密,更加开放和共享,但他在教学和指导学生以及教学和学术研究中,同样对人具有启发性和影响力。

无论受到亲密的同事、朋友或者像克雷明和泰亚克这样的重要人物怎

---

① 此处的学校是指中小学校。——译者注

样的鼓励，这些自传体文章的作者都讲述了这样一个发现：在某种程度上，教育史在历史研究、教育和公共政策领域具有举足轻重的独特地位。拉维奇写道："成为一名教育史学者，给我提供了一个很好的阐释和理解各种争论的出发点。它使我有机会去解释过去是如何贯穿在我们的决策和讨论之中的。"M. B. 卡茨说："我没有意识到，我已经在研究过去和现在的关联，因为我在用历史来解释当前的教育改革。"教育史这个领域极其宽广："被界定为从时间维度研究文化及其传播的教育史领域，"拉格曼写道，"可以开放研究几乎所有的话题，并帮助研究者在学术界内外不同领域变换职位角色。"

这里没有孤立的、完全脱离当前社会关怀的学者。他们的侧重点或许有所不同，有的学者深深地沉浸到历史本身中，有的学者的关注点则更广泛地涉及政治和管理，但所有人都真诚地相信，历史是理解我们在教育这一重要领域所处位置的关键，也是人们更好地思考美国生活大漩涡中思想塑造和文化传播政策的关键。

此外，这些自传体文章——短小、见解深刻、坦率、流畅——是作者自身在教育史及其学术研究中的重要档案，作者们的事业就是他们所讲述的故事的一部分。

伯纳德·贝林

目 录 | Contents

丛书中文版总序 I
伦纳德·J. 瓦克斯

本卷中文版序言 V
韦恩·J. 厄本

本卷英文版序言 VII
伦纳德·J. 瓦克斯

前言 XI
伯纳德·贝林

导言 1
韦恩·J. 厄本（Wayne J. Urban）

排除万难成为历史学者 7
罗纳德·E. 布查特（Ronald E. Butchart）

意外的发现 24
杰拉尔丁·约恩契奇·克利福德（Geraldine Joncich Clifford）

回忆录：一张记忆拼图 41
索尔·科恩（Sol Cohen）

教师、督学、学者
——多种事业的馈赠 …… 57
拉里·丘班(Larry Cuban)

一份事业还是两份事业？
——教育史学家的双重生活 …… 69
威廉·W. 卡特勒第三(William W. Cutler, Ⅲ)

成为一名历史学家
——教育性选择、赞助性流动和制度性挑战 …… 85
玛丽·安·德朱巴克(Mary Ann Dzuback)

生活在可能性的边缘
——一路走来一路学习 …… 101
芭芭拉·芬克尔斯坦(Barbara Finkelstein)

成为一名高等教育史学家 …… 117
罗杰·L. 盖格(Roger L. Geiger)

我的政治人生和专业人生 …… 133
林恩·D. 戈登(Lynn D. Gordon)

从沃巴什河到哈得孙河再到查尔斯河 …… 145
帕特里夏·阿尔伯耶格·格雷厄姆(Patricia Albjerg Graham)

学术和友谊 …… 160
休·霍金斯(Hugh Hawkins)

从士兵到学者 177
于尔根·赫布斯特(Jurgen Herbst)

如何与教育史结缘以及我的奥德赛之旅 190
卡尔·F. 克斯特尔(Carl F. Kaestle)

论成为一名美国教育史学者 206
哈维·坎特(Harvey Kantor)

成为一名历史学者：一段意外的职业生涯 223
迈克尔·B. 卡茨(Michael B. Katz)

学术中的冒险 240
戴维·F. 拉巴里(David F. Labaree)

一种进步的教育
——教育史的事业生涯 254
埃伦·康德利夫·拉格曼(Ellen Condliffe Lagemann)

三位老师 269
杰弗里·米雷尔(Jeffreye Mirel)

"噢,那就是你要去的地方!" 285
戴安娜·拉维奇(Diane Ravitch)

讲故事与历史 298
威廉·J. 里斯(William J. Reese)

探寻一部社会和城市教育史 316
　约翰·L. 鲁里（John L. Rury）

一个教师的回忆 328
　戴维·泰亚克（David Tyack）

在非精英学校学习和工作的经历 340
　韦恩·J. 厄本（Wayne J. Urban）

从里加到安阿伯：对教育史与政策的迟到的追求 354
　马里斯·A. 维努韦斯基斯（Maris A. Vinovskis）

容我慢慢道来 369
　唐纳德·沃伦（Donald Warren）

布赖顿地铁的八个站点
　——以及其间发生的事 386
　哈罗德·S. 韦克斯勒（Harold S. Wechsler）

后记 398
　凯特·鲁斯玛尼埃（Kate Rousmaniere）

主要人名索引 401

译后记 403
　王慧敏

导 言

韦恩·J. 厄本
(Wayne J. Urban)

本卷是我应伦纳德·J. 瓦克斯(Leonard J. Waks)之邀,向教育史研究领域的领军人物征集的自传体文章合集,这些文章都是关于他们的个人经历、学术背景,以及与教育史领域结缘的经历。这是"教育研究中的领军人物系列"的第三卷,前两卷分别是关于教育哲学和课程研究的。本来计划和前两卷一样,邀请英国、加拿大、澳大利亚的学者和美国的学者一起来撰写。然而,教育史作为一个领域,相对其他领域而言更具国别特色。相比教育哲学或者课程研究,教育史的研究内容与国家历史密切相关,因此,瓦克斯和我很快作出决定,将本卷内容仅限于美国教育史。这并不是说其他国家就没有重要的学术研究。事实上,国际教育史常设会议(International Standing Conference for the History of Education)是一个充满活力的组织,它以欧洲学者的紧密团结为根基,其分支机构遍布世界各地。这部丛书的下一卷很有可能就是关于欧洲和其他国家教育史学家的故事。

将本卷作者限定为美国教育史学家,这并不意味着作者就会少。我最初邀请了30位学者为本卷撰稿,其中有26位学者自始至终支持本计划,他们的文章,加上本篇导言、伯纳德·贝林(Bernard Bailyn)的前言以及凯特·鲁斯玛尼埃(Kate Rousmaniere)的后记,共同构成了本卷内容。细心的读者可能会注意到,本卷作者中没有少数族裔,这是一个缺憾,因为确实有几位少数族裔学者在美国教育史领域享有盛名。我邀请的学者中,有4位没有完成文章,其中3位是少数族裔学者。有2位学者答应撰稿,但由于各种原因未能完成,另外1位则压根没有回应我的邀请。我很遗憾他们未能为本卷撰稿,并希望这背后不是因为我个人的原因。第四位受邀者答应撰稿,但很快就反悔了,觉得这样的工作最好留给"年长的人"。

这样就剩下26位着实愿意为本卷撰稿的学者。他们的文章按照姓氏首字母顺序编排。之前也考虑过按照作者进入教育史领域的时间顺序来编排,但丛书主编和我最后决定不这么做。如果我们这么做的话,本卷就会分成三部分。第一部分由6篇文章组成,作者分别是索尔·科恩(Sol Cohen)、杰拉尔丁·约恩契奇·克利福德(Geraldine Joncich Clifford)、帕特里夏·阿尔伯耶格·格雷厄姆(Patricia Albjerg Graham)、休·霍金斯(Hugh Hawkins)、于尔根·赫布斯特(Jurgen Herbst)和戴维·泰亚克(David Tyack),他们都是在20世纪60年代美国教育史刚刚兴盛时就在该领域享有盛名。美国教育史在这一时期的兴盛主要源于两个因素:美国殖民地史学家贝林在1960年写了一本拓荒之作《教育与美国社会的形成》(Education in the Forming of American Society: Needs and Opportunities for Study);同样来自美国教育史领域的劳伦斯·A. 克雷明(Lawrence A. Cremin)响应了贝林关于使教育史超越学校历史的呼吁。然而,本卷的作者并非都遵循这一呼吁,有些人专注学校历史的研究,而其他人的研究主题与学校无关,高等教育史学家在他们的学术研究中也是独辟蹊径。但是,本卷的所有作者都像贝林和克雷明那样,实现了将精确的史料和史论标准运用到研究中,这在更广范围的美国史研究领域也是主流趋势。正是美国教育史领域的学术水准使其在更大的美国历史研究中占据了一席之地。

回到第一部分的6篇文章上来,其中3篇文章的作者,即S. 科恩、克利福德和格雷厄姆,他们都是克雷明早期的博士生,他们要么参加了哥伦比亚大学师范学院(Teachers College, Columbia University)的教育博士项目,要么是哥伦比亚大学(Columbia University)的历史学博士。这3位作者都以不同的方式对克雷明表示了感谢,克雷明的个人影响在泰亚克的文章中也得到了肯定。另外2位,霍金斯和赫布斯特,是通过历史系的一个学习项目进入教育史领域的,之前与教育院系没有任何关系,因此对克雷明及其研究知之甚少。这6位早期作者中,有5位曾担任教育史学会(History of Education Society)主席,还有1位虽然不是专门研究美国高等教育史的,但他在职业生涯中经常参加教育史学会的会议,并担任学会理事会成员达3年之久。贝林对这6位作者中的至少3位有着重要影响。这6位作者的背景也证明了克雷明和贝林对该领域发展的深刻影响。

导言

26篇文章中的另外13篇组成了本卷的第二部分。这些文章的作者比第一部分的作者研究起步晚大约10年以上。克雷明和贝林对他们当中的很多人同样有着较大影响。芭芭拉·芬克尔斯坦(Barbara Finkelstein)、埃伦·康德利夫·拉格曼(Ellen Condliffe Lagemann)和戴安娜·拉维奇(Diane Ravitch)都是克雷明在哥伦比亚大学历史系和师范学院的博士生。哈罗德·S. 韦克斯勒(Harold S. Wechsler)曾在哥伦比亚大学历史系研究高等教育史。卡尔·F. 克斯特尔(Carl F. Kaestle)一开始师从克雷明,但是在克雷明的影响下,后来改投到哈佛大学贝林门下。哈佛大学的博士生学习经历对迈克尔·B. 卡茨(Michael B. Katz)和马里斯·A. 维努韦斯基斯(Maris A. Vinovskis)来说非常重要,尽管前者是在哈佛大学教育学院学习,而后者则在历史系学习。唐纳德·沃伦(Donald Warren)在哈佛大学接受本科教育,后来在芝加哥大学(University of Chicago)获得了博士学位。威廉·W. 卡特勒第三(William W. Cutler, Ⅲ)曾在康奈尔大学(Cornell University)攻读博士,他在文章中也不经意地提到了贝林。再加上罗杰·L. 盖格(Roger L. Geiger)的耶鲁大学(Yale University)经历,这13位作者的教育经历主要是在常春藤联盟院校(Ivies League)①完成的。但同时,一种更广泛的模式也开始在这13个人中显现。韦恩·J. 厄本(Wayne J. Urban)是在俄亥俄州立大学(Ohio State University)攻读教育学博士学位,罗纳德·E. 布查特(Ronald E. Butchart)则在纽约州立大学宾厄姆顿分校(State University of New York at Binghamton)获得了历史学博士学位,都不是在常春藤联盟院校,而常春藤联盟院校经历是前面两组作者中的主流教育背景。而且,厄本和布查特的本科教育也不是在常春藤联盟院校进行的。厄本是在中西部的一所耶稣会大学取得本科学位的,布查特的本科学位则是在太平洋沿岸的一所学校取得的。拉里·丘班(Larry Cuban)从小在宾夕法尼亚州(Pennsylvania)西部长大,在俄亥俄州的克利夫兰(Cleveland, Ohio)从事过教学工作,还在华盛顿(Washington, DC)的郊区担任过一所学校的督学,而后才师从泰亚克并在斯坦福大学获得博士学位。

第一组和第二组作者中的绝大多数人都有东部高校教育背景,这一特

---

① 常春藤联盟院校,其成员学校有布朗大学、哥伦比亚大学、康奈尔大学、达特茅斯学院、哈佛大学、宾夕法尼亚大学、普林斯顿大学、耶鲁大学。——译者注

征在最后的 7 位作者身上并不是很突出。约翰·L. 鲁里(John L. Rury)和威廉·J. 里斯(William J. Reese)在克斯特尔的指导下,在威斯康星大学(University of Wisconsin)获得博士学位,林恩·D. 戈登(Lynn D. Gordon)和第二组中的 D. 沃伦一样在芝加哥大学获得博士学位,杰弗里·米雷尔(Jeffery Mirel)在俄亥俄州立大学完成本科学业后,在密歇根大学(University of Michigan)获得博士学位。戴维·F. 拉巴里(David F. Labaree)在宾夕法尼亚大学师从 M. B. 卡茨攻读博士学位,玛丽·安·德朱巴克(Mary Ann Dzuback)在哥伦比亚大学师范学院和哥伦比亚大学师从克雷明和拉格曼,他们都在西部高校找到了第一份工作,拉巴里去了密歇根州立大学(Michigan State University),而德朱巴克去了圣路易斯(St. Louis)的华盛顿大学(Washington University)。哈维·坎特(Harvey Kantor)在斯坦福大学师从泰亚克,而后在犹他大学(University of Utah)获得教职并继续开展研究。教育史领域不断地发展,逐渐远离东北部的根基而向西移动,甚至到了太平洋沿岸,在那里,泰亚克培养了为数不多但非常出色的教育史学家。哥伦比亚大学师范学院和哈佛大学在克斯特尔和赫布斯特任教期间是最主要的教育史学家培养基地,威斯康星大学就算没有超过它们,也可以与之相媲美,而且现在威斯康星大学随着在那里任教的 W. J. 里斯、迈克尔·富尔茨(Michael Fultz)和亚当·尼尔森(Adam Nelson)而继续保持这种优越性。南方的大学并没有为本卷培养作者,但有两位作者正在南方的大学工作:厄本在阿拉巴马大学(University of Alabama),布查特在佐治亚大学(University of Georgia)。那么,至少根据本卷作者的学术背景和工作地来说,美国教育史研究已经近乎是一种全国性的现象,尽管该领域仍然坚持认为其根基依旧在纽约和马萨诸塞州的剑桥(Cambridge, Massachusetts)。

　　最后想说的一点是,关于教育史研究领域的根基问题。教育史作为一个领域,在克雷明和贝林之前就已存在,虽然他们都批评了早期研究者的学术弱点。R. 弗里曼·巴茨(R. Freeman Butts)是克雷明在哥伦比亚大学师范学院较年长的同事,他代表了早于他们三人的那几代教育史学家的价值观。这里应该提到他,并不是因为他在培养本卷作者方面的影响——尽管他与很多哥伦比亚大学师范学院早期的研究者有着密切的关系——而是因为他在将美国公立学校作为值得研究和保存的机构方面所做的贡献。本卷的几位作者都是巴茨的朋友,他们持有与巴茨相同的价值观,并运用于他们的历史研究中。

在前言中,贝林因为自己执笔者的身份,谦虚地未提及他对本卷多位作者的影响。事实上,几乎所有的作者都受到贝林的拓荒之作《教育与美国社会的形成》一书的影响,尽管每个人所受的影响各异。在前言中,贝林提到这些作者家庭背景的巨大差异性,有几位有移民渊源,还有两位——赫布斯特和维努韦斯基斯,他们本身就是第一代移民。贝林认为,对作者际遇浮沉的背景经历和事业道路进行细致而系统化的梳理,将会对集体传记这一领域作出至关重要的贡献。事实上,贝林在对本卷作者在美国教育史领域所取得的学术成就感到惊讶的同时,也为这些作者的背景多样性所震惊。在这些背景中,我想提及但又无法深入探究的一点是他们的犹太种族背景。据我统计,这 26 位作者中,有 10 位有犹太血统。犹太血统对他们工作的影响以及促使他们作出从事这项工作的学术选择,一定值得认真和持续的研究。

在这篇导言中还值得一提的是泰亚克和 M. B. 卡茨在美国教育史领域作出的原创性贡献。M. B. 卡茨 1968 年出版的《早期学校改革的讽刺:19 世纪中叶马萨诸塞州的教育创新》(*The Irony of Early School Reform: Educational Innovation in Mid-Nineteenth Century Massachusetts*)在方法论和意识形态方面都是一座里程碑,该书创造性地提出了激进修正派的观点,即公立学校及其后继机构并没有像以前被认为的那样成为民主的理想,同时,教育史的定量研究将继续充实今天该领域的研究。泰亚克 1974 年出版的《一种最佳体制:美国城市教育史》(*The One Best System: A History of American Urban Education*)①在开启城市教育史和教育管理的历史研究这些新领域时,调和而不是拒绝了 M. B. 卡茨意识形态的影响。格雷厄姆和克利福德是教育史研究中最早研究女性主题的,她们的工作激发了女性教育史这个充满活力的分支领域。本卷中的很多作者都为教育政策史多样性研究作出了贡献,其中主要是联邦教育政策史研究。拉维奇和维努韦斯基斯在 20 世纪 90 年代在联邦教育部门担任很高的职位,这也证明了一种观点,

---

① 该书已有中译本,见:戴维·B. 泰亚克.一种最佳体制:美国城市教育史[M].赵立玮,译.上海:上海人民出版社,2010.——译者注

即一个人的历史观能够在非历史性的政策工作中形成。至少有3位作者有意识地把他们的文章写成了回忆录,从而解释了教育史与语言学转向——史学领域的另一个趋势特征——之间的关联。

本篇导言无法一一提及每位作者在教育史领域取得的实质性成就,但不能否认的是,他们每一个人都以各种各样鼓舞人心的方式对这个领域产生了非常重要的影响。最终的结果是,自传体文章读者们会在这些文章中发现知识背景的巨大不同以及每位作者广泛而卓越的成就。美国教育史在21世纪早期是一个充满活力的领域,本卷中的所有自传体文章也是这一领域多样性和学术水准的一个明证。

在后记中,鲁斯玛尼埃讲述了她自己作为这些作者的研究成果的阅读者、学习者和批评者的经历。她强调了几篇自传体文章中的回忆录成分,提到了像教育史这样一个较小的领域所天然伴随的孤独性,但尽管存在孤独性,或者恰恰因为这种孤独性,她依然承认这些学者的成就。

下面这个问题是我在本篇导言中所做的最后一个思考:对于一个充满活力的,但似乎正在经历着失去应有的学术地位的研究领域,可能会发生什么?尽管一部分高等教育史学家受雇于大学历史系,但是教育史学家从来没有在历史系找到家的感觉。在20世纪的绝大部分时间里,教育史学家一般都受雇于教育学院,然而,过去的十年表明,这种现象正在消失。教育史学家的队伍中加入了很多新角色,诸如政策分析师、目标各异的学者和教师、独立学者等。恢复往昔的雇用模式也许是可能的,但是随着教育学院把目光转向行为主义导向的教师训练项目和策略,这看起来愈发不可能。教育史学家的受聘问题是值得教育史领域认真对待和解决的严肃问题。本卷作者的背景并无统一模式,这就带来一丝希望,即过去的这种不同寻常就是一种模式。我们只能希望未来能够为不寻常的将来几代教育史学家提供不寻常的机会。

排除万难成为历史学者

罗纳德·E. 布查特
（Ronald E. Butchart）

我与教育史的第一次接触挺糟糕的。当时，我是爱达荷州宝石谷（Idaho's Treasure Valley）一所小学院的高年级学生，忍受着一门必修的教育课程的煎熬，其中一部分内容似乎就是美国学校的历史。作为一名历史专业的学生，我很期待这部分内容，希望可以为让我精疲力竭的课程带来一些历史方面的平衡。课程结束的时候，我得出一个勉强的结论，即教育史是一门缺乏解释力的学科，因为它对我和我的朋友上过的那些学校显然没有解释力。

我在西北部各个地方的学校度过了 12 年的时间，从沿海的捕鱼和磨坊小镇，穿过俄勒冈州（Oregon）东部和爱达荷州南部的农业市场中心，再到波特兰（Portland）①南部的一个小型学院镇。20 世纪 50 年代，我开始上学，那时候，教科书里的妈妈们穿着晚礼服把房子打扫得一尘不染，教科书里的爸爸们穿着西服兴高采烈地从未交代清楚的工作中下班回到家，教科书里的孩子们穿着与性别相符的衣服，踩着踏板车来到整洁的街道上。教科书中的世界与我的世界的唯一共同之处在于，书中的妈妈们、爸爸们、孩子们和我一样，都是苍白的。

在美国为"钥匙儿童"（latch-key children）②担忧之前，我就曾是一名"钥匙儿童"，我认识的同伴几乎都是。我们的爸爸妈妈都要上班，他们在这件事上没有更明智的选择。我的母亲做过很多工作，然而，由于她所处时代的社会状况，她到死都没有认识到自己只是劳动力大军中的一员。我的爸爸

---

① 波特兰，位于俄勒冈州西北部的城市。——译者注
② 钥匙儿童，指脖子上经常挂着钥匙的孩子。儿童放学回来，父母因上班还未回家，他们只能单独在家。——译者注

做过教师、木匠和渔民,直到由"冷战"激发的科学教学变革,最终在我高中的最后一年,他回到了高中化学实验室。如果说我父母的学院教育在技术上把我们家置于中产阶级,那么低工资劳动力的经济现实则使得我们家稳稳地属于工人阶级。

工人阶级及其孩子们不存在于我们的学校教科书中。我在爱达荷州南帕(Nampa, Idaho)五年级学习的社区课程,包含了美国生活中被认为值得向美国的孩子们描绘的社会的各方面。为了更好地理解社区,我们参观了一家银行和一座消防站。我们写过很多关于教会的短文,尽管我们从来不讨论这些教堂之间的社会阶级差别;我们接受了社区位置的地理决定因素方面的测试,尽管这些答案对于解释爱达荷州南帕毫无意义;我们读到,社区是重视合作和文明的地方,尽管我们所在的学校看重竞争和等级,并在校园中维持着嘲弄文明的各种社会关系。到五年级的时候,工人阶级的孩子们发现,能让在学业等级中垫底的侮辱得到宽慰的最好方法就是,痛打那些穿着干净衣服的孩子。我那时很瘦弱,避免直接参与这事,但我在沉默的旁观和称快中同样可以获得很多快乐。我们都学得很好,尽管我们在学校学到的东西并不是那些年度学习目标中的东西。

每一年级的每一天都是极有规律的。我们起床,把手放在胸口,然后"为了所有人的自由和公正"宣誓效忠国旗。我们的效忠给了国家,我们和我们的老师都小心翼翼地避免询问一些关于"国旗或者关于国家象征着什么"的尴尬问题。我们记住了那些开拓者的名字以及各个殖民地建立的日期,但是这种教学并不鼓励我们去考察那些早已定居在殖民地土地上的人。我们的书本和课堂

个人作品精选

Butchart, "'Outthinking and Outflanking the Owners of the World': A Historiography of the African American Struggle for Education," *History of Education Quarterly* 28 (Fall 1988): 333-366.

Butchart, "Spielberg's Amistad: Film as History and the Trivializing of History Teaching," *Teaching History: A Journal of Methods* 24 (Fall 1999): 63-70.

Butchart, "Edmonia G. and Caroline V. Highgate: Black Teachers, Freed Slaves, and the Betrayal of Black Hearts," in Nina Mjagkij, ed., *Portraits of African American Life since 1865* (Wilmington, DE: Scholarly Resources, Inc., 2003), 1-13.

Butchart, "Remapping Racial Boundaries: Teachers as Border Police and Boundary Transgressors in Post-Emancipation Black Education, USA, 1861 – 1876," *Paedagogica Historica* 43 (February 2007): 61-78.

盛赞美西战争①,但是对随后美国对菲律宾半个世纪的征服则保持沉默。奴隶制在我们的课堂中的位置毫不起眼,尽管它的种族性质仅仅是间接地被承认;而废奴主义(abolitionism)甚至连一个不起眼的角落都没有得到。没有什么劳工运动值得一提,也没有帝国主义(imperialism),同时,如果说贫困很久以前就已经是一个问题了,那么它也没有出现在当时我们的课堂上。

三年级社会课程②的教科书《我们的邻居》(Our Neighbors)让我们记住了我们的邻居墨西哥的主要农作物。我们吃了墨西哥玉米面豆卷,学了西班牙语歌曲《蟑螂》(La Cucaracha)③和墨西哥草帽舞,然后就放假了,去嘲笑我们的邻居——墨西哥劳工移居者那些悲伤、羞涩、黝黑的孩子——是拉丁佬(dagos)和"湿背人"(wet-backs)④。从来没有一位教师阻止我们这种不假思索的恶行,或者让其成为一节关于社区的社会课程。而且,在与世隔绝的太平洋沿岸的西北部,非裔美国人很少,从来没有课程、教科书或者教师向我们吐露过亚拉巴马州(Alabama)、佐治亚州(Georgia)和密西西比州(Mississippi)与我们同龄的非裔美国孩子们的状况,因为我们已经宣誓过我们的忠诚;我们知道,所有人都有自由和公正;除此以外,再也没有什么需要说的了。

我在班上并不成功,也没有教师对我抱有希望。除了因为我用交际来解闷而训斥我的时候,甚至大多数教师都没有意识到我的存在。我是每一个班级中一半或一半以上学生中的一分子,这些学生都落在了钟形曲线(bell curve)错误的一边。其中大部分学生处于这条危险的下坡路上,最后都开始自暴自弃了。

就像我大部分朋友一样,我在别处获得了成功。我在六年级的时候就成为一名生意人。我在亚基纳湾(Yaquina Bay)捕鲱鱼卖给捕蟹的渔民作诱饵;我把《俄勒冈日报》(Oregon Journal)卖给那些在俄勒冈纽波特(Newport)码头货船上卸木材的水手,他们都大方地给小费,我在这些船的

---

① 美西战争是指1898年美国为了夺取西班牙在美洲和亚洲的殖民地而发动的战争,最终美国获胜,由此拉开了美国大规模海外扩张的序幕。——译者注
② 社会课程或者社会研究课程是美国从幼儿园到高中开设的一门基础课程,类似于我国中小学开设的思想品德课或者自然与社会课,其最终目的是培养合格的公民。——译者注
③ 墨西哥革命时期的西班牙经典民歌,后逐渐演化成一首适合儿童的歌。——译者注
④ "拉丁佬"是对西班牙人和葡萄牙人的蔑称;"湿背人"指非法进入美国的墨西哥人。——译者注

走廊上徘徊,偷偷地研究他们挂在墙上的美女画像,这给了我学校不愿意提供的性教育。企业家在学校外面有很好的收入,但在学校里不会获得任何荣誉,即便教科书也赞赏那些闻名历史的企业家。

我还是每一个班级中那些想通过做而不是记忆来学习的一半或一半以上学生中的一分子。我们自己想办法去挣钱,我们需要用这些钱来购买比我们的父母能够负担得起的更好的衣服;我们一起想办法如何忽视学校的奖励等级制度,把教室中被无视的侮辱转化成一种荣誉;我们一起努力用废弃的旧家具建树上小屋;尽管潮湿的空气浸湿了燃料,我们依然自学如何燃起营火;在教室里,我们拼命想知道如何解决问题,如何一起努力来理解我们的世界,如何有尊严地迈向成人的生活。但是,一起思考这些问题就会占用重要的课堂任务的时间。而且,答案都是已经知道的,课堂任务就是记住这些正确的和唯一的答案。在那些教室中,与他人合作就是"作弊",知道教师和教科书上的答案就是聪明。

到初中的时候,处于钟形曲线左半边的我们无视指定诗歌的权威解释,尽管我们在早期摇滚音乐的稚嫩诗歌上花了好几个小时,并自己来解释歌词和节拍。我们不去死记民主的正确定义,不会在每周测验中获得好成绩,也从来不会想去知道为什么我们的小团体不是民主的实验室。

1957年的夏天,我14岁,我争取到了特别的"农业许可证",可以在俄勒冈州蒂拉穆克(Tillamook)附近的二级公路上开车。我每天早上拉着15个牛奶罐去奶酪工厂,没日没夜地挤牛奶,把干梯牧草①打捆放到农场的小货车上,再放到干草堆里。我的八年级老师严厉地告诫我们摇滚音乐的坏处,并说我们在两年内肯定谁也不会记住埃尔维斯·普雷斯利(Elvis Presley)②的名字,尽管这是那年死气沉沉的教室中唯一值得纪念的名字。然而,那年十月,一个晴朗的夜晚,我们一群人躺在一户人家的后院,看着苏联的人造卫星或者更确切地说是那个巨大的助推火箭,缓慢地划过夜空。尽管我们知道"冷战"这个词,但是我们八年的学习经历没有给我们提供任何途径来理解那场战争,或者是理解苏联人造卫星的象征意义,以及为什么我们被教

---

① 一种牧草,饲用价值高。——译者注
② 埃尔维斯·普雷斯利(1935—1977),即"猫王",美国著名摇滚歌手和演员,他将边缘化的摇滚乐带入主流,是充满传奇色彩的一代摇滚歌王。——译者注

导去仇恨我们的同龄人,他们的祖国和飘扬的旗帜已经把卫星送到我们头顶上面的轨道上去了。

苏联人造卫星对我和学校教育之间的关系起了关键性的作用。苏联人造卫星上天使美国联邦政府投入了前所未有的经费以应对"二战"之后的人力资源危机。在20世纪40年代中期,使用"人力资源"这个词的那些人危言耸听地说,军工生产一旦停止,军人一旦复员找工作,国家就会螺旋式地退回到经济大萧条时代(Great Depression)。然而,就在数年之内,这场危机就被重新定义为,需要吸收和训练大量的工人来推动这场始于火箭技术、遥测技术、最早的计算机以及电子学的第三次工业革命。20世纪40年代末,《退伍军人权利法案》(G. I. Bill)已经表达了这种危机。苏联人造卫星事件在很多新的方向上拓展了对这一危机的回应,其中之一就是《国防教育法》(National Defense Education Act)。《国防教育法》一下子使公立学校对科学与数学学科产生了极大的需求,给这两门学科的教学带来革命性的变化,并突然告诉学生应该待在学校里保卫美国。

我亲身感受到了《国防教育法》的影响。一方面,对科学教学的强调,尤其是突然为科学教师提供的免费且高质量的再培训,让我父亲能教高中化学,并从蒂拉穆克——一个在1957年只有不到十分之一的学生能进入大学的地方,搬到了威拉米特河流域(Willamette valley)的一座小城市,在这里,1960年的大学入学率有75%;另一方面,突然聚焦于让一整代人进入高等教育,以期打败苏联,以及让第三次工业革命一下子改变学校的面貌。社会流动机制并没有完全放弃其社会阶级的基础,但是它发生了戏剧性转向,开始让很多来自工人阶级的学生燃起了进入中产阶级的渴望。差劲的教师并没有消失,但是会改进教学,这很可能一方面是因为许多教师拿着工资回到大学接受进一步的培训;另一方面是因为媒体和政府对教师们寄予厚望,即希望他们可以解决隐隐出现的人力资源危机。学生们从指导顾问(guidance counselor)①、议会发言人、教师们以及午间新闻中得知,自己是这个国家的未来,而教育是通往这个未来的途径。

---

① 指导顾问,美国高中里的一种教师类型,他们不上课,但他们对学生的学业、家庭情况了如指掌,他们的职责是对学生进行全方位的指导,包括学业、生活、职业发展、兴趣养成、技能训练、心理健康等。指导顾问必须具有硕士或硕士以上学位,修过一定数量的教育学和心理学学分,而且要通过州里的专业考试获得证书。——译者注

我在蒂拉穆克上高中的第一年,我的指导顾问根据我以前的学业等级、智商以及"科学"测试分数,让我学习木工、机械绘图、英语I(我们的老师亲切地称之为"傻瓜"英语)、体育、一门讨厌的公民课以及数学补习课,这是一份适合此前50年甚至更长时间内像我这样的孩子的课程单。仅仅一年之后,在麦克明维尔(McMinnville),另一位指导顾问无视我此前的学业情况、智商和"科学"测试分数,让我学习大学预备课程,即生物、英语、几何和历史,在我的恳求之下,允许我在第二年修木工课程。整整一个月里,我处于一片茫然和不知所措中,我知道我没有能力达到期望的高度,没有打好成功所需的前期知识基础,同时我也认识到,班上三分之一的学生都处于同样的情形中,他们也忍受着傻瓜英语、数学补习的煎熬,而且不屑于浪费时间去记住专横的公民课老师提供的无关紧要的信息。但是我们的老师从来不怀疑我们的能力,也从来不担心我们理解能力上的巨大落差。他们简单地相信我们都能够做得很好。

我们确实做到了。在高中的最后两年,我放弃了木工课程作为辅助,而代之以西班牙语。两年的大学预备课程中,代数课程令人振奋,而掌握该学科的线性逻辑是一种愉悦;英语课程则把我们的思维从线性拉向阐释和不确定性;美国史课程由一位足球教练教授——尽管他对课程、教学以及任何不为他打比赛的学生嗤之以鼻,但他还是通过最大的努力吸引了我们很多同学;我们很快发现,大学预备课程中的化学课程就是代数在实验室中的实践。除了那位足球教练,老师们都邀请我们去探索,去同思维共舞,以任何对我们有效的方式学习。

进入高中学习的时候,我并不确定自己能毕业,更不能确定的是,我为什么应该毕业。我完成了高中学业并决定去大学继续学习,尽管在最后的两年里我成绩很好,但我的总体成绩还不足以让我进入俄勒冈大学(University of Oregon)或者俄勒冈州立大学(Oregon State University),在1961年,它们都是免学费的。所以,我揣着500美元——在俄勒冈海岸边一个12小时轮班的胶合板厂赚了一个暑假的钱,并得到父母的允诺,即在他们预算允许的范围内,每个月提供1—2美元的资助,我回到爱达荷州,进入一所小型私立大学。感谢苏联人造卫星,我可以主修化学、物理和数学。

我用500美元交了一个学期的学费、住宿费和膳食费,还有少量剩余,但不足以度过第二个学期。我咨询了学校的注册主任,我认为我需要暂时休学。我要离开的时候,他很失望。"但是我没钱了。"我解释道。"好吧,我们会为你提供一份资助。"他回答道。我不知道这是一份什么资助,但我知道我不想通过学生贷款的形式,我从一贫如洗的邻居那里学到了不要相信银行。正是在那个时候,我知道了,把像我这样的人通过大学塑造成"冷战"中一名战士的努力,远远超出改善高中教学和激励的范围。甚至连爱达荷州穷乡僻壤的小型大学的保险箱中联邦政府的钱也受到了它的影响。

大学的核心课程让我欣喜若狂。这里有思想、艺术和音乐,这里有优美的、令人激动的语言表达方式,还有一些同路人——我读到的作者们、两三位教授以及一小群和我一样的学生。我的主修专业就不是这样了,我经历了三个痛苦的学期才逐渐接受我的专业。其间,微积分让我感到厌烦和茫然,它的线性逻辑很无趣。物理学在聪明但不善言辞的教师手里显得冰冷和无趣。无机化学也许还能忍受,除了我们的教授每次上课都靠着黑板对着边窗低声细语地讲授,他从来不参加实验课,实验课极其痛苦,我们要写实验报告解释应该发生什么,尽管什么也没有发生。

三个学期后,我经受了科学和数学的挫折,分数很低,而博雅课程却激起了我的兴趣。做决定的时刻到来了。尽管有资助,但我仍然是贫穷的,并且面临陷入更加贫穷的危险,毕竟资助无法支付我的穿着和日常开支,父母零星的资助(总是伴随着慈父的关怀:"买点剃刀片吧。")也不能持续很久,哪怕是在那些每日生活费只有十美分,一瓶苏打水都要分成几份的日子里。我不知道我想要怎样的人生,只要不跟科学和数学沾边就行。

因此,我退学了,来到西雅图(Seattle)①打了一年工,做过很多低收入的工作,常常出没于书店和咖啡屋。在风驰通(Firestone)②门店里换轮胎,或者在安装没什么实在作用的内置真空吸尘器的间隙,我如饥似渴地阅读,极度渴望去理解展现在我面前的世界。毕竟,那是美国卷入越南战争的早期,是民权运动的激进年代,是学生运动的黎明时刻,是充斥暗杀和暴力的年

---

① 西雅图,华盛顿州的港口城市,是美国太平洋西北区最大的城市。华盛顿州在俄勒冈州的北部并与之接壤。——译者注
② 风驰通,美国著名的轮胎品牌,成立于1900年,1988年被普利司通收购。——译者注

代。没有什么比一位面包师傅十二年的正规学校教育更能给我提供理解这些现象的一种方法了，例外的是，读写能力主要是我从学校奋力争取来的，而不是学校给予我的。

在最后的时刻，我重新回到大学，我差不多是在注册主任去校园邮局答复征兵局对我学生身份调查的路上拦住了他。因此，我避免了一趟免费旅程——去东南亚的稻田为我讨厌的理由而战。我只为一个目标重返校园：最终还是要让正规的学校教育来回答它在十三多年的时间里刻意回避的问题。我最终选择了历史作为主修专业，这更多的是无意选择，而不是有意为之——历史能够比大多数学科提供更多理解世界的方式。当我很不情愿地认识到，一旦毕业，我需要一些谋生技能的时候，我还辅修了教师培训。

就这样，我作为一个二年级学生，充满怀疑地听着一位教育学教授根据一本枯燥的教科书讲解教育史。课上的讲授和教科书都带有虚构的味道。它们都说到一个与我的学校经历不一样的机构，如加州理工学院（Cal Tech），它可以追溯到中世纪的巴黎大学（University of Paris）。它们还讲到一个富有同情心的机构，充满了民主的价值观，在那里，富人和穷人一起平等地由智慧且无私的教师们教授。这个故事从18世纪设施简陋但认真传授共和国价值观的地区学校（district schools），天衣无缝地过渡到19世纪管理更加完善、适用性更加广泛的公立学校，再到不断扩张的20世纪进步主义学校。在这些学校里，孩子们的天赋得以发展成为他们最完满的能力，教室里共同讨论社会问题，孩子们的精神和身体健康都受到关注和改善，每年大量受到出色教育的毕业生满怀期待地投入到幸福和繁荣的社会的怀抱中。

这个故事对于我在1966年看到的世界而言没有任何意义，更何况我在8个不同的城镇上过10所不同的学校。世界或者国家都不幸福、不繁荣，尽管繁荣的表象在世界和国家的肮脏和堕落中盛行。我上过的很多学校都不是"民主的温床"，而这仅是我们教科书中一章的标题。它们都是专制体制，从来不考虑被管理者的意愿，也不会征求他们的认可。它们不是探究、测验和培育敏锐头脑的场所，它们是使人愚笨的机构：轻视心智的渴望，奖励肤浅的聪明，坚持认为不管在数学、社会科学还是人文科学中，都只有唯一正确的答案。它们放大了那些家庭富足的孩子的些许天赋，而认为我们这些剩下的孩子由于父母没有天赋而在任何方面都没有天赋,而且应该保持现状。我们被认为有着不同的能力,应该接受不同的教育,更糟糕的是,我们只是在那些严重缺乏的能力方面的一小部分上接受了教育。到此为止,我与教育史的第一次接触,就这样不幸地结束了。

我在爱达荷州和俄勒冈州交界处的一所乡村高中获得了第一份教职。为了保持低工资和低税收,这所学校采取的权宜之计是,从来不在第一年之后延长合同。只有手艺课教师、图书馆员和校长待在学校里超过一年,他们教过我大部分学生的父母。我成立了一个辩论队,并在那年赢得了比赛,然后得到了足够的重视,学校同意我在合同到期之后去博伊西(Boise)①的一所高中继续任教。

这两所学校里的学生几乎跟与我一起长大的那些孩子一样——聪明但被认为是学业上的笨蛋;他们不尊重他人,因为他们得不到尊重,他们在成年人中也看不到值得尊重的人;他们能够经受挫折并随机应变,能撇开所有试图驯服和训练他们的努力;他们坚强,表达清晰、有趣;他们痛苦地并且拼命地渴望讨论他们的世界,去问为什么,进而挑战自己,挑战彼此,挑战教师,去表达他们的个性和创造力。我们把问题放在一起,等待答案开始汇聚的时候,再重新整理这些问题。我们扎进历史、辩论、音乐和书籍中去寻找问题的各种答案。我们排练剧目,他们提出的问题比提供的答案更多,然后把我们的剧目在全校中演出。我们在教师里找到了志趣相投者,扩大了我们的圈子。我们早聚晚散,我们写作,我们争论,我们放声大笑,我们井然有序。我想这才是学校应该有的样子:学生和教师一起把课程的每一个角落都组织起来,探究那些来自即将接手这个地球的年轻人的真实问题。我亲眼见证了这些充满激情的研究和热切的求知欲,我让很多年轻人加入辩论,他们中的很多人都曾经放弃过自己早年掌握学习要诀的梦想。

但是,那两所学校并不是专门为这种热情准备的。第一所学校打断了教师们任教的连续性,从而打消了任何追求卓越的可能性;第二所学校的管理方式决定了充满热情的参与式课堂缺乏合适的课程,有一些问题——特别是关于爱国主义、种族、战争、阶级、权威、伪善的话题——在中学课程中

---

① 博伊西,爱达荷州的首府。——译者注

找不到位置,教师们的首要任务是教授秩序的铁律,而不是怀疑的能力。当一位同事因为乱哄哄的课堂而被开除的时候,我和其他老师都随她一起离开了。她无疑是我遇到过的最好的老师。在第一学期,她把3个二年级"低水平"英语班变成学习社区,学生们写作、阅读、讨论、写诗、相互争辩或支持,大家都充满了活力。她的课堂跳动着智慧的活力,吵闹声是年轻的心灵在投入且快乐地工作的声音。而这种声音却成为管理者攻击她和我们的托词。对于学校以及栖身其中的那些机灵且坚强的孩子,还有管理者,无用的教育史课堂对我毫无用处。

所以,我离开了公共教育领域。三年来围绕在我身边的勇敢的年轻人让我学到了很多,我很痛惜地离开了他们,直到现在,我都能感觉到那份心痛。我也从学校管理者那里学到了很多,他们没有一个是勇敢的。我的离开是因为后者。那个时候,我只是做了对我来说再自然不过的事情:我回到学校是因为我有很多疑问。一开始我试图回避最炙热的问题,我认为自己可以完全忘记公共教育转而研究俄国史。但是我并没有计划直接进入研究生院,直到我教书的第三年的四月中旬发生了一件事,断绝了我的念头,那就是申请的截止日期已经过去很久了。在我一位本科专业教授的说情下,我被北亚利桑那大学(Northern Arizona University)录取为一名攻读硕士学位的学生。而北亚利桑那大学没有俄国史研究项目。我无意中选择了美国社会史。

命运总是爱捉弄人。我上了一门教育史课程就认为教育史是无关紧要的。我仅仅因为在公共教育领域教过书,做过事,所以我在北亚利桑那大学被分配的任务就是担任教育史专业菲利普·鲁伦(Philip Rulon)博士的助教。好吧,我的助教工作做得很好,但是我没有上他的教育史研究生课程。我参加了关于杜鲁门时代、科学史、城市史、美国西部这些主题的研究班,以及其他的社会史课程。

历史专业要求上一门由一位年轻的社会学家讲授的跨学科定量研究方法课。其中一项作业就是在依赖定量研究方法的学科找一本书,写一篇读书报告。我向老师们征求意见,鲁伦提到一本他还没读过但有所耳闻的新书:迈克尔·B. 卡茨(Michael B. Katz)的《早期学校改革的讽刺:19世纪中叶马萨诸塞州的教育创新》(*The Irony of Early School Reform: Educational*

Innovation in Mid-Nineteenth Century Massachusetts)①。那天下午,我在图书馆里找到了这本书,然后开始阅读,结果我忘记了晚饭,直到午夜读完了才离开图书馆。突然间,对我来说,教育史充满了光明。毕竟,这本书并没有迎合和感激公众。书中在目的和手段方面充满了冲突、斗争和黑暗的战斗,学校只是权力和控制的工具。

同时,在春季学期,我报名参加了北亚利桑那大学开设的第一门非裔美国人史课程,由理查德·戴维斯(Richard Davies)讲授。他不是非裔美国人史方面的学者,但他确实是一名尽责的老师,他为这项新任务做了充分的准备。我的教育世界中另一个黑暗角落被照亮了。课程的讲授引人入胜。在这个国家十二年所谓合理的社会课程中,没有一门课能像这般讲授;主修历史的五年本科学习中也没有什么让人料想到会遇到如此这般的讲授;与教育史的第一次糟糕的接触中也没有什么让我做好准备来思考,这样的讲授对美国教育史意味着什么;在我以前信仰的福音派牧师虔诚且爱国的布道中,甚至也从没有承认这些非裔美国人的存在,更不用说在他们冷酷无情的布道中的那些同谋了。

> **本人最喜欢的教育史著作**
>
> James D. Anderson, *The Education of Blacks in the South*, 1860–1935 (Chapel Hill: University of North Carolina Press, 1988).
>
> Merle Curti, *The Social Ideas of American Educators* (Totowa NJ: Littlefield, Adams, 1959).
>
> Herbert M. Kliebard, *Schooled to Work: Vocationalism and the American Curriculum*, 1876–1946 (New York: Teachers College Press, Columbia University, 1999).
>
> Margaret A. Nash, *Women's Education in the United States*, 1780–1840 (New York: Palgrave Macmillan, 2005).

震惊和愤怒之余,我考虑为我的研讨班作业寻找一个主题。鲁伦认为,自从南方历史学家亨利·李·斯温特(Henry Lee Swint)在20世纪40年代出版了一本书之后,还没有人研究过自由黑人的教育。② 那份作业虽然幼稚而简单,但是埋下了将近40年研究的种子,这些研究都围绕着意识形态、机构、意图、形式、背景、种族、性别和意义等话题的一系列历史问题展开。

---

① Michael B. Katz, *The Irony of Early School Reform: Educational Innovation in Mid-Nineteenth Century Massachusetts* (Cambridge: Harvard University Press, 1968).
② Henry Lee Swint, *Northern Teachers in the South*, 1862–1870 (Nashville: Vanderbilt University Press, 1941).

当我开始研究生学习的时候，我还不知道为什么我要研究这个主题，它将引导我走向何方。所有那些重要的话题一开始都跟公立学校有很大的距离。但我发现，自己正在西方学术界的前沿撰写一篇关于学校教育的硕士论文。老师们开始告诉我，我应该继续攻读博士学位。尽管缺乏一个明确的目标，我还是提交了攻读博士学位的申请并被四所大学录取。我选择了纽约州立大学宾厄姆顿分校（State University of New York at Binghamton），一方面是因为这所学校刚刚聚集了一批历史学家，另一方面是因为它提供了不错的资助。那里没有人研究教育史，也没有教育学院，而这两者都跟我没有什么关系。但那里有着强大的社会史研究力量。我在那里师从理查德·达尔菲姆（Richard Dalfiume），他是专攻杜鲁门时代和早期民权时代的历史学者；萨拉·戴蒙德（Sarah Diamond）和玛丽·瑞安（Mary Ryan）是优秀的妇女史研究学者；梅尔文·杜博夫斯基（Melvin Dubofsky）专攻劳工史；查尔斯·福尔塞（Charles Forcey）专攻进步时代历史；诺曼·坎托（Norman Cantor）专攻中世纪史；汤姆·阿非利加（Tom Africa）专攻古代史，教授一门必修史学课程，并布置了我研讨班的作业，即阅读阿诺德·汤因比（Arnold Toynbee）的十二卷本《历史研究》（A Study of History），而我的其他同学只要精读其中的一卷。我是整个研讨班中少数几个有硕士学位的学生之一，也是唯一一个没有在东部一流学校受过教育的学生。阿非利加认为，这是考验西部暴发户的特别热情的方式。

尽管在历史系看不到教育，但是在博士论文中，我还是义无反顾地回到自由黑人的学校教育上。没有一位老师觉得能够胜任指导教育史领域的研究工作。我向他们保证，这是非裔美国人史方面的社会史和意识形态史研究，不是他们所认为的教育史——他们既不用提供神秘的教育学的意见，也不用去赞成那些未必可靠的史学家。我的博士论文探讨了支持早期黑人教育的各种北方集团中不断冲突的意识形态立场，进而探索这些立场对南方教育实践的影响。[①] 我把博士论文缩减了三分之二，这就成了我的第一本书。[②] 这份研究以及几乎同时出版的其他几位学者的成果，尖锐地重新评价

[①] Butchart, "Educating for Freedom: Northern Whites and the Origins of Black Education in the South, 1862 – 1875," PhD diss., SUNY Binghamton, 1976.

[②] Butchart, Northern Whites, Southern Blacks, and Reconstruction: Freedmen's Education, 1862 – 1875 (Westport, CT: Greenwood Press, 1980).

了斯温特和其他南方历史学家的工作。他们在研究中谴责自由黑人的教师们是爱管闲事的投机分子,是专门为了奴隶制和内战来惩罚南方的,而我们则认为这些教师都是英雄,尽管他们也存在一些缺陷,但他们在废除奴隶制之后的南方为更伟大的黑人自由而工作。

因此,在别的场合,作为一名教育史学家,我学术生涯的开始并不理想,因为我的学术训练只涉及一位教育史学家——在该领域并不知名的鲁伦,我也只是负责任地为他做了一年工作。从纽约州立大学宾厄姆顿分校毕业之后,我也没有去一所重点大学和该领域的同事们一起工作。相反,我去了纽约州立大学科特兰(Cortland)分校,这是一所带有师范学院传统的文理学院。鉴于我的三年教学经历和博士论文,我加入了教育系,成为系中唯一的历史学者,以及教授"教育的社会基础"课程的四位教师之一。

纽约州立大学科特兰分校是一所教学型学校。教师们每学期教授四门课程。如果想申请资助外出参加会议,那么就要教授第五门课程,而且常常要在离校园约145千米的尤蒂卡(Utica)上课。而我总是要教五门课程。当教师投身研究和写作时,管理者对此感到惊讶。同事们也挖苦我,因为谁出版了书,谁就会独占绩效酬劳。而我则定期出版和投稿,包括一开始源自早些年在美国西部教育史方面兴趣的几篇文章,一直到教学史方面的文章。[①] 我就历史研究方法设计的一门课程终于变成一本教育史研究方法方面的书。[②] 我的非裔美国人教育史课程是我最初的灵感来源,我就此发表了几篇论文和文章,其中最重要的一篇是《出其不意智胜世界的主人:一部非裔美国人争取教育的史学著作》(Outthinking and Outflanking the Owners of the World: A Historiography of the African American Struggle for Education),这是一项20世纪80年代中期之前的非裔美国人教育史学研究。[③]

[①] Butchart, "Education and Culture in the Trans-Mississippi West: An Interpretation," *Journal of American Culture* 3 (Summer 1980): 351-373.

[②] Butchart, *Local Schools: Exploring Their History* (Nashville: American Association for State and Local History, 1986).

[③] Butchart, "'Outthinking and Outflanking the Owners of the World': A Historiography of the African American Struggle for Education," *History of Education Quarterly* 28 (Fall 1988): 333-366. This essay has been reprinted in M. J. Shujaa, ed., *Too Much Schooling, Too Little Education: A Paradox of Black Life in White Societies* (Newark, N. J.: Africa World Press, 1994), 85-122; and in Roy Lowe, ed., *History of Education: Major Themes* (London: Routledge, 2000).

同时,那些年我的研究逐渐聚焦于我在第一本书的一个脚注中过于草率地提出的一个问题:如果我们把目光投向教授自由黑人的教师,我们能从早期南方黑人教育中获得什么?这还会在一般的意义上进一步告诉我们关于19世纪的教师和教学的哪些信息?我开始搜集每一位我能够确认的教过被解放的黑人奴隶的教师的名字,并尽可能多地搜索每一位教师的信息。大概就在我发表那篇史学文章的时候,我发表了第一篇关于这一研究的文章:一份关于在南方工作过的来自纽约州的几百名教师的研究。[①] 正是这一研究中一个饶有兴趣的发现催生了这篇文章:自由黑人的教师并不主要是相对比较富足的年轻白人女性,而这一表述自1903年以来一直占据主流地位,那年威廉·爱德华·布格哈特·杜波依斯(William Edward Burghardt Du Bois)[②]在充满诗意的文字中讴歌英格兰穿着印花布裙的女教师们,她们竟敢教授刚刚被解放的黑人奴隶。[③] 纽约教师团中明显包括为数不少的黑人教师,他们在这些教师中的比例明显超过了其人口比例——1860年纽约州人口中只有2%是黑人。那篇文章还指出,当纽约教师团的绝大多数成员是女性的时候,黑人男性和黑人女性都平等地参与到这一事业中来,并在其中表达了一个更聚焦和更具种族意识的目标。

关于自由黑人的教师的研究开始引发我对其他相关问题的研究。例如,在他们的信件中,这些教师经常讨论教室纪律的相关话题,偶尔顺带提及,在他们的学校里之所以不允许体罚,往往是因为他们认为,对于那些曾经受制于藤条而不得自由的人来说,体罚尤其令人可憎。为了理解这些评论的背景,我开始寻找关于教室纪律的历史的学术性述评。我发现了一些含糊不清地对圆锥形纸帽(dunce caps)[④]的怀念以及对教鞭的肯定,还有在

[①] Butchart, "'We Best Can Instruct Our Own People': New York African Americans in the Freedmen's Schools, 1861–1875," *Afro-Americans in New York Life and History* 12 (January 1988): 27–49. This essay was reprinted in Donald G. Nieman, ed., *African-American Life in the Post-Emancipation South, 1861–1900* (Hamden, CT: Garland Publishing, 1998).

[②] 威廉·爱德华·布格哈特·杜波依斯(1868—1963),第一个获得哈佛大学博士学位的非裔美国人,他自19世纪90年代起就投入黑人解放运动,是全国有色人种协会的创建者之一,是美国20世纪上半叶最有影响的黑人知识分子。1903年,杜波依斯出版了其最著名的著作《黑人的灵魂》(*The Souls of Black Folk*)。布查特在这里提及的就是这本书。杜波依斯在书中认为,南方重建工作初期的最大成绩就是,发动了新英格兰的女教师不辞劳苦地来到南方从事教育黑人的事业。参见:W. E. B. 杜波依斯. 黑人的灵魂[M]. 维群,译. 北京:人民文学出版社,1959:21–22.——译者注

[③] W. E. B. Du Bois, *The Souls of Black Folk* (1903; rpt. New York: Modern Library, 1996), 27.

[④] 劣等生在课堂上戴圆锥形纸帽以示惩罚。——译者注

特定时期关于教室生活的零星描述。但是,我找不到什么能够解释连接不同时代纪律实践的历史理念和过程。因此,我就从考察教师们日常生活的研究中抽出时间来写一部教室纪律史,其中一篇文章成了美国教育研究协会(American Educational Studies Association)的主席演说,另一篇文章则成了一本探讨美国学校中教室纪律问题专著的导言。①

在我迂回进入教室实践史的时候,我的工作地点和专业职责也发生了变化。华盛顿大学(University of Washington)聘请我作为塔科马(Tacoma)新校区创始教员之一,同时担任一项新的教育项目的主管。我和我的团队要设计一个研究生教师教育项目,招收学生,拟定课程,同时我每个季度教授三门课程,还要参与一所新大学创建的方方面面的事务。在那种情况下,我甚至没有像我在纽约州立大学科特兰分校那样的一群志同道合的学者同道。整整七年,学校的建设蒸蒸日上,而我的学术研究却被耽搁了。

当佐治亚大学(University of Georgia)为我提供一份教职时,我正处于学术休假,准备回到我对自由黑人的教师的研究上来。在我的事业中,我第一次来到南方工作,这里是我主要研究的主题所在地。尽管我担任系主任的职务,但我的学术研究依然在迅速推进。一大笔来自斯宾塞基金会(Spencer Foundation)②的资助让我能够聚集一支博士研究生骨干队伍,来推进研究自由黑人的教师的项目。我的近7 000名教师的数据库也扩充到11 000名以上,而关于个体教师的信息总量更是有三倍之多。我开始认识到,我必须重新审视我自己以及我20世纪80年代以来的修正派的同事们。好老师和坏老师、危险的狂热者和英勇的胜利者、良好种族关系的破坏者和反对回归奴隶制的保护者,诸如此类的二元划分模式统治了一个世纪的史学研究,当我们考虑到实践、教室、动机、教育以及成千上万教师的个人档案的时候,这种思维模式不再有用了。

我在2001年教育史学会(History of Education Society)的主席演说中提出了一种修正的视角,认为那些教师在述说他们的事业时采用了"使命性

---

① Butchart, "Discipline, Dignity, and Democracy: Reflections on the History of Classroom Management," *Educational Studies* 26 (Fall 1995): 165 - 184; Butchart, "Punishments, Penalties, Prizes, and Procedures: A History of Discipline in U.S. Schools," in Ronald E. Butchart and Barbara McEwan, eds., *Classroom Discipline in American Schools: Problems and Possibilities for Democratic Education* (Albany: State University of New York Press, 1998), 19 - 49.
② 斯宾塞基金会,1968年由莱尔·M. 斯宾塞(Lyle M. Spencer)创立,主要资助教育领域的研究活动。——译者注

质"(mission matters)的方式,他们所描述和阐释的使命主要是关于他们如何去教学以及他们对黑人教育的长远责任。很多北方白人教师对解放初期的自由黑人及其心智和社会需求表示出一种惊人的冷漠。他们关心的事情都是关于他们自己的,他们试图提供服务,并收获这种服务带来的精神奖励,服务谁以及服务的目标是什么并不重要。① 有几篇论文提交给国际教育史常设会议(International Standing Conference for the History of Education),后来有三篇文章在《教育史》(Paedagogica Historica)杂志上陆续发表,这些文章也拓展了我的自我反思。它们分别探讨了进入学校的教师的多样性对于黑人自由的意义,南方白人教师群体——他们很多人都穿着南方邦联军队制服一样的灰色衣服(confederate gray)②进入教室——对黑人学生的影响,以及重建时代针对黑人学校的恐怖活动对黑人心智成长的影响。③

从北亚利桑那大学研究生讨论班上的论文开始,我的将近40年研究工作的最终成果刚刚出版,即《自由黑人的学校教育:教学、学习以及黑人自由的斗争(1861—1876)》(*Schooling the Freed People: Teaching, Learning, and the Struggle for Black Freedom, 1861 - 1876*)。这本书试图纠正在很多历史叙述中的假设:为自由黑人建立的学校是北方白人慷慨无私赠予的礼物。教育是自由黑人迫切而坚定的需求,黑人教师和白人教师同样致力于此。该书从11 600多名教师的生活和行为来理解教师们的动机及其结果、性格及其影响、许诺及其对敏锐的年轻心灵所传达的信息。该书还审视了教学和课程,以了解教师为自由人设定的目标,同时仍然意识到学习者可以从学校获得实现自己目标的工具。④

---

① Butchart, "Mission Matters: Mount Holyoke, Oberlin, and the Schooling of Southern Blacks, 1861 - 1917," *History of Education Quarterly* 42 (Spring 2002): 1 - 17.
② 在美国南北战争中,南部邦联军队制服的颜色是灰色。——译者注
③ Butchart and Amy F. Rolleri, "Secondary Education and Emancipation: Secondary Schools for Freed Slaves in the American South, 1862 - 1875," *Paedagogica Historica* 40, no. 1&2 (April 2004): 157 - 181; Butchart, "Remapping Racial Boundaries: Teachers as Border Police and Boundary Transgressors in Post-Emancipation Black Education, USA, 1861 - 1876," *Paedagogica Historica* 43, no. 1 (February 2007): 61 - 78; and Butchart, "Black Hope, White Power: Emancipation, Reconstruction, and the Legacy of Unequal Schooling in the U. S. South, 1861 - 1880," *Paedagogica Historica* 46 (March 2010): 33 - 50.
④ Butchart, *Schooling the Freed People: Teaching, Learning, and the Struggle for Black Freedom, 1861 - 1876* (Chapel Hill: University of North Carolina Press, 2010).

我的下一个研究计划已在我脑子里成型。我只想这么说：和我以前所有的研究工作一样，这份研究计划将尝试理解，在过去和当下，横亘在教育的无限可能性与我们大多数孩子所接受的错误教育之间的矛盾。我希望这份计划不用再花费 40 年的时间来完成，尽管那是不幸的开端所付出的代价。

意外的发现

杰拉尔丁·约恩契奇·克利福德
(Geraldine Joncich Clifford)

悦耳的音调中
我会坐下来并喊道"我！我！"

——威廉·布莱克(William Blake)，
《公共演说》(Public Addresses)①

当我还在加利福尼亚州圣洛伦索(San Lorenzo, California)教三年级的时候，如果不是对拼写——在20世纪50年代，拼写是小学课程中的一个"大项目"——的规定教法感到厌烦，我也不可能把教育史作为我可能的发展方向之一。因为没有明显的迹象指明这一方向：1954年我从大学毕业的时候没有，1958年我进入博士生项目的时候也没有。的确，我喜欢历史课程，也学得很好，但是实际上我喜欢并迎合了高中每一门科目的适度需求，获得了教师资格证和两个学位。[高中化学是个例外，我的成绩单被动了手脚，因为斯特劳斯先生(Mr. Strauss)给了我一个B，以换取我承诺不上他的物理课。]是的，在我教书的第二年，我就胡思乱想着要成为一名教授：在遥远的将来，我也许会成为一名老师的老师。

---

① 威廉·布莱克(1757—1827)，英国浪漫主义诗人，英国文学史上的伟大诗人之一。但是他风格独特，性格古怪，同时代的人认为他是一个反理性主义者、梦幻家和神秘主义者，一个远离尘世的疯子和偏执狂。19世纪20世纪之交，诗人叶芝等人重编了他的诗集，接着，他的书信和笔记陆续发表，人们才逐渐认识到布莱克的天才、激情与虔诚。这里引用的箴言短诗是他在一次公共演说中提到的，原文是：
And in Melodious Accents I
Will sit me down & Cry "I! I!"
联系前文完整的表述应该是："因此我需要艺术的业余爱好者们给予我应得的赞扬。如果他们不这么做，那是他们的损失而不是我的损失，他们会被后人鄙视。我对劳工同胞们的称赞已经足够多了。这是我的荣耀，我也得到了伟大回报。我会继续下去，没有什么能够阻碍我。而且我会在悦耳的音调中坐下来并喊道'我！我！'"布莱克一生都保持了政治上的激进倾向，对工人的疾苦抱有深切的同情，他曾写长诗抨击英帝国的工商业是建立在对劳工剥削和奴役的基础之上的。——译者注因此,那时也无法预测,我自己设计拼写教学方法(包括让学生从自己的"作品词典"中学习单词,而不是从政府规定的单词表中学习单词)这个偶然事件,竟然不经意间促使我决定撰写一篇关于拼写教学史的硕士水平的课程论文。我的教授建议我申请一所东部大学的研究生奖学金,而我自己当时对那所大学知之甚少,而且毫不关心。

生活史作为一种文学形式,学校教育作为一种政治上的协调努力,差不多是在 19 世纪的时候同时兴起的。在接下来的回忆中——这份回忆太简单了,以至于很难说是一份自传,我里里外外组织(或者说是"罗织")了很多事情,以及在斯图尔特·贝茨(Stuart Bates)①看来的最重要的"对记忆的反思",尤其是那些持续滋养着我的教育和历史的话题:我研究过的、书写过的、教授过的以及关心过的。从这份生活和史学的双重自我省察中,读者可能会更好地把我的事业置于大约 60 年前偶然进入的那个领域。

"一个来自佩德罗的孩子"

艾尔弗雷德·卡津(Alfred Kazin)②在其青年时代的自传《城市中的行者》(*A Walker in the City*)中写道:"每次我回到布朗斯维尔(Brownsville),就感觉好像我从未离开过。"③正值圣佩德罗高中(San Pedro High School)1949 届校友第 60 次聚会之际,我回到了我的家乡。在市中心的一家商店橱窗里,我看到了一件 T 恤,上面写着:"你可以把孩子送出佩德罗,但你无法让孩子忘记佩德罗。"这句标语比这件 T 恤更加合适地表达出了一个人可以离开,但不能把他最初"认识自我"时的时空、人物都抛诸脑后。和其他工人阶级移民社区一样,圣佩德罗(San Pedro)会失去很多孩子,这些孩子会离开家乡去往其他地方,寻找其他的工作和生活方式。最初,3 000 名日裔移民在 1942 年被强行管制,他们也带走了大部分学校里最优秀的学生,而他们再也没有回来过。

---

① E. Stuart Bates, *Inside Out: An Introduction to Autobiography* (Oxford: Basil Blackwell, 1936, 1937), vol. 2, iv.
② 艾尔弗雷德·卡津(1915—1998),美国 20 世纪著名的作家和文学批评家,出生于纽约布鲁克林区东部的布朗斯维尔住宅区。——译者注
③ Alfred Kazin, *A Walker in the City* (New York: Grove Press, 1958), 5.

> **个人作品精选**
>
> "Scientists and the Schools of the 19th Century: The Case of American Physicists," *American Quarterly* 19 (Winter 1966): 667–685.
>
> *The Sane Positivist: A Biography of Edward L. Thorndike* (Middletown, CT: Wesleyan University Press, 1968, 1984).
>
> "Words for Schools: The Applications in Education of the Vocabulary Researches of Edward L. Thorndike," in Patrick Suppes, ed., *Impact of Research on Education: Some Case Studies* (Washington, DC: National Academy of Education, 1978), 107–198.
>
> "Marry, Stitch, Die, or Do Worse: Educating Women for Work in America," in Harvey Kantor & David B. Tyack, eds., *Work, Youth, and Schooling: Historical Perspectives on Vocationalism in American Education* (Stanford, CA: Stanford University Press, 1981), 223–268.

至于后来,随着每一代人的社会流动,越来越多的渔民子女随之离开。在我成长的岁月里,移民渔民以及他们做罐头的妻子、女儿让加利福尼亚州的圣佩德罗成为这个国家最大的渔业中心。

我们过去常常开这个城市及其一所公立高中的玩笑,说:"这里有斯拉夫人、意大利人、葡萄牙人和美国人。"斯拉夫人主要来自达尔马提亚(Dalmatia),在我外祖父1900年离开欧洲的时候,它是奥匈帝国(Austria-Hungary)的一个偏远地区,而当我父亲1920年移民美国的时候,它是南斯拉夫的一部分。这里的意大利裔美国人最具一致性,他们都来自意大利南部和西西里岛。人数最少的葡萄牙人来得略早一些,最早可追溯至19世纪70年代,他们主要来自亚速尔群岛(Azores)。他们引以为豪的是,他们的同胞英雄胡安·卡布里洛(Juan Cabrillo)在1542年代表西班牙宣布了现在南加利福尼亚这片区域的领土权。至于"美国人",以狭隘的观点来看,他们只是一些留守者:据我们这些移民孩子所知,他们绝大多数都是白人和温和的"非种族主义者",还有新教教派的飘忽不定的拥护者。直至1950年,我进入大学并和来自贝弗利山庄(Beverly Hills)[①]和费尔法克斯高中(Fairfax High)的犹太人一起生活在学校宿舍里,我才知道,在圣佩德罗的"美国人"实际上还包括犹太人——我们经常光顾他们的干货店和服装店。

1909年,因为需要一个港口并在许下一些承诺的前提下,洛杉矶成功说服了圣佩德罗的选民投票接受兼并。这个曾经被忽视的市镇,离城市的商

---

① 贝弗利山庄,洛杉矶西部的一个城市,背靠贝弗利山,面朝大西洋,是洛杉矶市内最有名的城中城,也是洛杉矶的豪宅区,甚至是"全世界最尊贵的住宅区"。——译者注

业、文化和政治中心有40千米,还位于线路广布的有轨电车系统之外——据我所知,那个时候大多数家庭还没有汽车。但是,圣佩德罗高中在洛杉矶一体化学区中,被认为是这个国家最进步的和运行良好的学校系统。然而,和这个市镇一样,它也处于偏远地带。学术性的附加课程也是缺乏的——比如法语,初中时被"忽视"的拉丁语入门课程、高级文学课程,它们都应该成为附加课程,就像游泳池和足球看台这些设施一样。鉴于圣佩德罗高中低质量的课程以及港口提出的招工门槛,毫不奇怪的是,对那些没有在16岁辍学的学生来说,大学只能招到这两批人:去私立的南加利福尼亚大学(University of Southern California)踢足球的男孩子们,以及去加利福尼亚大学洛杉矶分校(University of California, Los Angeles)想成为教师的女孩子们。

这并不是因为加利福尼亚大学洛杉矶分校曾是洛杉矶州立师范学院(Los Angeles State Normal School),而是因为我们这一代全国范围内的女子学院毕业生有60%都会去考教师资格证,另外13%也会上教育学课程。尽管我的母亲在20世纪20年代末就读于华盛顿州贝林汉姆(Bellingham, Washington)的州立师范学校——当时我的父亲乘火车北上,以寻求一位和他有着共同语言并能成为他两个年幼孩子妈妈的女士——但我从未渴望从事教师职业。除了我的外祖父母也是从父亲离开的那个亚得里亚海的海岛(Adriatic island)上移民过来,相互了解对方的艰辛之外,我的父母在品性、兴趣、教育方面并无什么共同点。我的母亲曾是一名模范学生,她是高中毕业致辞的学生代表,会弹钢琴,会拉小提琴,似乎至少可以在一个令人尊敬的领域中有所作为。我的父亲在他风景美丽但生活艰难的家乡海岛上几乎没有受过什么学校教育,不像我的外祖父,他接受了被教会寄予希望的当地僧侣的教育。父亲所拥有的是智慧、魅力、精明、强烈的雄心和勇于承担风险等品质,这些品质最终使他在一个捕金枪鱼船队中获得了年度"最佳船长"的称号,把他的家庭带向小康,让他有能力把孩子送入大学,还资助了留在现处于蒂托(Tito)统治下的南斯拉夫的同样有着雄心壮志的亲友们。父亲知道,教育的工具性价值就体现在这些人身上:他的会计师、银行经理、药剂师和医生,还有他平时接触到的海事律师、海关官员,以及在石油公司和船具店里那些西装革履的人。在船具店里,他为两种他建造并命名为"先锋号"的围网渔船提供给养。

父亲很同情留在科米萨(Komiza)①的三兄弟,同时效仿比他早来到圣佩德罗的两位年长的"先锋"。我在圣佩德罗有7位堂兄妹,尽管他们的移民父母都没有上过学,但其中就有4人是大学毕业：1位记者(他们中唯一的女性)、1位化学家、1位工程师以及1位建筑师。堂姐玛丽(Mary)是凭借她自己的努力做到的,她的兄弟和堂兄弟则是借助《退伍军人权利法案》和免费的州立大学接受高等教育。父亲的5个孩子(父亲有两次婚姻)中,出生相对较晚的,都获得了更多的学位；每个子女都在大学中度过了一段时光,其中3人获得了博士学位：2人是在硬科学(hard sciences)领域,1人是在教育领域。因为父母对我们的影响是交叉的,而且他们在精益求精的工作道德准则方面为我们树立了榜样,所以我无法很有把握地去衡量母亲朴素而间接的榜样作用和父亲坚定而自信的在竞争动力方面的影响力,两者孰强孰弱。我的同窗好友们(比如我同父异母的姐姐和两个堂姐妹)选择了"商业"课程,我则投入了大学预备课程的学习,结果误打误撞来到了加利福尼亚大学洛杉矶分校。然而,到了那里以后,我很快被早在战后女性进入大学之前美国文化影响下出现的早婚、高生育率现象包围,男女合校后的男女学生第一年就在一起了,第二年就订婚了。但我还差得很远,我先是极不情愿地成为一名教师,后来又是一位有志向的大学教授——但我仍然未婚！

这些早期的经历对我后来作为一名教育史家的事业的影响至少有两个方面。就像在移民史的研究和著述方面作出卓越贡献的第二代、第三代学者,我只是"继承"了在移民和学校这个话题上蛰伏着的兴趣。1963年,我在贝丝·桑代克(Bess Thorndike)的日记里发现了一个切入口,她在日记中提到,她丈夫的睡前读物是多卷本的迪林厄姆委员会(Dillingham Commission)报告《学校中的移民孩子》(The Children of Immigrants in School)②。这份材料我是熟悉的,而此时我也已经偶然地就该主题阅读过史学和社会学方面的一手和二手材料。后来,我钻研得更加深入：通过将"美国化"作为我讲

---

① 科米萨,亚得里亚海维斯岛(Vis Island)上的一个港口。——译者注
② 迪林厄姆委员会成立于1907年,专门调查研究美国的移民问题,委员会主席是来自佛蒙特州的国会参议员威廉·保罗·迪林厄姆(William Paul Dillingham)。1911年,该委员会完成使命,提交了最终的报告,即迪林厄姆委员会报告。该报告共41卷,另加1卷索引,其中第29—33卷就是《学校中的移民孩子》。——译者注

授的研究生社会基础课程的一个核心主题,以及为新生开设一门"美国文化"课程——这门课程将意大利人、墨西哥人、印第安人和那些"主流"美国人的上学经历进行对比,进而探索迪林厄姆委员会和其他项目关于移民女性在教师职业中(我认为)的杰出表现。

20世纪60年代末,我开始接触到一些振振有词的观点,即认为美国的公立学校并没有成为社会流动的发动机,或者成为实现"美国梦"最重要的要素,当时我就对此表示质疑,因为至少移民的孩子在那里确实受到关注了。戴安娜·拉维奇(Diane Ravitch)对"激进修正派"教育史学家的反驳我深表赞同,尽管我们的背景各不相同——拉维奇成长于休斯敦(Houston),她来自有着深厚思想

> **个人作品精选(续)**
>
> "Eve: Redeemed by Education and Teaching School," essay review of Redding S. Sugg, Jr., *Motherteacher: The Feminization of American Education*; Elizabeth Green, "Mary Lyon and Mount Holyoke;" and Barbara J. Harris, "*Beyond Her Sphere: Women and the Professions in American History*," History of Education Quarterly 21 (Winter 1981): 479-491.
>
> "Daughters into Teachers: Educational and Demographic Influences on the Transformation of Teaching into 'Women's Work,'" *History of Education Review* [Australia-New Zealand], 12 (1983): 15-28.
>
> "'Shaking Dangerous Questions from the Crease': Gender and American Higher Education," *Feminist Issues* 3 (Fall 1983): 3-62.
>
> *Ed School: A Brief for Professional Education*, with James Guthrie (Chicago: University of Chicago Press, 1988).
>
> "The Historical Recovery of Edyth Astrid Ferris," *Educational Researcher* 17 (May 1988): 4-7.
>
> "Equality in View": The University of California and the Schools (Berkeley: Center for Studies in Higher Education, University of California, 1995).

文化背景的犹太家庭,毕业于一所昂贵的东部女子学院。我们都发现,我们自己以及亲朋好友的公立学校经历,都与20世纪70年风行于史学界、吸引学生也活跃于专业会议的悲观结论相悖。虽然我知道索尔·科恩(Sol Cohen),但我对他的理论不甚了解;拉维奇为公立学校理念提供公开辩护,但我们共同的导师劳伦斯·A. 克雷明(Lawrence A. Cremin)却拒绝这么做。①

---

① Diane Ravitch, *The Revisionists Revised: A Critique of the Radical Attack on the Schools* (New York: Basic Books, 1978).

通过马拉开波前往晨边高地[1]

威尔伯·达顿（Wilbur Dutton）是第一位对我来说不仅仅是"蓝皮书"上的名字的大学教授。大约在1952年，我的大学室友同意代表加利福尼亚大学洛杉矶分校的中等学校学生教师出席加利福尼亚教师协会（California Teachers Association）的一个周末会议，而我则被迫成为初等学校的代表。达顿是发起人，我们三个坐着他的车去艾斯罗马（Asilomar），这是我第一次参加教育界的专业会议。1956年，在加利福尼亚州北部教了两年书之后，我回到加利福尼亚大学洛杉矶分校，获得了教育领域的硕士学位，这是我向父亲作出的承诺，以此换取他不反对我决定在离家约805千米的地方接受我的第一份教职。这个为期一年的项目有着严格的规定，包括要去上达顿在基础学校课程方面的课，在他的课上，我写了一篇前面提及的关于拼写教学史的文章。有一次在他的办公室，达顿提到了另一位加利福尼亚大学洛杉矶分校的研究生沃尔特·H. 麦吉尼蒂（Walter H. MacGinitie），他当时获得了一份麦克米伦奖学金（Macmillan Fellowship），这是一份为在哥伦比亚大学师范学院（Teacher College, Columbia University）攻读语言艺术或阅读心理学的博士候选人提供的为期一年且不可再续的资助。达顿认为，我可以抓住另一个机会，问我是否愿意接受推荐？我受宠若惊地同意了。哥伦比亚大学师范学院回复他，最好不要连续挑选两个加利福尼亚大学洛杉矶分校的学生过来，但依然希望我再次申请。虽然我没有再申请，但我不知道的是，哥伦比亚大学师范学院早就为我虚席以待。

在攻读硕士学位期间，一件同样难以置信的事情是必修一门为时两个学期的教育史课程：上这门课就像接受一种冗长的记忆训练，其采用的是一种狭隘的、基于学校发展的方法。我对这门课并不感兴趣，但是听说教育学院的教师和学生们对一位精力充沛的年轻的纽约人议论纷纷，他利用暑假给南加利福尼亚大学的学生们教授美国教育史。他的名字是劳伦斯·A.

---

[1] 晨边高地（Morningside Heights），美国纽约曼哈顿西北部的一个社区，这里指哥伦比亚大学晨边高地校区。——译者注

意外的发现

克雷明,他的讲义上写着"巴茨(Butts)和克雷明"①(不是普通教授用的那种油印教学大纲)。② 克雷明并不是用多项选择题来进行测验(比如:裴斯泰洛齐的第一所学校在哪里?),而是用探究性的问题来提问学生,这些问题将教育机构与其他社会和文化机构联系起来。

然而,我并没有记住"克雷明"这名字,因为我的目的是用教学来探究更广大的世界。两年的工作经验和一个硕士学位让我有资格进入一所美国军队为驻海外军人的子女设立的学校。因为这是军队提供的工作[加上洛杉矶和圣莫尼卡(Santa Monica),这是我的"安全网"],所以,当听说在委内瑞拉(Venezuela)一所私立美国学校有一个报酬丰厚的职位时,我就一直等着空军方面的通知。我申请去 EBV 高中(Escuela Bella Vista)③很快就被批准了,以至于没有时间考虑其他的选择。由于能流利地阅读西班牙语,我不知不觉地学习到大量关于教育和政治之间的各种交叉课程,这些课程生动、喧哗甚至是革命性的:它们并不与我的文化相隔绝,而是生活和工作在一个第三世界国家中的美国人的骄傲、权力和干预拉丁美洲事务的癖好。

在马科斯·佩雷斯·希门尼斯(Marcos Pérez Jiménez)总统向更多的国外公司颁发了石油开采证书之后的 1957—1958 年,我所任教的学校是马拉开波湖(Lake Maracaibo)④边一个美国人社区(有 2 万人?)的一部分。听说在我任教期间,在马拉开波湖上有 1 万口油井在运作。委内瑞拉的父母们并不认为这是当时马拉开波这个小城市中最好的学校,他们的孩子有 40% 会进入"美国人的学校",最好学校的荣誉属于耶稣会男子学校或者或许可以称为壳牌(Shell)("英国人的")学校,它是由壳牌石油公司(Shell Oil Company)开办的。而前者是由克里奥尔(Creole)公司——新泽西标准石油公司[Standard Oil of New Jersey,即后来的埃克森石油公司(Exxon)]的一个附属公司——开设和运营的。EBV 高中对于雄心勃勃的"现代"当地人的

---

① R. 弗里曼·巴茨(R. Freeman Butts)与克雷明在 1953 年时共同出版了一本《美国文化中的教育史》(*A History of Education in American Culture*),克利福德在这里所提及的克雷明的讲义应该是以此书为基础的。——译者注
② R. Freeman Butts and Lawrence A. Cremin, *A History of Education in American Culture*(New York: Holt, 1953).
③ EBV 高中,是委内瑞拉马来开波的一所高中。——译者注
④ 马拉开波湖,位于委内瑞拉西北部沿海马拉开波低地的中心,南美洲最大的湖泊,也是唯一与海相通的湖,石油资源丰富,有"石油湖"之称。——译者注

吸引力在于,它能为学生提供一条通向俄克拉何马州(Oklahoma)或得克萨斯州(Texas)的州立大学中的石油工程或者相关项目的便捷之路。因为我们"美国人的学校"是男女合校的,所以女孩也能入学。

这些就是我在比较教育和国际教育方面初遇的"迷你"课程,但它们对我的影响很快就被三件意义更加深远的事件取代了。1957年9月23日,学期开始之后没几天,作为1954年"布朗诉教育委员会案"(Brown v. Board of Education)关于公共教育领域种族隔离判决的结果,9名非裔美国学生进入阿肯色州小石城(Little Rock,Arkansas)的中央高中(Central High School)。全世界都见证了,艾森豪威尔总统(President Eisenhower)从肯塔基州(Kentucky)调动一支空降部队前往小石城,并从支持种族隔离主义的州长奥维尔·福伯斯(Orville Faubus)手中接管了阿肯色州国民警卫队。这支部队在1957—1958年致力于在法庭和街头的斗争中提供武装护卫和维护和平。第二件事情是,1957年10月4日,当苏联成功发射了第一颗人造卫星,让美国陷入一场"追赶"和相互指责的危机中时,报纸头条和电视新闻出现了一个新词汇:"苏联人造卫星"(Sputnik)。当时以及接下来的几个月和几年里,美国的学校和教师——就是我们——为了这场"冷战灾难"承受了很多指责。

由任何残留的自满带来的第三种挑战就在委内瑞拉发生了。在攫取权力10年之后,希门尼斯将军决定在1957年底通过公民投票的方式将自己的总统职务合法化。对我们来说,最终造成的社会动乱悄悄地开始了。当时全国教育部部长决定,跟其他的学校和大学一样,我们的两周圣诞假期延长到整个12月。拉丁美洲的革命"源于大学"——始于大学生的反抗——独裁者的策略是分散大学生,在所有学生及其家庭面前,他把他的动机打扮成了一份慷慨大礼:为期1个月的娱乐,陪伴家人,去乡村的景点旅行,等等。1958年1月1日,当地报纸报道了委内瑞拉一场失败的政变,当时我和4位同事正在厄瓜多尔的首都基多(Quito)。第二天,我们就返回马拉开波,生活在军事管制以及后来逐步宽松的宵禁之下,1月底的一场几乎不流血的权力转换使得在委内瑞拉实行民主成为可能。作为美国人,美国向希门尼斯提供政治避难的事实增加了我们集体的不安,甚至是耻辱。

意外的发现

在委内瑞拉教书的日子里,我饱餐了一顿由社会、文化和政治事件共同组成的盛宴,其中,教育是引人注目的——但没有思想工具去挖掘表面事实以外的更多东西。因此我就决定立即前往我能获得这些工具的地方?完全不是。我仅仅是希望在一个更加温和的气候中给孩子们上课,并渴望换一个新环境。我申请1958—1959学年前往加拉加斯(Caracas)[①]的美国(国际)ECA学校(Escuela Campo Alegre)。当哥伦比亚大学师范学院的行政人员跟着我来到马拉开波的时候,命运就发生了转变。一封为我提供麦克米伦奖学金的电报将我从教员会议上召回,这份奖学金将为我一年的研究提供充分的资助。去曼哈顿(Manhattan),把拉丁美洲的旅行推迟一年,这听起来也不错。由于EVA学校对我的免责:"你完成了那里的研究就回来,他们教给你的东西不会让你对我们贬值的",于是我接受了哥伦比亚大学师范学院的机会。而我完全没有注意到,在这极为重要的一年中,关于教育和社会的一些并不成熟的问题将会在纽约获得一些答案:当然,既不是唯一的答案,也不是最好的答案。但是,经过再三考虑,我准备开始一场寻求更加真实的自己的历程:一个对提出问题而不是给出答案更加感兴趣的自己,一个更加倾向于把学校教育看成是一个很多需要探究的"现实"共同组成的综合物,而不是一些可以解决的"问题"。

"找到了"一个方向!

"太迟了,克雷明教授研讨班的名额已经满了,没法加入了。"就在我吃完晚饭的时候,我无意间从哥伦比亚大学师范学院自助餐厅的邻桌上听到了这句话。在第一个学期过去一半的时候,我已经明确了两件事情。我决定,放弃奖学金委员会,主要是荣休教授阿瑟·欧文·盖茨(Arthur Irving Gates,麦克米伦奖学金的资金来源于他被广泛采用的学校读本的版权费)的期望,不在语言艺术方面花费更多的时间,而这正是我这份奖学金的特色之处。我发现,在课程与教学系,这些语言课程和其他课程都由资深教员来教授,注重"过程"而轻视内容,都是阿瑟·贝斯特(Arthur Bestor)、雅克·巴曾

[①] 加拉加斯,委内瑞拉的首都。——译者注

> **最喜欢的其他历史学家的著述**
>
> Lawrence A. Cremin, *The Transformation of the School: Progressivism in American Education, 1876–1957* (New York: Alfred A. Knopf, 1961).
>
> Larry Cuban, *How Teachers Taught: Constancy and Change in American Classrooms, 1890–1980* (New York: Longman, 1984).
>
> Merle Curti, *The Social Ideas of American Educators* (New York: C. Scribner's Sons, 1935).
>
> Nancy Hoffman, *Woman's "True Profession": Voices from the History of Teaching* (New York: McGraw-Hill, 1981).
>
> Richard Hofstadter, *Anti-Intellectualism in American Life* (New York: Alfred A. Knopf, 1963).

(Jacques Barzun)和海军上将里科弗(Admiral Rickover)[①]这些人提供的大餐。林肯·斯蒂芬斯(Lincoln Steffens)[②]在1931年出版的自传中就写道,他在回答了老师们提出的一组考试问题后就进入了加利福尼亚大学。[③] 我没有如此倔强的自信,在纽约的最后一个学期,我只是选择与我选定的教授一起度过：伊丽莎白·哈根(Elizabeth Hagen)[④]教授,她与罗伯特·桑代克(Robert Thorndike)合著了一本关于测试方面的新书[⑤],我在加利福尼亚大学洛杉矶分校攻读硕士学位期间还被选定为他们的一名付费测试者;米里亚姆·戈德堡(Miriam Goldberg),她给天才学生们上一门课(天才学生是否应该得到特殊关注,至今还依然是一个公众话题);还有克雷明。他那宽敞的装满书籍的办公室大门敞开着,我走近这位伟大的人物,向他请求一个研讨班的名额,提及我在加利福尼亚大学洛杉矶分校的经历,并回答了一些他的问题。克雷明同意给我十五个名额中的一个,他还说,虽然在他的大课上,他对学生是来者不拒的,但是他希望进入他研讨班和讨论会的学生都能够"尽到自己的努力和义务"。

[①] 阿瑟·贝斯特(1908—1994),美国历史学家,20世纪50年代美国公共教育的著名批评者;雅克·巴曾(1907—2012),美国历史学家,著述广泛,也是知名的教育哲学家,对美国教师培训产生过一定的影响;海曼·乔治·里科弗(Hyman George Rickover, 1900—1986),美国海军上将,核潜艇之父,对美国教育有过尖锐而深刻的批评,著有《教育与自由》。——译者注

[②] 林肯·斯蒂芬斯(1866—1936),美国著名记者,20世纪初在美国新闻界掀起了一股揭露社会黑暗的浪潮。——译者注

[③] Lincoln Steffens, *The Autobiography of Lincoln Steffens* (New York: Harcourt, Brace, 1931).

[④] 伊丽莎白·哈根(Elizabeth Hagen),原文为Hagan,经查证,应为Hagen。哈根教授在1950—1981年任教于哥伦比亚大学师范学院,是教育学和心理学的测量与评价方面的专家,2008年去世。——译者注

[⑤] 此处应指哈根教授与R. 桑代克教授于1957年合著出版的《心理学和教育学中的测量与评价》(*Measurement and Evaluation in Psychology and Education*)一书。——译者注

意外的发现

1959年春季学期,研讨班的唯一主题就是进步主义教育运动,这是克雷明即将完成的下一本书的主题。[1] 每一位学生——大多是几个社会科学领域的博士生——都要成为研究克雷明认可的十五个人物中某一个人物的"专家"。我抽到了爱德华·李·桑代克(Edward Lee Thorndike),我本来选的不是他,但也没有后悔选了他。从本科生的"教育心理学"课程以及我教学中使用的《儿童词典》(Children's Dictionary)开始,我就经常看到"E. L. 桑代克"这个名字,但对他了解不深。轮到我的那周,我主持研讨班并讨论了桑代克的事业和一本指定的著作。我清晰地记得,我对他学习理论中的原子理论表面上看似矛盾之处作出了一定的评论,他对于教育科学有一种宏伟的视角,这种坚定的信念明确地引导了他广泛的调查研究。这次研讨班的汇报后来成为我1961年的教育学博士论文——《爱德华·L. 桑代克和教育中的科学运动(1898—1918)》(Edward L. Thorndike and the Scientific Movement in Education, 1898-1918)。[2]

在一次研讨班的会议上,我不经意间指出了对我在哥伦比亚大学师范学院感觉到的过时的进步主义的不满,之后,克雷明就要求"在你有闲的时候"来见我。尽管没有遇到过这种情况,我还是视之为一项命令,而且很想知道我是否成了一个没有努力和尽到义务的人。但相反,他让我考虑成为他的博士研究生。随后,我又进行了一些自我质疑和咨询,询问自己是否太

最喜欢的其他历史学家的著述(续)

Polly Welts Kaufman, *Western Teachers on the Frontier* (New Haven: Yale University Press, 1984).

Leon Litwack, *North of Slavery: The Negro in the Free States, 1790 - 1860* (Chicago: University of Chicago Press, 1961).

Barbara Melosh: "*The Physician's Hand*": *Work, Culture, and Conflict in American Nursing* (Philadelphia: Temple University Press, 1982).

Jonathan Messerli, *Horace Mann: A Biography* (New York: Alfred A. Knopf, 1972).

George W. Pierson, "The M Factor in American History," *American Quarterly* 14, Supplement (Summer 1962): 275 - 282; "A Restless Temper," *American Historical Review* 62 (July 1964): 969 - 989.

David B. Tyack, *The One Best System: A History of American Urban Education* (Cambridge: Harvard University Press, 1974).

---

[1] Lawrence A. Cremin, *The Transformation of the School: Progressivism in American Education, 1876 - 1957* (New York: Alfred A. Knopf, 1961).
[2] Published as Geraldine Jonçich, *The Sane Postivist: A Biography of Edward L. Thorndike* (Middletown, CT: Wesleyan University Press, 1966).

年轻、太缺乏经验以至于不能把自己打造成一名教育学博士。还有,我拿什么去支撑奖学金之后的研究?我不能请求父亲的帮助,而一份助教奖学金显然也是不够的,尽管我改变了研究方向,但是 A. I. 盖茨还是重新给我提供了一份在他的语言艺术学院的一个兼职研究职位。在语言艺术学院的两年里,我走遍了大都市,逐个给孩子们做新修订的盖茨-麦基洛普阅读诊断测试(Gates-McKillop Reading Diagnostic Tests),然后制定标准和测试者手册。这份工作就像我的成长、教学经验和国外生活一样,和我的历史论文并没有直接关系,但它在我后来作为一名学者、作家和教师的事业中留下了很深的印记。

另一个不可能:加利福尼亚大学伯克利分校

我的从教经验帮我从新泽西州(New Jersey)的一所师范学校获得了一个就业机会,但是年轻和缺乏大学教学经验使得其他几所机构在 1961 年公开招聘一名教育史学家或"社会基础领域的人员"时对我心生怀疑。我的第一次面试是在威斯康星大学(University of Wisconsin),我失败了,因为"太学术了"。[后来,当我和吉姆·格思里(Jim Guthrie)——我们都曾当过中小学教师——出版《教育学院》(Ed School)这本书的时候,我很想知道当时威斯康星大学麦迪逊分校拒绝我的老师们是否有人关注到该书,因为在书中,我们批评了一些主要的教育院系已经远离了初等和中等教育领域。][1]与此同时,克雷明让 S. 科恩要把接下来夏天的时间用在他的博士论文上,所以我就可以代替 S. 科恩在马萨诸塞大学(University of Massachusetts)教授历史和社会基础课程。这很快充实了我的简历,加上克雷明不厌其烦地向师范学院就业指导主任推荐,我获得了另一所前师范学校加利福尼亚大学圣芭芭拉分校(University of California at Santa Barbara)新成立的教育研究生院提供的代理副教授一职。那年这个学院还没有院长,所以"代理"这个头衔附加在所有新聘用的教员身上。我的任务包括指导两位实习教师,为未来教师(正是我的闪耀之处)提供两门"学校与社会"方面的必修课程以及仅

---

[1] Geraldine J. Clifford and James W. Guthrie, *Ed School: A Brief for Professional Education* (Chicago: University of Chicago Press, 1988).

仅一门教育史课程——另外一门被系里一位视听教师拿走了,他虽然没有学生助手,却以他的教师资历"拿走了我的课程"。为了更好地发展,我又把我自己放回了就业市场。我去加利福尼亚大学洛杉矶分校面试,拒绝了后来给 S. 科恩的职位,却不经面试就获得了加利福尼亚大学伯克利分校(University of California, Berkeley)的一个职位,这全靠 A. I. 盖茨向他以前的学生戴维·H. 罗素(David H. Russell)的推荐。我隶属于教育基础系,主要的教学任务是教授必修课程"学校与美国社会",这门课程的教学成果形成了我写的唯一一本教科书《美国教育的形成》(*The Shape of American Education*, 1975),该书很大程度上也是基于克雷明对美国教育特征的界定:公共性、多样化、普遍性和广泛性。① 我还被任命为讲授研究生必修课程"社会基础"的三位讲师之一(他们不想有任何闪失!),另外两位分别是比较文学学者约瑟夫·费希尔(Joseph Fischer)和社会学家马丁·特罗(Martin Trow)。他们二人都成了我的朋友,特罗的工作还影响了我后来在高等教育史方面的教学和写作。

　　加利福尼亚大学洛杉矶分校和哥伦比亚大学师范学院都有很多给女性教员提供终身教职的范例,而加利福尼亚大学伯克利分校却没有。1962 年 9 月,我是大概 45 名教员中唯一一名进入终身教职晋升阶梯的女性,这不算上同样规模的教师教育方面的指导老师(因为他们不"算数"),其中三分之二都是女性。我后来才知道,教育学院自从 1938 年以来,除了阿瑟·詹森(Arthur Jensen)之外,还没有推荐过任何人担任终身教职,1927 年推荐了最后一位女性。这个信息有什么用吗?会激发潜在的男女平权主义者的本能吗?答案都是否定的。我的任务看起来很清楚:尽可能地好好教学,同时把我不成熟的博士论文变成一本可靠的爱德华·L. 桑代克的传记。作为一名在加利福尼亚大学伯克利分校出版过著作的学者——"伯克利的毕业生"(Berserkeley),我很快就会成为"六点钟新闻"的谈资以及一块把全世界自由和激进的学生们吸引到教育学院来的磁铁。我天真地以为,如果加利福尼亚大学伯克利分校的终身教职放弃了我,我会有很多别的机会可以选择。这从来没有发生过,这在某种程度上要感谢古根海姆奖学金(Guggenheim

---

① Geraldine J. Clifford, *The Shape of American Education* (Englewood Cliffs, NJ: Prentice-Hall, 1975).

Fellowship），这是一份从来没有给过教育研究领域的女性的奖励，同时，巴纳德学院（Barnard College）①主动送上门来的一份教职也是一种"额外的赞赏"。因此，在1967年，我既没有期盼，也没有意愿，更没有被迫离开加利福尼亚大学伯克利分校，我的同事们和校方也接受了我继续留下来的权利。随后，我就和比尔（Bill）结婚了，他是一位政治和劳工运动方面的活动家和历史爱好者。

杰克·伦敦（Jack London）——不是那位知名的作家，而是加利福尼亚大学伯克利分校的一位成人教育方面的教授——对我提出了更多的要求。他是一名终身的男女平权主义者，他坚持认为，作为一名在一个厌恶女性的机构里工作的学术女性，我有义务去激发和指导当时为数不多的女性学生。不像虚构的珍妮特·曼德尔鲍姆（Janet Mandelbaum）——阿曼达·克罗斯（Amanda Cross）的《一个终身教职上的死亡》（*Death in a Tenured Position*）中一位哈佛大学（Harvard University）的英语教授，我没有否认在这方面的兴趣和意图，但也没有接过这个接力棒。② 整个20世纪70年代，在兴趣驱动和多方鼓励下，我仍然写了几篇有关E. L. 桑代克的论文，特别是有关作为教育学"科学化"路径的心理学和更加广泛的教育研究的历史。我专注于准确地考察对学校教育实际的而不是表面的影响，也写过几篇评论指出几位历史学家在他们华丽的文字中混淆了课程和教学这两个实体概念的错误。

传记写作，是我事业中从头到尾最清晰的线索。因为在博士论文中忽视了E. L. 桑代克这个个体，所以我一头扎进了作为历史和艺术的传记文学的写作中，进而扩展到更加一般性的生平写作，包括正在出现的被忽视群体的集体传记。在一些作品的启发下，如奥斯卡·汉德林（Oscar Handlin）的《离乡背井的人：形成美利坚民族的大规模移民的史诗》（*The Uprooted: The Epic Story of the Great Migrations that Made the American People*）和贝尔·欧文·威利（Bell Irvin Wiley）的《南部邦联的普通人》（*The Plain People of*

---

① 巴纳德学院，创办于1889年，1900年并入哥伦比亚大学，是哥伦比亚大学本科学院之一。——译者注
② Amanda Cross, [Columbia University Professor Carolyn Heilbrun], *Death in a Tenured Position* (New York: Dutton, 1981).

the Confederacy)①,我逐渐离开"伟人的"历史,走进"来自底层的历史":寻找那些大多数——用作家和评论家伊丽莎白·鲍恩(Elizabeth Bowen)的话说②——"毫无过错的、非凡的却不怎么重要的人们"的存在、他们的声音及其对教育史的贡献。20 世纪 70 年代早期,我就为我自己定下了这个新的研究路径,它也成为我在教育史学会的主席演说:《圣徒、罪人和人民》(Saints, Sinners, and People)——该文并不像标题所显示的那样是一种来自激进修正主义者的苛责。③

教师,大部分是女性,却是这个行业中的"小人物"——借用塔玛拉·哈雷文(Tamara Hareven)的书名标题,就是学校教育中"无名的美国人"。④ 女性教师方面的研究和写作,进而扩展到女性的学校教育,这使我很容易地参与到一切与之有关的活动中:阅读男女平权主义者的学术成果,加入了一小群加利福尼亚大学伯克利分校的女性教员群体,来共同努力推动女性研究从一个"项目"变成一个"专业",还接受了一位被吸引到加利福尼亚大学伯克利分校来的外国学生马雷西·内拉德(Maresi Nerad)的建议,即我先教一门实验性课程,然后再与女性研究相交叉,就成了一门女性和高等教育方面的课程。在我接下来四分之一世纪的时间里的很多教学和写作中,性别成了一种分析的维度,这也非常得益于此前一位叫苏珊娜·希尔登布兰德(Suzanne Hildenbrand)的学生的建议。为了我退休后的著书计划"优秀的格特鲁德们"⑤,即美国历史上的女性教师,我搜集了大量的个人史资料。然

---

① 奥斯卡·汉德林(1915—2011),美国著名历史学家,在哈佛大学担任历史学教授逾半个世纪。20 世纪 50 年代开辟了移民史研究,1951 年出版了《离乡背井的人:形成美利坚民族的大规模移民的史诗》,次年获得普利策历史学奖。贝尔·欧文·威利(1906—1980),美国著名历史学家,专攻内战史,是军事史和普通人的社会史方面的专家,1943 年出版了《南部邦联的普通人》一书。——译者注

② Oscar Handlin, *The Uprooted: The Epic Story of the Great Migrations that Made the American People* (Boston: Little, Brown, 1951); Bell Irvin Wiley, *The Plain People of the Confederacy* (Baton Rouge: Louisiana State University Press, 1943); and Elizabeth Bowen, "Autobiography As an Art," *Saturday Review of Literature* 34 (March 17, 1951): 9 - 10.

③ Geraldine J. Clifford, "Saints, Sinners, and People: A Position Paper on the Historiography of American Education," *History of Education Quarterly* 15 (Fall 1975): 257 - 271.

④ 塔玛拉·哈雷文(1937—2002),美国社会史学家,1971 年出版了《无名的美国人:19 世纪社会史探究》(*Anonymous Americans: Explorations in Nineteenth-Century Social History*)。——译者注

⑤ 该书已出版:Geraldine J. Clifford. *Those Good Gertrudes: A Social History of Women Teachers in America* (Baltimore: Johns Hopkins University Press, 2014). 克利福德认为,在美国女性教师的历史上,有三位格特鲁德女士扮演着非常重要的角色,她们是格特鲁德·鲍德温(Gertrude Baldwin),格特鲁德·玛丽·希菲(Gertrude Mary Heaphy)和格特鲁德·罗宾斯·法托尔(Gertrude Robbins Fator),故在书名上采用了"格特鲁德们"(Gertrudes)这种说法。——译者注

而，正是一篇文章《婚姻、家务、死亡，或者更糟》(Marry, Stitch, Die, or Do Worse)①——为了参加斯坦福的一次会议，我受以前一位学生的委托所写，后来被编入一本图书中，1981年出版——我从戴维·泰亚克(David Tyack)那里获得了这个结论性的评价："杰拉尔丁，我想，你现在已经找到属于你自己的特色。"

---

① Geraldine J. Clifford, "Marry, Stitch, Die, or Do Worse," in Harvey Kantor & David B. Tyack, eds., Work, Youth, and Schooling: Historical Perspectives on Vocationalism in American Education (Stanford, CA: Stanford University Press, 1981), 223–268.

回忆录：一张记忆拼图

索尔·科恩
(Sol Cohen)

萨姆(Sam)："如果知道这些事情永远不会再有了，我会努力更好地记住它们。"

——巴里·利文森(Barry Levenson)，
1990年导演电影《阿瓦隆》(*Avalon*)

第 一 部 分

这天下午,在加利福尼亚大学洛杉矶分校以南的加利福尼亚州洛杉矶西木区(Westwood, Los Angeles, California)的一座公寓里,我正在写这篇回忆录。12月21日至1月4日,加利福尼亚大学洛杉矶分校放假,所有教职工都在休假。我注意到回忆录中的自我披露精神中有几个需要注意的方面,并就此提醒诸位读者——正如米歇尔·德塞尔托(Michel De Certeau)所说的,[①]"历史的书写总是嵌入在特定的时间、特定的地点、特定的机构中,并'源于一个特殊的情境'"。这篇正在写作的回忆录就是被深嵌在这些因素中——此时、此地、此处、此景。

"二战"后,历史学科最重要的发展之一就是对回忆录和自传的不断认可,法国历史学家称之为"自我的历史"(ego-histoire)[②],将其视为史学中一种值得尊敬的体裁。回忆录是一种引人入胜的但也最容易产生疑问的,甚至是不可靠的体裁。自我叙述中毫不遮掩的主观性挑战了我们正常追求的"客观性"传统,这让人惊恐万分。尽管我发誓尽可能地诚实,但怀疑仍然无

[①] Michel De Certeau, *The Writing of History* (New York: Columbia University Press, 1992), 58.
[②] Jeremy D. Popkin, "Historians on the Autobiographical Frontier," *American Historical Review* 104 (June 1999).

处不在。以下部分是自传,但主要是回忆录。回忆录将以一种记忆的形式呈现,由杂乱的生活碎片缝合而成,最终形成一种叙事,以说明我过去是什么样子的,现在变成了什么样,或者想象一下我将会变成什么样子。

我在纽约的南布朗克斯区(South Bronx)长大,是一个在经济大萧条早期从波兰的小村庄移民到美国,没有受过教育且无一技之长的工人的儿子。我的整个青春岁月都在南布朗克斯区的街道上度过,街道是我的地盘。学校很少能打断我在街道上的快乐。附近就有公立小学和公共图书馆,以及一所不错的公立高中。但是,在"辍学"这用词出现之前,我就是一名"辍学者"了。那个时候,书本从来没有抓住过我的心思或者注意力。一直到高中,我和书本之间的反感是相互的。我曾经说过:"如果我和莎士比亚坐在一起,他都会感到痛苦。"但是,我的母亲保证让我穿得干净得体地去上学,并叮嘱我要表现出旧时代的老师们希望在他们学生身上看到的三大美德。但我只得到了个"B"。我从未计划过要去大学,甚至想都没想过,在一无所知的情况下,我被纽约城市学院(City College of New York)录取了,每一个平均成绩只有"B"的高中生都能被录取,不管我们多么愚笨、茫然或者缺乏教养。后来我毕业了,获得了一个学士学位,这并不是纽约城市学院中发生的第一个教育奇迹。工作[不包括夏天在纽约以北的沙利文县(Sullivan Country)的卡茨基尔山(Catskill Mountain)度假区当服务员]并不让我满意,为了让我的母亲高兴(她抱怨我正变成一个"没有出息"的人),我进入了哥伦比亚大学师范学院的一个硕士生项目。在几年快乐的日子之后,我获得了硕士学位和教师资格,并成为一所高中社会课程的老师。随后我搬到了哥伦比亚大学师范学院附近曼哈顿的一间公寓里。我从哥伦比亚大学师范学院得到的高中教学资格和学位成为我在布朗克斯区以外的通行证。我的经历不是史诗传奇,只是一个古老的故事,一个常见的美国犹太移民的经历,只不过在我这个例子里,我通过不懈的努力而非天赋,从一个卑微的起点成长为一位令人尊敬的中产阶级。对于像我这样的很多人,离开布朗克斯区意味着社会进步和解放的机会,而对于其他人,则意味着一种错位与社会疏离感。因为我已经没有动力去忏悔了,所以我不会逗留在这份回忆录的自传层面上。

但是,在我真正开始这篇回忆录之前,为了尊重读者的信任,也为了预防可能的批评,我必须向读者坦诚,我的记忆力在那些最了解我的人中间是最靠不住的。我相信,读者也会同意,任何"回忆录"的必要条件都至少是一种可靠的记忆。这就是说,我已经为保证我的信用做了一些准备。在我在加利福尼亚大学洛杉矶分校的办公室关闭之前,我尽可能地搜集了很多档案材料:笔记、信件、文章、公告、小册子、论文等。虽然如此,我还是要靠我那不靠谱的记忆来帮助回忆我要写下的很多事件和人物。现在,我会努力挑战我所有的极限,最终开启这篇回忆录。但是,还有一点要提醒大家:不管我怎样描述这些事件和人物,请读者注意,这仅仅是我的描述而已,事实未必如此。但是我看来好像是打乱顺序了,我用我的结论开始了回忆录,所以现在就让我回到起点吧!

当我接受邀请加入本书的写作时,我就发誓,如果我要写一篇回忆录,我就要述说事实,全部的事实,而且只有事实。但我很快发现,这是多么幼稚。对于一些事情来说,我拥有的材料超过我能够合理述说的容量,而对其他一些事情来说,材料远远不够。因此,为了保证故事的完整性,我不得不对有些材料进行筛选、忽略、回避或者剪裁,重视一件事情而忽略另一件事情,并且要决定对某些"秘密"是要保留还是公开,正如历史学家路易丝·怀特(Luise White)在她那篇出色而富有争论的文章《述说更多:谎言、秘密和历史》(*Telling More: Lies, Secrets, and History*)[1]中所指出的。不可避免的是,为了故事的可读性,我又必须借助虚构化的手段,正如诗人和作家安德鲁·赫金斯(Andrew Hudgins)在他同样富有争论性和启发性的文章《一部自传作者的谎言》(*An Autobiographer's Lies*)[2]中所认为的,我们不得不这样做。这是多么矛盾——一方面要告知事实,另一方面我们在述说中又不得不隐藏"秘密",享受"谎言",并用尽所有的虚构手段。除了通过文学的修饰或者虚构外,我怎么还能给我杂乱的生活提供某种一致性、完整性、可理解性和意义,并使自己尽可能成为一个幽默风趣、鼓舞人心甚至是无所不知的人?[正如我的学生巴勃罗·托里斯(Pablo Torres)所说过的那样——当我们把自己写进历史的时候,我们是否会因为对自己宽容而被指责。]

撰写这份回忆录带来的愉悦和激动在于,我可以忽略我在受到海登·

---

[1] Luise White, "Telling More: Lies, Secrets, and History," *History and Theory* 39 (December 2000).
[2] Andrew Hudgins, "An Autobiographer's Lies," *American Scholar* 65 (Autumn 1996).

怀特(Hayden White)①影响之前的无知岁月,当时我正在被训练成为一名历史学家,历史学科也自称近乎是一门科学：基于文献,根据事实,强调客观以及反对主观色彩,②这把我的注意力转移到基于文本的历史编纂学。我不由自主地受到 H. 怀特的吸引,是因为他使历史书写(和阅读)变得如此独特和迷人。现在,就像我的另一位学生休·舒克曼(Hugh Schuckman)提醒我的,通过撰写这份回忆录,我能够亲身感受到 H. 怀特鼓励我们采用记述、编织情节(emplotment)③、表述方式、修辞或者其他语言修饰等方式带来的机遇、陷阱或者意想不到的困难。H. 怀特宣称,历史专业陷于困境,"是因为它无视它在文学想象力方面的天赋"。为了科学和客观,历史学"自我约束,并拒绝其最伟大的力量源泉……从亚里士多德(Aristotle)关于编织代表性行为的意义上来说,历史是一种文学式的叙述"④。H. 怀特坚持认为,历史学家的虚构,"从本质上来说,就是一种文学,也就是说,虚构是可行的"⑤。我的史学研讨班同意 H. 怀特的观点,即历史作为一门人文学科的一种强烈的义务感。H. 怀特希望,要达到的目标并不是对史学领域进行一种彻底的纠正,而是像研讨班上一位学生杰夫戴特·雷杰皮(Jevdet Rexhepi)所说的那样,为我们如何讨论和构建史学以及如何着手构建我们的历史叙述,提供了"一种'进步的动力'"。

第 二 部 分

对我来说,如果再去写劳伦斯·A. 克雷明(Lawrence A. Cremin)、进步主义教育和"学校的变革",或者克雷明于 1970—1988 年间出版的《美国教

---

① 海登·怀特(1928—2018),美国 20 世纪著名历史哲学家,主要代表作是《元史学》(*Metahistory*)。该书已有中译本,见：海登·怀特.元史学[M].陈新,译.南京：译林出版社,2004. ——译者注
② Peter Novick, *That Noble Dream: The "Objectivity Question" and the American Historical Profession* (Chicago：University of Chicago Press, 1988).
③ "编织情节",海登·怀特的术语,指的是"从时间顺序表中取出事实,然后把它们作为特殊情节结构进行编码",参见：海登·怀特.作为文学虚构的历史本文[M]//新历史主义与文学批评.张京媛,主编.北京：北京大学出版社,1993：163. ——译者注
④ Hayden White, *Tropics of Discourse: Essays in Cultural Criticism* (Baltimore：Johns Hopkins University Press, 1978), 99. And see White's *The Content of the Form: Narrative Discourse and Historical Representation* (Baltimore：Johns Hopkins University Press, 1987).
⑤ White, *Tropics of Discourse*, 85. 在回复一封舒克曼的咨询邮件的时候,H. 怀特慷慨地回复说："在 20 世纪 60 年代,历史书写被认为是要书写最重要的东西……这意味着要研究话语理论……正如他们所说,剩下的就是历史。"2009 年 1 月 26 日。

育史》(American Education)三卷本,或者20世纪70年代和80年代早期的"修正派"论争或"理论"之争,就显得有点单调乏味了。然而,对于这份回忆录,编者将会期待这些内容,读者们应该也会期待这些内容,所以我会使用一些关于克雷明教授的新材料。我想大多数读者都知道,我曾是克雷明的助教。读者们可能有兴趣想知道我是如何成为他的助教的。至于20世纪70年代和80年代的"理论"之争,它们对我的事业发展有着深远的影响,同时也改变了我的生活,这我稍后会解释。

在高中教书的时候,我住在曼哈顿,为了让自己远离烦扰,晚上就去哥伦比亚大学师范学院上一些课程,包括克雷明的"美国教育史"课程。在课堂上,我遇到了莫里斯·I. 伯杰(Morris I. Berger)[昵称:马克(Mark)],这是我老邻居家一个聪明的孩子,他是我周日晚上玩纸牌的一个牌友,不过已经没有联系了,他现在是克雷明的助教。在克雷明的课上,遇到马克是非常幸运的,就像接下来要发生的事情一样偶然。马克刚刚在纽约州立大学奥尔巴尼分校(State University of New York at Albany,SUNY-Albany)获得了一个教育学副教授职位,教授教育哲学,而且那边的主任想让他立即到任[马克刚刚完成了一篇关于纽约社会服务所发展史方面的博士论文,但是在教育哲学家菲利普·H. 菲尼克斯(Philip H. Phenix)和詹姆斯·E. 麦克莱伦(James E. McClellan)的影响下——他们二人在20世纪50年代都曾受雇于哥伦比亚大学师范学院,加入克雷明和资深教授R. 弗里曼·巴茨(R. Freeman Butts)的"教育学基础"课程中,马克决定致力于教育哲学]。现在,马克不得不告诉克雷明他要离开了。我能够想象得到马克和克雷明之间的对话:

马克:拉里(克雷明的昵称),你猜怎么着? 我刚刚获得了纽约州立大学奥尔巴尼分校的教育学副教授职位,他们想让我即刻到任。

克雷明:这还只是学期中间,你哪都不能去,除非你评阅完我的期末试卷和学期论文(每门课大概有125篇)。

马克:拉里,那边现在就需要我。

克雷明:好吧! 你给我找一个人来代替你,然后你就可以走了。

马克:拉里,你在这儿待着,我马上回来。

马克跑到克雷明上课的大讲堂里找到了我,抓住我的胳膊,把我拉到了克雷明的办公室,然后宣布:"拉里,这是你的新助教,索尔·科恩。"克雷明打量着我。我觉得,他给人的印象并不深刻,但他也不打算去评阅试卷和学期论文。他有几位在读的博士生,但是很明显,没有一个人对教育史感兴趣。他急需一位助教。他对马克点了点头,没有看我的任何证书或者简历,也没有问我任何问题,就说"好吧!"这就是我的面试。事情发生得如此迅速,以致我一时不知所措。我一言未发,只是在想,我是怎么来到这儿的?我在这儿做了什么?马克告诉我:"你现在必须辞掉高中的教职,并注册成为克雷明的博士研究生,我稍后会告诉你该如何操作。"某一天,马克走了,我成了克雷明教授的助教,不再是一所高中的社会课程老师,而是克雷明的美国教育史博士研究生。我作为克雷明助教的新生活开始了,它就这样发生了。克雷明很快就成为哥伦比亚大学师范学院最著名的教授,以及他同时代最著名的美国教育史学家。

我做克雷明的助教有三四年的时间(我担任他的"美国教育史"和"西方文化中的教育史"这两门课的助教)。我按时坐班,评阅所有的学期论文和期末试卷,上课的时候把他的书搬到教室,下课的时候拿上他的外套和雨伞,在他讲课的时候帮他打电话到机场修改航班(以下这个事情可能是虚构的,或者只是马克的一个笑话,就像是我不想被挖掘的记忆:有人提早来到大讲堂,在黑板上写下"我抗议",然后克雷明走了进来,说"擦掉它",我立刻就这么做了)①。作为一个年轻人,克雷明有着电影明星般的长相,总是衣着得体,美国大学优等生联谊会(Phi Beta Kappa)的金钥匙标志②在他的衬衣上闪闪发亮。他非常自信,是一位令人着迷的演讲者,同时也是一位轻松的分类者,他用一条舒缓的钟形曲线将学生分类,没有人不及格,也没有人抱怨。课后,我的工作就是护送克雷明去第116大街的地铁站,以避免他的粉丝和课堂上的"倾慕者"纠缠他。

我很好地服务了克雷明?克雷明很好地服务了我?这是很难回答的问题。我也不愿意试着给出答案。如果我要试着回答,那必然是一些陈词滥

---

① 后来克雷明让他的一个教育哲学方面的博士研究生菲利普·埃迪(Philip Eddy)来帮我。
② 美国大学优等生联谊会是美国著名的荣誉社团,创建于1776年12月5日,原是威廉与玛丽学院校内的一个秘密社团,它的标志是一把金钥匙,在表面刻上了手指、3颗星星以及社团名字的3个希腊字母。——译者注

调:"这是最好的时代,也是最坏的时代。"克雷明帮我在马萨诸塞大学阿默斯特分校(University of Massachusetts, Amherst)取得了我的第一个大学教职,我在那里教授"教育学基础"课程,还要辛苦地撰写我的博士学位论文。作为我的论文导师,克雷明非常让人失望。他不愿意过问我,或许他没有时间过问。他的态度看起来似乎是,他不关心我能否完成论文。但是一旦我完成了论文——它花了我整整四年的时间,克雷明就让哥伦比亚大学师范学院出版社出版了它。随后,我从马萨诸塞大学辞职的时候,克雷明又帮我在加利福尼亚大学洛杉矶分校找到了一个职位。但是,在写学位论文期间及其后几年里,我根本没有和克雷明交流过,我对此一直惴惴不安。

我从来没有和克雷明有过私下的和社会性的交往。现在,我能更好地理解了。我们来自不同的世界。我的祖上是"新"移民,来自布朗克斯,没错,就是浮现于脑际的那个在语言、文化和社会各方面处于劣势的"布朗克斯区"的名字或者别称。克雷明出生于"古老的"很有文化底蕴的德裔犹太人移民家庭,有着优越的成长环境。我肯定让他难堪了。我们从来没有在一起吃过一顿饭,或者课前、课后在他的办公室里逗留一会儿聊聊天。他常常很快就走开了。他获得班克罗夫特奖(Bancroft Prize)[①]的作品《学校的变革:美国教育中的进步主义(1876—1957)》(*The Transformation of the School: Progressive in American Education, 1876-1957*)出版于1961年,他受到几乎所有教育领域的专业组织的演讲邀请,一所又一所精英大学邀请他去演讲或者担任客座教授。我和他的继任者约翰·S. 布鲁巴克(John S. Brubacher)和马丁·S. 德沃金(Martin S. Dworkin)相处得很好,克雷明离开之后,我做过他们以及巴茨教授的助教。

布鲁巴克教授是一位多产的学者,他最近和威尔斯·鲁迪(Wills Rudy)合著出版了《转变中的高等教育:美国学院和大学的历史(1636—1956)》(*Higher Education in Transition: A History of American Colleges and Universities, 1636-1956*)。[②] 我的同事卡洛斯·托里斯(Carlos Torres)幽默地称布鲁巴克教授为一位"旅行学者"。但是,我们其他人就不是吗?布鲁

[①] 班克罗夫特奖,美国史学界的最高奖项,由美国历史协会和哥伦比亚大学历史学系评选,每年颁奖1次。——译者注

[②] John S. Brubacher and Willis Rudy, *Higher Education in Transition: A History of American Colleges and Universities, 1636-1956* (New York: Harper & Row, 1958).

巴克是一位高大谦和的绅士，他好像要从密歇根大学（University of Michigan）退休了，他在哥伦比亚大学师范学院休假的时候给人的印象是如此的悠闲而成熟。在我们的"美国教育史"课上，他布置很少的阅读和写作任务，整堂课上，他轻松地谈论着他的新书。但是在课后，布鲁巴克是一个很风趣的人。他把我带到第120大街上的一个酒吧，喝上几瓶啤酒，调侃一下他认识的或者以前认识的同事们［他好像认识高等教育领域的每一个人——在他去密歇根大学之前，他曾任教于耶鲁大学（Yale University）］，但是他从不调侃哥伦比亚大学师范学院的教员们，不管我怎么怂恿他。那个学期，我除了《转变中的高等教育：美国学院和大学的历史（1636—1956）》之外，几乎没学到什么，但是我很享受布鲁巴克教授的陪伴，有很多关于他的温馨回忆。这是我第一次认识一个作为真实的人的教授。

　　德沃金是一个最不寻常的人。我可能会说，德沃金给了我一种补偿性的教育，为我提供了很多必备的文化礼节，以及我所匮乏的语言和文化资本。德沃金有充足的空闲。他也来自布朗克斯区和纽约城市学院，但他是一名真正的学生。他在纽约城市学院学到了知识并拿到了学士学位，然后又接受了更好的教育。尽管没有获得更高的学位，但他在社会研究新学院（New School for Social Research）学习了一些社会科学和人文科学的课程，这些课程都是由在那里教书的最杰出的欧洲流亡学者提供的。

　　20世纪40年代中期和后期，德沃金还在哥伦比亚大学师范学院上了一些课程，表面上看是为了成为一名博士研究生而做的准备。但是德沃金远不是一位只知道坐在教室里写论文和考试的乖巧学生，他还是一位摄影师、诗人和电影评论家。在哥伦比亚大学师范学院，他遇到了克雷明，克雷明后来成为一名研究公立学校（common school）的博士研究生。德沃金一直从事教学，他一直鼓励克雷明并帮助克雷明修改文章和撰写博士论文。大约在1949年，克雷明完成并出版了他的博士论文，回到哥伦比亚师范学院成为教育基础系的一员，他在休假的时候让德沃金接替他的课程，这就是我成为德沃金助教的由来，因为我一直跟着这门课。克雷明有一种百科全书式的想法，特别是对于教育史课程，但是他的学识似乎被局限在两本教科书——《美国文化中的教育史》（*A History of Education in American Culture*）和《西方教育文化史》（*A Cultural History of Western Education*）——的广度和深度里了。在我的印象中,克雷明从德沃金那里接手的是一门关于社会科学、人文科学以及大众传播和大众文化等方面最新发展的速成课。德沃金是我知道的第一位知识分子,他的诗歌、摄影和电影评论在诸如《新共和国》(*The New Republic*)、《新读者》(*The New Reader*)、《进步主义》(*The Progressive*)这些杂志上公开发表过。① 德沃金也是一位出色的教师。在"西方教育文化史"这门课中,学生们完全沉浸在古希腊的古典传统中。他认为,希腊人发现了美好生活的秘密所在——教育(paideia)——克雷明后来在他自己的讲授中也强调了这一点。在克雷明[和伯纳德·贝林(Bernard Bailyn)]借用新观点之前的几年,在"美国教育史"这门课中,德沃金就已经形成思考教育的新路径,即超越学校和正规教育,把电影、报纸和收音机都包括进来。确实,德沃金的教学内容包括文化和社会中具有教育功能的所有部门、机构和创造物。

尽管德沃金认为我是一个不学无术的人,我们却花了很多时间相处。特别是下课后,德沃金私下指导我,和我讨论最新的书和演出,以及曼哈顿的视觉艺术、戏剧、音乐会、芭蕾舞、现代艺术、摄影、书籍和文学评论,当然还有电影评论——他把大部分时间都花在了这些事情上。德沃金喜欢散步,下课后他会陪我走回家(当时的家只是第120大街上那些大型公寓中的一间卧室),我们依然可以连续不断地聊个没完。有时候,下午他会带我去看电影特映。但德沃金是一个很难相处的人:他就像一个智力暴徒,他是一个很糟糕的聆听者,他跟我说话,就好像是他只是把知识强行灌输到我的头脑中。我一直认为,他是知识上的智者,却使我作为一名学者的自信大大降低,这也就是为什么尽管我黔驴技穷,苦苦挣扎,却从来没有在博士论文上寻求德沃金的帮助。

我在马萨诸塞大学的时候,以及后来去了加利福尼亚大学洛杉矶分校,时不时地还会听到克雷明和德沃金的消息。克雷明迅速登上了事业的顶峰。巴茨教授退休之后,克雷明成为教育基础系的主任,很明显要成为哥伦比亚大学师范学院的下一任院长,我听说他在1974年成为哥伦比亚大学师范学院的院长(1974—1984年)。我还听说,德沃金正在教他自己培育起来

---

① 德沃金关于电影和教育的文章都是原创性的,远远领先于当时的时代,现在也依然是有价值的。E. g., "Toward an Image Curriculum: Some Questions and Cautions," *Journal of Aesthetic Education* 4 (April 1970).

的两门课程:"教育中的美学"(Aesthetics in Education)和"教育、意识形态和大众传播"(Education, Ideology, and Mass Communications)。我也听说,1965年德沃金帮助克雷明组建了哥伦比亚大学师范学院的教育哲学和政治系。多年以后,在20世纪90年代中期,克雷明于1990年去世以后,我在整理克雷明的一份回忆录的时候发现,在1978年,克雷明突然终止了德沃金在哥伦比亚大学师范学院的任职。作为克雷明的老朋友、导师和三十年的同事,德沃金悄然离去,没有工作,没有退休金,甚至没有一封表彰信。① 德沃金和克雷明之间发生了什么?克雷明在哥伦比亚大学师范学院院长任上的作为如何?这些都是秘密。或许某一天,关于德沃金的故事,德沃金和克雷明之间发生的事情,以及克雷明在哥伦比亚大学师范学院院长任上的作为,这些秘密的面纱会由当时哥伦比亚大学师范学院知道这些事情的教员和博士生揭开。②

第 三 部 分

关于20世纪70年代和80年代早期的"修正派"论争和"理论"之争,美国教育史领域的研究者都知晓,而美国教育史领域以外的研究者则没人会在意,尽管正如我前面所说,它们是我事业和生活中的一个转折点,但我在此只是简要地提一下。20世纪70年代末到80年代早期,我对"修正派"的粗劣丑态很厌烦。我和美国其他教育史学家都同意迈克尔·B. 卡茨(Michael B. Katz)所指出的,科林·格里尔(Colin Greer)所说的"伟大学校传奇"——免费的公立学校,向所有人开放,美国例外论的典型代表——名不副实,这是对克雷明关于公立学校崛起的占主流的英雄式表述的必要补充。但是"修正派"的方式并不温和。他们想在这个学科中清除掉任何仍然支持或者曾经支持过克雷明关于美国公共教育发展的观点的人,并且把教育史学会的年会和美国教育研究协会F分会(历史和史学分会)搞得乌烟瘴

---

① Sol Cohen, "Lawrence A. Cremin: Hostage to History," *Historical Studies in Education / Revue d'Histoire de l'Education* 10 (Spring 1998).
② 德沃金于1996年3月22日去世,享年74岁。See Bernard J. Looks, *Failed Friendships: A Memoir of Martin S. Dworkin* (New York: Xlibris, 2005). 卢克斯博士(Dr. Looks)还出版了一卷德沃金的诗集: *Unfinished Ruins* (New York: YBK Publishers, 2002).

气。我做过一届教育史学会的主席,当时所有这些事情都还在上演,但是我已经开始疏离教育史学会、F分会以及聚焦史学和历史研究方法新潮流的论争之地。但是,如果我断绝与教育史学会的一切联系,我也不知道我该去哪里,谁会对我的工作感兴趣,或者我的工作会走向何方。在这个关键点上,幸运再次光顾。肯塔基大学(University of Kentucky)的教育学教授理查德·安杰洛(Richard Angelo)[昵称里奇(Ritchie)],曾经也是教育史学会和F分会的参与者,他进入到我的生活中。现在,正是里奇给我建议和指导。此时,里奇已经从关于公立学校史的相互攻讦中抽出身来,并且在H.怀特的强烈影响之下,开辟了一条新的路径,而我则跟随他前行。

我是通过1981年里奇发表在《教育史季刊》(History of Education Quarterly)上的一篇书评第一次遇到他的。被评论的书很不起眼,但里奇是通过仔细阅读这些书的写作方式——语言、比喻、修辞乃至书写工具——来写这篇书评的,而不是这些书的作者们提出的事实、证据或者观点。里奇的阅读方式,我的学生舒克曼称之为"语言的挖掘",这种方法是如此新颖,如此特别,如此不寻常,我不得不为他写下几笔。后来,里奇又把他的6篇文章和书评送给我看。对我来说,就好像是一位苏联的电影导演在看过艾森斯坦(Eisenstein)①1925年的电影《罢工》(Strike)后所做的评论:"迄今我们所做的一切都是过家家。"最重要的是,通过运用H.怀特的方法去阅读——对文本书写的风格和修辞方面的"挖掘",在这方面他是一位大师,里奇写了一些关于教育方面的论文、评论和文章,是我读过的最令人难忘的文章,它们有待扩编成一本书。②

在20世纪80年代早期,里奇和我都很难在《教育史季刊》上发表文章,

---

① 谢尔盖·艾森斯坦(Sergei Eisenstein, 1898—1948),著名的苏联电影导演和电影理论家,1925年的《罢工》是其代表作之一。——译者注

② Richard Angelo, "Myth, Educational Theory, and the Figurative Imagination," *Philosophy of Education* (1978 Yearbook, ed., Gary D. Fenstermacher); "The Freedom We Have in Mind," Review Article, Maxine Greene, *Landscapes of Learning*, *Educational Theory* 28 (Winter 1979); "A Sense of Occasion," Essay Review of R. Freeman Butts, *Public Education in the United States* and Geraldine Joncich Clifford, *The Shape of American Education*, *History of Education Quarterly* 21 (Fall 1981); "Ironies of the Romance and the Romance with Irony; Some Notes on Stylization in the Historiography of American Education since 1960," *Educational Theory* 40 (Fall 1990); "Professing the History of Education After Textualism", unpublished paper delivered as a "Fireside Chat," AERA, Div. F, San Francisco, March, 1989; "Drugs, Sex, & Rock 'n Roll: Youth and Instruction in Contemporary Film," Delivered at the Annual Meeting of the Ohio Valley Philosophy of Education Society. Oct. 15, 1987. 还有更多文章,在此无法一一列出。

或通过美国教育研究协会 F 分会的论文审核。我最开始在文化史、文学转向和后现代主义方面的努力都被拒绝了,这些都是在阅读和书写方面模仿里奇的可悲的努力。但是美国教育研究协会 F 分会竟然拒绝了里奇的研究成果?这是不可原谅的,我断绝了与 F 分会的联系。关于论文展示,里奇也有一些特别的想法,这与我不谋而合。在口头上和实际中,里奇感兴趣的是一种"认识上的批评",而不是普通的"拒绝式批评",他倡导"张开手,而不是握紧拳头"。① 1983 年,里奇提议我们参加近期由加拿大教育史学会(Canada History of Education Association)和美国教育史学会在不列颠哥伦比亚省的温哥华(Vancouver, British Columbia)联合举办的会议,我爽快地答应了。

我依然能够回想起我在那次会议上感受到的欣喜。我记得,加拿大教育史学会的组织者和会员们全部都是专业人士,而且非常礼貌,非常热情。我感觉那是一群朋友、同事和学者聚在一起的共同体。会议设有主席,有时候是"主席或评论员",但是刀不出鞘。会上是一种暖洋洋的气氛,这是里奇和我所期待的:张开手,而不是握紧拳头。我终于找到了一种家的感觉。在温哥华的会议上(加拿大教育史学会的会议很快就变成两年一次),关于史学的论文是受欢迎的。在查尔斯·伯吉斯(Charles Burgess)主持的分会上,我提交了一篇关于语言和教育变革的文章,题目是《语言、词汇和话语共同体:关于教育改革的反思》(Language, Vocabulary, and Communities of Discourse: Reflections on Educational Innovation),而里奇在另一场由韦恩·J. 厄本(Wayne J. Urban)担任主席和评论员的分会上提交了一篇题为《浪漫的讽刺和讽刺的浪漫:对 1960 年以来教育史领域的程式化的几点观察》(Ironies of the Romance of Irony: Some Notes on Stylization in the History of Education since 1960)的文章,这篇文章向很多在场的人介绍了 H. 怀特的观点。② 多年以后,我的这篇论文作为一章收录在我的《质疑正统:走向新的教育文化史》(Challenging Orthodoxies: Toward a New Cultural History of Education)③这本书中,同时还收录了 20 世纪 80 年代末和 90 年代我在加拿

---

① Angelo to Cohen, August 30, 1984.
② Angelo, "Ironies of the Romance and the Romance with Irony...".
③ Sol Cohen, Challenging Orthodoxies: Toward a New Cultural History of Education (New York: Peter Lang, 1999).

大教育史学会会议上读到的其他几篇文章。从1983年到1996年,我出席了每一届加拿大教育史学会两年一次的会议并提交了论文。事实上,我最初提交加拿大教育史学会的很多文章很快就作为研究论文、书评或者评论文章发表在加拿大教育史学会的新杂志《教育史研究》(*Historical Studies in Education/Revue d'Histoire de l'education*, HSE/RHE)上了。①

尽管里奇还在犹豫是否要为加拿大教育史学会承担一定的义务,我还是加入了加拿大教育史学会,并最终成为教育史学家国际共同体的一员。我通过加拿大代表团结识了J. 唐纳德·威尔逊(J. Donald Wilson)、威廉·布鲁诺(William Bruneau)、J. D. 珀迪(J. D. Purdy)、尼尔·萨瑟兰(Neil Sutherland)、鲁比·希普(Ruby Heap)、戴安娜·珀维(Diane Purvey)、艾利森·普伦蒂斯(Alison Prentice)、保罗·阿克塞尔罗德(Paul Axelrod)、布赖恩·蒂特莱(Brian Titley)。我在加拿大教育史学会的会议上遇到了很多国际学者,包括来自比利时勒芬(Leuven)天主教大学(Catholic University)的马克·德帕普(Marc Depaepe)和弗兰克·西蒙(Frank Simon),他们是《教育史:教育史国际杂志》(*Paedagogica Historica: International Journal of the History of Education*)的编辑,后来对我的事业发展影响深远,还有英国曼彻斯特大学(Manchester University)的罗伊·洛(Roy Lowe),以及来自以色列的尤瓦尔·德罗尔(Yuval Dror)。我还重新恢复了与来自美国的教育史学家同事的关系——威廉·J. 里斯(William J. Reese)、厄本·詹姆斯·M. 华莱士(James M. Wallace)、理查德·阿尔滕堡(Richard Altenbaugh)、伯吉斯和C. H. (托比)埃德森[C. H. (Toby) Edson]。

尽管我不认为这是"职场社交"(networking)——这不是一个好词——但这确实就是我做的事情。2004年,我准备成为六级教授的候选人——在加利福尼亚大学洛杉矶分校,这是终身教职晋升阶梯的最顶端了。加利福尼亚大学洛杉矶分校的教育系是研究型的。在专业的和有声誉的杂志上发表论文以及国际著名学者的推荐信(而不是书籍),在这个时候至关重要,尽管我有一本《质疑正统:走向新的教育文化史》。我并没有一大堆的文章

---

① "Traditions of American Education," *Historical Studies in Education / Revue d'histoire de l'education* 12 (Spring and Fall 2000); "History, Memory, Community," *Historical Studies in Education / Revue d'histoire de l'education* 12 (Fall 2004).

（也没有任何大额资助），但是我还要感谢《教育史研究》和《教育史季刊》，在一段长时间的沉寂之后，我还能通过阿尔滕堡和罗伯特·列文（Robert Levin）发表文章，因此在我的简历里也有一些扎实的研究文章和书评。① 现在，《教育史：教育史国际杂志》的德帕普和F. 西蒙也参与到我的事业当中。他们也都出席了每一届加拿大教育史学会两年一次的会议，我因此对他们及其工作都很了解。他们把我的兴趣归为史学的新发展。2005年，我受邀与德帕普合作编辑《教育史：教育史国际杂志》的一期"后现代时期的教育史"的专题，受到英国和西欧学界的广泛关注。F. 西蒙和德帕普也邀请我为一本国际期刊《哲学和教育研究》（*Studies in Philosophy and Education*）的一期专题"历史的书写"赐稿②，我是唯一获此殊荣的美国教育史学家③。因此，当我准备晋升的时候，我能够选择我的推荐人，不仅仅包括有声誉的美国学者，还有来自加拿大、英国和欧洲拥有国际声誉的学者。我能够召集的朋友们、读者们、给过我建议的人以及与我有着书信往来的人，让我对晋升充满信心。推荐人的赞誉——加利福尼亚大学洛杉矶分校的老师们还能够看到编订的复印件——让我最难为情了。晋升到六级教授给了我从未拥有过的安全感和自由，也让我确信自己是一位重要的教育史学家。

第 四 部 分

最近几年我没有发表文章，这不能归咎于"学术疲劳"[托里斯（Torres）教授的用语]，而是因为我还处于术后恢复期。如果有机会的话，小毛病阻挡不了我写作。事实上，就在写这篇回忆录的时候，《教育史研究》邀请我评论约翰·E. 康克林（John E. Conklin）的《电影中的校园生活》（*Campus Life in the Movies*, McFarland, 2009）。同样，没有什么疼痛能够阻止我教学。

对于一个历史学家来说，这是一个多么令人兴奋的时刻啊！历史的伟大

---

① Sol Cohen, "An Innocent Eye: The Pictorial Turn, Film Studies, History," *History of Education Quarterly* 43 (Summer 2003).

② Sol Cohen, "An Essay in the Aid of Writing History: Fictions of Historiography," *Studies in Philosophy and Education* 23 (September-November 2004).

③ Thomas S. Popkewitz, Barry M. Franklin, and Miguel A. Pereyra, eds. *Cultural History and Education* (New York: Routledge, 2001). 编辑认为："索尔·科恩的观点在欧洲比在他自己的国家影响更大。"当然，这对我来说并不新鲜。但这是我基于以上讨论而选择的路。

乐趣之一在于它吸纳新方法的能力。我充分利用了史学的自由。我的本科生课程——主要讨论美国电影中的高中、教师和青少年,侧重把这些电影当作美国教育史的"背景"来讨论。安杰洛《在文本主义之后以教育史为业》(*Professing the History of Education after Textualism*)的论文是我们的指导。我的研究生讨论班"关于历史研究和书写方法的特别主题:浪漫的无序"(Special Topics in Methods of Historical Research and Writing：Romantic Disorder)从彼得·诺维克(Peter Novick)的《那高尚的梦想:"客观性问题"与美国历史学界》(*That Nobel Dream: The "Objectivity Question" and the American Historical Profession*)[①]、兰克史学和基于文献的历史研究方法开始,一直到对 H. 怀特的讨论。然后,在罗杰·沙尔捷(Roger Chartier)的"海登·怀特的四个问题"(Four Questions for Hayden White)[②]的指导下,我们效法 H. 怀特,分析美国教育史中的"形式的内容"(The Content of the Form)。每周一次的讨论课则致力于性别和历史,继之以电影、摄影,然后是传记、自传和回忆录。除了诺维克、H. 怀特和沙尔捷,学生们还要阅读安妮·菲罗尔·斯科特(Anne Firor Scott)、苏珊·桑塔格(Susan Sontag)、阿兰·特拉亨伯格(Alan Trachtenberg)、比尔·尼科尔斯(Bill Nichols)、罗伯特·罗森斯通(Robert Rosenstone),当然还有赫金斯,并完成大量评论性的作业。

第 五 部 分

现在我要结束这篇回忆录了。对于一个人的生活和事业会有无尽的阐释,或许不时还会有其他的说法。就我这个故事来说,肯定有一些经验教训。正如我在开始这篇回忆录时所提到的,必须承认,我们受制于一定的实际界限——时间、地点、专业和职业。在这些约束之下,我坦露了我此刻想与大家分享的关于我的生活和事业的很多事实(或者"秘密")。在践行我们

---

① 彼得·诺维克(Peter Novick, 1934—2012),芝加哥大学历史系教授,美国著名的历史学家,代表作为 *That Noble Dream: The "Objectivity Question" and the American Historical Profession*。该书已有中译本,见:彼得·诺维克. 那高尚的梦想:"客观性问题"与美国历史学界[M]. 杨豫,译. 北京:生活·读书·新知三联书店,2009. ——译者注

② Roger Chartier, *On the Edge of the Cliff: History, Language, Practices* (Baltimore：Johns Hopkins University Press, 1997) and Novick, *That Noble Dream: The "Objectivity Question" and the American Historical Profession* (Cambridge：Cambridge University Press, 1988).

这门学科并努力实现它"高尚的梦想"的过程中,我们也受到一定的理论限制。"真理""客观"和"真实"这些基本术语都是值得讨论的。今天,不考虑叙述、构思、修辞、虚构以及其他修饰润色和文学技巧,任何在科学原则的装饰下研究历史的努力,看起来都是幼稚而奇怪的,这种观点大概是清楚明白的。确实,文学虚构也能包括真实,并且比文本事实更能深化我们历史的情感事实。最后,如果说历史教给了我们一些东西的话,那么我们就不可以对当前的趋势熟视无睹。更确切地说,当前的趋势会在未来受到质疑,因此,只要原则上允许,我们就应该努力使这些趋势在当前时代就被质疑。赫金斯写道:"在某些方面,自传是一种从现实到书面的转化,在另一些方面,它又是对现实的一种选择性的和充满想象力的再创造。"读者们应该牢记我们描述事件、起因和效果时的暂时性特征,特别是一种蕴含在回忆录这种题材中的谨慎。

教师、督学、学者
——多种事业的馈赠[①]

拉里·丘班
(Larry Cuban)

我是一名教师。别人可能会把我归为一名"教育家",因为在将近半个世纪的时间里,我做过督学、教师、副系主任,而且还是一名教育史学家。但是,是教学——而不是管理或者研究——定义了我成年以后的生活。教学让我成为一名终身学习者,执着的提问者、执行者、作者,以及学生和同事们的朋友。

在教学生涯中,我拥有过很多时刻:当学生的想法和我的想法出乎意料地合二为一,奇怪的兴奋在我身上上蹿下跳的时候;关上门倾听学生们的声音,使我不得不重新考虑哪一个是最出色的想法的时候;我的学生们深深地触动我的时候。我非常珍惜这些时刻。

不过,不太被珍惜的时刻是那些让我感到重复性麻木的时候,这些重复性来自教一个又一个的高中班以及课堂上喋喋不休的真理,我的声音让学生们的眼睛变得呆滞,他们的头耷拉在课桌上。还有一些时刻让我陷入悲伤,就是当我内心知道我没有帮到一些学生的时候,还有就是一些聪明的学生不来上学或者辍学的时候,尽管我还去家访,坚持给他们家里打电话。

教学也占据了我的余生。我到处寻找可以教和学的东西。我在不同的情境下教学并思考:我怎样清晰地表达我的观点?我能从这个人身上学到什么?这些年来,我的妻子、女儿们以及亲爱的朋友们都不得不在晚餐桌上、枕边谈话和假期里忍受各种问题以及直接和间接的教学方式。

[①] 我要感谢桑德拉·丘班(Sondra Cuban)、贾尼丝·丘班(Janice Cuban)和莉莲·米勒(Lillian Miller),他们给我这份思想自传较早的手稿提出了一些有益的建议。当然,任何失误和错误都是我自己的责任。

此外，教授历史和努力理解教育的过去塑造了我个人和专业的核心价值观。过去的知识告诉我，变和不变都是人类事务的特征。在历史学家看来，现在深深地植根于过去。因此，在将近五十年里，普遍意义上的教学，特别是教历史，是我人生中最重要的事情。但是，意外的改变也在我成为一名教师的过程中起了重要的作用。

作为俄国移民的第三个儿子，我看到我的两个哥哥在经济大萧条期间被迫去工作以帮家庭维持生计，并在"二战"期间服务于国家，他们没有我可以轻易获得的机会，那只是因为我出生于20世纪30年代，而他们出生于20世纪20年代。和其他很多移民的子女一样，我也想实现美国梦。因为偶然的机会让我成为第三个儿子，而我年龄太小，不能在"二战"中为国家服务，同时不巧的是，我小时候患小儿麻痹症，所以也不能为国家参加朝鲜战争。我在20世纪50年代中期完成大学学业并成为一名教师，先是在匹兹堡（Pittsburgh），然后来到克利夫兰（Cleveland）的东区，在那里获得了一份工作，成为一名主要教授非裔美国学生的年轻白人教师。

在克利夫兰，我还只是一名在政治和心智上比较幼稚的年仅21岁的教师，我热切地希望将我教授历史的满腔热情倾注给那些对传统教学方式和做笔记感到厌烦的城市学生。在格伦维尔高中（Glenville High School），我在当时被称为非裔美国人史的领域引进了一些新课程和新材料。我成功地使很多（但不是所有）学生加入历史学习中，这让我大胆地认为，敏锐而精力旺盛的老师（是的，就像我）通过开设和运用这些不能错过的历史课，能够解决自由散漫的非裔美国孩子问题。

同样，正是在格伦维尔高中，而不是在匹兹堡大学（University of Pittsburgh）的四年本科生期间，或者后来我在凯斯西储大学（Case-Western Reserve University）攻读历史学硕士学位期间，我遇到了一个对我心智影响很大的一个人。奥利弗·迪克斯（Oliver Deex），格伦维尔高中的校长，同时是一位如饥似渴的读者和有魅力的健谈者，他向我推荐了很多我从来没有见过的书和杂志：《星期六文学评论》（Saturday Review of Literature）、《哈珀》（Harpers）杂志、《大西洋》（Atlantic）杂志、《国家》（Nation）杂志等，他经常把它们借给我看。

迪克斯经常邀请一小群能够把格伦维尔高中的学生送进大学的老师到

他家里。当我们站在他那木质镶嵌的图书馆里的时候——这是一个看起来像是电影场景的房间,他会鼓励我拿上这本书或者那本书。在学校匆匆吃完午饭之后,或者放学后在他的办公室里,我们会讨论我读到的东西。我不知道为什么他会对一个瘦小、充满活力、坚定却又稚嫩的新手老师的心智发展感兴趣,但是他坚持不懈地对我的想法发问,并且循循善诱地引导,引起了我对思想以及将思想运用到日常生活和学校中去的渴望。

在格伦维尔高中任教七年之后,我也差不多完成了凯斯西储大学美国史方面的博士研究,也已经撰写了关于克利夫兰的黑人领导

> **个人作品精选**
>
> *To Make a Difference: Teaching in the Inner City*(New York:The Free Press, 1970).
>
> *How Teachers Taught: Constancy and Change in American Classrooms, 1890 – 1980*, second edition(New York:Teachers College Press, 1993).
>
> *The Managerial Imperative and The Practice of Leadership in Schools*(Albany, NY: State University of New York, 1988).
>
> "Reform Again, Again, and Again," *Educational Researcher* 19(January-February, 1990).
>
> *Tinkering Toward Utopia: A Century of Public School Reform*(with David Tyack)(Cambridge:Harvard University Press, 1995).
>
> *Oversold and Underused: Computers in the Classroom*(Cambridge:Harvard University Press, 2001).
>
> *How Can I Fix It: Finding Solutions and Managing Dilemmas*(New York:Teachers College Press, 2001).

的博士学位论文中的一些章节。我手上有一个去康涅狄格州(Connecticut)的一所大学教授美国史的机会,另外一个机会则是继续留在公立学校。我站在了事业的岔路口,必须作出选择。

1963年,在华盛顿卡多佐高中(Cardozo High School),我用一年的时间在一个联邦资助的项目中作为硕士生教师教授历史,培训回国的和平护卫队(Peace Corps)①志愿者去少数族裔聚居区的学校——当时被称为"市中心贫困区"学校——教学。把家搬到华盛顿仅仅待一年有很大的风险,但是我很渴望(是的,也有一种雄心壮志)加入那些在肯尼迪时期被吸引到华盛顿来的理想主义者中间,他们想通过改变教室、运用社区资源来终结市区学校

---

① 和平护卫队,根据当时的美国总统约翰·肯尼迪(John Kennedy)发布的10924号执行法令成立于1961年1月,美国国会在1961年9月22日正式批准了这个项目,并通过了《和平护卫队法案》。这是一个由美国联邦政府管理的美国志愿者组织,组织使命包括三个目标:提供技术支持,帮助美国境外的人了解美国文化,帮助美国人了解其他国家的文化。志愿者在接受培训之后要去美国境外服务两年,在志愿服务完成之后,学生要返回校园再进行学习。——译者注

的辍学现象,进而达到比提高测试成绩更高的目标。

在肯尼迪—约翰逊时期,联邦政策的制定者就考虑到低水平的城市学生的辍学问题以及缺乏有技能、有知识并能打造有吸引力的课程的教师。这个引领性的致力于市区学校教学的"卡多佐项目"是一个以教师为动力、学校为基础、社区为导向的探索解决低水平学生问题的措施。学术科目中的硕士生教师培训最近返校的和平护卫队志愿者在汲取社区资源的时候如何去教学。一旦受到培训,这些和平护卫队志愿者就会成为技能高超的老师,能够通过从少数族裔社区汲取知识的创造性课程,以及他们与学生及其家长的个人关系,留住这些倦怠的学生。

一些出乎意料的事情(比如该项目不稳定的年度资助)使我和我的家庭被迫每年都要艰苦跋涉回到克利夫兰找一份有规律的教职,以勉强维持我的暑期收入,因为我在联邦资金是否会继续资助这个项目的轮盘游戏上冒着很大的风险。幸运的是,这个项目每年都会获得资助,而我也可以继续在卡多佐高中任教并逐渐成为这个项目的主管。

管理这个项目和应付不确定的资金问题让我看到,留住学生,提高学生的学业成绩并使学生家长和当地居民参与学校的改进,这些在政治上和制度上是多么复杂。因为我们在卡多佐社区与很多家庭共处,所以学校、学生、社区和组织化的官僚结构之间的交叉对我和其他教师来说变得十分具体。

但是,我和其他支持者花了四年漫长的时间才使华盛顿的督学和学校委员会相信,这个招募和训练和平护卫队回国人员的项目,对于一个每年都要为所有教室争夺师资的地区来说是有明显好处的。1967 年,督学和学校委员会最终同意接手这个项目,并重新命名为"市区教师训练营"(Urban Teacher Corps),从原先每年招募和训练 50 名新教师扩大为每年 100 多名。①

在经历了这段令人振奋却也让人筋疲力尽的联邦资助项目之后,我来到华盛顿的另一所高中继续教授历史。关于这些经历,我写了一本书,还与

---

① 1966 年,基于我们在卡多佐高中创立的模式,美国国会批准成立了全国教师联盟(National Teachers Corps)项目。我在全国教师联盟项目中担任顾问。1981 年,罗纳德·里根总统(President Ronald Reagan)终止了对全国教师联盟的联邦资助。哥伦比亚特区的城市教师联盟(Urban Teacher Corps)也遭受到了类似的打击。1971 年,在这个以学校为基础的项目中招募和培训教师四年以后,一位新的督学直接废除了这个项目。

合著者菲尔·罗登(Phil Roden)一起为市区的学生们编了一套美国史系列丛书。① 我在罗斯福高中(Roosevelt High School)任教之后,华盛顿的副督学邀请我领导一个以恢复整个特区教学队伍的活力为目标的新部门。我现在成了一名改革者,要对一个位于华盛顿总部的系统化的项目负责,在那里,我曾与督学和学校委员会的成员密切合作过。

学校委员会和督学认为,低水平学校和低水平学生问题可以被认为是那里教师的知识和技能水平有待提高。他们采取的一个制度化的解决方式就是为整个华盛顿的教师提升专业发展水平,我也相信这样做是值得的。但是,由特区办公室自上而下推行的学校改革,看起来与由克利夫兰教室里的亲身实践、在卡多佐高中与和平护卫队回国人员共处以及在华盛顿的高中教授历史有着很大的不同。②

在市中心的华盛顿办公室工作两年之后,看到很多志在推动制度变革的雄心勃勃的计划被时间和总部的官员们消磨掉,或者被激进的种族政策扼杀,我对此越来越感到厌倦。华盛顿的管理层发生了一些根本性的变化,新的民选市长、城市顾问委员会和学校委员会采取了一项贴着"赶尽杀绝"标签的激进政策,我在那里也只是一个小角色,而且已经逐渐厌烦玩这样的游戏。我自愿回到教室,我的工作调动函上写着:"无偏见降职。"

此时我三十多岁,再次成为一所高中的历史老师,但不再对大学教学感兴趣了。之后差不多十年里,我近距离地看到哥伦比亚特区的学校如何热切地迎接一场又一场改革,然后在官僚体制的运作中消磨掉每一场改革,或者修改这些政策,以至于它们真正实施时已面目全非。我的经历使我确信,制度性的问题需要制度性的解决方式,同时还要免受激进政治和官僚体制自我保护的干扰。我想,或许我能够作为一名督学来提供这些解决方法。现在我已不再年轻了,我还是一名纯粹的雄心勃勃的教育家吗?是的,我是。

---

① Larry Cuban, *To Make a Difference: Teaching in the Inner City* (New York: The Free Press, 1970); Larry Cuban and Phil Roden, eds., *The Promise of America*, vol. 1-5 (Glenview, IL: Scott Foresman, 1971, second edition, 1975).
② 在《改变现状:在都市贫民区教书》一书中,我描述并分析了哥伦比亚特区的经验,特别是卡多佐项目。关于哥伦比亚特区官僚体制中的卡多佐高中的那些经验,也可以参见: Larry Cuban, *The Managerial Imperative: The Practice of Leadership* (Albany, NY: State University of New York Press, 1988).

要成为一名城市督学,我就必须获得博士学位。为此,我作为一名拖家带口的中年研究生回到了大学,然后获得了博士学位。因为我在凯斯西储大学获得了历史学硕士学位,还因为我在高中教书时将华盛顿的改革努力写成了一本书递交给了总部办公室后就获得了一份研究资助,所以我要申请学校改革史领域的研究生奖学金。此刻,在我最终去向的问题上,运气再一次发挥了重要作用。我向三个研究生院提交了申请,其中两个并不提供资助。但是,在戴维·泰亚克(David Tyack)的努力下,斯坦福大学提供了资助。

对我来说,斯坦福大学的两年是非常重要的学术经历。我告诉我当时的导师泰亚克(多年以后是我的同事、合著者和亲爱的朋友),我想尽快获得博士学位,然后去找一份督学的工作。

鉴于我对历史的恒久兴趣,我修了泰亚克在教育史方面的一些课程,还学了政治学、组织社会学和教育经济学。对于任何对教育史和社会科学感兴趣的人来说,这都是一场文化盛宴。迈克尔·B. 卡茨(Michael B. Katz)、乔尔·斯普林(Joel Spring)、塞缪尔·鲍尔斯(Samuel Bowles)、赫伯特·金蒂斯(Herbert Gintis)、卡尔·F. 克斯特尔(Carl F. Haestle)和泰亚克的作品——其中有一些被贴上"新马克思主义"的标签,还有一些作品则促进了新的行政组织理论和组织决策理论,这些作品震撼了主流的教育史学家。20世纪70年代早期是教育学者激动人心的时期。

如果说动机和意愿是学习的先决条件,那我已经充分具备。我在克利夫兰和华盛顿公立学校的经历丰富,但是太具体,且缺乏理论性。从一名教师转变为一名研究者——因为斯坦福大学不培养管理者,他们要把博士生培养成研究者——我不得不剖析个人经历,将具体事实普遍化。通过研究生的学习,我发现了与过去的联系,看到了我所做之事中包含的理论,对我来说最重要的是,我从政治、社会、经济和组织的维度,看到了学校教育世界的过去和现在。这些分析工具让我得以重新审视我的教学和管理经验。内容丰富的讲座,与学生的长期讨论,与很多教授的密切接触,以及在博士论文——关于三个大城市[芝加哥、旧金山(San Francisco)和华盛顿]废除种族隔离制度斗争之前和期间的督学们——上的耕耘,让这两年成为一段非常令人满意的经历。我获得了一些新的领悟,并从一名教师转变成一名研究者——对此,我也不敢完全确信——同时并没有失去我在学校和教室里的根基。

泰亚克的耐心和通过一些很明确的问题作出的督促,使我的文献研究和学位论文写作提高到一种学术的高度。我从泰亚克那里学到了如何把历史问题变成有待解决的问题,哪怕它们并不接受当时人们和历史学家们的解释,有些时候尤其如此。

组织理论家吉姆·马奇(Jim March)打开了一个与我的经历非常契合的理论世界。从马奇那里,我知道了要以不同的方式观察组织及其环境,要学会与不确定性共存,要深刻把握,是理性而不是随机性在影响政策的制定者和执行者,要了解到模糊性与冲突性是组织生活的本质内容。

因此,不论何时,当我看到那些督学和校长的研究准备要么很糟糕,要么不充分,我就会想起我的经历是多么不同。在斯坦福大学的这两年成为我接下来七年督学生涯的第一步准备。

在遭到50个(这不是印刷错误)学校委员会的拒绝之后,幸运终于降临,一个有着改革思想(不是冒险精神)的学校委员会任命我为弗吉尼亚州阿灵顿(Arlington,Virginia)的督学,当时这个城市大约有16万人口,与华盛顿隔着波托马克河(Potomac)相望。于是我就在一个逐渐走向多元文化,入学人数不断萎缩,学生测试分数低下的地区工作了七年。学校委员会和我认为,问题的核心在于公众对这个地区失去了信心,不相信学业成绩逐步下降的趋势能够得到扭转,因为只有少数孩子在提高。幸运的是,阿灵顿有着强大的支持学校运营的税收基础。通过评价学校委员会五个基本方面(例如学业成就的提升、批判性思维的养成、艺术和人文素养的增长、社区服务的参与等)的进展,来加强督学对每所学校表现的监督,这就是我们的目标。学校委员会和我相信,对学校教职员持续的压力,再加上教师和校长们的充分支持,学业成就就会提升,达到我们设定的目标,重新恢复社区对学校的信心。州测验的结果稳步上升,在其他目标方面,当地的测量标准也显示出进步,家长调查也证明了对阿灵顿学校日益增长的支持。

然而,在这个大背景下,学校委员会和督学关闭小型学校以及旨在逐步改变学校实践和制度文化的创新政策举措,激起了激烈的政治冲突,尤其是在两次经济大萧条期间。领导一个在体制内外有着多种利益相关者的复杂组织,让我的知识和技能发挥到极致。在危机期间,我艰难地学会了处理困境的方法,以及在重要的地区目标之间进行政治和组织上的权衡。

1980年,新当选学校委员会上台,急于减少学校开支。他们需要一个与他们的价值观一致的督学,而不是我。我在1981年结束了合同,前往斯坦福大学从事研究生教学和研究工作。

> **影响我思考的著作**
>
> Seymour Sarason, *The Culture of the School and the Problem of Change* (Boston: Allyn and Bacon, 1971).
>
> Philip Jackson, *Life in Classrooms* (New York: Holt, Rinehart, and Winston, 1968).
>
> David Tyack, *The One Best System: A History of American Urban Education* (Cambridge: Harvard University Press, 1974).
>
> Joseph Weizenbaum, *Computer Power and Human Reasoning: From Judgment to Calculation* (San Francisco: W. H. Freeman, 1976).
>
> Dan Lortie, *Schoolteacher* (Chicago: University of Chicago Press, 1975).
>
> Walter Powell and Paul DiMaggio, eds., *The New Institutionalism in Organizational Analysis* (Chicago: University of Chicago Press, 1991).
>
> Richard Neustadt and Ernest May, *Thinking in Time: The Uses of History for Decision Makers* (New York: The Free Press, 1986).

在担任督学的七年时间里,我知道了能被解决的问题与不能被解决但必须谨慎处理的困境之间的不同。我发现,在一个制度中,改革需要发动,但是一旦发动,在改革进入学校并在教学实践实施的时候,就必须进行严格督促、精心计划、谨慎管理和不断修正。是的,我认识到,低学业成就的问题与以下方面有着错综复杂的关联:各个家庭和学生带到学校里来的东西,教师们在教室里的作为,校长们在学校里的工作方式,学校委员会和督学们如何灵活处理(或者纠缠于)学校内外各种利益相关者的相互交错的政治、社会和经济利益。我还认识到,在艰难应付各种问题的过程中,历史事件是如何与组织的和政治的因素结合在一起,进而塑造了管理者们的行为。最重要的是,担任督学的这些年,让我反感那些针对如何让低水平学校达到多重目标的问题给我提供童话般解决方式——亲吻一只青蛙就可以获得一位王子——的人。在充分了解了各种地区、学校和教室所在的世界是什么样子后,我重新回到了学术。

我来到斯坦福大学担任副教授,签了五年的合同,但依然非常想重新做一名城市督学。1985年,我申请过6个职位,每次都能进入候选人名单,但最后还是落选。很明显,我想重新做一名督学的计划没有实现。当斯坦福大学教育学院院长问我是否有意争取有终身教职的教授职位（我在五年合同期内写了三本书）的时候，我同意接受考核，因为我很快就要失业了。斯坦福大学在1986年赋予我终身教职。很明显，在我心里，我想要的是一个督学的职位，但是失败了。我最终成为一名拥有终身教职的教授，这肯定是个意外，但对于这样的幸运，我也没有后悔过。

从1981年开始，作为一名大学教授，我试图在我的教学、研究和写作中通过指向政策制定者、管理者和实践者的历史研究来推动学校教育状况的改善。对于政策和实践之间的关联，以及急于改变教师日常工作的改革者往往走入歧途，不知不觉地重复着早期学校改革者不尊重教学和教师等错误，我都非常感兴趣。

我作为一名经验丰富的实践者回到了斯坦福大学。我曾思索和重构过关于散漫的学生、疲惫的教师和糟糕的学业成就的问题。在寻找解决方式的过程中，我首先把目光投向教室，然后是学校，最后才是制度层面的解决，同时从未忽视教师的重要性。我希望在一个地区和社区进行深刻变革，但也看到，要想达成学校内外的巨大变革，向前走的每一小步都是必不可少的。我这位历经磨炼的——绝不仅仅是谦虚——改革者还认识到，由大吹大擂的宣传推动的改革，特别是那些运用于学校和教室的创新，在很大程度上要靠精明的领导、运气以及包括充足的资金在内的一定的条件。如果这些条件不具备，一场改革只会有一段短暂而快乐的时光，然后就会突然消失。

我在斯坦福大学的二十年里思考、教授和写作的内容都是学校改革，现在，我用宝贵的时间去探讨政策和实践的问题，只是我的身份不再是一名高中教师或者督学。比如，20世纪40年代末我所在的高中教室为什么看起来和我在20世纪80年代作为一名督学看到的高中教室如此相似？为什么有些改革坚如磐石，而有些改革就像沙滩上飞鸟的足迹一样很快消失？为什么有如此多这样的场景：教室里增加了很多新科技，却没有教师运用这些设备？为什么在有很多穷孩子的情况下，从根本上改革学校如此艰难？为什么学校看重分数甚于其他更加广泛的公民和社会目标？这些问题，以及更多由政策带来的问题，经常要求我审视过去，它们都是以我几十年的教学和管理经历为基础的。

在做过督学之后回到斯坦福大学,我很轻松地恢复了我早些年作为一名学生与泰亚克建立起来的联系。当时是导师和学生的关系,但是当我回到斯坦福大学的时候,它就变成一份持久而牢固的同事之情和朋友之谊。

由于泰亚克对海湾区①的广泛了解以及对户外运动的热爱,我们开始一起骑行,包括一天和一周的旅程。我们一起带博士研究生,一起从事委员会的工作,一起合作教授一门"学校改革史"课程(长达十年之久)。在那门课中,我们主要讨论了学校改革史上的三个重要时期:19世纪90年代至20世纪20年代;20世纪60年代;20世纪80年代初至90年代末。

我们在工作中和专业领域一起合作得很好。他研究教育政策的历史,这些政策本是用来改革机构的,他探讨这些政策所导致的意料之内和意料之外的结果。我则采取一种类似的研究策略考察当时志在改革课堂实践的政策的各种历史,我对此非常感兴趣。所以,当我们一起上这门课的时候,我们的学术兴趣有了交集。也正是在那门课中,《迈向乌托邦:公立学校改革的一个世纪》(*Tinkering Toward Utopia: A Century of Public School Reform*)这本书中的观点得以形成,然后在研究生中不断讨论,直到最后成书。②

两个被同一个主题吸引,一起合作教学,以及想共同写一本书的教育史学家之间的学术交流是一段非常精彩的经历。以下就是关于我们在1989—1991年间如何构思这本书的回忆。

在我们上完那门研究生课程之后,我们很快就获得了一份来自斯宾塞基金会对学校改革史研究的资助。1991年,我们拿出了一本书的粗略大纲,并且根据已有的以及想在这本书中做的研究,划分好了章节。

在此期间,泰亚克和我继续我们的骑行运动。我们开车到王山路(Kings Mountain Road),停好车,然后骑行8.85千米上天际大道(Skyline Drive)。骑上去通常需要一个半小时,包括中途休息时间,然后再用半小时骑下来回到停车场。

---

① 斯坦福大学位于加利福尼亚州旧金山海湾区(San Francisco Bay Area)。——译者注
② David Tyack and Larry Cuban, *Tinkering Toward Utopia: A Century of Public School Reform* (Cambridge: Harvard University Press, 1995).

在向王山骑行的90分钟里,我们讨论了一些特定的章节,提及一些需要用到的资料,评论了其他教育史学家的一些观点。骑上天际大道时,呼吸会加重,我们要停下来很多次补充水分,我们也会像骑上来的时候一样有很多讨论的机会。骑下去会很快,但是我们依然伴随着急刹车的尖叫声继续讨论。

在回家的路上,我们会在车里继续讨论某一章的不同方面以及我们都需要查阅的特定资料。回到家之后,我会把我们讨论过的要点、提出的观点、提到的资料以及在骑行过程中交流的所有看法打印成一份备忘录草稿。当天,我会把这份备忘录交给泰亚克,他进行增加和修订,有时候还会删除备忘录中的一些要点,然后我再打印一份备忘录定稿,这会成为我们撰写某一章时的指导。我们就是用这种方式完成了整本书的初稿。

在学校改革的诸多话题上有这么多的交流,而且我们还一起教授这门课,这是一段真正令人兴奋的经历。一般说来,我们知道我们对学校改革史的阐释在教育史学家的世界中处于什么位置。我们描述了美国人的信念,即把教育看作是医治国家持续不断的困难的一副倒霉的"万灵药"。我们证明了政策制定者反复将经济、社会、人口和政治问题进行"教育化"的实践,也就是把解决问题的任务交给了学校。我们指出了危机的无限式循环、乌托邦式的需求以及随之而来的幻想破灭。通过历史地考察政策与实践之间的互动以及组织和政治因素对两者的影响,我们为那些站在政治左派和右派之间的教育史学家开拓出一片中间地带。哈佛大学出版社(Harvard University Press)1995年出版了《迈向乌托邦:公立学校改革的一个世纪》这本书。从那以后,我和泰亚克就分开著述了,但是我们依然会在出版之前阅读彼此的书稿。

1995年以后,我的很多著述都集中在政策和课堂实践的关联方面,其中通常包括对我所调查的特定政策问题的历史背景的考察。在2001年出版的《为什么上好学校就这么难》(*Why It Is So Hard to Get Good Schools*)和《过度吹嘘和未尽其用:教室中的电脑》(*Oversold and Underused: Computers in the Classroom*)、2003年出版的《缺乏根基的强力改革》(*Powerful Reforms with Shallow Roots*)以及2004年出版的《黑板和底线》(*The Blackboard and the Bottom Line*)中,围绕这些政策话题作历史背景的分析,一次又一次地揭示了随着时间的变化,政策与课堂实践之间关联的变化性和恒久性。① 在2007年出版的《读写能力培养中的伙伴:学校和图书馆通过技术建立社区》(*Partners in Literacy: Schools and Libraries Building Communities through Technology*)中,我和桑德拉·丘班(Sondra Cuban)讨论了公立学校和图书馆在培养读写能力的过程中技术运用的历史性和即时性。②

最近我完成的一项研究考察了在过去半个世纪中,奥斯汀独立学区(Austin Independent School District)在低收入的、少数族裔的学校中与城市种族隔离传统的斗争。2010年出版的《尽善尽美:学校改革给奥斯汀带来了什么》(*As Good as It Gets: What School Reform Brought to Austin*)③,同我的很多其他研究一样,把奥斯汀独立学区的帕特·福希奥内(Pat Forgione)长达十年的任期放在历史背景中考察,展现了很多发生在这个学区的积极改革,并继续讨论了长期低水平学校中的贫困和种族话题。

我将结束这篇作为一名教师的学术自传,作为一名教师,我像行进在一个"Z"字形轨道一样,在教学和管理领域进进出出,最后偶然成为一名学者或实践者。我一直以来而且会继续从事政策史方面的教学和写作,以便更好地理解在改革课堂实践和达到更高的读写标准、公民参与、职业准备和品德成长的目标方面,为何过去和现在的学校改革政策很少达成预期的目标,以及如何达成目标。一点点理想主义,或许哪怕是一点点的单纯,都会让我精神振奋,因为我相信,更加精心制定的政策,对教师专业技能的尊重,更加稳固的社区合作关系以及一点点运气,就能在市区、郊区和农村的学校里把学生们的学习向这些目标推进。

---

[1] *Why It Is So Hard to Get Good Schools* (Cambridge: Harvard University Press, 2001); *Oversold and Underused: Computers in the Classroom* (New York: Teachers College Press, 2001); *Powerful Reforms with Shallow Roots* (ed. with Michael Usdan) (New York: Teachers College Press, 2003); *The Blackboard and the Bottom Line* (Cambridge: Harvard University Press, 2004).

[2] Sondra Cuban and Larry Cuban, *Partners in Literacy: Schools and Libraries Building Communities through Technology* (New York: Teachers College Press, 2007).

[3] Larry Cuban, *As Good As It Gets: What Reform Brought to Austin* (Cambridge: Harvard University Press, 2010).

一份事业还是两份事业？
——教育史学家的双重生活

威廉·W. 卡特勒第三
（William W. Cutler, Ⅲ）

1957年10月4日，苏联向卫星轨道发射了一颗人造卫星，这项科学和政治成就对社会下层的震撼要超过对上层的。当时我在上十一年级，正在学美国史，这门课的老师决定放弃10月5日原定的上课计划，改为进行一场关于这个历史事件的自发讨论。我不记得自己当时说了什么，但是那次卫星发射的结果对我产生的影响远远大于我当时所能知道的。正如生命历程理论的分析所有力表明的，人口、文化和历史的互动塑造了个体的生活。如果我在1941年的五年前或者五年后出生，苏联人造卫星上天对我的影响就完全两样，因为如果我早五年出生，我从大学毕业的时候，大学教育的重要性刚刚开始凸显；如果我推迟一段时间出生，那么它对我的重要性就会被其他事情遮蔽。

1959年，作为哈佛大学的一名新生，我注册参加了为预科生准备的两门科学课程。我的室友和我志趣相投，一起上了这两门课。他最后成了一名麻醉学家，而我成绩单上的等第清楚地表明，我的兴趣和天赋在别处。伯纳德·贝林（Bernard Bailyn）、弗兰克·弗赖德尔（Frank Freidel）、威廉·L. 兰格（William L. Langer）的讲授课程以及当时还是研究生的戈登·S. 伍德（Gordon S. Wood）的指点给了我一点暗示。在伍德的指导下，我完成关于"1765—1774年马萨诸塞殖民地总督顾问委员会"的毕业论文，这让我确信，我喜欢做历史研究，而且我能做好。但是，甚至到大四的第一学期，我还不确定我将来要做什么。与贝林教授的私下交流也没有帮助。在他那间位于威德纳图书馆（Widener Library）[①]的巨大办公室里，他既没有帮我建立自

[①] 威德纳图书馆，哈佛大学最大的社会科学和人文科学研究图书馆。——译者注

信，也没有解决我的疑惑。失望之余，我决定申请攻读中等教育领域的硕士学位。当时美国刚刚卷入越南战争，所以被征召入伍并不是我特别担心的事情。相反我关心的是，如何换取时间直到我想清楚我到底想要做什么。

在这个节骨眼上，"历史"出面介入了，因为在我申请教育学硕士学位的四所大学中，有一所给我提供了一个我无法拒绝的机会——一份《国防教育法》奖学金。这份奖学金提供三年的学费全部减免以及每年一次的津贴，这份津贴从 2 200 美元起步。康奈尔大学（Cornell University）教育学院有四个奖学金名额，如果我同意加入教育基础系的博士生项目，那么其中一个就会是我的。当时，我对五年前针对苏联人造卫星发射而颁布的联邦法律知之甚少。而且，我根本不了解我为接受这份吸引人的奖学金要进入的那个领域。或许这还不令人惊讶。几年以后，我的一个中学老师问我"教育基础系"是什么，他根本没有听说过它。拿到博士学位之后，我告诉他，这是教育哲学和教育史的一个跨学科领域，主要服务于教师教育领域的本科生。直到现在，我都不确定他是否理解了，因为他没有资格在马萨诸塞州公立学校中教学。他是在一所私立学校的教师岗位上习得他的教书技艺的，这所私立学校聘任那些在文理学院获得学士学位的教师。

个人作品精选

Parents and Schools: The 150－Year Struggle for Control in American Education (Chicago: University of Chicago Press, 2000).

The Divided Metropolis: Social and Spatial Dimensions of Philadelphia, 1800－1975, co-edited with Howard Gillette, Jr. (Westport, CT: Greenwood Press, 1980).

"Oral History: Its Nature and Uses for Educational History," *History of Education Quarterly* 11 (Summer 1971): 184－194.

"Status, Values and the Education of the Poor: The Trustees of the New York Public School Society, 1805－1853," *American Quarterly* XXIV (March 1972): 69－85.

20 世纪 60 年代中期，哲学家是教育基础系的引领者。像西奥多·布拉梅尔德（Theodore Brameld）和 B. 奥塔内尔·史密斯（B. Othanel Smith）这样的学者更是占据支配地位。然而，也就在那时，一些历史学家也开始在这个领域引人注目，代表人物有 R. 弗里曼·巴茨（R. Freeman Butts）和其在哥伦比亚大学师范学院的学生，以及劳伦斯·A. 克雷明（Lawrence A. Cremin），他因为对进义教育的开拓性研究,1962 年获得享有盛誉的班克罗夫特奖(Bancroft Prize)。① 在康奈尔大学,哲学家 D. 鲍勃·古温(D. Bob Gowin)和罗伯特·恩尼斯(Robert Ennis)在历史学家弗雷德里克·H. 施图茨(Frederick H. Stutz)的帮助下来到教育基础系,施图茨则把自己大部分时间奉献给了教育学院院长任上。古温和恩尼斯鼓励我成为一名哲学家,但是当我明确表示如果教育基本理论会成为我的研究领域的话,我会选择历史,他们也就默许了。我被鼓励去和历史学的老师们接触,我上了一些历史系的研究生课。美国历史学家组织(Organization of American Historians)前主席保罗·华莱士·盖茨(Paul Wallace Gates)同意我加入他的研讨班,他像对待自己的研究生一样待我。我还上了一位颇有思想的历史学家戴维·布里翁·戴维斯(David Brion Davis)的两门课,他是一个非常冷漠和难相处的人。但是,当他在一门大型本科生课程上需要一些帮助而让我做他的助教时,我一点都没有犹豫。D. B. 戴维斯给我机会在课堂上讲解进步主义教育的历史,当我发现我能够掌控一间大教室的时候,我信心倍增。有一次,康奈尔大学口述史项目的主管古尔德·P. 科尔曼(Gould P. Colman)引导我接触到这种研究方法,此时口述史相对来说还是一件新事物。在他的指导下,我主持了两个系列的口述史采访,一个是关于 20 世纪 50 年代伊萨卡(Ithaca)公共教育中的政治,而另一个是关于进步主义教育史。关于后一个主题,我采访了凯瑟琳·安·泰勒(Katharine Ann Taylor),她担任波士顿(Boston)的精英学校荫山学校(Shady Hill School)的校长多年。在《教育史季刊》的编辑亨利·珀金森(Henry Perkinson)的鼓励下,1971 年我第一次在《教育史季刊》上发表了一篇关于教育史领域中的口述史研究的文章。②

我在康奈尔大学选定的博士学位论文主题后来被证明是福也是祸。对纽约公立学校协会(New York Public School Society)的研究让我一头扎进了市区公共教育史的领域,这是一个我自此之后不断考察的重要主题。当时还有两个研究生做类似主题的研究,一个在哥伦比亚大学师范学院,由克雷明指导,另一个研究生卡尔·F. 克斯特尔(Carl F. Haestle)在哈佛大学,由

---

① Lawrence A. Cremin, *The Transformation of the School: Progressivism in American Education, 1876-1957* (New York: Alfred A. Knopf, 1961).
② "Oral History: Its Nature and Uses for Educational History," *History of Education Quarterly* 11 (Summer 1971): 184-194.

贝林指导。① 哈佛大学出版社在 1972 年出版了克斯特尔的博士论文。② 我则在《美国季刊》(American Quarterly)上发表了一篇文章,被认为是 1972 年这份刊物最好的一篇文章。③ 它还获得研究美国教育史最重要的历史学家之一默尔·柯蒂(Merle Curti)和在纽约大学(New York University)教过很多年书的研究杰克逊时代的专家爱德华·佩森(Edward Pessen)的赞赏。④ 但是,或许是因为这篇文章讨论的是纽约公立学校协会董事会成员的背景和动机,所以它从来没有引起那些教育史学家太多的注意,他们都在致力于反驳最初由保罗·孟禄(Paul Monroe)和埃尔伍德·帕特森·克伯莱(Ellwood Patterson Cubberley)建立的被称为美国公共教育的自由主义式阐释。⑤ 这种阐释仍然大量存在于巴茨和克雷明的作品里。为了反对把美国公共教育史看作是民主、机会和进步的故事这种观点,这些历史学家——即所谓的修正派——认为,美国公共教育史是阶级偏见和经济不平等的延续。修正派在 20 世纪 70 年代早期占据了教育史领域的主导权,不过他们的新马克思主义解释很快就走向了终点,而我的文章从来没有在这个学术团体中找到一个突出的位置。

我的文章在《美国季刊》上发表时,正是我在天普大学(Temple University)历史系和教育基础系担任终身教职的第四年。从研究生院毕业之后,我发现在教育基本理论方面有很多终身教职的空缺。在教师教育方面有着大型项目的一些综合性大学正在招聘。有几所研究型大学也在观望。我面试了加利福尼亚大学洛杉矶分校教育学院的一个职位,索尔·科

---

① Julia Agnes Duffy, "The Proper Objects of a Gratuitous Education: The Free-School Society of the City of New York, 1805 - 1826," unpublished Ph. D. dissertation, Teachers College, Columbia University, 1968. 由于达菲(Duffy)和我都在 20 世纪 60 年代中期的纽约做研究,所以我让她指导我。在参加哥伦比亚大学师范学院克雷明研讨班的时候,达菲和我本来都可以汇报一下各自的计划。但克雷明说不必了。

② Carl F. Kaestle, The Evolution of an Urban School System: New York City, 1750 - 1850 (Cambridge: Harvard University Press, 1973).

③ "Philosophy, Philanthropy, and Public Education: A Social History of the New York Public School Society, 1805 - 1853," unpublished Ph. D. dissertation, Cornell University, 1968; "Status, Values, and the Education of the Poor: The Trustees of the New York Public School Society, 1805 - 1853," American Quarterly 24 (March 1972): 69 - 85.

④ 默尔·柯蒂致[威廉]卡特勒教授,威斯康星州麦迪逊,1972 年 4 月 4 日,收件人持有。Edward Pessen, Riches, Class, and Power before the Civil War (Lexington, MA: D. C. Heath & Co., 1973), xx & 269.

⑤ Lawrence A. Cremin, The Wonderful World of Ellwood Patterson Cubberley (New York: Teachers College, 1965), 25 - 26, 40; Milton Gaither, American Educational History: A Critique of Progress (New York: Teaches College Press, 2003), 95 - 97.

恩(Sol Cohen)在康奈尔大学短暂任教之后就去了加利福尼亚大学洛杉矶分校。我在研究生院的第二年上过他关于进步主义教育史的研讨班。S.科恩的新院长约翰·古德拉德(John Goodlad)给我提供了一个教育基础系的副教授职位,年薪一万美元。他说,这是他所能做的最好的了。我决定不去西海岸,而接受了天普大学的联合聘任。让我确定接受天普大学聘任的是能同时在历史系和教育基础系工作的前景。在当时看来,这种联合聘任对这两个领域来说都是最好的选择。当然,我很快就发现不一定总是如此。在两个系待了四十多年以后,我可以毫不含糊地说,联合聘任的好处要远远大于坏处。但是,当我作出决定的时候,我肯定不知道我面对的是什么。

今天,大多数教育史学家都在教育学院或研究院工作。鉴于现代大学的高度分化性,他们与教育实践者和政策制定者之间的密切联系在可预见的将来肯定会持续下去。对约翰·L.鲁里(John L. Rury)来说,教育史学家就像其他应用学科(如法学和医学)中的同道一样,应该接受这个现实,并且"要留意他们的非历史学同事们的兴趣和关怀"。① 但是,不论他们是否在应用领域工作,我所知道的最好的历史学家都密切关注非历史学家们,从诸如社会学、人类学和政治学这些相关领域的学者身上借鉴一些见解和思想。如果我的个人经验有意义的话,那么,那些不是专门在教育学院或研究院工作的教育史学家有着更多的选择和机会,这也是事实。

我来到天普大学不久,这所大学的文理学院(College of Arts and

> **个人作品精选(续)**
>
> "A Preliminary Look at the Schoolhouse: The Philadelphia Story, 1870 – 1920," *Urban Education* Ⅷ (January 1974): 381 – 399.
>
> "Cathedral of Culture: The Schoolhouse in American Educational Thought and Practice since 1820," *History of Education Quarterly* 29 (Spring 1989): 1 – 40.
>
> "Symbol of Paradox in the New Republic: Classicism in the Design of Schoolhouses and Other Public Buildings in the United States, 1800 – 1860," in *Aspects of Antiquity in the History of Education*, F.‐P. Hager, et al., eds., *International Series for the History of Education*, vol. 3 (Hildesheim, Germany: Bildung und Wissenschaft im verlag August Lax. 1992), 163 – 176.
>
> "The History Course Portfolio," *Perspectives: American Historical Association Newsletter* 35 (November 1997): 17 – 20.

---

① John Rury, "The Curious Status of the History of Education: A Parallel Perspective," *History of Education Quarterly* 46 (Winter 2006): 597.

Sciences)创设了一个美国研究项目。在它最初的构建中,它是服务性学习的重要组成部分,资助天普大学本科生去地方性艺术和文化机构实习。如果我不是学校历史系的一员,就不会有机会参加这个项目的教学与管理,也不会成为美国研究协会(American Studies Association)大西洋中部分会的主席和美国研究协会的建国两百周年纪念大会的筹备委员会主席。这次国际会议让英国和美国的学者在 1976 年的秋天汇集于费城(Philadelphia)。没有这次会议,我就不会成为格林伍德出版社(Greenwood Press)1981 年出版的《分裂的大都市:1800—1975 年费城的社会和空间维度》(*The Divided Metropolis: Social and Spatial Dimensions of Philadelphia, 1800–1975*)这本书的编者之一。这本书包含两百周年纪念大会上提交的几篇文章,以及包括我自己的文章在内的几篇新文章。[①] 我和天普大学美国研究项目的合作也给我带来了在国际教育方面的其他专业机会。1985—1991 年,我与其他人合作指导了由富布赖特基金会(Fulbright Commisssion)和美国新闻署(United States Information Agency)共同资助的六所暑期学校,这些暑期学校给来自 47 个国家或地区的共 209 名英语和历史教师讲授美国研究方面的主题。我的教育史背景让我和许多来上暑期学校的教师有着一种特殊的关联,但仅仅如此并不能让他们信服我的领导角色。我和他们一起共事的直接结果是,在 1989 年春天,我在阿尔及利亚(Algeria)待了一个多月,讲授美国研究和美国教育方面的主题。我是在斋月期间抵达那里的,很快就了解到伊斯兰世界和基督教世界的基本差异。

《分裂的大都市:1800—1975 年费城的社会和空间维度》一书中有几章探讨了费城建成环境(built environment)[②]的历史。我自己的一篇文章主要是分析费城在 1908—1918 年间建造的连接市中心和费尔芒特公园(Fairmount Park)的一条学院派风格的林荫大道——本杰明·富兰克林大道(Benjamin Franklin Parkway)的构思和建设。费城艺术博物馆(Philadelphia Museum of Art)、富兰克林学院(Franklin Institute)都坐落在这条大道上,费

---

① "The Persistent Dualism: Centralization and Decentralization in Philadelphia, 1854–1975," *The Divided Metropolis: Social and Spatial Dimensions of Philadelphia, 1800–1975* (Westport, CT: Greenwood Press, 1980), 249–284.
② "建成环境"是建筑学和环境心理学中的术语,是指为包括大型城市环境在内的人类活动而提供的人造环境。——译者注

城学区总部在这里安家也有很多年,本杰明·富兰克林大道曾经是而且现在仍然作为公众记忆、市民骄傲和文化教育重要组成部分的一条大道。它在公共艺术方面的很多目标都述说着费城历史上共识和冲突的故事。① 在我开始编写《分裂的大都市:1800—1975年费城的社会和空间维度》时,我已经发现这个城市在学校建筑史方面的丰富资源。1913—1939年间,富兰克林·D. 埃德蒙(Franklin D. Edmunds)出版了记录费城学校建筑的八卷本文献史,这让我坚信,美国教育的物质文化史研究大有可为。② 当达娜·怀特(Dana White)邀请我为《城市教育》(*Urban Education*)杂志的一个历史专题写一篇文章时,我写了一篇文章考察费城城市学校设计的发展和新城市学校选址的政治学。③ 我发现,当新学校的建立和旧学校的扩建非常吻合当时其他教育史家(比如修正派)关于城市学校史的说法时,中产阶级是比较乐于接受的。

我在《城市教育》杂志上发表的文章是我关于"学校建筑"主题三篇文章中的第一篇。最广为人知的那一篇发表在1989年的《教育史季刊》上。④ 该文探讨了学校建筑和学校管理之间的关系,以及公民和道德教育中校舍的作用。这篇文章发表二十年后,教育史学会在巴尔的摩(Baltimore)的年会上就"学校建筑史最新发展"这一主题组织了一次回顾性会议。我关于这个话题上的工作也在1991年获得一些国际性关注,当时我向国际教育史常设会议在瑞士苏黎世(Zurich)召开的年会提交了一篇关于希腊复兴运动对美国学校和公共建筑的影响的文章。这篇文章随后出现在由弗里茨-彼得·黑格(Fritz-Peter Hager)和于尔根·赫布斯特(Jurgen Herbst)编辑的会议日程中。⑤ 作为苏黎世大学(University of Zurich)的一名教授,黑格是国际教

---

① 作为这项研究的结果,我养成了在本杰明·富兰克林大道散步的习惯,有时候我在天普大学上城市教育课程的时候也这么做。1997年,这个散步的习惯也成为当年在费城召开的教育史学会年会的一个组成部分。
② F. D. Edmunds, *The Public School Buildings of the City of Philadelphia*, 1745 – 1918, vol. 1 – 8 (Philadelphia: School District of Philadelphia. Board of Public Education, 1913 – 1939).
③ "A Preliminary Look at the Schoolhouse: The Philadelphia Story, 1870 – 1920," *Urban Education* 8 (January 1974): 381 – 399.
④ "'Cathedral of Culture': The Schoolhouse in American Educational Thought and Practice since 1820," *History of Education Quarterly* 29 (Spring 1989): 1 – 40.
⑤ "Symbol of Paradox in the New Republic: Classicism in the Design of Schoolhouses and Other Public Buildings in the United States, 1800 – 1860," in *Aspects of Antiquity in the History of Education*, F.-P. Hager, et al., eds., *International Series for the History of Education*, vol. 3 (Hildesheim, Germany: Bildung und Wissenschaft im verlag August Lax, 1992), 163 – 176.

育史常设会议的创建者之一,他在西欧有着很高的知名度。我第一次认识他是在 1991 年冬天,当时我正在德国和瑞士的几所大学和哥伦比亚大学师范学院进行关于美国文化和教育史的巡回演讲,他邀请我也去一下苏黎世大学。在我关于美国学校改革的英语演说中,他的研究生确实听得聚精会神。但是,英语演讲在接下来的夏天在苏黎世举行的国际教育史常设会议年会上并不适用,当时那里有很多参会者大声抱怨所有发言者要么说英语要么说德语这个要求。黑格自己最后在大会的全体会议上说的是德语,而我确信,听众中有很多人听不懂一个字。我在研究生院学了德语,但也只是听懂大意。

* * * * *

1968 年秋天我来到天普大学的时候,这所大学正在迅速扩张。三年前,天普大学成为宾夕法尼亚州三所州立研究性大学之一,另外两所是宾夕法尼亚州立大学(Pennsylvania State University)和匹兹堡大学。天普大学位于美国最糟糕的市区之一的中心地带,学校正在着力改善校园,延揽教员,扩招学生。1965—1970 年间,这所大学聘任了很多教员。我加入的教育基础系就包括从哥伦比亚大学师范学院过来的知名哲学家小 J. E. 麦克莱伦(James E. McClellan Jr.),以及后来在财政金融方面大放异彩的经济学家迈克尔·H. 莫斯科(Michael H. Moscow)。[①] 天普大学的其他系都引进了杰出的学者。巴拉克·罗森夏恩(Barak Rosenshine)获得了教育心理学的教职。我三十年的同事埃伦·F. 戴维斯(Allen F. Davis)离开了密苏里大学(University of Missouri),成为天普大学历史系的一员。甚至在 1970 年以后,天普大学继续引进优秀的教员。教育基础系迎来了本书所在丛书的主编伦纳德·J. 瓦克斯(Leonard J. Waks)。

但是,美好的时光总是短暂的。一所学费驱动型的机构在第一代大学生中是颇受欢迎的,天普大学极易受到政治、经济和人口压力这些它几乎无法控制的因素的影响。甚至有一位管理者预言,天普大学的教育学院如果

[①] 1994 年 9 月至 2007 年 8 月,迈克尔·H. 莫斯科是芝加哥联邦储备银行的主席。

在某一天能够将目前的教员数扩充一倍,就能度过困境了。① 1973年的经济衰退延缓了州政府对大学资助的增长,"婴儿潮"入学效应的最终消失也迫使管理们接受这样一个事实,即天普大学入学人数的增长不得不停止了。这样的发展,虽然还处于萌芽阶段,但在我获得终身教职时,至少天普大学管理部门的一些人已经想到了。由于联合聘任的原因,我接受了两位来自不同部门委员的考核,一位来自文理学院,一位来自教育学院。我的联合聘任面临一个特殊的问题。面对来自两个学院的双重考核,我也身陷两难。来自历史系的挑战尤其令人心悸。有着73名全职教员的天普大学历史系是当时全国规模最大的历史系,其中有8位教员在1973年申请终身教职。系领导知道,这8个人不论其如何自我证明都不会全部通过考核。考核结束的时候,4个人获得终身教职,幸运的是,我是其中之一。接下来的一年里,又有5人申请终身教职,而当考核结束的时候,只有1个人留任。

> **最喜欢的著作精选**
>
> Philippe Ariès, *Centuries of Childhood: A Social History of Family Life*, translated from the French by Robert Baldick (New York: Random House, 1962).
>
> Lawrence A. Cremin, *American Education: The Colonial Experience*, 1607-1783 (New York: Harper and Row, 1970).
>
> Jack Dougherty, *More than One Struggle: The Evolution of Black School Reform in Milwaukee* (Chapel Hill, NC: University of North Carolina Press, 2004).
>
> Ira Katznelson and Margaret Weir, *Schooling for All: Class, Race, and the Decline of the Democratic Ideal* (New York: Basic Books, 1985).
>
> Michael B. Katz, *Class, Bureaucracy and Schools: The Illusion of Educational Change in America* (New York: Praeger Publishers, 1971).

20世纪70年代后期,天普大学的入学人数迅速下滑,下跌甚至超过10%。校长马尔温·瓦克曼(Marvin Wachman)和他最亲密的顾问们不得不作出一些艰难的决定。当我第一次听到"裁员"这个词的时候,我还不知道它真正意味着什么。最后,我终于认识到,这远不止意味着解雇。它还意味着天普大学的教员和管理者之间的一场信心危机和多年的不信任。解雇发生在1982年,从职员开始,很快蔓延到教师群体。兼职教授和没有终身教职的教授们首先离开,拥有终身教职的教授们很快也随之而去,尤其在教育学院。管理层认为,学校的入学人数下滑得太厉害,有些系要么

---

① 20世纪70年代初,这位管理者在大学研究生院文件上的笔记表明,他当时估计教育学院在十年之内需要400多名教师。

缩小规模,要么完全取消。① 教育基础系就是收到警告的系之一。教育基础系的两名教师收到解聘通知,其中一位离开天普大学后去宾夕法尼亚州立大学接受了一份不会晋升终身教职的工作,另一位则接受了校内的另一份教职,专门给大一新生教授通识课程。我没有收到解聘通知,或许是因为我有了终身教职而且在两个系任职。就算我失去了教育基础系的职位,也不会影响我在历史系任教。所以从很多方面来说,我孤独地留下来了。教育基础系很快就没有了,它的课程和学位被分配给了一个新成立的教育领导系,其教员包括那些曾在教育管理系和城市教育系任教的教师。他们已经被缩编了,但是教育管理系的教师仍然维持着对新系的统治。直至20世纪70年代末,我是这个新系中仅存的原教育基础系的人。我在那里的工作几乎完全就是向所有来自教育学院攻读硕士和博士学位的学生教授一门历史和教育社会学方面的"核心"课程。我很乐意教这门课,但这并不是每天早上给我力量的东西。当时我在国际教育方面的研究蒸蒸日上,我在这方面确实付出了很多精力。

裁员对天普大学的影响并没有随着解聘的结束而褪去。1982年,天普大学加入工会差不多已经有十年了,它的教员们加入了天普大学教授联合会(Temple Association of University Professionals),这是当时美国大学教授联合会(American Association of University Professors)的一个地方分支机构。当解聘开始时,管理层坚持与天普大学教授联合会之间的合同,并在裁员的程序上运用合同的语言。1983年,天普大学和天普大学教授联合会之间通过某种方式进行重新协商并且相安无事,但三年后这份合同需要更新时,双方的博弈就没有这么顺利了。当时天普大学有了一位新的管理者彼得·J. 利亚克拉斯(Peter J. Liacouras),他是天普大学法学院的前任院长,他并没有开始裁员,但也没有采取任何措施来扭转这一局面。天普大学教授联合会对天普大学的合同聘任内容表示不满,加上裁员带来的痛苦并未散去,天普大学教授联合会在秋季学期一开始就罢工了。从来就没有什么好的罢工,只会更糟糕而已。这场罢工是糟糕的——达到了最大

---

① 从政府的角度来看,见:Marvin Wachman, *The Education of a University President* (Philadelphia: Temple University Press, 2005), 152–156.

程度的对抗性。大学校长和工会主席卷入了一场令人厌恶的公开斗争。我走在大学主校区的纠察线上。四年以后,当天普大学的教师们再次罢工的时候,我还是这么做了。工资和保险金是表面理由,裁员的记忆还没有完全褪去。我跟很多同事一样,还没有准备好信任天普大学的管理层。我们中的大多数人当时都是纠察线的经验老手,因为天普大学的教员自1982年以来并没有太多变化。不像第一次罢工持续了不到十天时间,并且在协议达成之前就催促教师们回去工作了——这些决定带来的痛苦并没有很快消失,第二次罢工延续了将近一个月的时间。

20世纪80年代,我还不是教师工会的领导人,那要在二十年以后才实现,但是,在裁员余波之后,对我来说,毫无疑问的是,如果发生罢工,我会站在教师们这一边。我公开参与了1973年教师工会的认证工作,克服了我最初的担忧,即这些活动可能会在管理者眼中给我贴上一个"麻烦制造者"的标签,进而危及我的事业。甚至在我先后担任天普大学研究生院院长助理和副院长的1979—1985年的六年中,尽管从技术上说,我已经不参与博弈的任何一方,但我依然继续交会费。

> **最喜欢的著作精选(续)**
>
> David Labaree, *How to Succeed in School without Really Learning: The Credentials Race in American Education* (New Haven: Yale University Press, 1997).
>
> Lawrence W. Levine, *The Opening of the American Mind: Canons, Culture, and History* (Boston: Beacon Press, 1996).
>
> Jeffrey Mirel, *The Rise and Fall of an Urban School System* (Ann Arbor: University of Michigan Press, 1993).
>
> Julie A. Reuben, *The Making of the Modern University: Intellectual Transformation and the Marginalization of Morality* (Chicago: University of Chicago Press, 1996).
>
> David B. Tyack, *The One Best System: A History of American Urban Education* (Cambridge: Harvard University Press, 1974).
>
> Laurence R. Veysey, *The Emergence of the American University* (Chicago: University of Chicago Press, 1965).

在今天,这种行为可能无法被容忍,但在当时,没有人会说我不能这么做。我决定成为一名管理者,部分原因是工作的前景和裁员的现实。我想,如果我的专业教职保不住的话,我的简历里将会包括一些能够让我有能力继续留在天普大学的东西,或者去其他机构成为一名管理者。在研究生院的最后一段时间,我确实向其他两所学校申请研究生教育方面的管理职位,但都没有收到回复,而且我现在知道,这是最好的结果。1985年当新上任的主管研究生教育和研究的副校长告诉我,我只有离开研究生院,他才能削减预算的时候,我毫不犹豫且毫不后悔地回到了教师岗位上。①但是我在从事研究生教育管理事务的过程也有额外的收获。1980年夏天,我去了尼日利亚的本代尔州(Bendel State),对教育学院在当地设立的一个硕士生项目的申请人进行评估,该项目旨在为天普大学的教授们提供更多的就业机会。这次行程让我第一次对欠发达世界的生活有了实际的体验。

2001年,我被选为天普大学教授联合会主席。我领导了这个教师工会六年,其间天普大学的校长是戴维·阿达马尼(David Adamany)。大学董事会选择阿达马尼接任利亚克拉斯,部分是因为他曾担任过韦恩州立大学(Wayne State University)校长,这是一所跟天普大学非常相像的市区学校。他与韦恩州立大学教师工会的关系在最好的情况下也是紧张的,当他来到费城北区的时候,有不少天普大学的教师认为他是被雇来反击天普大学教授联合会的。不论这是真是假,可以完全肯定地说,阿达马尼是想在天普大学留下印迹的。他主管大学政策和实践的方方面面,他把校长办公室变得像针眼一样。不用说,这种大学领导方式让很多教师不舒服。这更加让我相信工会合同的价值所在,我想这是蔓延至整个学校的一种感受。

2004年10月,我的工会主席任期届满时,天普大学教授联合会的合同已经到期。我很清楚为达成新的协议进行磋商将会是一场斗争。阿达马尼校长想对合同进行修订,他有一份长长的清单,其中很多内容是用来改变天普大学的力量均衡的。他不相信学校中各个学院的很多教师在获得终身教职和晋升这些重要事务上会作出明智的决定,因此他打算进行旨在加强管理者权力的结构化改革。从2004年6月开始,针对新合同进行的谈判几乎立刻陷入僵局。对话开始时,双方卷入一场公开的口舌之战,而且经常充满敌意。等到新协议达成的时候——原来的合同已经失效五个月,天普大学的气氛变得压抑。对我来说,这整个过程就是教育政治学的一门实践课,教育政治学是一门我已经教了三十多年的课,但是它现在对我来说绝不仅仅

---

① 1968—1979年间,我有两个办公室,一个是在历史系,一个是在教育基础系。当我担任管理工作的时候,这两个办公室我都放弃了。但是1985年我回到教师岗位上来的时候,我觉得拥有两个办公室,负担要大于好处。教育基础系已经不复存在。我工作中关系密切的同事们都在文理学院了。从那时一直到现在,我只在历史系有一间办公室。

是一项学术事务。

我对教育政治学的学习在天普大学教授联合会主席任期的倒数第二年发生了新的转变。2005年的春天,宾夕法尼亚州议会采取了一项措施,即召集一个精心挑选的委员会负责调查州内公立学院和大学在校生的学术氛围。受到保守的作家和演说家戴维·霍罗威茨(David Horowitz)的启发,委员会在全州范围内举行了一系列听证会,其中有一场就在天普大学。D.霍罗威茨出席了那场听证会,并声称天普大学就是自由主义的,甚至是左派观点的堡垒,那里的教师故意让保守派的学生保持沉默。为了在自由派和保守派的观点之间达成一种平衡,他呼吁在公立学院和大学建立一种雇用制度,把政治立场作为教师聘任的标准。我运用教育史知识指出这种制度的荒谬,并认为在美国高等教育中,自从学术自由的概念产生以来,所有的观点都是受欢迎的,但是从来没有一种观点在课程中被保证过或者应该被保证占据一定的地位。我的论证是否产生效果,这肯定还是需要进一步讨论的。不过可以肯定的是,那个精心挑选的委员会的最终报告在宾夕法尼亚州议会中静悄悄地趋于沉寂。但在另一方面,在天普大学,听证会却产生了直接的影响。2006年夏天,大学董事会决定要求所有的教学大纲都要反映大学关于学生学术自由方面的新政策,这个新政策受到D.霍罗威茨思想的深刻影响。[①]

* * * * *

我在20世纪80年代关于学校建筑史方面的研究,让我认识到了学校与选民之间关系的重要性。因为所有的学校都是公共建筑,它们的出现关涉到很多人——不仅仅是利用它们的人。学校建筑服务于它们各自所在的社区,它们是提醒人们美国教育重要性的象征物。从这个观点出发,对我来说

[①] D.霍罗威茨是《学术自由法案》(Academic Bill of Rights)的作者,该法案成为天普大学新的学术自由政策的模式。他的著作有: The Professors: The 101 Most Dangerous Academics in America (West Lafayette, IN: C-Span Archives, 2006) and with Jacob Laskin, One Party Classroom: How Radical Professors at America's Top Colleges Indoctrinate Students and Undermine Our Democracy (New York: Crown Forum, 2009). 他是"学生学术自由"(Students for Academic Freedom)的创立者,该组织获得了保守派团体的支持,如美国学院董事和校友联合会(American Association of College Trustees and Alumni)。

很自然地就要承担起对家长和学校关系的研究。在我开始研究这个主题的时候，美国教育史学已经进入了一个新的很有发展前景的阶段。像詹姆斯·安德松（James Anderson）、保罗·彼得森（Paul Peterson）、威廉·J.里斯（William J. Reese）、芭芭拉·所罗门（Barbara Solomon）这些学者已经超越了自由派和修正派之间的争论，把这个领域推向一个更广阔的思考空间。他们展示出教育史学家们如何更好地把人种、种族、地域和性别融入到研究中，接触到很多利益相关者或者利益集团。家长一直是美国教育中的一个重要因素。但是我在研究这个主题时发现，家长远不止是另一个利益集团，他们体现了家庭、社区以及所有这些重要机构在美国的重要性。克雷明从贝林那里获得了线索，成功地在1970年展现了在早期美国史上这些机构对教育的重要性。[1] 这一重要的观点在他《美国教育史》三部曲的第二卷和第三卷中没有延续下去——或许是因为这几卷缺乏一个明确的焦点。在《家长和学校：美国教育中争夺控制权的150年》（Parent and Schools: The 150 Year Struggle for Control in American Education）一书中，我致力于阐释这个观点。[2] 这本书实际上始于对早期儿童教育的研究，但是我读得越多，就越能感受到不仅是家庭和社区的教育重要性，还有学校与它们关系的重要性。我在撰写本文的过程中，地方学校委员会工作的经历帮助我塑造了自己的思维方式，并直接体现了家庭和学校之间是一种怎样的政治关系。同时，这段经历还向我强调了学校建筑的重要性，因为家长向学校委员会抱怨的内容，往往都涉及学校的物质条件。

2000年《家长和学校：美国教育中争夺控制权的150年》出版的时候，我正担任卡内基教学促进基金会（Carnegie Foundation for the Advancement of Teaching）的董事会成员。部分是由于联合聘任的原因，我的事业出现过很多曲折，但最终顺利地走了过来。但是，我的教学工作从未中断过，我要么是给本科生上基础性的概论性课程，要么是教博士生如何进行论文写作。因此，当那时在天普大学教务处工作的教育史家南希·霍夫曼（Nancy Hoffman）让我加入由皮尤慈善信托基金会（Pew Charitable Trusts）和现在已经不存在的美国

---

[1] Lawrence A. Cremin, *American Education: The Colonial Experience*, 1607-1783 (New York: Harper and Row, 1970).

[2] *Parents and Schools: The 150-year Struggle for Control in American Education* (Chicago: University of Chicago Press, 2000).

高等教育联合会(American Association for Higher Education)①资助的团队教学项目的时候,我很爽快地答应了。这个项目聚集了很多来自历史和其他领域的学者,共同开发教学同行评议的标准。根据教育政策制定专家欧内斯特·博耶(Ernest Boyer)和斯坦福大学教授李·舒尔曼(Lee Shulman)的设想,这份工作在舒尔曼接任 E. 博耶成为卡内基教学促进基金会主席的时候要形成一个大的框架。1998 年,舒尔曼启动了卡内基教学和学习研究会,这是一个多元化的项目,包括为有兴趣进一步了解如何使教学成为一种公共行为,以及如何将教学和学习联系起来的大学教师提供研究基金。在我受资助的那一年(1999—2000 年)里,我加入了由来自奥古斯塔纳学院(Augustana College)的伦德尔·佩斯(Lendol Pace)、乔治梅森大学(George Mason University)的 T. 米尔斯·凯利(T. Mills Kelly)和印第安纳大学(University of Indiana)的戴维·佩斯(David Pace)等历史学家,以及来自音乐和数学等多个领域的学者共同组成的团体,对我自己的和他们的教学进行了为期一年的研究。通过系统的反思和整理,让大学教学变得更加明晰和有效是我们共同的目标。这是一段令人振奋的经历,它直接产生了几篇公开发表物,并让我成为天普大学文理学院教学和学习中心的主管。②

* * * * *

我在天普大学教授联合会任上做的最后几件事之一是,我说服了大学管理层为年长的教师提供一个分阶段退休计划。像今天美国很多学院和大学一样,天普大学在当时乃至现在一直是一所很容易在几年内因疾病、死亡和退休而失去近乎一半教师的学校。当我致力于这项工作时,我还没有必要为我自己考虑,但这个计划很快就证明对我是有利的。我可以在两年内只要工作一半的时间,这让我有机会为准备在教学生涯结束后全身心投入的两个研究项目打好基础。其中一个项目重点关注公民和学校之间的关

---

① 该联合会成立于1870 年,于2007 年更名为美国高等教育与认证协会(American Association for Higher Education and Accreditation)。——译者注
② 比如,参见:"The History Course Portfolio," *Perspectives: American Historical Association Newsletter* 35 (November 1997):17-20. 这篇文章后来重新在美国历史学会的网站上发表。

系,这是我此前关于家长和学校关系研究的一种直接和自然延伸的结果。所以我的专业生涯在不久的将来会有一些转变,但绝不是终结。无论将来会怎样,我都翘首以待。

成为一名历史学家
——教育性选择、赞助性流动和制度性挑战

玛丽·安·德朱巴克
(Mary Ann Dzuback)

我是在成年以后很久才对教育史萌生兴趣的。但是,这一兴趣特别受到我广泛的教育经历的影响和塑造,包括我在家庭、学校和大学受教育的经历,以及从幼儿教到高中生的教师经历,一直到后来在获得历史学和教育学交叉学科博士学位之前担任研究生助教的经历——尽管我对学术生活一无所知,也没有那种我在研究生院的一些同学身上看到的进取心。也正因为此,由导师和同事们促成的赞助性流动(sponsored mobility)[1]成为我更好地了解这个专业和领域的一条重要途径。通过赞助性流动,我确实在同辈中获得了一些不经意的指导和人际关系网络,并发展成为深厚的友谊。

在成长过程中,我上过6所小学、1所初中和5所高中,还有2所大学以完成我的本科学业。我的父亲是一名成功的工程师,他有6个孩子,其中2个孩子患有长期的慢性病,父亲决定运用他的能力和技术在工程设备销售方面发展一份事业——在20世纪50年代,这是一份比工程设计更加赚钱的工作,这也要求更频繁的家庭迁徙。上过这么多学校之后,我从大学毕业的时候已经对学术生活没有丝毫兴趣。进入大学一年后,我的专业从科学转向了教育,后来又休学两年,在这期间,我开始在乡村社区经营一家日托中心。我在一门旁听的教育哲学课上读过约翰·杜威(John Dewey)的著作。在这门课上,我读到了《民主主义与教育》(*Democracy and Education*)和《学校与社会》(*School and Society*),还了解到了关于20世纪70年代早期选择

---

[1] "赞助性流动"是一个社会学名词,指受到控制的人才选拔过程,由原来的精英通过判别个人品质,扶持一些人成为新的精英,其目的是人尽其才。——译者注

性教育(alternative education)①的很多观点,这个经历是一个启示。当时我认为,教育不全是由学校机构完成的,个体性机构也在学什么和如何学方面起着重要的作用,杜威所说的不断促进生长的机构应该比我上过的绝大部分学校可以对学生产生更大更直接的影响。

作为一名成功的中产阶级白人学生,我对美国的学校将学生制度化的各种方式已经不抱幻想了——学生们为了成绩、学分、分数和其他可测量的学校教育结果奋斗着。这些测量所付出的代价包括疏离文化、制度性的犬儒主义,以及偶尔的权利意识,尤其是对那些在这个制度游戏中的成功者来说。为了应对这些影响,我在高中的时候就已经对存在主义哲学感兴趣,并努力专注于学习而不是成绩。最后,在我准备进入大学的时候,我已对学校感到非常厌倦了。我最喜欢的是那些具有严肃的智力挑战和给人以高度期待的课程。法语课老师马丁夫人(Madame Martin)——我在她的课上第一次接触到萨特(Sartre)和加缪(Camus),英语写作、语法和文学课老师道森小姐(Ms. Dawson)和罗利神父(Father Rowley),数学课老师琼·帕特里斯修女(Sister Jeanpatrice),以及美国史与政府课老师比尔·麦克来纳森(Bill MacLenathen),他们都是我最喜欢的老师。转学并不是件容易的事。但是我的父母都是根据当地公立学校的质量来选择迁徙地点的,只有纽约乡下的一个市镇是个例外,在那里他们别无选择,因为那是我父亲近期做推销的地方。在当地公立学校上了一个学期之后,我请求他们让我去当地的天主教高中上学,他们同意了,因为他们也对最近一次从喜欢的一所学校转学感到一点内疚。

记得在每一所新学校,我都要经历一段艰难的适应期,不仅仅是社交上的适应,还要面临对一整套不同学区的新的期待。我的母亲是一位南方女性,她通过故事来理解生活,她有讲不完的故事,当她鼓励我把最好的一面呈现给每一所新学校、每一位新老师和每一门新科目的时候,她都有一套特定的模式。就好比这样:"玛丽·安,你知道教育对我们家来说是多么重要。你的祖父离开喀尔巴阡-卢森尼亚(Carpatho-Rusyn)山脉和他的村

---

① 选择性教育是一个比较笼统的概念,泛指那些运用与传统教育不同的教学内容、教学方法的教育,实施这类教育的学校也被称为选择性学校(alternative school),这种学校一般具有比较强烈的政治或者学术导向,与主流学校差异很大。因此,它们有时候也被译为非传统教育和非传统学校。——译者注

庄——他离开了家庭农场和土地，放弃了继承权——来到这个国家，就是想让他的子孙能够受到教育。（我后来发现，我的祖父确实是离开了家乡，部分原因是为了躲避奥匈帝国军队的征兵。）你的祖母跟他一起离开了她的妈妈和姐妹们，因此他们两人的孩子——你的父亲和姑母可以有更好的机会。看吧，你姑母的三个孩子都完成了大学学业。你的祖父只要为他的女

> **个人作品精选**
>
> Mary Ann Dzuback, "Berkeley Women Economists, Public Policy, and Civic Sensibility," in Donald Warren, ed., *Civic and Moral Learning in America* (New York: Palgrave McMillan, 2006).
>
> Mary Ann Dzuback, "Creative Financing in Social Science: Women Scholars and Early Research," in Andrea Walton, ed., *Women and Philanthropy in Education* (Bloomington: Indiana University Press, 2005).
>
> Mary Ann Dzuback, "Gender and the Politics of Knowledge," *History of Education Quarterly* 43 (Summer 2003): 171–195.

儿们上大学支付学费，而不用为你父亲出钱，你父亲靠勤工俭学度过了大学学习的前两年，然后在战争期间从海军服役回来，靠《退伍军人权利法案》完成了学业。只要接受了教育，你就可以做任何你想做的事情。不要让数学、化学或者法语拖你后腿。如果你足够努力，你就能学会它们，并能获得好成绩。"如果这还不奏效，她会告诉我她在田纳西州（Tennessee）、佐治亚州（Georgia）的成长过程中，她的父亲是如何拒绝供她接受大学教育的故事。在她高中校长的鼓励下——校长说她非常聪明，不能中断学业，她通过贷款进入当地的一所大学学习，但又不得不辍学工作来还贷，结果最终也未能完成学业。这些故事以及我父亲的殷切期望，总是激励我不断前行。

家人的奋斗和我自己对每一个新城镇、每一所新学校的适应，帮助我从内心深处对边缘感有了一些理解。我不知道我的祖母是否识字，哪怕是她的母语。她很少拿过书，除了她和我的祖父在新泽西州贝永（Bayonne, New Jersey）帮助筹办喀尔巴阡-卢森尼亚希腊东正教堂（Carpatho-Rusyn Greek Orthodox Church）时拿过的赞美诗和祷告文。那是我记忆中的第一座教堂。我儿时就在那里服务，由此，我从父母生活的偏远社区走进另外一个世界——在那里，我们的邻居绝大多数是天主教徒和清教徒，所有孩子的祖父都以英语为母语。我慈爱的祖父母在佐治亚州的乡下都没有读完高中，我祖母的父亲是五旬节派教会的一名牧师，每隔两年的夏天，我们都会去田纳

西州查塔努加（Chattanooga, Tennessee）拜访他,在五旬节讲道过程中,他曾努力让我们接受他的信仰,但是并没有成功。我记得见到过南方的种族隔离,并感到非常困惑:"为什么会有两个女卫生间?"我问道,"一个是给白人用的,一个是给'有色人种'用的……这是什么意思?"母亲向我和兄弟姐妹解释了种族歧视,但我们并不理解。我从亲友那里听到的种族歧视言论更是说不通,哪怕他们的方式很温和。我在《民权法案》（Civil Rights Act）通过的1964年前往田纳西州。看到电视上的公告,我是唯一一个在我叔祖父的房间里庆祝的人。我们住在芝加哥的时候,母亲在芝加哥地区全国基督徒和犹太人委员会做一些种族关系方面的志愿者工作。当马丁·路德·金（Martin Luther King, Jr.）来芝加哥的时候,我请求去参加他的游行,但是父亲说我太年轻了。这些经历让我的心智与大部分孩子不同,让我感觉自己经常成为有着奇怪姓氏的"新来的女孩",也让我在祖父母之间以及在不同的教会、地区和学校之间感受到了几乎截然不同的观点。

当我从大学辍学搬到新罕布什尔州（New Hampshire）北部的时候,父母非常震惊。父亲对我在医学或者科学领域获得一份事业有着很高的期待。但是当我接到大学校长让我返校学习的邀请并提供资助（《国防教育法》提供的贷款、奖学金、助学金）以完成学业的时候,我感到非常幸运,尽管这所大学并不是我父母理想中的机构。这是一所实验学院（experimental college）[①],它与传统学院非常不同,但是它对我的心智发展有非常深刻的影响。正是在那里,我接触到了杜威的著作,阅读了人类学和人类发展理论方面的作品,并研究了教学和学习。当时我住在树林里的一个小棚屋里,靠着一个小柴炉取暖,在煤油灯下苦读,同时还经营着日托中心。尽管这所学院现在已经不复存在,但是我在那里第一次遇到交叉学科的教学和学习,并逐渐隐约地认识到,知识是依赖于制度化的结构和组织并以特定的方式构建和产生的。我参加了一个运行得时好时坏的学习社团（learning community）。这个社团里有包括我在内的一些认真的学生,也有一些看起来不适合任何学术事务的堕落的学生。对于像我这样的实用主义者来说,最糟糕的时刻就是,那些有时候会持续到凌晨的关于管理、课程和项目的没

[①] 实验学院是20世纪60年代美国出现的一种新形式的学院,这是一种"校中校"的办学模式,上课的教师不仅有教授,也有大学生或社区人员,他们常常是免费教学,课程设置也很灵活,适应社会需求。——译者注

完没了的会议。这些会议都被男性成员们把持着,而且经常充斥着年轻的神童校长利昂·博特斯坦(Leon Botstein)和他招收的反文化(counter-culture)教员们之间气氛紧张的争论。在我看来,最好的时光是在主要由女性教员掌控,偶尔也有男性教员(心理学和人类学课程)的课堂上,在这些美好的时光里,我作为一名高年级学生完成了高年级论文(senior thesis),并与博特斯坦校长争论在一个偏远山区的社区中到底是什么构成了最重要的知识和教育。我认为,我们应该在学术性课程之外增加一些养殖奶牛和熬制枫糖的课程。而他则全神贯注于用紧缩得可怜的预算来购买一架钢琴,加强音乐、语言和其他学术性课程,以及吸引对此有兴趣的教师。不用说,他赢得了辩论。但是,这些对话是富有教益的。

我毕业的时候(我很快就拿到了学位,我的全家都出席了露天毕业典礼)也想过进研究生院,但还是考虑到我首先需要的是更多的真实世界的经验。所以我为我的朋友卡伦(Karen)和乔·威尔科克斯(Joe Wilcox)的孩子当了一年的保姆,而不是去读家庭咨询方面的研究生。后来,我在朋友开办的一所选择性学校当了几年教师。在科珀曼学校(Coppermine School)的教学经历很有启发性,特别是将创造

> **个人作品精选(续)**
>
> Mary Ann Dzuback, "Gender, Professional Knowledge, and Institutional Power: Women Social Scientists and the Research University," in Ann Mari May, ed., *The "Woman Question" and Higher Education: Perspectives on Gender and Knowledge Production in America* (Cheltenham, UK: Edward Elgar, 2008).
>
> Mary Ann Dzuback, "Women and Social Research at Bryn Mawr College, 1915–1940," *History of Education Quarterly* 33 (Winter 1993): 579–608.
>
> Mary Ann Dzuback, "Women, Social Science Expertise, and the State," *Women's History Review* (UK) 18 (February 2009): 71–95.

性的内容和创造性的教学法结合起来所带来的挑战。我广泛吸取了我的合作老师的建议和批评。我们一丝不苟地在一份共同的日志上跟踪考察每一位学生的进步。我们还一起组织和主持那些不可预知的家长会,比如,在家长会上,我们必须在那些想让我们教占星术的家长和那些时刻警惕着让孩子远离种族主义的家长以及那些想让我们专注于提供一种充满爱的环境的家长之间寻求平衡。我们不断地在孩子们中间营造和维持一种社区感,我们做得非常成功。有些学生跳一级或者两级,还有些学生(包括我的两个继子)在所有科目上都获得了好成绩。对于这些学业成就,我们看到很多人对

此感到震惊。然而,由于缺乏资金,学校倒闭了,我也离开了新罕布什尔州去寻找新的挑战,包括在很多地方代课。

我在加利福尼亚州做过庭院设计(和代工),还在英国短暂地生活了一段时间,最后来到了新泽西州。我和博特斯坦一直保持联系并成了好朋友,他建议我重新考虑一下去读研究生,并让我首选哥伦比亚大学师范学院或者银行街教育学院(Bank Street School)[①]。我很喜欢哥伦比亚大学师范学院很多不同种类的课程以及它与哥伦比亚大学之间的联系,因此我申请了哥伦比亚大学师范学院课程理论方面的硕士生项目。我选择课程理论是因为我教书的学区是州内最好的一个学区,那里有受过良好教育和富有献身精神的教师,当地社区也有很多富裕家庭,我在课堂上遇到过许多衣食无忧的学生。我想问题可能出在课程上,我认为我们的课程缺乏创新和多样化的教学法,尤其是与科珀曼学校以及那里学生的高参与度相比。在研究生院,我开始认识到我的判断是非常幼稚和简单的。

那时候,哥伦比亚大学师范学院招收了很多硕士生。幸运的是,我的导师同意我根据教师而不是主题选课的计划。第一年我们一起制订了一个富有挑战性的课程计划,包括着重于批判的历史、哲学和发展心理学课程,一门教学方面的必修课以及一门阅读方面的课程。我完全沉浸其中,并决定在度过第一年之后从硕士生项目进入一个博士生项目,但是,我希望共事的导师却离职去了耶鲁神学院(Yale Divinity School)。在此期间,我相继上了劳伦斯·A. 克雷明(Lawrence A. Cremin)和埃伦·康德利夫·拉格曼(Etlen Condliffe Lagemann)的教育史课程、教育与公共政策课程。暑假期间,拉格曼让我为她正在编的一本书做一些保育史方面的历史研究。她给了我第一次公开出版的机会——一篇文献综述文章,其中重新梳理了作为一个专业的保育的历史。她还让我担任教育史、教育与公共政策这两门课的助教,而且一做就是五年。此外,她还根据我的兴趣帮我选择了一个博士生项目,而我选择了历史。

我选择历史是有一些原因的。首先,克雷明和拉格曼的课对教育的关

[①] 银行街教育学院(Bank Street College of Education)可追溯至1916年由露西·S. 米歇尔创办的教育实验局(Bureau of Educational Experients)。该机构于1930年搬迁至曼哈顿的银行街,1950年更名为银行街教育学院,提供研究生层次的教师教育和培训以及一些研究生教育项目。——译者注

注非常广泛。我们的阅读材料涵盖了社会和文化史、制度史、慈善史以及出版的一手文献。我开始对构建知识的不同方式产生强烈兴趣。其次,我为拉格曼做的研究工作涉及查找资料、解决问题以及通过重新组织研究成果的过程思考如何以新的视角考察这一主题。我真的很热爱研究的过程。花上几个小时在图书馆读一些落满灰尘、带着霉味的材料对我来说是非常有趣和满足的。最后,历史看起来比其他专业(如哲学)更加适合我。与(过去)真实的生活和机构相处,运用文献发掘足够的证据来构建一个叙述性分析,这比单纯分析思想要更有满足感。

因此,我必须去哥伦比亚大学历史系研究生院上一些额外的历史课程,以弥补本科期间没有主修历史的缺失。我读得越多,就越想关注高等教育中知识的生产,特别是研究在塑造学术学科和美国高等教育机构方面越来越重要的时期。这是我在为拉格曼《促进公共利益的私人力量:卡内基教学促进基金会史》(*Private Power for the Public Good: A History of Carnegie Foundation for the Advancement of Teaching*)①这本书做的研究工作中形成的想法。我欣赏道格拉斯·斯隆(Douglas Sloan)的高等教育史课程和他在我博士论文选题方面的循循善诱,以及他那优雅的文笔,邀请他指导我的博士论文。拉格曼当时在哥伦比亚大学师范学院还不能指导博士生,两年之后她才可以。但是我依然继续为她的《知识政治学:卡内基公司、慈善事业和公共政策》(*The Politics of Knowledge: Carnegie Corporation, Philanthropy, and Public Policy*)②做一些研究工作,这本书进一步加深了我对推进知识发展和组织的社会和文化结构的兴趣。

那时,我还获得了一份研究生助理的工作,为克雷明的《美国教育史》三卷本中的第三本做一些协助工作,还为他的《大众教育及其反对者》(*Popular Education and Its Discontents*)③做一些准备性工作。克雷明从哥伦比亚大学师范学院院长任上离职,成为斯宾塞基金会的主席,因此,作为他

---

① Ellen Condliffe Lagemann, *Private Power for the Public Good: A History of the Carnegie Foundation for the Advancement of Teaching* (Middletown, CT: Wesleyan University Press, 1983).
② Ellen Condliffe Lagemann, *The Politics of Knowledge: The Carnegie Corporation, Philanthropy, and Public Policy* (Middletown, CT: Wesleyan University Press, 1989).
③ Lawrence A. Cremin, *American Education: The Metropolitan Experience, 1876 – 1980* (New York: Harper & Row, 1988) and *Popular Education and Its Discontents* (New York: Harper & Row, 1990).

的研究助理和办公室助理,我在基金会也有一个小职位。我曾犹豫是否要接受这个职位——记得我向拉格曼抱怨过"要从新泽西州把书籍都搬到普林斯顿(Princeton)去"(克雷明担任基金会主席一开始就在那里有一年的学术休假),但是她劝我说这是一件好事。我没有事业上的雄心,只想完成我的博士论文。在斯宾塞基金会的工作帮助我拓展了对教育研究的理解,也让我能够遇到一些有趣的学者,包括拉尔夫·泰勒(Ralph Tyler)、威廉·朱利叶斯·威尔逊(William Julius Wilson)、帕特里夏·阿尔伯耶格·格雷厄姆(Patricia Albjerg Graham),等等。我在空闲的时候阅读他们的作品,并开始以我不曾有的方式去理解这个领域,而我正在成为这个领域的一名学者。

> **对我产生影响的著作**
>
> Ellen Fitzpatrick, *Endless Crusade: Women, Social Scientists, and Progressive Reform* (New York: Oxford University Press, 1990).
>
> Hugh Hawkins, *Pioneer: A History of The Johns Hopkins University, 1874–1889* (Ithaca: Cornell University Press, 1960 [1984]).
>
> Linda K. Kerber, *Toward an Intellectual History of Women: Essays* (Chapel Hill: University of North Carolina Press, 1997).
>
> Gerda Lerner, *The Creation of Feminist Consciousness: From the Middle Ages to Eighteen-Seventy* (New York: Oxford University Press, 1993).
>
> Robyn Muncy, *Creating a Female Dominion in American Reform, 1890–1935* (New York: Oxford University Press, 1991).
>
> Margaret Rossiter, *Women Scientists in America: Strugglesand Strategies to 1940* (Baltimore: Johns Hopkins University Press, 1982).
>
> Joan Wallach Scott, *Gender and the Politics of History* (New York: Columbia University Press, 1988).

  在拉格曼的支持、克雷明的热情鼓励以及道格拉斯的热忱解惑下,我完成了关于罗伯特·赫钦斯(Robert Hutchins)和他领导的芝加哥大学(University of Chicago)的博士论文。道格拉斯建议我可以考虑把对一位学者领导人的关注作为我对知识构建史的兴趣切入点。我选择了赫钦斯,而不是亚历山大·米克尔约翰(Alexander Meiklejohn)或者其他学术开创者,因为赫钦斯在1929年成为这个国家最好的研究型大学之一的校长,这正是紧随19世纪70年代至20世纪20年代之间现代研究型大学迅速增长之后的时期。我特别感兴趣的是,赫钦斯作为一位文化导向型大学校长的声誉以及他那看起来似乎与美国现代研究型大学理念相矛盾的领导方式。道格拉斯鼓励我多读大学校长的传记,这里面有许多是充满溢美之词的传记而不是历史,但休·霍金斯(Hugh Hawkins)关于查尔斯·W. 埃利奥特(Charles W. Eliot)的传记是个例外。① 霍金斯的研究对我来说是一个宽松的榜样,我在博士论文中没有效法,而我本来是可以做到的。我对我的博士论文并不满意,我决定在已经完成的广泛的基础研究的基础上继续修改,对赫钦斯对大学和高等教育的影响、他在大学共同体的同仁中引起反响的原因,以及他在大学校长伟人祠中的地位等问题进行更加精细的分析。幸运的是,我的博士论文答辩委员会给我提供了一些把博士论文修订成一本书的重要而有力的指导意见。②

不幸的是,1987年教育史学者的就业很糟糕。那年只有三个职位,而且其中一个已经许诺给了一位更资深的学者。我申请了另外两个职位,结果我来到华盛顿大学圣路易斯分校(Washington University, St. Louis)。我已经为拉格曼做了一些关于华盛顿大学圣路易斯分校的研究,尤其是亨利·普里切特(Henry Pritchett),他曾于19世纪80年代在华盛顿大学圣路易斯分校任教,并且正是在这个科学和哲学共同体中,他找到了自己的人生方向。而且我还听说,雷·卡拉汉(Ray Callahan)在退休之前也是教育系早期的史学家。③ 但除此以外,我对这所学校或者圣路易斯一无所知。有一次在学校,我与历史系的同事们建立了联系,我发现在一个隶属于文理学院的教育系任教有很多好处。我所有的历史课程都可以轻松地进入课表,我也开始和那些对美国史尤其是19世纪末20世纪初的社会和文化史,当然还有教育史感兴趣的研究生和本科生共事。我所在教育系的同事们似乎很高兴看到一位历史学者的出现,尽管我的教学任务繁重(每学期两门课,每门课有超过100名学生,没有助教),但我依然能够在几个月的过渡期之后回到我自己的书上来。

带着论文答辩委员会的意见和斯宾塞基金会小额资助项目(Spencer Foundation Small Grant)的慷慨支持,我继续和克雷明——偶尔我会在研究旅途中,在芝加哥或者纽约遇到他——讨论这本书,结果我花了三年的时间

---

① Hugh Hawkins, *Between Harvard and America: The Educational Leadership of Charles W. Eliot* (New York: Oxford University Press, 1972).
② Mary Ann Dzuback, *Robert M. Hutchins: Portrait of an Educator* (Chicago: University of Chicago Press, 1991).
③ Raymond Callahan, *Education and the Cult of Efficiency: A Study of the Social Forces that Have Shaped the Administration of the Public Schools* (Chicago: University of Chicago Press, 1962).

彻底重写了。我重读了拉格曼的《一代女性：进步改革者生活中的教育》(A Generation of Women: Education in the Lives of Progressive Reformers)[1]以及克雷明的《美国教育史》系列，重点关注教育传记，这些会引导我更加密切地考察赫钦斯的早年生活、家庭、教会、学校、大学、军队经历及其事业，以理解不同的经历对他所产生的转变性和教育性影响。我记得我在新罕布什尔州的一座房子里花了一个夏天的时间斟酌"芝加哥大学学院改革"这一章，结果这一章变成两章，一章是关于课程变革，一章是关于赫钦斯和教师们的互动。我写完之后，向哈罗德·S. 韦克斯勒(Harold S. Wechsler)征求意见，并获得了好几页的意见反馈，这些意见在修订过程中非常有帮助。哈罗德也是在哥伦比亚大学完成了他的研究生学业，我们都和有着同样经历的一些人共事，包括沃尔特·梅茨格(Walter Metzger)。早些年里他经常鼓励我，有他作为我专业上的同事和朋友，我感到非常幸运。

事实上，那时候我参加教育史学会年会已经有几年了。第一次是在斯坦福的年会。在那里，泰亚克带领一些同事在帕洛阿尔托(Palo Alto)[2]进行了一次徒步旅行，我没有参加这次徒步旅行，因为我是带着家人一起来参会和旅行的。但是我见到了戴维·安格斯(David Angus)，他是参与我的论文讨论的人之一。我听说他很严厉，但是他对我很好。在入会的早些年里，我开始更好地理解了关于赞助性流动的完整概念，尽管我认为这更类似于一种积极合作。因为我发现在我自己的大学里除了医学教育史学者肯尼思·卢德默(Kenneth Ludmerer)之外，没有其他教育史学者了，我和他后来才认识并成为朋友，而教育史学会年会起了很重要的作用。正是在这里，我可以听到这个领域的新成果，可以跟那些对教授教育史感兴趣的人一起讨论，能够和理解我的研究的人一起分享，并总是获得一些有帮助的改进建议。这个领域只有几百人在从事研究，所以参加教育史学会年会可以帮助我更好地了解这个领域的概况以及新的学术研究中出现的重要议题。教育史学会年会也为我提供机会开始参与给自己定位和给别人定位的过程。正如我的同事提名我任职，让我承担更多的领导角色，并分享他们对教育史领域发展

---

[1] Ellen Condliffe Lagemann, *A Generation of Women: Education in the Lives of Progressive Reformers* (Cambridge: Harvard University Press, 1979).
[2] 帕洛阿尔托，斯坦福大学的所在地。——译者注

状况的观察与理解,我也开始为别人做类似的事情。这就是成为一名教育史学家所带来的满足感。比尔·里斯(Bill Reese)、约翰·L. 鲁里(John L. Rury)、杰弗里·米雷尔(Jeffery Mirel)、琳达·艾森曼(Linda Eisenmann)、韦克斯勒、林恩·D. 戈登(Lynn D. Gordon)、韦恩·J. 厄本(Wayne J. Urban)在这个过程中都成了我的朋友和相互支持的同仁,在教育史学会中和他们的学生相逢,阅读他们的作品并在各种专业课题中合作,这也是一件令人无比愉悦的事情。

当我在芝加哥大学雷根斯坦图书馆特藏室(Regenstein Library's Special Collections)做研究并撰写关于赫钦斯的这本书的时候,我对女性史也产生了浓厚的兴趣。该兴趣初次萌生是在写那篇保育史文献综述文章的时候,但当时我把它放在一边,去完成我的博士论文了。我通过阅读了解到:作为一份女性职业的保育以及这份职业向女性开放的方式——她们在19世纪末没有其他职业选择,以及那些在19世纪末被女性主宰的职业——保育、社会工作、教学——所拥有的权力和地位。在学校教育和美国教育史方面的教学经历更加广泛地培养了我对社会边缘群体的兴趣。

我认为我的第二项事业应该是教学,但是当我在研究赫钦斯的时候,我不断发现与芝加哥大学女教师有关的信件和档案,我就很好奇她们是如何到那里的。有一个问题尤其让我感兴趣:一位经济学者玛丽·B. 吉尔森(Mary B. Gilson)写信给赫钦斯抱怨,她所在系的同事们在学校的俱乐部聚会和参加会议的时候,从来不邀请她。她认为自己被无视了。一个月之后,她回信给赫钦斯并感谢他——因为她突然开始受到邀请并参与到同事们的活动中去。我发现,其他几位女性经济学者(大多数是社会服务管理学院的)和一位女性历史学者只能偶尔招收博士生。我也注意到,当赫钦斯和某个系的教师讨论某人的教职聘任资格的时候,语言就变得含糊不清。资格的评定似乎是建立在含糊不清的假设、系里教师们以及同行学者推荐的基础之上的。在一个由精英管理的专业领域,大多数聘任都是通过招聘实现的。

我开始阅读我在高等教育中女性史方面能找到的所有材料,从罗莎琳德·罗森堡(Rosalind Rosenberg)的《超越隔离阶层:现代女性主义的思想根源》(*Beyond Separate Spheres: Intellectual Roots of Modern Feminism*),到佩尼娜·格莱泽（Penina Glazer）和米丽娅姆·斯莱特（Miriam Slater）的《不平等的同事：女性进入职业领域（1890—1940）》（Unequal Colleagues: The Entrance of Women into the Professions, 1890–1940）、杰拉尔丁·约恩契奇·克利福德（Geraldine Joncich Clifford）的《孤独的航行者：男女同校学校中的学术女性（1870—1937）》（Lone Voyagers: Academic Women in Coeducational Institutions, 1870–1937），回过头来再读玛贝尔·纽科默（Mabel Newcomer）的《美国女性高等教育的一个世纪》（A Century of Higher Education for American Women）、托马斯·伍迪（Thomas Woody）的《美国女性教育史》（A History of Women's Education in the United States）和芭芭拉·所罗门（Barbara Solomon）的《跟受过教育的女性在一起：美国女性与高等教育史》（In the Company of Educated Women: A History of Women and Higher Education in America）。[①] 这些作品详细描述了女性高等教育的发展，也描绘出拥有博士学位的女性试图在学术机构找到一份学者职位时所面对的巨大困难。我对我找到的那些芝加哥大学的女教师以及她们与其他研究中所描写的女性有着怎样共同的经历非常感兴趣。

　　我记得跟拉格曼一起讨论过我对学术女性的兴趣，她建议，如果我真想这么去做，就必须去女子学院做一些文献研究，因为很多女性在那里获得了学术职位。有一年夏天，我花了一些时间去不同学院的档案馆转了一圈，看看那里都有什么材料，我没有足够的钱在每一个地方停留很久，但是我在接下来的几年里申请到了充分的资助，包括一份斯宾塞基金会的资助，一份去奥柏林学院档案馆（Oberlin College Archives）做研究的弗雷德里克·B. 阿茨（Frederick B. Artz）资助，一份用来考察社会科学领域女性学者项目的洛克菲勒档案馆（Rockefeller Archives）资助，以及一份来自华盛顿大学的研究资助。能获得这些资助让我感到非常幸运。其中最大的

---

① Rosalind Rosenberg, *Beyond Separate Spheres: Intellectual Roots of Modern Feminism* (New Haven: Yale University Press, 1982); Penina Migdal Glazer and Miriam Slater, *Unequal Colleagues: The Entrance of Women into the Professions, 1890–1940* (New Brunswick: Rutgers University Press, 1987); Geraldine Joncich Clifford, ed., *Lone Voyagers: Academic Women in Coeducational Institutions, 1870–1937* (New York: The Feminist Press, 1989); Mabel Newcomer, *A Century of Higher Education for American Women* (New York: Harper & Brothers, 1959); Thomas Woody, *A History of Women's Education in the United States* (2 vols. New York: The Science Press, 1929); Barbara Miller Solomon, *In the Company of Educated Women: A History of Women and Higher Education in America* (New Haven: Yale University Press, 1985).

一份资助来自格雷厄姆领导下的斯宾塞基金会。这些资助让我能够有一个学术休假,完成大部分的文献研究,并写完了一本书的三分之一。正如其他课题一样,写作是一个非常缓慢的过程,当我回到系里的全职教学和管理委员会委员职位上的时候,写作就更慢了。我在这个课题上已经花了17年的时间,而且仍未完成。遗憾的是,我被太多的大学事务干扰了写作,在很多个夏天里,我也不得不去处理一些专业上的和家庭的事务,而不能全身心投入写作。不过我已经发表了这项研究的几篇文章,而且确实打算要完成这本书。

当我埋头于档案资料和二手文献中时,我决定把重点放在1890—1940年社会科学领域的女性学者身上。之所以做出这样的选择,有几个原因。第一,到我研究的起始时间1890年,高等教育中的女性在数量上已经不是少数,但是正如L. D. 戈登详细论证的那样,[1]她们依然以各种方式被边缘化,哪怕是在男女合校的机构中。正如帕特里夏·帕尔米耶里(Patricia Palmieri)在卫斯理学院(Wellesley College)个案研究中所认为的,除了大部分女子学院,高等教育教师群体中的女性教师也遭到了边缘化。[2] 第二,1890—1940年是美国和欧洲社会科学领域学术发展的一个关键期。自19世纪80年代晚期至19世纪90年代以来,实证研究主要由大学里的男性教师来做。事实上,欧洲和美国的任何学术事业都被认为是男性的工作。女性也许会参与到知识的传播与消费中来,但是知识的生产是男性专属的事业。然而,在19世纪80年代以来的美国以及19世纪和20世纪之交以来的英国和德国,在社会变革和社会福利的教育、政策、实践的背景之下,女性已经参与到社会科学领域中。正如玛丽·乔·迪根(Mary Jo Deegan)所认为的,简·亚当斯(Jane Addams)在芝加哥的霍尔馆(Hull-House)社区睦邻运动[3]中就一些具体问题进行了社会学研究,这在一定程度上成为英国社会调查研究的榜样,也在一定程度上影响了芝加哥大学早些年社会科学研究的

---

[1] Lynn Gordon, *Gender and Higher Education in the Progressive Era* (New Haven: Yale University Press, 1991).
[2] Patricia Ann Palmieri, *In Adamless Eden: The Community of Women Faculty at Wellesley College* (New Haven: Yale University Press, 1995).
[3] 1889年,简·亚当斯创立了全美最负盛名的睦邻组,即位于芝加哥的霍尔馆。J. 亚当斯和住在霍尔馆的伙伴协助多元民族的移民融入社会生活。1931年,J. 亚当斯因争取妇女、非裔美国人移居的权利而获得诺贝尔和平奖,是美国第一位获得诺贝尔和平奖的女性。——译者注

导向。① 第三,19世纪80年代之前,美国的大学一般不向女性提供任何学科的研究生教育,尤其是社会科学领域。直到19世纪90年代,女性才被允许申请博士生项目,在此之前,想接受研究生训练的女性学者只能前往欧洲,主要是德国、瑞士和巴黎。当男性教师和大学校长们开始感受到来自女性的压力,并看到有必要为女子学院的教师提供研究生教育时,他们向女性敞开了研究生项目的大门。在所有的社会科学学科中,女性入学在20世纪头40年都有显著增长。当女性无法在研究型大学找到一份工作的时候,她们就去女子学院、一些男女合校的学院和州立大学,偶尔也会去一些新出现的研究型大学。向女性开放的学术职位在20世纪30年代稍有减少,在20世纪40年代的"二战"期间又短暂地恢复,然后一直到20世纪60年代末,学术职位都很少向女性开放,20世纪70年代初在男女平权主义学者的压力下又重新开放。然而,正如艾森曼所认为的,哪怕是在相对平静的20世纪40年代中期到60年代中期,关于为女性提供高等教育和专业职位的必要性和目的的争论仍在继续。②

我感兴趣的是,早期女性学者们是如何从社会改革领域过渡到学术研究的,以及她们的学术事业如何影响了正处于发展中的社会科学。我还想去发掘她们作为学者和教师对她们任职机构的影响。拉格曼在《关注性别:女性的历史》(*Looking at Gender: Women's History*)一文中指出,有必要超越凸显女性的方式来考察性别对制度文化的影响。③ 我计划的一部分就像迪根在《社会学中的女性:一本生物书目资料》(*Women in Sociology: A Bio-Bibliographic Sourcebook*)中对女性社会学家所做的研究那样,将女性置于这一时期社会科学的学术领域和高等教育社会科学领域教师团体中进行考察,但同时我也要像邦尼·史密斯(Bonnie Smith)在《历史的性别:男性、女性和历史实践》(*The Gender of History: Men*,

---

① Mary Jo Deegan, *Jane Addams and the Men of the Chicago School, 1892–1918* (New Brunswick, NJ: Transaction Press, 1988).
② Linda Eisenmann, *Higher Education for Women in Postwar America, 1945–1965* (Baltimore: Johns Hopkins University Press, 2006).
③ Ellen Condliffe Lagemann, "Looking at Gender: Women's History," in John Hardin Best, ed., *Historical Inquiry in Education: A Research Agenda* (Washington, DC: American Educational Research Association, 1983).

Women, and Historical Practice)①中所做的研究一样,考察女性遇到的由正在发展中的学科和制度文化给她们带来的性别挑战。

通过这个项目,我已经开始理解,尽管在我所研究的人类学、经济学、历史学、政治学和社会学等各个学科中以及一些机构中,女性仍然以各种方式被边缘化,但是她们确实对制度文化产生了影响,而且她们也能够进行学术生产,假如她们能够得到更多的支持和认可的话,学术生产的过程会更快。在很多案例中,那些能够在学院和研究型大学中获得一定地位的女性会在学校里为其他女性争取一定的职位。很多女性都从她们的男性同事或者博士生导师那里获得指导。而且有不少的女性通过她们的学术研究参与到地方、州和联邦的政策制定中。她们也获得了来自机构和慈善基金会的资助,尽管在规模上比不上她们的男性同事。我发现最令人感到好奇的是,她们如何在这些机构中立稳脚跟,如何争取被认可为教师和学者,以及如何面对反复出现的性别歧视。

在衡量是什么构成这些学科中的高深学术水平,以及谁能够被认为是一位优秀学者的时候,学术研究的语言是性别化的。这种语言渗透到整个学术研究中,比如关于对女性教师和男性教师的职责和角色的不同期待,关于工资的协商,对学术生产和竞争的评估,以及谁能够进入图书馆和"教师俱乐部"。所有这些问题的讨论都随着以下这些因素而不断变化:女性在系或者学校中的数量,管理者或者其他教师的态度,某个系或者研究团体对学科变化的理解方式,以及那些反映这些机构中的地位焦虑的知觉方式。有一个问题变得清晰了:学者和管理者宣称,高等教育机构中的研究事业以及整个教育水平在20世纪头40年中日益精英化了,这也是学术自由和学术专业化的一个主要理由,而事实并非如此。考察身处性别化环境中的女性的经历和影响,有可能会改变我们看待美国社会中和美国历史上高等教育和学术的研究。

我记得当我对这个课题断断续续研究了四年时,有些人听说我在研究课题上发表了一篇文章,就说"研究那些作为你的前辈的女性一定是件非常

---

① Mary Jo Deegan, ed., *Women in Sociology: A Bio-Bibliographical Sourcebook* (New York: Greenwood Press, 1991); Bonnie G. Smith, *The Gender of History: Men, Women, and Historical Practice* (Cambridge: Harvard University Press, 1998).

有趣的事情"。说来也奇怪,我一开始并没有以这种方式来思考我的研究,我只是视之为理解这个时期的性别、边缘化和社会科学学术发展的一个历史问题。随着时间的推移,我开始在某种程度上通过自身经历的角度来看待这个问题,尽管更加准确的说法可能是,我是透过研究来看待我自己的经历。我从更深的层次理解了高等教育文化是如何发展和变革的,以及之前被边缘化的群体是如何改变制度文化的——它们的政策、实践和实施方式。幸运的是,在纽科默的《美国女性高等教育的一个世纪》出版以来的五十多年里,对高等教育中的女性和性别的历史研究已经获得重大的发展。虽然这一发展始于格雷厄姆在1978年所说的一个关于"扩展与局限"(expansion and exclusion)的故事,[1]而且关于性别和高等教育的学术研究已经获得拓展和深化,但是仍然还有很多值得探索。将女性置于可视的位置,已经让制度文化更加透明了,而这正是研究女性和性别的主要目的之一。

---

[1] Patricia Albjerg Graham, "Expansion and Exclusion: A History of Women in Higher Education in America," *Signs: Journal of Women and Culture in American Society* 3 (Summer 1978): 759–773.

生活在可能性的边缘
——一路走来一路学习

| 芭芭拉·芬克尔斯坦
| (Barbara Finkelstein)

我在日常生活的点点滴滴中精心规划了我的学术职业生涯。也正是在生活的点滴中,人们才了解到自己是谁,自己希望成为什么样的人,以及在生活中什么对自己来说是有用的。这里并不是一种"按部就班的叙事"——不是一个直线型的故事,即"一件事情如何导致另外一件事情,然后又引起第三件事情,然后依次不断地延伸下去……"[1]我自己生活的编年史是对特定"事件、遭遇和意外发现"的"展示和述说",它通过"多种事实和解释"[2]来说明如何活在历史当中,并发现历史是如何富有生命力的。总之,它主要述说的是:一路走来一路学习。[3]

每周五晚的家庭聚餐和我的家庭教育

我成长过程中的学习是这样的:1937年,我出生在纽约的布鲁克林区(Brooklyn)[4],生活在弗拉特布什街区(Flatbush)的威斯敏斯特路上,与布鲁克林学院(Brooklyn College)仅三条街之隔。在接下来的18年里,每周五晚上,我与二十多位叔叔、婶婶、堂兄弟姐妹以及朋友们一起庆祝安息日(Sabbath)。妈妈是家庭里地位最高的女性家长,她把女孩子赶出厨房:"离开厨房,你们现在是在美国。"爸爸是家庭里地位最高的男性家长,他总是咕

---

[1] Clifford Geertz, *After the Fact: Two Countries, Four Decades, One Anthropologist* (Cambridge: Harvard University Press, 1995), 1.
[2] 同上:3.
[3] Mary Catherine Bateson, *Peripheral Visions: Learning along the Way* (New York: Harper Collins, 1994).
[4] 布鲁克林区,纽约五大行政区之一。——译者注

哝着一些我们既听不清也不理解的祷告词。然而，我们所有人都受到妈妈的深刻信仰的影响：上帝赐予我们仁慈，而一种"善意的谎言"也是一种善心。我和小辈们看到父亲和叔叔们悄悄地溜出去吃不符合教规的食物，还抽烟，找机会购置房产，并重新阐释那些支配他们的文化和社会规则。每周五的晚餐是一个交流的空间，这是跨越新旧世界、外来者与本地人、年轻人与老年人、过去与将来进行学习的场合。

1941年，我们全家跟着一群海外犹太人从布鲁克林市区搬到了附近的郊区长岛大颈（Great Neck, Long Island）①，那里犹太人群体的力量和影响力正在增强。② 大颈在20世纪40—50年代成为一个相对富裕的犹太人聚居区，在那里，女人照顾家庭，建立和参与志愿者网络，负责抚养孩子，围绕餐桌、收音机、犹太会堂③、学校以及非正式的社交网络组织家庭生活，年轻人相互交流和学习他们在这个世界中所处的位置。男人们有规律地上下班，担任社区职务，并为各自的家庭以及希望移民美国的欧洲亲戚们提供物质支持。不管在一个社会阶层中处于什么样的地位，犹太人社区总是跟阿道夫·希特勒（Adolph Hitler）、纳粹势力扩张以及欧洲反犹主义兴起这些新闻联系在一起。这是许多人的家庭事务，也是所有人的社区建设焦点。

我的母亲毕业于史密斯学院（Smith College）④，她坚决主张男女独立（separate sphere）⑤，是一位秘密的社会主义者，也是育儿指南文学的热心消费者。她还是一位文化旗手，一位社会礼仪和娱乐方面的专家。她和同时代的许多女性一样，也是一位贤内助。我的父亲是一位成功的纸袋制造商和销售商，他是共和党员，继承了父权和经商这一有力的传统，是我们家的最高支配者。我还有过一位继母萝塞塔·巴格斯（Rosetta Buggs），她从北卡罗来纳州移居过来寻找生活的机会。巴格斯跟我一样喜欢摇滚。我们都是布

---

① 长岛是隶属于纽约的一个东西向的狭长半岛，西部与布鲁克林区相连，大颈是长岛的一个镇区，是著名的豪宅区。——译者注
② Judith Stein, *Inventing Great Neck: Jewish Identity and the American Dream* (New Brunswick: Rutgers University Press, 2006).
③ 犹太会堂就是犹太教堂，即教徒们聚集在一起祈祷的场所。犹太会堂不仅可以祈祷，还用于公共活动、成人和学龄儿童的教育等。——译者注
④ 史密斯学院，创办于1871年的女子学院。——译者注
⑤ "男女独立"是一个社会学概念，是工业革命以来产生的一种思想潮流，认为基于性别的自然差异，男性和女性所承担的社会功能也有着天然的区别，男性应该占据公共领域，而适合女性的领域则是家庭生活。——译者注

鲁克林·道奇队（Brooklyn Dodger）的粉丝，一起为杰基·罗宾森（Jackie Robinson）①欢呼。我们看到种族歧视在现实中依然存在，对此我非常厌恶。我的姐妹们和我去蒂尼斯湖（Tunis Lake）参加了一位社会主义者组织的夏令营活动，我们在那里学习劳动歌曲，在一个团结一致的集体中生活，批评我们曾发现和经历过的不公正。

虽然这些都是我们"共产党员"营地中的经历，但是这个大家庭所传递的社会信息是清晰而明确的：努力学习，学会打字和弹钢琴，去会堂（或活动中心），吸收高雅的文化，试着参加一个富有竞争性的夏令营，试着参加一个社会主义者的夏令营，要变得聪明，但又不要太聪明，去史密斯学院受训成为一名教师，配偶善良而富有——或许是一位医生，保持忠贞，避免庸俗地炫耀自己的财富，不要打耳洞，不要抽烟，在学校里注意言行举止。这些信息不断地在电影院里、学校里、我们读过的书里、听到的歌里，以及在我们不得不记住的女性缺位且令人厌烦的历史中回响。我的姐姐1955年从史密斯学院毕业时，父母给了她一连串强烈的忠告，毕业典礼上的演讲者阿德莱·斯蒂文森（Adlai Stevenson）告诫毕业班的同学们，要通过把经典作品放在她们丈夫的床头柜上来使她们接受的教育发挥作用并维持文明——这并非天方夜谭——当时我就在场。因此，在接受了父权以及社会主义理念、资本主义实践、慈善、宽容和社会福利等各方面的学校教育之后，1955年我从大颈高中（Great Neck High）毕业，开始了一

> **个人作品精选**
>
> "Casting Networks of Good Influence: The Reconstruction of Childhood in the United States," in M. Hawes and N. Ray Hiner, eds., *American Childhood: A Resource Guide and Historical Handbook* (Westport CT: Greenwood Press, 1985), 111-153.
>
> "Education Historians as Mythmakers," *Review of Research in Education* 18 (Washington, DC: American Educational Research Association, 1999): 255-297.
>
> "Perfecting Childhood: Horace Mann and the Origins of Public Education," *Biography* 13 (1990): 6-21.
>
> *Regulated Children/Liberated Children: Education in Psychohistorical Perspective* (New York: The Psychohistory Press, 1989).
>
> "Revealing Human Agency: The Uses of Biography in the Study of Educational History," in Craig Kridel, ed., *Writing Educational Biography: Explorations in Qualitative Research* (New York and London: Garland Publishing, Inc.), 45-59.

---

① 杰基·罗宾森，美国职业棒球大联盟史上第一位非裔美国球员。——译者注

场为期两年的极其重要的旅行,不是去史密斯学院,而是去威斯康星大学麦迪逊分校。在那里,我开始质疑我所出生的这个世界上一些理所当然的假设。

发现思想的一种历史状态

在威斯康星大学的生活给我带来了重大的转变。我发现了思想的用处,即作为理解我在生活中所关心之事的一种方式。我学会了反思周围的世界。我找到了一条走向独立的道路,一种重新思考事物意义的方法。这种顿悟完全是偶然的,真的是走了好运。乔治·拉赫曼·莫斯(George Lachmann Mosse)教授给我的生活带来了一种历史的智慧,在备受推崇的"欧洲文化和思想史"课上,他拓展了我当时所知的历史和生活的边界。作为一名睿智而有魅力的演讲者、一位极富社会和政治洞见的历史学家和一名充满激情的教师,莫斯把历史置于人类经验的基础之上。他以各种有力的方式将历史"人化"(peopled)了。他呈现那些值得纪念的个人和群体的故事,既不对历史强加主观色彩,也不给历史装扮上有趣的花饰,而是展示一系列影响个人和群体的行为、认知、想象、信念和选择的极度困境,比如纳粹德国的崛起。他将他自己极其富裕而有影响的家庭生活经历置于欧洲反犹主义的背景下进行展示。与其他事情相比,他选择记录那些他们必须决定是留下还是离开——是选择流亡国外,还是选择运用他们大量的资源在日益充满敌意的德国维持他们的社会、政治和文化优势地位——的关键时刻。

莫斯一边戏剧化地描述他的家庭思考推理的过程以及他们最终的决定,一边同时揭示了能够让一个法西斯国家崛起的德国人的文化信念、政治习性和社会实践的软肋。他理解了善的塑造,也理解了恶的形成。他把日常生活事务变成历史的原材料,也把历史的原材料变成一项日常生活事务。他证明,通过个人和集体的经历来建构历史是可能的,同时把日常生活的意义建立在文化、政治、社会和经济状况的基础上也是可能的。[1]

---

[1] Jeffrey Hurt, "The Historian as Provocateur: George Mosse's Accomplishments and Legacy," *Yad Vashem Studies* 29, Shoah Resource Center: The International School for Holocaust Studies,(2001),18.

莫斯对历史的翻转让我开始对文化和思想史进行研究和构建,以及利用传记和自传作为发现历史和感知世界的一种方式,而这已经变成我的一项坚持不懈的终身事业。能够进入他的小型荣誉研讨班是一种荣幸——这是我上过的最好的课。正如我后来才知道的,他是一群"模糊了政治史、思想文化史以及社会史的界限"①的历史学家之一。1957年,伴随着关于女性所能选择的学术生活、社会生活和家庭生活这三者的争论,我开始在自己面前看到一场生活的转变,而他对我来说则是这一时刻的重要人物。威斯康星大学的经历为培养我在教育史方面的热情奠定了基础。

1957年,我转学来到巴纳德学院,我知道这是一所女子学院,那里珍视和滋养理智的生活,纽约市的文化优势也立刻得以凸显,而且本科学位的授予也比较多。那也是一个令人百感交集的地方。像我这一代的很多女性一样,我被扯进一个复杂的相互矛盾的计划和抱负中来——一边是我在家里学到的家庭生活的传统,另一边是此刻出现的对一种知识分子生活的追求,这是一个力所不及的、疯狂的、几乎不可想象的计划。我当时不知道,我选择这样一份要求颇高的专业性事业是反传统主流文化的,在政治上是受到限制的,在心理上也是充满挑战的——至少对很多中产阶级女性来说是这样的。作为巴纳德学院一位历史专业的高年级学生,当我决定攻读一个历史教学方面的硕士学位然后结婚的时候,我也不是很确切地知道我正在做什么。

我作出的选择是稳妥的。我只是在做一些曾被告知要去做的事情——"成为一名老师!""嫁给一名医生!"但是我在威斯康星大学上的课程对我的影响是根深蒂固的。我的伴侣吉姆(Jim)是一名医生,但他是一位不一样的医生。他是一位研究硬科学和临床医学的跨学科学者。他喜欢聪明的女人,他尊重理智的生活。像我一样,他放弃了郊区的生活,把心智的事务看得比金钱更重要。他很喜欢我的硕士生项目,其中有一个由雅克·巴尔赞(Jacques Barzun)和莱昂内尔·特里林(Lionel Trilling)②开设的关于19世纪浪漫史的

---

① George L. Mosse, *Confronting History: A Memoir*, with a Foreword by Walter Laquer (Madison: The University of Wisconsin Press, 2000).
② 雅克·巴尔赞(1907—2012),美国文化历史学家,哥伦比亚大学历史学教授,著作等身,以93岁高龄写出了畅销一时的《从黎明到衰落:西方文化生活五百年——从1500年至今》(*From Dawn to Decadence: 500 Years of Western Cultural Life, 1 500 to the Present*),获得了美国国家图书奖的提名;莱昂内尔·特里林(1905—1975),20世纪美国著名社会文化批评家与文学家,被称为20世纪中期美国年轻一代的思想导师。——译者注

研讨班,是我在墨西哥度蜜月期间上完的。

绕回来继续前进

我毕业那年,1959年,是极其重要的一年,不仅因为我结婚了,获得了教师资格,还因为我在那一年遇到了劳伦斯·A.克雷明(Lawrence A. Cremin),这次与教育史的偶遇给我带来了深远的影响。克雷明是一位睿智、魅力非凡的老师,一颗正在冉冉升起的学术新星和一位富有感染力的演说者。他在教育基础系的大型讲授课的内容反映了他的导师R.弗里曼·巴茨(R. Freeman Butts)的传统。克雷明有他独特的风格!他是一位编故事、讲故事的大师,一位榜样型的学者教师,他扩展了学校的概念,远远超过孩子们的义务教育经验。这门课提供了一种专业的视角,促使我一年以后开始攻读博士学位。

在1961年,哥伦比亚大学师范学院是从事教育研究的一个极好地方,它为理智的碰撞、讨论和批评提供了一个面对面的世界。学院教师由各种学者组成,有历史学家、哲学家、比较教育学家、社会学家、人类学家、政治学家以及课程理论家,他们从多个视角和不同的学科观点来考察教育。这种跨学科性与当初莫斯带来的理智上的兴奋形成了共鸣。

在教育史作为一个研究领域正散发迷人光芒的时刻,我遇到了克雷明。当时有修正派的恣意狂欢,他们拓展了这个领域的边界,展示了不同的历史叙述以及全新的思考教育和教育史的意义和重要性的方式。创造性的爆发也产生了一系列的学者,他们在教育史的某一研究路径上都是最出色的。在一次年会期间,在杰拉尔德·约恩契奇·克利福德(Geraldine Joncich Clifford)家里的一场招待会也显示出这个领域的创造性和骚动的氛围,以及对某一研究路径的强烈主张。人们站着和坐着的位置是有区分的。在第一个房间里,是传统实践者探索公立学校作为机会、公民学习、民主化改革、人道主义改革的温床的历史;在第二个房间里,则是正在崛起的一代教育史家,他们关注作为支配性机构、社会控制工具和不平等根源的学校的发展;第三群人比较分散,也不怎么引人注意,他们是思想史学家,探索文化传播的过程以及如何在家庭、教堂、博物馆、图书馆、酒店、报纸和学校这些严峻的环境中培养文化和政治习性。教育史这个领域正处于一种兴奋的沸腾状态,这培养了我对综合推理和史学评论一生的偏好。

在教育史整体发展的过程中,我发现缺失了对教室实践的研究。我对默尔·柯蒂(Merle Curti)的《美国教育家的社会观念》(*The Social Ideas of American Educators*)印象深刻,这本书用社会史的形式探讨了传记作为一种理解和分析几代教育改革家政治和社会观念的途径的重要性。[1] 我也被鲁思·米勒·埃尔森(Ruth Miller Elson)的《传统的守护者:19世纪的美国教科书》(*Guardians of Tradition: American Schoolbooks in the Nineteenth Century*)这本书的创造力深深吸引,这是一项出色的研究,它把教科书内容视作政治信念、道德劝诫、社会和文化实践的表征。我认识到,教科书作为有力的符号系统,为进一步增强和合法化以种族为基础的等级机制和美国例外论(American exceptionalism)发挥着作用,教科书里描绘了努力工作的美德和回报,但是不讲遗传的特权,也不讲冲突和战争。[2]

当时我感到奇怪的是——现在也一样,对于教育史学家,不管他们的专长是什么,他们的兴趣通常就在校舍门前止住了脚步。当时我认为——现在也这么认为,教育史学家在某种程度上并没有触及教育的核心——教师们教书的地方和年轻人学习的地方。因此,我充满困惑地离开了哥伦比亚大学师范学院。

继续前进,找到自己的路

7年之后,我才在一个远离哥伦比亚大学师范学院的地方完成了我的博士论文。这个过程是渐进的、缓慢的,不是一帆风顺的。我和吉姆在1963年搬到了华盛顿,吉姆在国家卫生研究院(National Institutes of Health)获得了一个职位,而我也开始扮演这些角色:母亲、妻子、民权运动活动家、演说家以及博士论文的写作者。我们的女儿唐娜(Donna)和劳拉(Laura)分别于1964年和1965年出生,几乎正好是民权运动在华盛顿获得重大胜利的时

---

[1] Merle Curti, *The Social Ideas of American Educators* (New York: Charles Scribner, 1935; Pagent Books, Inc. 1959 for the special chapter on the "Last Twenty-Five Years").
[2] Ruth Miller Elson, *Guardians of Tradition: American Schoolbooks of the Nineteenth Century* (Lincoln: University of Nebraska Press, 1964).

刻。唐娜在我的肚子里参加了华盛顿的游行,吉姆也与华盛顿保释人(bail-bondsman)交好以营救被关押的朋友。1968年,我在马里兰大学(University of Maryland)获得了一个讲师职位,在那里,我在文化和政治上受过反智主义、种族主义、性别歧视、反世界主义的大学文化的教育。[1]

我最喜欢的并影响我的著述

Phillipe Ariès, *Centuries of Childhood: A Social History of Family Life*, Robert Baldick, trans. (New York: Alfred A. Knopf, 1962).

James Axtell, *Natives and Newcomers: The Cultural Origins of North America* (New York and Oxford: Oxford University Press, 2001).

John W. Blassingame, *The Slave Community: Plantation Life in the Antebellum South* (New York and Oxford: Oxford University Press, 1972);

Jill Kerr Conway, "Perspectives on the History of Women's Education in the United States," *History of Education Quarterly* 14 (Spring 1974): 1–13.

John W. Blassingame, *The Slave Community: Plantation Life in the Antebellum South* (New York: Basic Books, 1973, revised and enlarged edition, 1979).

我亲身经历了一种错综复杂的文化机制:女性只能从事低工资职业,儿童只能待在制度的角落里,有色人种只能受制于等级分明的"颜色政体"——借用纳尔逊·曼德拉(Nelson Mandela)的巧妙概念。我成了一名坚定的男女平权主义者,来到学院公园(College Park)和五角大楼前的街道和草坪上反对越南战争。跟吉姆和各种各样的朋友一起,我们成立了一所"小学校"(The Little School)——为3岁以下幼儿设立的学前班。作为一名母亲、学者、老师、社会活动家、研究生以及未来的教授,为了协调我的生活,我进行了一场重大的斗争。

作为一名母亲,我要进行观察并确定我的孩子已经懂得热爱学习,我希望我的女儿们能够像我一样找到放飞她们想象力的地方。我依然认为学校是交流的地方、学习的场所,也体现着权威结构,我要尽全力为唐娜和劳拉找到好学校。

我在国会图书馆(Library of Congress)找到了一个新的共同体,这里有我的同事、导师、不同专业的学者以及我的终生好友,他们都是社会史、文化史、思想史和政治史方面的学者,他们研究儿童、青年、家庭和教育等相关领域。我也获得了一些宝贵的一手文献——自传、老师和学生的回忆录、外国

---

[1] 我欠我的朋友和同事唐纳德·沃伦(Donald Warren)一份巨大的感激,他在担任系主任的时候,消除了20年以来的歧视和不尊重,营造了一个舒适的环境,让我感觉到一点尊严。

游客的观察记录、一些并不出名的学校改革者的作品、教室的照片、教科书以及对教学技艺的描绘。在19世纪学校教室的发展中,当时身处其中的人也对这些教室有自己的观察,他们是这些教室的代言人,我从他们身上也得到很多教益。

学校被看作是在日常生活中强有力的教化机构和符号体系,也是社会经验的模板,在学校里,教师们教,孩子们学。我或多或少地破解了不仅蕴含于教科书中还存在于教室里教师的行为和实践中的符号体系。我效仿莫斯找到了一条通过儿童、年轻人、教师、家庭和社区来研究教育史的路径。我发现,随着时间的推移,教学的地位会越来越稳固,但是对知识的运用却没有。

《管理年轻人:19世纪美国受欢迎小学的教师行为》(Governing the Young: Teacher Behavior in Popular Primary Schools in Nineteenth Century United States)指出,学校是家庭、社区、教堂、学校这些小世界和商业、政治、文化生产、国家构建的大世界之间的中继站。学校是形成中的共同体,学校不仅仅是公共教育的实施途径、学校改革者的社会化工具,以及社会、政治、经济和文化领军人物们的制度化构想,教师和学生也能在学校里了解到他们是谁,以及他们渴望成为什么样的人。[①]

一开始还不知道这些,我只是觉得有可能用一种民族志的方法来进行历史的书写。我认为,学校不仅是政治、经济和社会的水坑,还是一种游乐场或者监狱,在那里,老师和学生有时候能够通过各种各样的途径构建他们自己的世界。学校是充满可能性的,但也充满了约束性,学校也以各种方式折射出现代生活的集中化趋势。一路走来,我也开始从历史出发来理解和看待我自己的生活和我孩子们的生活。

在不同世界的交叉汇聚中生活和学习

当我在1970年完成博士论文《管理年轻人:19世纪美国受欢迎小学的

[①] Barbara Finkelstein, "Governing the Young: Teacher Behavior in Popular Primary Schools in Nineteenth Century United States," Unpublished Dissertation, Teachers College, Columbia University, 1970. 这篇论文差不多在20年后才出版成书。Governing the Young: Teacher Behavior in Popular Primary Schools in Nineteeth Century United State (London and New York: The Falmer Press, 1989).

教师行为》的时候,我的生活再次发生改变。唐娜和劳拉上小学了,而我也成了大学里的副教授。我尽最大的努力去理解我身处其中的那些多种多样、相互交织、相互脱节的社区。作为母亲、教授、教师、学者、民权运动活动家以及儿童权利的呼吁者,我试图将复杂生活的脉络结合在一起。

在接下来的15年里,我生活在我所研究的世界里,也在我生活的世界里从事研究。我是一位母亲,我开始研究儿童、青年和家庭的历史;我是一位儿童权利的呼吁者,我开始研究儿童保育的历史以及儿童虐待和学校纪律的发展轮廓;我是一位男女平权主义者,我开始研究女性作为专业人士的历史以及女性如何看待专业主义。我的生活圈子里有历史学家、激进的女性、社区活动家、学者、学生和教师,他们关注深植于教育史传统中的文化设定(cultural assumptions)、政治实践、社会经济的等级制度以及法律判例,讨论心灵的习性以及全国各地学校中的日常生活。

《管理年轻人:19世纪美国受欢迎小学的教师行为》着重讨论在教育史学术界极少被关注的教师行为。我很快就发现,和教师行为史一样,儿童史在教育史领域也没有合适的地位。我可以很自豪地说,我没有被吓住,我非常从容地着手寻找把儿童史作为一个研究领域并引入到教育史中来的路径。

我开始关注学和教——在一个迅速增长和发展的知识世界中穿梭。[①]我尝试去理解几代各不相同的年轻人在学习想象、认知、信仰、立志,并在这个世界上找到自己位置的时候所处的历史环境。我开始去探讨,年轻人是如何认识到他们是谁,他们想成为什么样的人,以及他们如何在家庭、社区和学校日常生活的狭小空间里发挥作用的。

对我来说幸运的是,一份新的学术期刊《儿童史季刊》(History of Childhood Quarterly)出版了,同时还成立了心理历史学出版社(Psychohistory Press),这两个新事物的诞生都是心理历史学家劳埃德·德莫斯(Lloyd

---

[①] 例如,参见:Phillipe Ariès, *Centuries of Childhood: A Social History of Family Life*, Robert Baldick, trans. (New York: Alfred A. Knopf 1962); Lloyd deMause, "The Evolution of Childhood," in Lloyd deMause, ed., *The History of Childhood* (New York: The Psychohistory Press, 1974); Richard Sennett, *The Uses of Disorder: Personal Identity and City Life* (New York: Alfred A. Knopf, 1970); Anthony F. C. Wallace, *The Death and Rebirth of the Seneca* (New York: Alfred A. Knopf, 1970); John W. Blassingame, *The Slave Community: Plantation Life in the Antebellum South* [New York: Oxford University Press, 1979 (1972)].

deMause)的功劳。它们都成为研究儿童的历史学家的聚集地,最终将会拓展教育史领域的边界。在儿童史这个新的世界,我发现了一个前沿的学术领域,而这个领域不会涉及我所尽力避免的文化战争。

召集一群对儿童和教育史交叉领域感兴趣的历史学家准备编一本书,也是一件很自然的事情。《管束孩子还是解放孩子:心理历史学视角下的教育》(Regulated Children/Liberated Children: Education in Psychohistorical Perspective)一书共有九篇文章,探讨了在教与学不断持续和展开的狭小生活空间里,儿童是如何被建构的。正如安东尼·F. C. 华莱士(Anthony F. C. Wallace)在《教育史季刊》上发表的对这本书的评论所说的,这是"一个展示能力的舞台,它专注于讨论家长、教师、诗人、精神分析学家、心理学家、教育家和学校改革者……如何意识到儿童期是人的一个发展阶段"。[1]

在《管束孩子还是解放孩子:心理历史学视角下的教育》这本书里,我的文章《1790—1860年间美国读写能力与身份获得》(Reading, Writing, and the Acquisition of Identity in the United States 1790–1860)在随后的几篇传记研究中是一篇个人得意之作。我了解到,成长对一名上层社会的女孩意味着什么,在这个过程中,她要懂得作为一名女性所受到的束缚,要像伊丽莎白·卡迪·斯坦顿(Elizabeth Cady Stanton)那样作出反抗。"噢,我多么希望你是一个男人,"她的父亲不止一次地沉思自语。我也了解到,读写能力的获得对几代受奴役的非裔美国人意味着什么,他们必须"窃取"教育,等到解放后,他们齐心协力在南方构建了公共教育的根基。我还了解到,劳动阶级的孩子上学的时候在严格的管制之下如何学习阅读、写作和劳动,并且为何总是会讨厌学校和反抗学校教育。我知道,像贺拉斯·曼(Horace Mann)这样的学校改革者在复杂的学习环境——他是在一个离制帽市镇很近的农场上长大的——中发展出了强烈的教育敏感性。[2]

---

[1] Anthony F. C. Wallace, "Review: Psychohistorical Education," History of Education Quarterly 22 (Summer 1982): 245–247.

[2] Barbara Finkelstein, "Reading, Writing, and the Acquisition of Identity in the United States: 1790–1860," in Barbara Finkelstein, ed., Regulated Children/Liberated Children: Education in Psychohistorical Perspective (New York: The Psychohistory Press, 1979), 114–140. See also Finkelstein, "Perfecting Childhood: Horace Mann and the Discovery of Public Education in the United States," Biography 13 (1990): 6–21; "Life at the Margins of Possibility Nineteenth Century Literacy Stories," Bulletin of the Center for American Studies, no. 16 (University of Tokyo: Center for American Studies, 1993): 11–19.

我在《管束孩子还是解放孩子：心理历史学视角下的教育》这本书里的文章之所以是个人得意之作，还有其他几个原因。在这篇文章里，我试着将教育史与种族、阶级、性别、代际和区域等这些领域进行交叉。我也试着从文化的角度将正规教育的兴起作为人类意识历史的一个部分、社会实践演进的一个环节、信念与理想形成的一个阶段，以及传统与变革之间相互联系与沟通的一种新形式。

从1956年我在威斯康星大学接触到文化史，一直到1986年出版社同意出版《管理年轻人：19世纪美国受欢迎小学的教师行为》，已经过去30年的时间，我也成了一名教授，像所有的历史学家一样行走在过去和将来之间。我站在过去的女性和历史学家的肩膀上，试图为唐娜、劳拉以及很多将会走我这条路的学生和年轻教师撑起一片天空。我生活于民权在美国迅速发展的时代，我看到了新一代教育史家冉冉升起，我也为看到一个更加包容的《教育史季刊》而欢呼，它不仅拓展了这个领域的边界，还有助于形成一个温和而友善的教育史学者共同体，他们都以这份事业为荣。[1] 随着时间的流逝，这一批杰出而各有特色的教育史家将会超越对社会结构、政治、经济等确定性因素的探讨，重新塑造教育史领域。有些学者会关注年轻人、女性和教师在这个世界上努力争取自己尊严的命运与经历。对我来说，我通过关注教与学的互动以及利用传记研究历史的方法，构建了一条通向教育史的路径，并指出制度权力与自由地带相互交叉的方式。[2] 我逐渐认识到，教育史学家研究现代生活的显性因素，但除了研究传记和人物群体的历史学家以外，普遍都忽视了在学习共同体中人类的创造性、社会和政治行为、变革的可能性之下的隐性因素。我发现，传统对非特权阶层的生活和对历史学家来说同样重要，我在专业生活中通过各种史学评论文章强调这一点。[3]

我可以继续谈论伴随这些努力而来的所有出版物，包括史学和非史学方面的。我可以勾勒出1989年出版的《管理年轻人：19世纪美国受欢迎小

---

[1] 教育史学会编辑们把主题扩展为"包括正式和非正式的教育史，包括儿童、年轻人和家庭的历史"，这是一个令人满意的时刻。

[2] Barbara Finkelstein, "Revealing Human Agency: The Uses of Biography in the Study of Educational History," in Craig Kridel, ed., *Writing Educational Biography: Explorations in Qualitative Research* (New York and London: Garland Publishing, Inc. 1998), 45–59.

[3] 例如，参见：Barbara Finkelstein, "Education Historians as Mythmakers," *Review of Research in Education* 18 (Washington, DC: American Educational Research Association, 1999): 255–297.

学的教师行为》这本书的内容体系。我也可以记下我热爱的这些工作：填补教育史中对教师、学生以及之前不被承认的群体研究的空白；撰写史学评论文章；编写图书，这些书都关注那些被忽视但富有创造力的学术领域；发表成果，这些成果讨论作为一门专业的教学、作为孩子导师的父母，以及用来管理儿童和年轻人、教师和学生、母亲和女性专业人士的公共政策。但是这些都不只是我个人的故事，同样是正在崛起的一代历史学家共同拥有的经历，他们把一些历史研究成果汇编起来，揭示了那些不仅仅是作为制度的牺牲品、文化灌输和社会控制的承受者，而且也是社会变革积极参与者的年轻人和重要历史人物的命运和经历。

跨越边界：在新的世界学习

1983年，唐娜和劳拉已经上大学了，我们的家庭生活比较安定，我的事业也有了稳定的基础，我已经就19世纪和20世纪初期的教与学做了一些历史研究。似乎是前期研究工作的一种逻辑上的延伸，我开始转向同时期其他地区文化的研究。我选择了日本。口述史和人种志（ethnography）是我的研究方法。

时机把握得也很好。在日本和美国，对国际化和全球化的讨论已经成为公共生活、学校改革和公民学习中的一个重要话题。进入日本和美国学校的机会也越来越多。非营利性基金会支持文化交流并优先资助对有日本学生的学校的原创性研究。我们把握住了所有机会，并成立了一个"研究中大西洋地区有日本学生的学校"（Mid-Atlantic Region Japan-in-the-Schools，MARJiS）项目，该项目旨在整合理论学习和经验学习，提升在美国与日本相关的教学与研究的质量，以及在日本与美国相关的研究与教育的质量。

"研究中大西洋地区有日本学生的学校"项目是一个团体合作的项目。这个项目集结了致力于教育政策和实践转型的多位学者、研究者、教育家、史学家、政策制定者和社会活动家。它也创造了跨文化的教育经验，我们希望可以借此变革学校，超越国籍、种族、阶级、宗教、教育水平、性别等固有的条条框框，进而找出并增强不同文化、国家和代际中人们之间的联系。

我在跨越太平洋的时候，人生中也出现了很多个第一次：第一次学着在日常与陌生人的交往中享受快乐和挫折；当有着不同思维习惯的人们试图从他人那里学习的时候，第一次去揭示这种陌生人之前相遇的意义；第一次发现美国教师在教历史的时候总是关注原因、影响和变革，而日本教师教历史是让年轻人从地方社区和健在的老人的经验中发现历史；第一次在日本人的学校和社区做田野调查，在那里，大孩子和小孩子在一起学习和生活，日本的年轻人也正是在这里学习如何在世上立足；也第一次发现，富有创造力的教师们如何将他们在日本和美国学到的东西转化成可以出版的教学材料、课程计划和游记。此外，还有一些其他的第一次：在卡拉OK、酒吧和教育研究的大人物们一起唱歌；在日本生活的影响下对美国、日本的文化进行比较；当我的外孙布雷恩（Brain）在广岛（Hiroshima）的和平公园（Peace Park）里挤在一群咯咯直笑的日本小姑娘中间做英语家庭作业的时候，我笑着问他："你喜欢和平公园吗？"

在学术上，我也有很多第一次，比如：我是第一位在美国研究会札幌（Sapporo）①年会上担任主讲人和讨论主持人的女性，这是日本最著名的美国研究会，在这里，教育界的学者和美国富布赖特学者齐聚一堂共同学习；第一次在日本召开的教育社会学年会上递交了一篇关于多元文化教育和倡导多元化的论文；第一次成为日本高成就女性们的知己，在日本学术界，她们无法运用美国女性主义者争取机会的策略；第一次成为东京大学（University of Tokyo）的高级研究员，在这所大学里可以畅言教师们能教的知识和女学生们想学的知识之间脱节的矛盾；当日本皇室为我颁发旭日奖章（The Order of the Rising Sun），祝贺我们在日本和美国所做的工作的时候，我第一次深受感动。

还有一些不那么令人振奋但也足以给我灵感的第一次，比如发现了在日本被忽视的少数群体——部落民（Burakumin）②。当我发现他们的时候，他们正在打破传统的禁忌以终止公开的对立，并把日本描绘成一个充满歧视的国家。部落民是日本本土的一个底层少数群体，尽管从语言和种族上

---

① 札幌，日本北海道西部城市。——译者注
② 日本德川幕府时代，从事屠宰业、皮革业等所谓贱业者和乞丐游民被视为贱民，他们被排斥在士农工商四民等级之外，聚居在条件恶劣的官府指定区域，身份、职业世袭，严禁与平民通婚，形成特殊的社会集团——"部落"。部落民处于社会最底层，备遭歧视和压迫。——译者注

说,他们是日本人,但他们依然遭受到冷酷无比的歧视。① 我从部落民身上看到,这个世界并不是平的,甚至是在一个最近被别府春海(Harumi Befu)——关于日本人多样性方面的一位权威专家——认为具有"同质性"的国度也是如此。②

从那时一直到此时此刻,我都非常希望放大部落民的声音。当来自部落民群体的学者、社会活动家、教师、学校改革者以及博物馆馆长允许我穿过这条"没有桥梁的河流"③的时候,不论是当时还是现在,我都感到非常荣幸。他们为我创造机会搜集了在四代部落民所生活、经历和创造的历史中如何认识这种歧视的口述史材料,让我有机会接触电影制作人、社区领导人、博物馆馆长、好斗的政治和社会活动家以及专业的研究者。我生活在学者、教师、学校改革者、家长、人权呼吁者以及正在成长的一代年轻人共同组成的社区中,他们知道要"大声地表达出来",要去推进人权教育,要再造部落民的认同感并使之获得尊严。我的部落民同事们创造机会让我进行巡回演说,让我出现在国家广播电视的网络和学者名单中,也要求我写一些讨论美国多元化政策的文章。

我相信,我也希望,我能有所贡献。"研究中大西洋地区有日本学生的学校"项目的每一位参与者都在部落民的社区中生活和学习,然后通过招待那些想了解美国学校中多元文化教育实践的部落民学者、教师和学校改革者予以回报。有些人认为,在日本形成多元文化教育和推进人权的过程中,部落民扮演着非常重要的角色。④ 也有一些人会组织专业的研讨会来讨论部落民电影制作人、小说家、课程制定者和学生们的文化生产。

最近,我做的研究是对日本和美国有着多数-少数分化的学校和社区中

---

① 几百年来,部落民被封闭在空间和精神上都被隔离的村庄里,由于他们的皮革制作以及其他职业被认为是有着"严重污染性的",所以他们也受到排斥。部落民已成为一个被忽视的少数群体,他们正在摆脱默默无闻的状态,一个勇敢而大声表达的部落民少数群体已经"出现"并走向世界,为他们的人民寻找公正,要让日本的学术研究把日本少数群体的历史以及学校里人权教育的学习和实践包括进来。
② Harumi Befu, "Foreigners and Civil Society in Japan," *Bulletin of the International House of Japan* 56, no.2, (2009): 22-34.
③ Sue Sumii, *The River with No Bridge*, Susan Wilkinson, trans. (Rutland Vermont and Tokyo Japan: Charles E. Tuttle, 1989).
④ Barbara Finkelstein, Joseph Tobin, and Anne Imamura, eds., *Transcending Stereotypes: Discovering Japanese Culture and Education* (Yarmouth, Maine: Intercultural Press, Inc., 1991).

的文化教育和多元化政策与实践进行比较研究。① 幸运的是,我有一位年轻而睿智的女性研究伙伴,东京大学的恒吉僚子(Ryoko Tsuneyoshi)教授,她也是我的朋友。我们一起研究主流教育之外的教与学,并且想知道边缘学校的学习对公共教育——瞬息万变的世界里的一种传统机构——的局限和可能有着怎样的启示。

在历史中生活

我记得马丁娜·纳夫拉蒂洛娃(Martina Navratilova)说过,生活中重要的不是你做了什么,而是你做成了什么,对像我这样更喜欢开始而不是完成的人来说,这是一句意义深刻的话。我仍然会继续探讨儿童、年轻人和教育的历史。我仍然会继续做一名坚定的教育史评论人和一名从事跨文化研究的学者和教育家。我会继续进行口述史研究,这种方法能够让那些本来会被淹没在历史中的个体和群体发出声音。我仍然会走进这个世界的很多小角落,去发掘人们是如何理解世界的。我仍然会对我所关心的一系列问题进行历史思考,例如,对歧视的批判,在思维膨胀的环境中生活,发掘之前被忽视的群体,创造能够让新一代年轻人散发光芒的教与学的环境,等等。

---

① Barbara Finkelstein, "Educating Strangers: A Comparison of Cultural Education Policies and Practices in Japan and the U. S.," in Y. Hirasawa and Y. Tomoda, eds., *Patterns of Value Socialization: A Comparative Study* (Osaka Japan: Osaka University Press, 1998), 95–125.

成为一名高等教育史学家

罗杰·L. 盖格
(Roger L. Geiger)

受邀为"教育研究中的领军人物系列"丛书撰稿,这确实是件很荣幸的事情。作为一名高等教育史学家,我很可能是因为探讨美国研究型大学在20世纪演进的"知识"三部曲①而为大家所熟知。我也写过关于19世纪学院的文章和书,而且我从1993年开始担任《高等教育史年刊》(*History of Higher Education Annual*)的主编。我关于高等教育的大部分作品是历史研究,当然这也包括很多被认为是当代史研究的作品。然而,正如接下来的文章所显示的,是我的教育和选择让我成为一名历史学者。

毫无疑问,在一所重点研究型大学担任美国高等教育史教授,能让我为人类的幸福作出一点微小的贡献。我希望,这样一个判断既不是傲慢也不是自满,而是对自己天赋和性格的一种中肯的评价,天赋能让我完成我所能完成的事情,而性格也决定了我在其他方面无法成功。在我的性格中有一条就是,不信任权威,毫无疑问,这一倾向在20世纪60年代更加强化了;还有一条就是,不遵从指令,更别说秩序了。我并不是生来就是领导或者管理者。相反,我是内向型的,我对知识充满好奇,需要将知识内化以满足我的理解欲。这种性格优势把我引向通往大学史的曲折道路。尽管如此,用充足的时间和充分的知识储备来滋养我的兴趣,这也是必不可少的,而正是一些优秀的大学让我这种奢侈的要求变成可能。

我一生中初次接触大学是在我进入密歇根州立大学(Michigan State

---

① 这里的"知识"三部曲是指三本以"知识"为标题的书:Roger L. Geiger. *To Advance Knowledge: The Growth of American Research Universities, 1900 – 1940* (Oxford: Oxford University Press, 1986); Roger L. Geiger. *Research and Relevant Knowledge: American Research Universities since World War II* (Oxford: Oxford University Press, 1993); Roger L. Geiger. *Knowledge and Money: American Research Universities and the Paradox of the Marketplace* (Stanford: Stanford University Press, 2004). 这三本书都有中译本。——译者注

University)的 1960 年,当时这所大学正处于疯狂扩张中。在那里,我经历了高等教育的大众化,很久以后,我才知道这个术语意味着什么:住在高层楼房里,挤在拥挤的学生中,从一个教室来到另一个教室,以及并不低的学术标准。我在密歇根州立大学遇到的教授都非常优秀,但是当时的环境却给人一种深刻的混乱感。一年之后,我转学来到密歇根大学。我是在偏远的罗亚尔奥克(Royal Oak)上的高中,我在那里的同学要么去了密歇根州立大学和密歇根大学,要么去了一些稀奇古怪的地方。一开始,我被密歇根给吓到了,但是我在密歇根州立大学度过了第一年之后,我就准备开始更大的心智之旅了。

在密歇根大学,一个学期的物理学和微积分(教得很糟糕)就结束了我正规的 STEM 教育[①]。我对这些领域已经失去兴趣,重要的是,我想去学这所大学提供的其他丰富知识。我有一个非常浪漫的信念,我认为自己能够获得一种真正的自由教育,直到完成文化史博士研究之后,我才放弃这个异想天开的想法。但一开始我主修的是英语,这可能是我最差的一科了。在接下来的本科学习期间,我很高兴地把自己沉浸在文学中,往往忘记了我接下来要从事什么工作。所以,我自然而然就去了研究生院。然而,到了研究生院我才发

个人作品精选

Roger L. Geiger, "The Ten Generations of American Higher Education,"〔revised〕in R. O. Berdahl, P. G. Altbach, and P. J. Gumport, eds., *Higher Education in the Twenty-First Century*(Baltimore: Johns Hopkins University Press, 2010〔3rd edition〕); Chinese translation: *Peking University Education Review* 4, 2(2006): 126-145.

Roger L. Geiger, Essay Review: "American Malaise: Lagging College Attainment in the United States," *American Journal of Education*(August 2010).

Roger L. Geiger, "Ivy League," in David Palfreyman and Ted Tapper, eds., *Structuring Mass Higher Education: The Role of Elite Institutions*(London: Routledge, Taylor & Francis, 2008), 281-302.

Roger L. Geiger, "Demography and Curriculum: The Humanities in American Higher Education, 1945-1985," in David A. Hollinger, ed., *The Humanities and the Dynamics of Inclusion since World War II*(Baltimore: Johns Hopkins University Press, 2006), 50-72.

Roger L. Geiger, "The Reformation of the Colleges in the Early Republic, 1800-1820," *History of Universities* XVI, 2(2000): 129-182.

[①] STEM 代表科学(science)、技术(technology)、工程(engineering)、数学(mathematics)。STEM 教育就是科学、技术、工程、数学的教育。——译者注

现,当时在新批评主义主导下的英语文学的专业研究比我本科阶段的文学课程无趣得多。在获得硕士学位之后,我说服自己来到了历史系,主要是因为我的研究生导师同意我对文学批评主义的疑虑(他当时用了"白痴"这个词)。具体来说,主要有三个原因让我作出了这个重要决定:英语文学对我来说是个死胡同;我喜欢用一种历史的视角来看待批评主义,而这种批评主义是我当时无法接受的;卡兹·拉塞尔(Cazzie Russell)①将要带领着密歇根大学篮球队冲击空前的荣誉。1965年还不是离开密歇根大学安娜堡分校(University of Michigan, Ann Arbor)的时候,那里还有很多可学之事。

在我为期一年的历史学硕士学习期间,我上了一大堆五花八门的课程。我对欧洲史感兴趣,但是没有人建议我必须掌握一门欧洲语言(我刚刚能够读一点法语,这是我在大学里最讨厌的科目)。尽管如此,我还是进入了一个博士生项目,并被建议直接去攻读学位。鉴于当时繁荣的教师就业市场,这是一个很好的职业建议,但是我逐渐厌倦了去上学。相反,我在北密歇根大学(Northern Michigan University)获得了一个教授历史的讲师职位。1966年秋天,我开始给北密歇根大学的大一新生们讲授西方文明史,而这门课90%的内容我都没有学过。当时我只有23岁。

20世纪60年代末,北密歇根大学呈现出高等教育大众化的另一个侧面。随着密歇根州上半岛(Michigan's Upper Peninsula)的第一代婴儿潮效应的到来,学生汹涌而至,短短几年内,入学人数已经翻了一倍。历史系在我入职的那一年,教师人数也翻了一倍。学生们被指定了一本糟糕的西方文明史的教科书,而教师们则拿R. R. 帕尔默(R. R. Palmer)的杰作来做讲义。整个大学里的新教师们都是克里斯托弗·詹克斯(Christopher Jencks)和戴维·里斯曼(David Riesman)所说的"学术革命"的结果,很不适应他们在这片荒凉的地方所承担的使命。②事实上,我在临时岗位上干了两年之后,很多人都离开了。我也回到了密歇根大学安娜堡分校获得了一份大学历史教师资格,但具有讽刺意味的是,获取一个大学教师的职位却要花19年的时间。当时,我的雄心壮志还非常高涨。

---

① 卡兹·拉塞尔(1944—),美国职业篮球运动员,拉塞尔在加入NBA之前是在密歇根大学打球,并带领狼獾队(Wolverines)连续三年蝉联大东区(Big Ten Conference)冠军(1964—1966年)。——译者注

② Christopher Jencks and David Riesman, *The Academic Revolution* (Chicago: University of Chicago Press, 1968).

密歇根大学为博士生教育提供了相当充分的资源。它的历史系是当时国内最好的历史系之一。历史系本身就很活跃,而大批的博士生则成为另一个活跃的源头。尽管如此,我依然在其他领域有了重要发现。最重要的就是找到了一群聚集在查尔斯·梯利(Charles Tilly)[1]周围的社会学家和社会史学家。我一开始两边都不属于,是我的好朋友约翰·梅里曼(John Merriman)介绍我加入的。每个周日的晚上,查克(Chuck)[2]和他的历史学家妻子路易丝(Louise)[3]会在他们家里召开一个开放的研讨班,学生、教师和访客济济一堂,展示自己的研究。查克也欣然同意成为我的博士论文答辩委员会成员,他也提供了很多帮助我进一步完善论文的建议。有一次,他推荐我读托马斯·库恩(Thomas Kuhn)的《科学革命的结构》(*The Structure of Scientific Revolutions*),这本书对我的博士论文和很多后续研究都产生了重大影响。库恩还在冲突解决中心(Center for Conflict Resolution)组织了一个广泛的团体来共同探讨德瑞克·德索拉·普莱斯(Derek de Solla Price)[4]所说的"科学之科学"(science of science)。从这个团体的一些会议中我学到了科学社会学的基本概念,这些基本概念贯穿了我对大学和学科的思考。

我的博士论文考察了法国社会学从实证主义到涂尔干主义者的发展历程。[5] 我区分了三种通向社会科学的路径。埃米尔·涂尔干(Émile Durkheim)继承了实证主义传统,建立了一种真正的范式,并在大学里实现了制度化,从而获得了成功。这一研究为我后续的工作设定了自己的风格:思想史要坚定地建立在历史背景的基础上,对社会学概念的运用,以及强调机构的作用。我当时还不知道这些对我来说有多重要。

多年以后,回过头来再次审视我的这一研究时,我很清楚应该尽快把它变成一本书。这一研究仍然体现的是,对社会学起源的一种探索——涂尔

---

[1] 查尔斯·梯利(1929—2008),美国社会学家、政治学家,1958 年在哈佛大学获得博士学位,主要研究集体行为的历史和动力、城市化的过程和民族国家的形成,1969—1984 年间,C. 梯利任教于密歇根大学。——译者注
[2] 查尔斯·梯利的昵称。——译者注
[3] 查尔斯·梯利的妻子路易丝·奥迪诺·梯利(Louise Audino Tilly),社会史学家,20 世纪 70 年代至 80 年代任教于密歇根州立大学和密歇根大学,1993 年任美国历史协会主席。——译者注
[4] 德瑞克·德索拉·普莱斯(1922—1983),物理学家,科学史家,科学计量学的创始人。——译者注
[5] Roger L. Geiger, "The Development of French Sociology, 1871 - 1905," Ph. D. Dissertation, University of Michigan, 1972.

干学派的根源及其背景和对手。[①] 这一研究在法国被广泛接受,法国的人文科学之家(Maison des Sciences de l'Homme)[②]有一个涂尔干研究团体。我被告知,我的博士论文很快就从人文科学之家的图书馆被偷了。我在《法国社会学评论》(Revue française de sociologie)上发表了两篇文章。[③] 为什么不直接出版一本书呢?当时我觉得我的研究还需完善,对于部分内容来说确实如此,但是我高估了这一困难。在回顾的过程中,我迫切需要的是鼓励和引导,但我什么也没得到。而且,我也被糟糕的就业市场弄得灰心丧气。

1972年,我加入了最大的历史学博士毕业生大军中。20世纪60年代学术职业市场的繁荣已经成为过去;思想史的研究也处于垂死挣扎的边缘,欧洲也好不到哪里去;肯定性行动计划[④]正在大力实施。我也在密歇根大学迪尔伯恩(Dearborn)分校和弗林特(Flint)分校以及安娜堡分校的历史系做过一些临时的教学工作。德意志学术交流中心(Deutscher Akademischer Austauschdienst)给我提供了一个宝贵的机会让我在德国的大学里和很多杰出的学者讨论社会史,我也从这一个夏天的博士后经历中收获良多。最后,我获得了几个并不非常中意的工作面试机会,但当时我就已经决定把学术作为我的职业志向。有一位面试官问我,在全职教学和全职科研之间我会如何选择?我的回答对他来说是一个错误的答案,但确实也预示了我的将来。梅里曼现在是耶鲁大学的历史学副教授,他当时告诉我,有一个研究机构正需要一位研究法国高等教育的博士后。我对法国除了涂尔干以外知之甚少,但有句谚语"一切都不会真正改变"总让人听起来似乎很睿智。1974年,我加入了一个由伯顿·R. 克拉克(Burton R. Clark)组织的研究比较高等教育的团体。这一举动实际上结束了在历史系找到一份工作的可能(尽

[①] 我的博士论文中关于加布里埃尔·塔尔德(Gabriel Tarde)的章节,最近被芭芭拉·恰尔尼亚斯卡(Barbara Czarniawska)评论,参见:"Gabriel Tarde and Organizational Theory," in Adler, Paul, ed., *The Oxford Handbook of Sociology and Organization Studies*: *Classical Foundations* (Oxford: Oxford University Press, 2009), 246-267.
[②] 人文科学之家,成立于1963年,是法国教育部直接领导下的一个具有服务和研究双重功能的机构,旨在为人文科学研究机构或人员提供服务,这是一个法国国家级人文和社会科学服务部门,是各个科研机构和学科沟通、交流、合作的中心和枢纽。——译者注
[③] Roger L. Geiger, "La sociologie dans les écoles normales primaires: Histoire d'une controverse," *Revue française de sociologie*, XX (janvier-mars 1979): 257-267; Roger L. Geiger, "Rene Worms et l'organisation de la sociologie," *Revue française de sociologie*, XXII (juillet-sept. 1981): 345-360.
[④] 肯定性行动计划是美国20世纪60年代民权运动的产物,希望在社会的改革方面纠正过去种族歧视和性别歧视的偏见。——译者注

管当时可能是全国最好的耶鲁大学历史系曾非常客气地给过我一个机会)。至于高等教育这个领域需要些什么,我一无所知。

从某种程度上说,耶鲁大学有点保守和乏味,但它有一个非常浓厚的给人鼓舞的氛围。我不是去读普莱斯或者帕尔默的著作,而是直接参加了他们的研讨班。我们的研究小组隶属于社会和政策研究所(Institution for Social and Policy Studies),在那里,查尔斯·林德布卢姆(Charles Lindblom)主持了一个每周一次的午餐沙龙。[1] 源源不断的讲座、研究团体、来访的演讲者以及常规的集会,这些就像是社会和政策研究所的午餐一样,为我们提供了丰富的心智营养。更重要的是,大家真的对思想很感兴趣。虽然像我这样的博士后在学校里面是属于最底层的(排在本科生和博士生后面),但是我们的思想却接受了全面的洗礼。任何一个耶鲁人——哪怕是临时的,都会得到尊重,但未必会得到赞同。思想要接受真诚而坦率的批评。

> **个人作品精选(续)**
>
> Roger L. Geiger, "The Era of the Multipurpose College in American Higher Education, 1850–1890," *History of Higher Education Annual* 15 (1995): 51–92.
>
> Roger L. Geiger and I. Feller, "The Dispersion of Academic Research in the 1980s," *Journal of Higher Education* 65 (May/June, 1995): 336–360.
>
> Roger L. Geiger, "Science, Universities and National Defense, 1945–1970," *Osiris* 7 (1992): 94–116.
>
> Roger L. Geiger, "Democracy and the Crowd: The Social History of an Idea in France and Italy, 1890–1914," *Societas* 7 (1977): 47–71.
>
> Roger L. Geiger, "Markets and History: Selective Admissions and U. S. Higher Education since 1950," Review Essay, *History of Higher Education Annual* 20 (2000).

我开始研究比较高等教育的时候,就像是攻读第二个博士学位,而且花了差不多同样长的时间。克拉克当时已经成为一名研究意大利教授职业的比较研究者,然后又开始撰写《高等教育系统》(*The Higher Education System*, 1983)。但是对我们这个团体来说并没有一个核心的主题。而且对一位博士后来说,除了在每学期做一个研讨班的展示之外还应该做什么也不是很清楚。研究并发表作品是最重要的事。但是我该研究什么呢?我很

---

[1] 林德布卢姆 2001 年的著作《市场体系》[Charles E. Lindblom, *The Market System: What It Is, How It Works, and What to Make of It* (New Haven: Yale University Press, 2001)] 是总结《知识与金钱:美国研究型大学与市场悖论》的关键。读着《市场体系》,我仍然能听到他的声音。

快就决定去写一部第三共和国时期法国大学的历史。然而,在有限的进展之后,我发现了有限制的资助带来的危险。我们的赞助者莉莉基金会(Lilly Foundation)把兴趣转移到了更小的未被研究过的高等教育制度上来。但我也学着去适应。于是某一天的上午在耶鲁大学图书馆里,我变成了比利时高等教育方面的"专家"。我的博士后研究重新开始了,但是,就像我前面所做的研究一样,我的劳动成果仅仅是一些文章而已。

当我们的赞助者对比较高等教育失去兴趣而仅愿意支持主题研究时,我的机敏再次得到了考验。幸运的是,在把基金会官员们模糊的倾向转变成具体的学术项目方面,克拉克是一位天才,这一次,他的转换结果是"私立高等教育的国际观点"。我对这个课题并没有特别的兴趣,但我也有一些看法。比利时建立了平行的公立大学和私立大学,都是由国家资助的;法国则仍然保留了私立高等教育的残留。而除了我们研究团体之外的美国人则对日本占比很大的私立高等教育一无所知。这里是对私立高等教育进行比较研究的一些材料。① 我比克拉克更快地开始这项研究,他在比较高等教育方面的声望在耶鲁大学并不被认可,却荣获加利福尼亚大学洛杉矶分校高等教育艾伦·卡特教席(Allan Cartter Chair)。幸运的是,我对私立高等教育的研究与刚起步的"非营利性组织"项目(Program on Nonprofit Organization)相契合,这是该领域第一个有组织的研究团体。

"非营利组织"项目是法学教授约翰·西蒙(John Simon)构想的成果,他是基金会界的领导人之一,是非营利性组织研究的先驱,也是一名令人尊敬的耶鲁大学名人榜上的一员。"非营利组织"项目汇聚了来自所有社会科学领域的学者来共同探讨与基金会、医疗卫生、文化体制以及偶尔与教育相关的重要的组织性问题。在这个庞大而有活力的群体中,卓越的学术研究开创了一个全新的研究领域。② 我身处其中确实充实了自己的研究《私立高等教育:八个国家的结构、功能与变革》(*Private Sectors in Higher*

---

① 我的同事丹·莱维(Dan Levy)当时已经开始着手从事一项他自己代表性的研究:*Higher Education and the State in Latin America: Private Challenges to Public Dominance* (Chicago: University of Chicago Press, 1986)。他比我更早转到"非营利组织"项目上来。
② 对"非营利组织"项目的早期研究,见:Walter W. Powell, ed., *The Nonprofit Sector: A Research Handbook* (New Haven: Yale University Press, 1987)。

Education: Structure, Function, and Change in Eight Countries)①。该研究描述了私立高等教育的三种范式,并将它们与美国复杂的私立高等教育进行对比。但是,我却花了好几年才找到一家出版社出版这本书。读者们给我的反馈都是正面的,但是我的手稿却总是让一些低级错误困扰着。在被拒稿两三次之后,克拉克给我提出了关键性的建议,还为我写了一篇序言。这本书也走在了时代的前面。直到现在,私立高等教育在世界范围内已经变得至关重要,而我的研究仍然被认为是关于这个话题的拓荒之作。

撰写这本书也让我有几点收获。第一,历史材料的书写是简单的,但是社会学的分析却没那么容易。而我作为一名学者的天赋似乎是在历史方面。第二,历史研究并非毫无希望。有必要对高等教育进行历史性地研究和评价,尤其是当过去和现在能够联系起来的时候(而这却是学术型历史学家一般不情愿去做的事情)。第三,在整个研究中遇到的最吸引人的机构当属美国私立研究型大学。

特别有帮助或鼓舞人心的著作

Burton R. Clark, *Places of Inquiry: Research and Advanced Education in Modern Universities* (Berkeley: University of California Press, 1995).

J. David Hoeveler, *Creating the American Mind: Intellect and Politics in the Colonial Colleges* (Lanham, MD: Rowman & Littlefied, 2002).

Thomas Kuhn, *The Structure of Scientific Revolutions* (Chicago: University of Chicago Press, 1962).

Charles E. Lindblom, *The Market System: What It Is, How It Works, and What to Make of It* (New Haven: Yale University Press, 2001).

Henry May, *The Enlightenment in America* (New York: Oxford University Press, 1976).

几乎同时,斯坦利·卡茨(Stanley Katz)来访,并展示了他在基金会历史方面的研究。他概述了洛克菲勒基金会(Rockefeller Foundation)和卡内基基金会在推进美国大学研究中扮演的重要角色。这次讲座在我的头脑里埋下了一颗很快就发芽的种子。有一天早上,在开车去办公室的路上,灵感不期而至:有必要对20世纪美国研究型大学的历史进行研究。劳伦斯·维赛(Laurence Veysey)的权威研究宣称,美国大学在1910年就已经获得了其确定性的形式。

---

① Roger L. Geiger, *Private Sectors in Higher Education: Structure, Function and Change in Eight Countries* (Ann Arbor: University of Michigan Press, 1986).

故事到此就结束了。而事实上,它们在"二战"前的发展还有一个复杂而迷人的故事,此后还有另一个故事。J. 西蒙给了我鼓励和帮助。我提交给安德鲁·W. 梅伦基金会(Andrew W. Mellon Foundation)的一份申请顺利通过并拿到了资助。

我对美国高等教育史一无所知,但是我了解大学、科学组织和非营利性机构。最终,我找到了一个适合我的话题。我非常惶恐地把我早期的手稿给休·霍金斯(Hugh Hawkins)看。他的慷慨评论给了我满满的自信。事实上,研究和写作进行得很顺利,只有一件事情例外,即进行原创性分析所需要的细节(和一手文献)水平远远超出我的预期。我很快就清楚地意识到,这个项目要花费更长的时间。我决定在1940年先完成第一卷。和牛津大学出版社签订的出版合同也使得这一决定得以如期实现。但是霍金斯提醒我,如果我就此打住,我很可能就永远完成不了这项研究。

然而,关于"二战"以来的研究型大学的话题,是资助方更加关心的。来自福特基金会(Ford Foundation)和克雷明主持下的斯宾塞基金会的资助开启了第二卷的研究工作,安德鲁·W. 梅伦基金会后来也提供了额外的资助。我依靠这些资助在耶鲁大学总共用了13年的时间从一名博士后晋升为一名"高级研究员"。这对一名历史学家来说可能是一个纪录了。我极其幸运地能够获得这些机会。但是,做一名全职研究员也有缺点,哪怕是在耶鲁大学这样适宜的环境中。项目研究要求专注于一个狭小的领域,随着时间的推移,这会变得越来越狭隘。耶鲁大学无可比拟的图书馆藏书对1945年以后的研究帮助甚少,因为这一时期的研究还无人涉猎过,这些都在历史学家和社会科学家们的视野和兴趣之外。因此,我也在1987年毫无遗憾地抓住机会来到了宾夕法尼亚州立大学。

我加入的这所大学正处于从一所官僚化的、萎靡不振的赠地学院向顶尖的15所公立研究型大学迈进的初步阶段,尽管当时我并没有预见到这一发展。我担任的职位主要负责高等教育项目(Higher Education Program)中的高等教育史教学。高等教育研究中心一直被认为是研究团队,所以其成员几乎不从事教学。我在这些项目中从事教学的时候,至少有些同事会对我完全不了解高等教育管理这门职业表示怀疑,但是作为一名历史学者,我似乎也得到了谅解。虽然我也是从基金会获取资助的人,但是我从来不要求参加高等教育研究中心的项目,而且我也不想参加。我继续获得资助,但是把这些资助用在了别处。尽管如此,这里仍然是我长期一直寻找的稳定的平台。我一开始就被告知,宾夕法尼亚州立大学是一个做自己研究工作的好地方——它对我来说确实如此。

在宾夕法尼亚州立大学,我是在三次努力的过程中成长为一名成熟的高等教育史学家的。首先是继续研究研究型大学的过去和现在,这意味着要先完成《研究与相关知识:第二次世界大战以来的美国研究型大学》(*Research and Relevant Knowledge: American Research Universities since World War II*),继而是《知识与金钱:美国研究型大学与市场悖论》(*Knowledge and Money: American Research Universities and the Paradox of the Marketplace*),完成我的"知识"三部曲。[①] 其次,1993年开始担任《高等教育史年刊》的主编,这把我从这个领域的边缘推到了中心地带。第三,我对科研和教学的专注让我在2000年完成了《19世纪的美国学院》(*American College in Nineteenth Century*)[②],这也为我提供了一个阐释美国高等教育史的机会。

"知识"三部曲的标题反映了三个不同时代推进学术研究的动力。在《增进知识:美国研究型大学的发展(1900—1940)》(*To Advance Knowledge: The Growth of American Research Universities, 1900-1940*)这本书里,基金会是最主要的推动力,它们主要是希望推动大学基础科学的发展;"二战"以后,联邦成为主要的资助力量,相关部门资助与之相关的科学研究;1980年以来,更确切地说,是1995年以来,研究型经济的不断增长期待着经济增长和商业回报所带来的金钱利益。完成《研究与相关知识:第二次世界大战以来的美国研究型大学》的过程也冒着书写当代史的危险。大概在1990年,我完成了我的手稿撰写,但是我又花了一年多才真正完成它。那些年里,意识形态的两极对立一直可以追溯到20世纪60年代。把历史呈

[①] Roger L. Geiger, *To Advance Knowledge: The Growth of American Research Universities, 1900-1940* (New Edition, Transaction Publishers, 2004, First Edition, Oxford University Press, 1986); *Research and Relevant Knowledge: American Research Universities since World War II* (New Edition, Transaction Publishers, 2004. First Edition, Oxford University Press, 1993); *Knowledge and Money: American Research Universities and the Paradox of the Marketplace* (Stanford: Stanford University Press, 2004).

[②] Roger L. Geiger, ed., *The American College in the Nineteenth Century* (Nashville: Vanderbilt University Press, 2000).

现在当下可能是一件不讨好的事情,特别是如果当前讨论的话题没有超越这些历史。历史学者应该通过站在一个更高更普遍的立场上尽力让自己远离那些极端化的话题。

很少有人认为《知识与金钱:美国研究型大学与市场悖论》是历史,因为它除了几段以外都不是历史。不过,它应该会被认为是一种时间分析(temporal analysis),记录和分析不同时段的变化。这种时间分析要探索变化的性质,并且要讨论"在这种情况下"该变化受到什么环境的影响。这种方法往往来自应用社会科学,因为应用社会科学的学科中的过程分析能够提

> **特别有帮助或鼓舞人心的著作(续)**
>
> Robert A. McCaughey, *Stand Columbia: A History of Columbia University in the City of New York, 1754 – 2004* (New York: Columbia University Press, 2003).
>
> Samuel Eliot Morison, *Three Centuries of Harvard* (Cambridge: Harvard University Press, 1936).
>
> Laurence R. Veysey, *The Emergence of the American University* (Chicago: University of Chicago Press, 1965).
>
> Gordon S. Wood, *The Radicalism of the American Revolution* (New York: Alfred A. Knopf, 1992).

供重要的分析框架。但是社会机制运作所需的特定的背景也需要探讨。比如,在我和克雷索·萨(Creso Sá)合著的《开发科学的富有:大学和经济增长的承诺》(*Tapping the Riches of Science: Universities and the Promise of Economic Growth*)①这本书中,变革的潜在力量是一种期盼,即大学研究能够创新并推动基于技术的经济的发展。重要的变革发生在公司资助的大学研究中,旨在推动与经济发展相关研究的政府政策中,在大学取得专利和许可证的发展过程中,以及大学的研究组织中。而且在某种程度上,这些变革都在不同的地方得以显现。

1992年初,哈罗德·S. 韦克斯勒(Harold S. Wechsler)问我是否有兴趣承担《高等教育史年刊》的主编工作。这份杂志始于1980年,是一小群学者共同努力的产物,它几乎是靠韦克斯勒一个人的努力维持着编辑、出版和发行。而我当时刚刚有了一段很不错的担任帕加蒙出版社(Pergamon)《高等教育百科全书》(*Encyclopedia of Higher Education*)编委的经历,我承担的部

---

① Roger L. Geiger and Creso M. Sá, *Tapping the Riches of Science: Universities and the Promise of Economic Growth* (Cambridge: Harvard University Press, 2008); see, www.tappingtherichesofscience.info.

分相当于一本500页的书。① 所以,此时此刻,我既得意又兴奋。尽管为了这一事业可以继续下去,宾夕法尼亚州立大学还必须为我安排一名研究生助理来处理订阅等相关事务,但是,能够招收一名对历史感兴趣的研究生本身就是一个巨大的诱惑。为了管理这份杂志,我也需要得到我在宾夕法尼亚州立大学的第一个博士研究生罗杰·威廉斯(Roger Williams)的帮助,他对乔治·阿瑟顿(George Atherton)②作出了里程碑式的研究,同时也是一名杰出的管理者。一切都开始有条不紊地进行着,我们也开始着手出版韦克斯勒主编的1992年这一卷。在这卷中,我写了一篇文章《美国高等教育发展的十个时代》(Ten Generations of American Higher Education),因此我也成了《高等教育史年刊》学者群体的一员。这篇文章是我对高等教育史课程深入思考的结果,是出于讨论的目的对现有的文献做了一个总结,同时也希望构建一种假设的解释框架。《高等教育史年刊》的三位坚定支持者对此发表的评论也是令人鼓舞的,尽管也有一些重要的批评。这篇文章的修订版于2010年被编入一本颇受欢迎的高等教育读本中。③ 这是我的高等教育史作品中最被广泛阅读的一篇文章。或许更加重要的是,这篇文章让我对美国高等教育不同时代的阐释产生了兴趣,最近,这一兴趣又促使我对最新一代的美国高等教育史研究进行评价和重估。④

主编这份期刊给我带来了挑战和挫折,但归根结底还是一种深深的满足感。这份工作让我通过各种方式对该领域内的所有学术研究都有所了解,而这一方面推进了我自己的研究,另一方面,也增强了我对这个学科的理解。编辑工作的一个重要责任就是,要从该领域的学者们那里获取文章、评论和建议。在这方面,这本杂志依赖于一个小范围团体的共同努力,而有

---

① Roger L. Geiger, "The Institutional Fabric of Higher Education," in Burton R. Clark and Guy Neave, eds., *Encyclopedia of Higher Education*, 4 vol., Pergamon, (1992), Ⅱ, 1031-1278.
② 乔治·阿瑟顿(1837—1906),1882—1906年间担任宾夕法尼亚州立大学校长,他为宾夕法尼亚州立大学的转型和发展作出了卓越的贡献。——译者注
③ "The Historical Matrix of American Higher Education," *History of Higher Education Annual* 12(1992): 7-34; most recently, "The Ten Generations of American Higher Education," in Philip G. Altbach, et al., eds., *American Higher Education in the Twenty-first Century*, 2nd edition (Baltimore: Johns Hopkins University Press, 2010).
④ Roger L. Geiger, "Postmortem for the Current Era: Change in American Higher Education, 1980-2010," in Ellen Lagemann and Harry Lewis, eds., *For Whom and For What? The Future of U.S. Higher Education in a New Age of Scarcity*, publication in progress.

时候我担心这是一个很不确定的团体。我认为,这份杂志是支撑高等教育史作为一门准学科或者分支学科的一个重要力量,而不仅仅是一群孤立的学者和研究作品的集合。因此,在我担任主编的16年中,发生了一场根本性的转变。对这个学科自身关注的问题、研究的风格及阐释的观点保持关注是一个持续不断的挑战。① 当然,其中最令人满意的一个方面是对年轻学者们的支持,他们的博士论文产生了很多新颖的实证性的学术研究。② 这不仅仅对杂志来说是一种持续的更新,对我来说,这还是一种防止学术老化的方法。

《高等教育史年刊》在宾夕法尼亚州立大学度过第一个十年之后面临艰难的处境。大学和我所在的系拒绝为杂志提供助理岗位(这是来自已经离职的管理者们的承诺)。印刷、邮寄、账务这些必不可少的日常琐事都由助理苏珊·理查森(Susan Richardson)和克里斯蒂安·安德松(Christian Anderson,现在他已经是副主编了)来承担。在这个节骨眼上,欧文·路易斯·霍罗威茨(Irving Louis Horowitz)来访,在我们的第一次交谈中,他就提出把《高等教育史年刊》交给事务出版社(Transaction Publisher)出版。而且他已经同意再版《增进知识:美国研究型大学的发展(1900—1940)》和《研究与相关知识:第二次世界大战以来的美国研究型大学》两本书,对此我非常感激。③ 至于《高等教育史年刊》,我没有讨价还价的余地,但也没有什么需要讨价还价的。I. L. 霍罗威茨是丰富多产的学者和出版商的无与伦比的结合。他把事务出版社发展壮大,却没有牺牲其文化的特性。他希望我继续担任主编职位并维持该杂志的高学术标准。作为一名商人,他把杂志名改为《高等教育的历史透视》(*Perspectives on the History of Higher Education*),以更好地符合事务出版社的风格,而改名也契合我自己的期望,即可以更开放地采纳沟通历史和现实问题的材料。与I. L. 霍罗威茨的合作

---

① 关于高等教育史著作的概述,从我1993年担任《高等教育史年刊》的主编以来,大部分都出版了,见:Christine A. Ogren, "Sites, Students, Scholarship, and Structures: The Historiography of American Higher Education in the Post-Revisionist Era," in William J. Reese and John L. Rury, eds., *Rethinking the History of American Education* (New York: Palgrave Macmillan, 2008), 187–222.
② 《高等教育史年刊》从1994年开始出版关于高等教育史的论文摘要,《高等教育的历史透视》延续了这项工作。
③ 《增进知识:美国研究型大学的发展(1900—1940)》由牛津大学出版社作为普通版图书出版,《纽约时报书评》对该书进行了评论,该书在一些高品质的书店中展销。《研究与相关知识:第二次世界大战以来的美国研究型大学》以两倍以上价格发行,将其推向了图书馆市场。因此,很少有人注意到它,也很少学者能够拥有它。事务出版社的平装本再版使这两本书都很容易买到。

让我明白了,实践必须随着时间和观念的变化而变化。

在美国高等教育史上,19世纪学院的性质是一个长期未被解决的话题。传统的解释把学院描绘成一种被古典语言和宗派短见统治的毫无希望的机构,因此也为现代化改革做好了准备。一群修正派学者——他们中的有些人也参与创办了《高等教育史年刊》——吵吵嚷嚷地揭示了这一观点的不足,但也仅仅提供了差强人意的观点。在很多年里,我都把这一争论带到我的课堂上教给学生们,但是对这种残余的不确定性我从来没有满意过。在完成《研究与相关知识:第二次世界大战以来的美国研究型大学》这本书之后,在20世纪90年代剩下的时间里,我断断续续地对这个话题进行研究。对这一难题进行研究的第一个成果是,在1995年发表的《多重目标型学院的时代》(The Ear of Multipurpose Colleges)。① 这一研究将联邦教育局《教育局长报告》(Report of the Commissioner of Education)中统计的数据和大量学院机构的历史同对俄亥俄地区学院发展的多重角度考察结合起来。从某种程度上说,这一研究完成了布拉德·伯克(Brad Burke)的人口学研究《美国学院人口》(American Collegiate Populations)——该书中第一次使用了"多重目标"这一术语——所描绘的图景。19世纪后期的学院是灵活和务实的,同时坚持把古典教育作为自己的核心。但是当它们面临学术革命的时候,也有一些固有的局限性。

第二篇文章的成型是在发现了一篇写于1853年普林斯顿大学(Princeton University)的学生回忆录之后。这份饶有兴味的文献促使我对19世纪中期的学生作用进行重新考察。在19世纪,从对学生进行规训和控制的制度化政策到一种学生导向的丰富的课外活动,其中发生了一场引人注目的变革。② 很明显,这是这个时代美国高等教育最重要的发展动力之一,这是历史的一个主要维度。

这些新发现激发了我对更早期历史的兴趣,这就促使我对19世纪前20年学院发展史开展深入研究,而这是一个已被忽视的话题。以下这一事实变得很清楚,即美国学院衰退的低谷是在1800年前后,而不是发生在后来的

---

① Roger L. Geiger, "The Era of Multipurpose Colleges in American Higher Education, 1850–1890," *History of Higher Education Annual* 15 (1995): 51–92.
② Roger L. Geiger and Julie Ann Bubolz, "College as It Was: Review Essay," *History of Higher Education Annual* 16 (1996): 105–115; expanded version republished in *College in the Nineteenth Century*, 80–90.

"南北战争前"的学院身上。随之而来的古典课程的重建为后来的发展提供了教育和文化的基础,而不是抑制这种发展。神学院的兴起使牧师的训练远离了学院,使世俗课程的发展成为可能。① 教派学院在1820年以后的蔓延式增长也是因为这个原因。

20世纪90年代末,我已经有了一定的材料基础来写一部19世纪学院的历史,但是我没有时间。我受委托要进行的研究是《知识与金钱:美国研究型大学与市场悖论》,包括2000年在加利福尼亚大学伯克利分校高等教育研究中心度过的学术休假在内,我的所有时间都用在这项研究上。所以我选择了一种妥协的方式,我编了一本《19世纪的美国学院》,其中的文章大部分都是选自《高等教育史年刊》,这本文集已经阐明了很多我想要说的观点。这些文章整合在一起,用一篇导言简要地勾勒了对这个时代的一种新的解释。② 除了上面所说的三件事情以外,还有两件事情对理解我的成长也是至关重要的。

首先,传统派和修正派之间的纷争主要在于如何看待南北战争前的大学。事实上,在1830年就出现了三类明显不同的大学。在东北部,一流大学获得了相当大的学术进步,并滋养了学生自主的课外生活。在南部,州立大学在高等教育中占据了统治地位以培养社会政治精英,而福音派教会学院则扮演着次要的角色。在阿巴拉契亚山(Appalachians)以西的地区,高等教育的扩张在"多重目的型学院"的道路上摸索着,产生了那些独具特色的学院。

其次,普遍流行的以南北战争为界的二分法是非常具有误导性的。19世纪中期是以前现代的机构形式为特征的。这些机构形式包括多重目的型学院、各种附属的科学学院、女子学院、专有的专业学院以及师范学院。这些机构形式到1890年的时候注定要消失。当然,有一些机构也生存下来了甚至有进一步的发展,但必须改变它们自身的基本性质。

10年之后,现在我又回来努力创造一种美国高等教育史的历史叙述,而且不只是19世纪,而是整个历史跨度。认真思考过这一努力的历史学家们

---

① Roger L. Geiger, "The Reformation of the Colleges in the Early Republic, 1800–1820," *History of Universities*, XVI, 2 (2000): 129–182.
② "Introduction: New Themes in the History of Nineteenth-Century Colleges," in Roger L. Geiger, ed., *The American College in the Nineteenth Century* (Nashville: Vanderbilt University Press, 2000), 1–36.

往往会强调它的合理性或不可能性。理论上说，一种叙述性的历史应该尽可能整合已有的知识。在解释的方式上，也必须合理有序地组织材料。但是，解释就必然意味着有所选择和放弃。我无法解决这个大伤脑筋的问题，但我也不会屈服于这个难题。我们这个领域的危险处境需要这样的努力。研究的增长带来的是，日益严重的碎片化代替了整体性。结果，我们的领域变得与美国史（如果还有这样一个领域的话）主流越来越疏远，也逐渐被明智的公共读者忽视。当然，历史专业本身也被碎片化困扰，但是仍然在书写完整性的历史叙述。有两个与历史领域内的卓越人物有关的最新例子可以证明对高等教育史的无视。戈登·S. 伍德（Gordon S. Wood）实际上忽略了这些学院，而引用唐纳德·图克斯伯里（Donald Tewksbury）1932年那本不足为信的冗长研究；丹尼尔·沃克尔·豪（Daniel Walker Howe）引述了包括图克斯伯里在内的一些学者的研究文献，但是其中只有3份文献是20世纪最后25年中的研究成果。[1]

我们可能再也回不到理查德·霍夫施塔特（Richard Hofstadter）的时代，他使得高等教育成为这个国家文化和社会发展的中心话题。美国的历史学家们现在变得太专业化了以至于无法观照到这一点。但是自20世纪60年代以来，高等教育很可能成为在任何时候公众都高度关注的话题。是时候向公众讲述这个重要且引人入胜的故事了。

那么如何着手呢？高等教育机构从本质上说是年轻人为他们以后的成年生活做准备的地方。这主要涉及对职业和文化的期待。这些期待通过美国社会与学院直接相连，因此也是不断变化的。大学也是最高教育机构，它们依据知识增长的不同程度颁发不同的学位。因此，文化、职业和知识成为塑造美国学院和大学的主导性因素，并将美国学院和大学与美国社会的其他方面连接起来。这个包罗广泛的观点并不能解释这些机构的历史，但是能够指出需要面对的问题。我希望在接下来几年的时间里能够尽力去回答这些问题。[2]

---

[1] Gordon S. Wood, *Empire of Liberty* (New York: Oxford University Press, 2009); Daniel Walker Howe, *What Hath God Wrought?* (New York: Oxford University Press, 2008).

[2] 盖格关于美国高等教育通史的研究已经出版，参见：Roger L. Geiger, *The History of American Higher Education: Learning and Culture from the Founding to World War II* (Princeton & Oxford: Princeton University Press, 2015); Roger L. Geiger, *American Higher Education Since World War II: A History* (Princeton: Princeton Unversity Press, 2019).——译者注

我的政治人生和专业人生

林恩·D. 戈登
（Lynn D. Gordon）

一直以来，我总是想去探索过去，书写过去。11岁的时候，由于对古代史和古典神话着迷，我决定成为一名考古学家。在高中，我在一位非常热情的教师那里学了四年的拉丁语。我喜欢这种语言本身，也考虑将其作为自己将来专业发展的一种工具。但是，当我发现考古学不仅需要体力，还需要很多硬科学的时候，我就把注意力转移到那些已经被写下来的记录上，这样可以在一个有空调的舒适的图书馆里对它们进行研究。我曾短暂地考虑过当一名驻外记者从事新闻工作，尽管我认为自己有着很好的文字写作能力，也很喜欢穿着一件褪色的大衣在全世界奔走的这种画面，但我还是想有机会比平常的认识层次更加深入地研究一些问题。

我来到了七姐妹联盟院校（Seven Sisters）[①]之一——位于纽约市中心的巴纳德学院，这所学院处于城市生活的中心，与其他几所女子学院相比，有着更加优越的社会和智识环境（也正是由于同样的原因，我父母曾试图劝我去上非都市区的学校）。一所只接收女性而且是聪明女性的学院吸引了我。作为一名有着文化和专业志向的女性（当时对高中生来说并不多见），我想遇到那些跟我有着相同兴趣的女性。我很敬重的好祖父在我很小的时候给我阅读托尔斯泰（Tolstoy）的短篇小说，他不断地鼓励我，支持我，还为我支付了学院第一年的费用，并建议我去索邦大学（Sorbonne）继续深造。

在巴纳德学院的四年里，有一群让人印象深刻的女教师给我上课。我在她们课堂上的所学以及她们的人生和事业所树立的榜样，引导我去思考

[①] 七姐妹联盟院校，指美国东北部七所女校：马萨诸塞州的曼荷莲学院（Mount Holyoke College）、卫斯理学院、史密斯学院、拉德克利夫学院（Radcliffe College），宾夕法尼亚州的布林莫尔学院（Bryn Mawr College），纽约州的巴纳德学院、瓦瑟学院（Vassar College）。其中，瓦瑟学院已于1965年改为男女合校，拉德克利夫学院已经在1999年与哈佛大学合并。——译者注

后来我作为一名学者所关注的问题。当时，女性史并不被认为是美国史的一个正当的领域，它可以是一个主题，但不是一个学科。讽刺的是，安妮特·巴克斯特（Annette Baxter）在巴纳德学院教授了最早的女性史课程之一，但是我从来没想过要去上这门课。巴克斯特教授和她的丈夫有时候会给学生们做演讲，鼓励她们兼顾婚姻和事业，而不是两者选其一。这对我来说是一个启示。作为一名贝蒂·弗里丹（Betty Friedan）①的虔诚仰慕者[她的《女性的奥秘》（The Feminine Mystique）在 1963 年出版的时候，我正在读高中]，我赞同弗里丹坚持认为女性应该拥有自己事业的观点，但是关于事业与婚姻和家庭的结合，她并没有说很多。② 我在毕业之后才认识巴克斯特教授，当时我刚刚开始我的事业。她是后来成为专业历史学家的几位巴纳德学院学生的导师，这些专业历史学家包括卡萝尔·伯金（Carol Berkin）、琳达·克贝尔（Linda Kerber）、葆拉·法斯（Paula Fass）和埃丝特尔·弗里德曼（Estelle Freedman）。悲剧的是，1983 年，巴克斯特教授和她的丈夫死于家里的一场火灾。

我觉得，如果我专门研究中世纪史的话，我的拉丁语知识会提供很大的帮助，所以我在学院期间上了一些拉丁语课程。我很幸运能跟随拜占庭帝国（Byzantine Empire）史的专家尼娜·加森尼亚（Nina Garsoian）学习。加森尼亚教授不管是在巴纳德学院还是后来在哥伦比亚大学都是一位精力充沛的演讲者，一位非常杰出的学者，她是我的第一位女性榜样。以前，我从来没有见过甚至听说过一位从事学术事业的女性。我想像她一样成为一名拜占庭帝国研究专家，我非常渴望征求她的意见。尽管我不是一位出色的学生，在她的课上只获得了一个 B 的成绩，但她非常热忱。当我知道我必须去学多少种语言的时候，就对拜占庭帝国史失去了兴趣，但是加森尼亚对我产生的影响和作出的榜样依然留在我的心中。

我开始关注西欧中世纪，"正式宣布"历史是我的主修专业。当时，哥伦比亚大学和巴纳德学院关于共享课程和非共享课程达成了一份复杂的协

---

① 贝蒂·弗里丹（1921—2006），美国女权运动"第二次浪潮"领军人物。她在 1963 年出版的《女性的奥秘》中描绘了女性在工业社会中的生活状态及其所扮演的角色，尤其是全职家庭主妇这一沉闷而备受禁锢的角色。她认为，女性与男性一样有能力在任何职业领域谋求进步和成就，鼓励女性走出家庭，接受更多的教育，谋求事业成就，在经济、情感和智力上摆脱对男性的依赖。——译者注
② Betty Friedan, *The Feminine Mystique* (New York: Dell, 1963).

议。在巴纳德学院,众所周知的是,有一些哥伦比亚大学教授并不向女学生开放他们的课堂。我很羡慕我在哥伦比亚大学的朋友们,他们要必修"现代文明和人文"这些核心课程,而我们在巴纳德学院根本上不了西方文明课程。但我们可以接触到哥伦比亚大学的中世纪史专家,我的大部分历史课程都是男女学生合上的。在其中一门课上,布置了要写一篇关于英格兰约翰王(King John of England)

> **个人作品精选**
>
> *Gender and Higher Education in the Progressive Era* (New Haven: Yale University Press, 1990).
>
> "Education in the Professions," in Nancy Hewitt, ed., *A Companion to American Women's History* (Oxford, UK: Blackwell, 2002).
>
> "Why Dorothy Thompson Lost Her Job: Political Columnists and the Pres Wars of the 1930s and 1940s," *History of Education Quarterly* 34, 2 (Summer 1994).
>
> "Race, Class, and the Bonds of Womanhood at Spelman Seminary, 1881–1923," *History of Higher Education Annual* 9 (1989).

和《自由大宪章》(Magna Carta)的论文的作业,我震惊了(毫无疑问还有老师),通过对一手文献的研究,我写出了一篇有趣而且很有辩护性的文章。我想不起来在那篇文章里我说了什么,但还记得那次成功的研究努力所带来的喜悦。

尽管我专攻中世纪史完成了我的历史学专业学习,但是在最后一年,我的兴趣又发生了变化。20世纪60年代来临了,跟很多学院学生一样,我也投身到激动人心的新型政治活动中去。作为一名新人,我加入了"全国学生统一行动委员会之友"(Friends of SNCC, Student National Coordinating Committee),这一组织的建立是因为当时非裔美国社会活动家认为全国学生统一行动委员会应该是一个非裔美国人专属的组织。我们为全国学生统一行动委员会募集资金和签名,呼吁民主党承认密西西比自由民主党(Mississippi Freedom Democratic Party)的合法性地位。范妮·娄·哈默(Fannie Lou Hamer)的人生和事业就像激励了别人一样也激励了我。

"全国学生统一行动委员会之友"的主席是特德·戈尔德(Ted Gold),他精力充沛、坚定果断且充满乐观。1970年,他变得很悲观。作为地下气象员组织(Weather Underground)[①]的一员,他死于组织在格林威治村

[①] 地下气象员组织,美国的一个极左派组织,由其前身争取民主社会学生会(Students for a Democratic Society)的成员于1969年成立,他们鼓吹采用暴力,通过暴力革命使政府垮台。——译者注

(Greenwich Village)的排屋地下室里制作炸弹时的一场爆炸。但是,我在学院的前两年里,我同时是争取民主社会学生会(Students for a Democratic Society)①和哥伦比亚-巴纳德民主俱乐部(Columbia-Barnard Democratic Club)的成员,这也是很正常的事。我们认为,要通过呼吁美国式的思想和价值观来运作我们的制度。越南战争证明我们是错的。

我从来没有走上戈尔德的路,我自己的"激进主义",甚至到了20世纪60年代末都还处于犹豫彷徨之中。1968年5月,我并不在被警察搜捕的哥伦比亚大学的那些建筑物内,那年春天我也没有被拘捕,而我的很多同学都被拘捕了。尽管如此,我对"体制"以及在结束战争的过程中抗议的无效依然十分反感。我在华盛顿参加的大众游行怎么就产生了这些微不足道的效果呢?我仍然想成为一名历史学家,而且要研究20世纪的美国。我特别希望更多地了解公共舆论和美国外交政策之间的关系。在一个民主国家里,一群经选举而产生的官员怎么能不管他们选民的意见,无视美国年轻人的牺牲?经济的困难让我没有马上进入研究生院学习,我在寻找赚钱机会的同时,也把我的理念付诸实践。

我认为,大众精神病(mass psychosis)对我们这些公民的折磨只能通过教育美国年轻人才能得以缓和。令我特别吃惊的是,我的高中历史课程没有教过我种族主义、民权、帝国主义以及印第安人的毁灭。在1967年和1968年,我自愿组织高中生的读书小组,尽管这种活动能够给人带来愉悦,但是在影响力方面还是很局限。在准备成为一名临时的高中社会课程教师的过程中,我加入了帕特里夏·阿尔伯耶格·格雷厄姆(Patricia Albjerg Graham)教授关于中等教育的研讨班。那一年,我在那里学到的是"教育史"。尽管这门课涵盖了很多主题,但其中一个重点就是学校整合。我们学习布朗诉教育委员会案的判决②、白人群飞(white flight)③、歧视、公共汽车、

---

① 争取民主社会学生会,20世纪60年代美国新左派最大的学生组织。——译者注
② 布朗诉教育委员会案(Brown v. Board of Education)在1954年的判决终止了美国社会中存在已久的白人和非裔美国人必须分别就读不同公立学校的种族隔离现象,是美国教育史和民权运动中的标志性事件。——译者注
③ 布朗诉教育委员会案后,公立学校中的种族隔离制度废除,白人和非裔美国人共校。但由于非裔美国学生的学术表现差,犯罪率高,或者有种种许多白人家长认为的劣等品质,白人如同候鸟群飞一样,纷纷离开大都市中的学校,搬到非裔美国人住不起的郊区,这一现象被称作"白人群飞"。——译者注

学生分级制度(tracking)①以及它们对学生和教师的影响。我写了一篇关于华盛顿学校制度中的学生分级制度，就像当年我写关于《自由大宪章》那篇文章时一样非常兴奋。我们在纽约公立和私立学校中进行教学实习，我们互相讨论这种制度带来的成功与痛苦。

我在布朗克斯区的一所私立学校里教了1年九年级的社会课和英语课，那里的学生缺乏基本的读写能力，而教师和管理者却拒绝承认这一事实。在经过非常糟糕的这一年之后，我在纽约阿默斯特(Amherst, New York)的一所初级中学找到了一份美差，那里离后来的纽约州立大学布法罗分校(State University of New York, Buffalo)不远。我在那里教了4年七年级和八年级的社会课，我有两点重要的发现：第一，学生和家长对一种修正的美国史观完全不感兴趣，这一新的美国史观涵盖了非裔美国人和印第安人的历史，并质疑政府和总统的智慧。对呈现一种"新的"美国史，我没有放弃过，但是我的努力在学生中并没有产生我所希望的政治觉醒。或许更重要的一点是，我发现了美国教育史中的一些重要问题。作为一名新教师，我被分配到优等生班级而不是低水平学生班级。令人困惑的是——这不是在抱怨我的好运气，在接下来的几年里，我都要求进入优等生班级，而每次都得到批准。机缘巧合，我读到了理查德·霍夫施塔特(Richard Hofstadter)的《美国生活中的反智主义》(Anti-Intellectualism in American Life)。②作为一个生活被书籍和教育包围着的人，我被霍夫施塔特关于学校反智特征的观点震惊了，但很受启发。现在我理解了为什么优等学生会被认为是一个问题，我的同事们更喜欢不问问题和没有理智需求的学生。

1973年，在我进入芝加哥大学历史系研究生院时，我已经从考古学到中世纪史走过一段很长的路了。我在教育史以及外交政策和公共舆论关系方面的研究兴趣和在思想文化层面所关心的问题，源于我的政治关怀。但是，在芝加哥大学，只有"心智生活"是被关心的，比如出于其本身的目的所进行的探究和研究，而不注意当下所关心的问题。我没有改变我的兴趣，但我对于为什么要选择这些领域保持沉默。

---

① 学生分级制度是指在一所学校中，根据学生的学业水平把学生分成不同的班级。——译者注
② Richard Hofstadter, *Anti-Intellectualism in American Life* (New York: Vintage, 1963).

20世纪70年代，历史专业迅速地变换着它的关注点，并发展了很多新的方法论。我对计量史学不感兴趣（而且肯定也没有这方面的天赋），也没有选修历史系开设的相关课程。我对社会史很感兴趣，研究"普通人"似乎是一种探求我所关心问题的方式。但是在当时，社会史学家倾向把他们自己定义为计量史学者或者理论工作者。我上了一位年轻老师的社会史课程，然后就发现我自己被淹没在教室里关于借用马克思主义理论来研究工人阶级、农民、文盲和少数群体的争论中。我感觉仿佛又回到了巴纳德学院，参加争取民主社会学生会的会议。

我很幸运能和阿基拉·伊里耶（Akira Iriye）一起做研究，他是利用文化的路径来研究美国外交关系的先驱，但是正如我应该知道的，原始资料的堆砌并不足以研究越南战争期间公众的抗议与政府的回应。于是我决定与阿瑟·曼（Arthur Mann）一起共事，他是一位研究美国社会改革、移民、种族的历史学家。尽管他很内敛且令人生畏，但他一直很和善，对我帮助很大。我在他的研讨班上提交的关于进步主义时期芝加哥社会改革的论文讨论了反童工运动。在研究这个问题时，我有一个有趣的发现。那场运动以及世纪之交的很多其他社会公正事业的领导者都是女性。尽管我是在芝加哥长大的，但过去我只听说过简·亚当斯（Jane Addams）的名字，关于她对进步主义时代的影响则一无所知。我发掘了很多，不仅仅限于J. 亚当斯，还包括她的同事们，弗洛伦丝·凯利（Florence Kelley）、索芙妮斯芭·布雷肯里奇（Sophonisba Breckinridge）、伊迪丝·阿博特（Edith Abbott）、玛格丽特·德赖尔·罗宾斯（Margaret Dreier Robins）、格蕾丝·阿博特（Grace Abbott），等等。与此同时，我还发现了一个有趣的现象。其中很多女性的父母都是社会活动家，所有人都接受过高等教育，所有人都感到有一种将自己的专业能力为社会所用的义务。在进步主义时代的社会改革中，尤其是与社会福利机构有关的改革，女性改革者扮演的关键性角色现在已经众所周知。然而，在20世纪70年代初期，我仍然有一些新的发现，我的研讨班论文发表在《社会服务评论》（*Social Service Review*）上。[1]

我对进步主义时代女性的兴趣进一步加深了，不仅因为这是一个未开

---

[1] Lynn D. Gordon, "Women and the Anti-Child Labor Movement in Illinois, 1890–1920," *Social Service Review* 57 (June 1977): 228–248.

发的研究领域,而且这些女性与我这个时代的女性有一定的相似之处。尽管她们一点也不嬉皮士,但她们批判社会不公和战争,在政治上变得很活跃,其中大多数人如果不是男女平权主义者也是妇女政权论者(suffragist)。当我正在寻找博士论文主题的时候,两名记者出版了关于女性高等教育的书:利瓦·贝克(Liva Baker)的《我是拉德克利夫,让我飞翔》(*I'm Radcliffe, Fly me*)和伊莱恩·肯德尔(Elaine Kendall)的《特殊的机构》(*Peculiar Institutions*)。① 两位作者都把七姐妹联盟院校描绘成给富人和轻浮的人提供教育的机构。当然,我也对女性学院毕业生的刻板形象感到不满,但是对我来说,贝克和肯德尔是肤浅的、错误的。很多女性改革家和专业人士都在19世纪70年代至20世纪10年代间上过女子学院。这些学校在培养其学生致力于社会变革的愿望方面是卓有成效的。

在单一性别和男女混合的学院和大学的文献中,我找到了充分的证据来支撑我的论文。从建立一直到20世纪10年代,这些女子学院尤其为学生的思想、政治和社会发展提供了一个充满机会的氛围。学生们成立了致力于推动社会变革的组织,并与校外的社会运动保持很多联系。报纸、年鉴以及其他档案资料充分证明了女学生们想在这个世界上留下她们印迹的愿望。甚至是众所周知的保守的南方白人女子学院[我研究了杜兰大学的索菲·纽科姆学院(Sophie Newcomb College of Tulane University)和位于亚特兰大(Atlanta)的阿格尼丝·斯科特学院(Agnes Scott College)]也在它们的毕业生中培养了一种对有意义的事业和活动的期盼。将女子学院充满活力的学生生活和男女合校中更加压抑的校园活动相比较,我的研究为女子学院教育价

> **对我产生影响的著作**
>
> Joyce Antler, *Lucy Sprague Mitchell: The Making of a Modern American Woman* (New Haven: Yale University Press, 1987).
>
> Lawrence A. Cremin, *American Education: The Colonial Experience, 1607–1783* (New York: Harper and Row, 1970).
>
> Richard Hofstadter, *Anti-Intellectualism in American Life* (New York: Alfred A. Knopf, 1963).
>
> Michael Schudson, *Discovering the News: A Social History of American Newspapers* (New York: Basic Books, 1978).
>
> Kathryn Kish Sklar, *Catherine Beecher* (New Haven: Yale University Press, 1973).

---

① Liva Baker, *I'm Radcliffe, Fly Me* (New York: Macmillan, 1976); Elaine Kendall, *Peculiar Institutions* (New York: Putnam, 1976).

值的持续辩论提供了更多的思考。

在写学位论文以及后来将它变成一本书的过程中,甚至在其他学术写作中,我对女子学院学生中那些大部分只对社会地位、衣服、聚会感兴趣的轻浮的年轻女孩子[比如我的校友海伦·L. 霍罗威茨(Helen L. Horowitz)]①身上那种坚持不懈的性格感到很困惑。在很长一段时间内,女性进入学院学习在很大程度上削减了她们对婚姻的期望。第一代学院女性中(从19世纪60年代至90年代),差不多有一半从来没有结婚。甚至到了1910年,当学院女性的结婚率赶上同时代女性整体结婚率的时候,女子学院毕业生结婚的年龄也很晚,生育的子女也不多,这个趋势一直延续到今天。在这种情况下,为什么女性还要选择接受高等教育?除非她们有着认真而明确的目标。为了解答这个困惑,我查阅了很多关于世纪之交女子学院学生的文章。除了已经存在的关于接受高等教育的女性不会结婚的告诫,我还在书籍和大众杂志中发现了关于书写"学院女生"(college girls)的一种文章类型。在全美发行量最大的刊物之一《女士之家》(*Ladies' Home Journal*)上,登载了许多像吉布森少女(Gibson Girls)②这样的学院女生的照片,或时尚,或健美,或贤淑。关于女子学院尤其是"七姐妹联盟院校"学生的文章主要描写了年轻女性的聚会和玩耍,以及绝对不会被认为是不适合女性的活动。我最喜欢的一张照片是展示了一位吉布森少女/学院女生在学习的时候(描绘教育活动的少数照片之一)把一朵玫瑰花放在她的书上。在我给《美国季刊》写的一篇文章中,我认为这些照片偏离了对新女性社会影响力的出现和增长的关注。一位社会史学者的方法(调查女性在校园里的真实行为)让我能够认识到这些照片的不足及其在文化上的重要性。③

当我正在写初稿的时候,《教育史季刊》让我给最新出版的一些关于学院学生行动主义(activism)历史的书籍写评论。其中一本书考察了作为一个组织的争取民主社会学生会的历史,认为争取民主社会学生会或多或少

---

① Helen L. Horowitz, *Alma Mater* (Amherst: University of Massachusetts Press, 1993).
② 20世纪第一个10年是吉布森少女的时代。吉布森少女是指插画家查尔斯·达纳·吉布森(Charles Dana Gibson)描绘的那些嘴唇微噘、曲线优美的漂亮女性。这类女性身材高挑,丰乳肥臀,紧身的束胸衣成为她们塑造S型身材的必需品。吉布森少女塑造的女性身材形象成为美国20世纪初的时尚潮流。——译者注
③ Lynn D. Gordon, "The Gibson Girl Goes to College: Popular Culture and Women's Higher Education in the Progressive Era," *American Quarterly* 39 (Summer 1987): 211–230.

都与1905年成立的校际社会主义者协会（Intercollegiate Socialist Society）有着直接的关联。而我在评论中表示不同意，并指出，不同时代学生行动主义的差异性要远比任何想象的或者真实存在的连续性要更多，也更重要。① 有一段时间我认识到，学生们的政治参与是随着校外的政治氛围波动的。毫不奇怪的是，或许三个最值得注意的学生行动主义时代，分别是进步主义时代、新政（New Deal）时期和20世纪60年代。因此，尤其是对女性学生来说，在改革并不受欢迎的时代里，都发生了什么？如果我要考察20世纪20年代、20世纪40年代、20世纪50年代或者20世纪80年代的校园，我是否也可以得出女子学院学生除了她们的社会生活之外并不关心任何事情的结论？

我没有兴趣额外去做一些关于学院女性校园经历的研究，尤其是因为法斯在她1979年出版的那本引人入胜的书《可恶与美丽：20世纪20年代的美国青年》（The Damned and the Beautiful: American Youth in the 1920s）中指出，学生行动主义没有消失，只是在20世纪20年代变成一种并不那么惹人注目的潮流，我觉得这一观点很有道理，而且很可能也可以应用到其他时代。② 但是我的问题依然存在，尽管是以某种不同的形式呈现：如果在改革年代里，从学院毕业并成为劳动力的女性能够受益于一种自由的政治氛围，当情况有所改观的时候，在她们身上又会发生什么呢？

有一段时期，美国女性史学家尤其对20世纪20年代女性进入专业领域的人数减少、学院女性结婚率上升、第十九条宪法修正案③通过之后女权主义活动的稀少感到困惑。确实，1920年至20世纪60年代被认为是女性史上的"萧条期"（the doldrums）。有人把这种现象归于20世纪20年代争取男女平权修正案的斗争过程中女性运动在社会阶级问题上的内部分裂。有人则就"强制性异性恋"（compulsory hereosexuality）观点的出现以及女性身上不断增加的婚姻和家庭压力这些主题进行写作。仍然有一些人坚持认为，

---

① Lynn D. Gordon, "In the Shadow of SDS: Writing the History of Twentieth Century College Students," *History of Education Quarterly* 25（Winter 1985）：131－139.
② Paula S. Fass, *The Damned and the Beautiful: American Youth in the 1920s*（New York：Oxford University Press, 1977）.
③ 1920年8月26日通过的美国宪法第十九条修正案规定公民的选举权不因性别而受限，确立女性的选举权。——译者注

女性主义和女性专业主义一直推动延续到20世纪20年代的改革完全是被经济大萧条和随之而来的"二战"中断了。在一本关于1920年后专业领域中的女性的优秀作品中,帕特里夏·赫默(Patricia Hummer)认为,后选举时代的平等精神促使特别是女性医生和律师直接与她们的男性同事进行竞争——一场她们曾经失败的竞争。当她们宣称,在对待女性客户或病人的过程中其专业的合法性来自她们在护理、道德的完整性和适宜性方面独特的性别特质的时候,女性可能会更加出色。[1]

在经历了很多曲折、调整和错误之后,我决定写一本关于20世纪中期一位职业女性——记者多萝西·汤普森(Dorothy Thompson, 1893—1961)——的传记。汤普森出生于维多利亚时代后期,是一位学院毕业生,她在争取选举权运动中很活跃,是20世纪初新女性的代表。她作为一名驻外记者、专栏作家和公众人物,有着一份卓越的长达40年的事业。但是弗里丹在20世纪60年代和安娜·昆德伦(Anna Quindlen)在20世纪90年代都批评汤普森反对女性主义,鼓励女性待在家里,而她自己却从一份专业事业中获得自我满足和公众认可。汤普森确实是一个复杂的人物,经常在一些重要问题上改弦易辙,包括女性主义。我正在写一篇关于她的文章,把她对性别观点的变化与她在作为一个变革时代成长起来的新女性所经历的困难联系起来。弗里丹和昆德伦所表达的令人不快的观点并不是因为她们伪善,而是出于对汤普森自己的生活选择所表示的遗憾。

作为一名教育史学者,我研究汤普森还有一些其他原因。劳伦斯·A.克雷明(Lawrence A. Cremin)在《美国教育史:殖民地时期的历程(1607—1783)》(American Education: The Colonial Experience, 1607-1783)中指出了教育在社会中的多种表现方式。[2] 克雷明对报纸之于美国革命的影响分析使我重新恢复了对公共舆论和外交政策的兴趣。通过探讨汤普森在20世纪30年代和20世纪40年代告知美国公众法西斯主义和纳粹主义的危险方面发挥的作用,我最终能够解答我从20世纪60年代以来思考的问题。

---

[1] Patricia Hummer, *The Decade of Elusive Promise: Professional Women in the United States, 1920-1930* (UMI Research Press, 1979).

[2] Lawrence A. Cremin, *American Education: The Colonial Experience, 1607-1783* (New York: Harper Collins, 1972).

当我开始做这个传记研究的时候,克雷明和格雷厄姆先后是斯宾塞基金会的主席。我从那里得到了研究资助,并被同意在教育史领域公开展示我探讨的问题。同样,我在教育史学会的同事们和朋友们耐心地听完了我的主席演说,在这次演说中,我讨论了20世纪30年代相对于公众和出版商来说报纸专栏作家们所处的不太明确的地位。①

但是,我回到自己岗位上,在一个教育学院里教授历史,我的事业遭到了来自管理层的充满疑惑的眼神和关注,他们认为我不再重点关心教育问题。这一情形对我个人没有产生任何影响,但是反映了教育学院试图影响初等和中等教育改革的"使命"。他们认为,一位历史学家只有研究公共教育才有用,甚至高等教育也不重要。来自几个不同学科的学者在一个高等教育管理的项目中走到了一起:3位历史研究者,1位哲学研究者,还有1位法学学者。

在一两年的时间里,我们发现,创建一个我们自己的系所——这在本质上应该是教育学院的基础性工作——的策略在院长的眼里和教育学院没有任何"关联性"。我们那些拥有教育学博士学位的同事认为,多学科教育背景让他们也有资格给教育学院的学生们教授历史、社会学和哲学。我们的经历只是全国范围内教育学院中远离通识教育趋势的一种反映。我们这个项目里的两位教师离职去了其他机构,一人退休,包括我在内的两人转岗来到了本科生院。

这次调动带来了很多好处。我不再需要为我的兴趣辩解,我的同事们跟我讨论我的研究,鼓励我去教我想教的东西。汤普森在中东欧政治和历史方面的专业素养,促使我集中阅读关于这些地区的研究,甚至是与一名欧洲史专业的同事合开了一门关于欧洲国家主义和种族冲突的课程。汤普森计划还要求我有必要学习20世纪犹太人的历史、阿拉伯—以色列冲突的历史以及美国的中东政策。作为一位非犹太人的犹太复国主义者(Zionist),汤普森深陷20世纪30年代的欧洲难民危机,她曾就这个问题给罗斯福总统提建议,并就这个话题在《外交事务》(Foreign Affairs)上发表了一篇颇有影

---

① Lynn D. Gordon, "Why Dorothy Thompson Lost Her Job: Political Columnists and the Press Wars of the 1930s and 1940s," Presidential Address 1993 History of Education Quarterly 34, 2 (Summer 1994): 281 – 303.

响力的文章。① 战后,她却转而反对犹太复国主义,首先是反对以色列的建立,继而成为改善美国和阿拉伯国家关系的代表。

我非常喜欢以这种方式来拓展我的知识面。我和同事得到了一笔小额资助访问东欧,并为一门关于犹太人大屠杀(Holocaust)的课程搜集资料,还获得了一笔更大的资助来建设一门关于现代犹太人历史的课程。此外,2006年夏天,我收到一笔资助前往耶路撒冷的希伯来大学(Hebrew University)参加一个关于阿拉伯—以色列冲突的研讨班。2010年夏天,我加入了布兰迪斯大学(Brandeis University)的一个项目,为教授以色列史做一些学术准备。

事实上,被迫离开教育学院让我对我的研究的思考更广泛、更深入,而且不用担心是否"适宜"。我的研究方向多年以来都没有改变,我仍然在研究记者和美国公众之间的教育性关系,以及这种关系如何影响了美国的对外政策。我的下一个课题将探讨美国公众和新闻观点对美国的以色列政策的影响。

在20世纪,教育学院在推动以学科为基础的研究和专注于教育者关心的专业问题之间来回摇摆。我的研究生教育和早期的工作就处于这种"摇摆不定"的时期。在那些年里,教育学院似乎是一个不错的甚至是理想的工作单位。通过教育心怀抱负的教育者,我完成了一个长期持有的政治目标,即影响初等和中等教育中的社会课程,哪怕是间接的。20世纪90年代,教育学院的重点和使命发生了变化,我也就离开了。这种在目标和价值观上的转变是改善了还是削弱了教育学院?在过去的15年里,关于这个问题我思考和阅读了很多,并没有得出任何结论。尽管我不知道如何去思考这个更大的话题,但我认为自己很幸运能够拥有一个崭新的和不同的机构环境。不管有没有"教育史学家"这个标签,我都会找到一条路来从事这份对我来说很重要的文化工作。

---

① Dorothy Thompson, "Refugees: A World Problem," *Foreign Affairs* 16 (April 1938): 375–387.

从沃巴什河到哈得孙河再到查尔斯河

帕特里夏·阿尔伯耶格·格雷厄姆
(Patricia Albjerg Graham)

我出生于 1935 年 2 月 9 日,那时正是经济大萧条最黑暗的时期,对我的父母维克托(Victor)和玛格丽特·霍尔·阿尔伯耶格(Marguerite Hall Albjerg)来说,我似乎是个奇迹,因为我生下来就非常健康。我是他们的第四个孩子,也是唯一一个活下来的孩子。我们家在印第安纳州的西拉斐特(West Lafayette, Indiana),这是一座不足 2 500 名居民的市镇,整个镇差不多就是一所普渡大学(Purdue University),只有沃巴什河(Wabash River)和几处印第安人战场点缀着这片土地。我们住在房东楼上的一间公寓里。①

在这样一个小镇上,人们彼此几乎都认识。我很快就知道这里还有一所学校——莫顿学校(Morton School)。这是西拉斐特唯一的一所学校,当时还不接受居住在镇上的"黑鬼"(Negroes)——他们当时就是这么被称呼的——入学。他们不得不穿过沃巴什河搬到更大的拉斐特去住,就像"二战"之前的犹太人那样。罗马天主教会在西拉斐特没有教堂,所以也没有提供给教徒子女的教区学校。西拉斐特只有卫理公会(Methodist)和浸信会(Baptist)的教堂。尽管在入学多样性上有很大的局限,但是莫顿学校仍然认为自己是一所面向所有人的公立学校,这也是一个很多印第安纳州教育家都会犯的错误,包括保罗·孟禄(Paul Monroe)、埃尔伍德·帕特森·克伯莱(Ellwood Patterson Cubberley)、奥蒂斯·考德威尔(Otis Caldwell)、刘易

---

① 我收到的任务是写一篇"思想自传"。我作为一名教育史学家的工作主要是由我的生活经历塑造的。生活中的冒险给了我很多问题,我作为一名研究者对这些问题进行探讨。当我在努力探索当代困境的历史背景的时候,我得到很多人研究的帮助。没有哪本书能比霍夫施塔特的这本给我更大的帮助了[Richard Hofstadter, *Anti-Intellectualism in American Life* (New York: Alfred A. Knopf, 1963)]。因为我从中懂得了,给所有的孩子带来一种充满生气而富有挑战的教育要面对占统治地位的美国人对"无用知识"的反感。我发现确实如此,并探讨了女童、女性、少数族裔、穷人教育中的困难及其带来的后果。

斯·特曼（Lewis Terman）和查尔斯·普罗泽（Charles Prosser）。

我并不喜欢学校。在进步主义教育时代，"创造性"和"时髦性"被看作是学校教育的目标，这对我来说都是很难达到的。我这个小女孩，戴着厚厚的眼镜，梳着浓密整齐的辫子，词汇量很大且擅长阅读，但完全没有运动、艺术、音乐或者社交方面的天赋，我发现学校里的功课枯燥无味，学校的环境让人感到孤独和沮丧。

学校从来都不是一个在学术上吸引人的地方，大多数学院和一些研究生院也是如此。吸引我的是家庭餐桌上的阅读和讨论，主要是关于历史和当前话题。我的父亲和母亲都从威斯康星大学获得了历史学博士学位。我的父亲是普渡大学一位杰出且成功的历史学教授，这是一所重视工程、科学、农业而视历史为一种地位不高的"服务性学科"的机构。他们都大量出版作品，有时候合著，有时候分开著述，这对普渡大学的历史系教师来说是非常罕见的。我的母亲在结婚之前就已经是蒙特瓦洛的亚拉巴马州立女子学院（Alabama State College for Women in Montevallo）的历史系主任，她也希望在普渡大学找一份教职，但遭到了拒绝。最终，在20世纪50年代末，她非常幸运地被女性办公室主任聘用，当时她是学校职员中唯一一位拥有博士学位且结婚生子的女性。谁知道哪种归属更加重要呢？在印第安纳州的一个小市镇上已婚女博士有限的就业机会给我上了一堂生动的课。

我的学术教育主要是在家里进行的，而我的社会教育则依赖学校经历。当我在小学第一次被迫参加标准化测试的时候，我遇到了一些关于标准的英语用法的问题，这大概是课堂上学的一门课。当我思考介词宾语问题的时候（是"between you and I"还是"between you and me"？），我只记得母亲对我的语言的反复纠正。我完全想不起来任何老师曾提到过这些内容。对我的大多数同学来说也是如此，老师们只关注激发我们的创造性和社会参与，而不需要操心基础知识，基础知识只能在家里获得。

如果说我的小学和初中生活深陷社会困境，那么高中生活就更糟糕也更令人沮丧。我的成绩不错，也广泛参与课外活动。我参加这个活动又参加那个活动，还是校报的编辑之一，但是我想在这个76名同学——其中大部分人我从一年级就认识了——的狭小环境中有所突破。于是在我高三那年秋天里的一天，当时我已经16岁了，我来到学校图书馆，查阅了印第安纳州公共教育督学报告,然后发现我的年龄足够毕业了,而且也已经修满了课程,可以获得毕业证书了。我立即去校长卡尔·哈默(Carl Hammer)的办公室告诉校长,我要毕业,而且有资格获得高中文凭了。到下午5点的时候,我就在普渡大学农业经济系获得一份速记员的工作。那天晚饭的时候,我向我父母汇报了这一切,这本来就是一个争论的场合。我为这一举动提供的理由是,我要挣钱上大学。第二年9月,我就获得了一份奖学金加入了威斯康星大学麦迪逊分校的综合博雅学习(Integrated Liberal Studies)项目。

威斯康星大学麦迪逊分校让我感受到了惊吓。在那里,我谁也不认识,对学业功课的要求也是我从未达到过的水平。课程第一次变成既是强迫的也是主动需要的。我只能靠自己,我很害怕自己跟不上。但是我做到了,在年末的时候,我的成绩让我进入了新生学术荣誉协会。但是我的父亲病倒了,我和母亲在圣诞节决定第二年我应该回到普渡大学帮忙照顾父亲。

1953年9月,我回到西拉斐特的家里,并作为一名大二学生进入普渡大学。正如我担心的那样,课堂都是无趣的。为了改善这种境况,我又回到了高中时代的兴趣上——当记者,并自愿为普渡大学的学生报纸《拥护者》(*Exponent*)工作。来到这份报纸工作的第一天下午,我就被安排协助专题编辑洛伦(Loren),我们于两年之后的1955年9月6日结婚。结婚那天,他被任命为美国海军少尉,他是一名毕业于普渡大学的化学工程师,而我毕业于英语专业,辅修中等教育社会课程的教师资格。正如我不喜欢高中一样,我也不喜欢学院,所以我三年就完成学业获得了学位,这样也满足了我父母的要求,即毕业才能结婚。

弗吉尼亚州诺福克(Norfolk,Virginia)①是我们的下一站,洛伦被分配到那里的一艘驱逐舰上。在接下来的三年里,他有29个月要在海上服役。我也准备找一份工作以偿还我们在学院欠下的2 500美元债务。由于没有找到一份新闻出版方面的工作[我拒绝了罗伊斯特·瓜诺(Royster Guano)主编的一份国内报纸《书面声明报》(*Poop Sheet*)——这是唯一一份给我机会的报纸],我很不情愿地找了一份教书的工作。迪普克里克高中(Deep

---

① 诺福克,弗吉尼亚州最大的城市和重要海港。——译者注

Creek High School)以2 250美元的工资聘任我给八年级的学生教授英语和社会课程,并给没有通过英语课程的高年级戏剧班学生补习。这是一所位于种族隔离的弗吉尼亚州的白人学校,主要是给居住在迪普克里克和迪斯默尔沼泽(Dismal Swamp)的贫穷家庭的孩子上学的。这所高中的辍学率高达75%。就像在威斯康星大学麦迪逊分校最开始经历的,我又一次被吓住了,只不过不是被学业要求吓住的,而是像大多数新教师一样,我不知道如何去管理一个班级,更别说帮助孩子们学习了。此外,我很恼怒的是,我又回到了学校这个制度化机构中,这是我反复试图逃避和远离的地方。

我总算顺利度过了秋天,而且谢天谢地,我的八年级学生跟我相处得很好,有些学生开始读书学习了,有几个学生甚至学得还不错。来年春天,我的戏剧班被合并了,学生们在本学区独幕剧比赛中获胜,并在夏洛茨维尔(Charlottesville)①举行的全州比赛中获得了第二名,给从来没有拿过奖杯的迪普克里克高中带回来了两个奖杯。但由于我怀孕了,这一年年底我被炒了鱿鱼。

迪普克里克高中从根本上改变了我。我在自己的书中反复讨论过这个问题。② 我总结了迪普克里克高中在一位长期校长(我教书的时候校长已经做到第十个年头了)的领导下,以及在联邦政府废除种族隔离制度并对教学进行资助的过程中所取得的教育上的进步。③ 迪普克里克高中教给我的是,让我非常鄙弃的学校,对一些孩子来说,却是他们发展技能和培养价值观的唯一希望之所在,是他们学习在成人社会中追求成功所必需的品质的地方。对我来说,那些技能和价值观主要来自我的家庭,而对迪普克里克高中的孩子们来说,学校是主要的源泉。我之前从来没有考虑到这一点。

我丈夫大部分时间都在美国海军的驱逐舰上服役,作为一名孕妇,我只能做社会允许孕妇们能做的少数几件事:回到学校。因为我可以住在我父母家里,所以我就在普渡大学攻读硕士学位。其中就有一门教育史方面的必修课程。我们有一本教科书,一本厚重灰白的书,书名是红色的,里面的

---

① 夏洛茨维尔,美国弗吉尼亚州中部城市,弗吉尼亚大学所在地。——译者注
② Patricia Albjerg Graham, *SOS: Sustain Our Schools* (New York: Hill and Wang, 1992).
③ Patricia Albjerg Graham, *Schooling America* (New York: Oxford, 2005).

印刷字体很小。上课的老师总是提到说这本书的作者是"巴茨和另外一个人"。这本书对我来说太贵了,在第一次考试之前,我在图书馆的保存本阅览室读了这本书。在第一次考试结束后,我再也没有读过它,因为考试只要求对上课材料进行回顾反刍,而且我觉得这都是一些枯燥无味的材料。

当我丈夫的驱逐舰深入大海的时候,他出人意料地写信和我说,他离开海军后想研究俄国史,并且要成为一名教授。这是需要钱的,所以我又重新开始教书,这次是在诺福克的莫里高中(Maury High School)。当年年底,我又一次被炒了鱿鱼。只不过,这次不是因为个人原因,而是制度原因。1958年,诺福克宁愿关闭学校,也不愿意让6位非裔美国学生进入白人高中。我对此很不理解。

1958年9月,我们来到了纽约,在那里,我丈夫进入了哥伦比亚大学俄国史的一个博士生项目。由于在女童军(Girl Scouts)①和出版社都没有找到工作,我又一次很不情愿地找了一份学校的工作。一个下雨天,我在上西区(Upper West Side)②的一个街区敲响了一座赤褐色建筑物的大门,这是圣希尔达和圣休学院(St. Hilda's and St. Hugh's School)。一位修女开了门,我说我想在这里找一份教职,她让我在大厅里等一会儿,直到尊敬的露丝(Ruth)校长出来见我。露丝校长需要一名历史老师,同时学校还经营着一家托儿所,可以照顾我两岁的孩子梅格(Meg)。我每天教半天,5节历史课(十年级的美国史、十一年级的欧洲史、公民学、大学预修美国史和欧洲史),孩子就放在托儿所,年薪2 500美元。这真是一个天赐的好运。

这次这个职位带来了一个新的挑战。尽管我的父母都是历史学家,而且我的丈夫也渴望成为一名历史学家,但我不是。在要教授的科目上,我有着严重的知识欠缺。在混乱的第一年里,出色的学生们基本上是靠自学(不像我此前教过的那些学生)。此后,我在我的生命里第一次意识到,在我所负责的科目上,我真的需要一些实质性的学术工作。我丈夫接受的丹佛斯基金会(Danforth Foundation)奖学金仅限于男性,但是它为妻子提供学费学习一些课程,正如其宣传册上机敏而直率地描述道:"因此,丈夫就不会在心

---

① 美国女童军(Girl Scouts of the United States of America, GSUSA,在美国简称Girl Scouts),是一个美国年轻女孩的组织,创建于1912年。——译者注
② 上西区,纽约曼哈顿区的一个街区。——译者注

智上超过妻子太多,然后导致离婚。"我也不希望出现这两种情况,但是我最急需的是历史方面的课程。洛伦同意了,而且在他完成了1959年秋季课程之后,每周四下午4—6点,他自愿照顾孩子,而我就可以去上课了。

  哥伦比亚大学的历史系在周四下午4—6点有一门课,由一位研究1865年以来美国社会和教育问题的新教员教授,这是一个研讨班,而我需要征得这位教授的同意加入研讨班,所以我就去见他。我一到,他就考察了我在历史方面的背景,并询问我在教育史方面已经做的工作。惊愕之余,我想起了在普渡大学上过的那门不怎么样的课,然后就谈论到了这门课,他就问我:"你在那门课上读了什么书?"我知道不能说书封面的颜色,虽然那是我所能回忆起来的全部了,最后我还是咕哝着说"一本由巴茨和另外某个人写的书"。教授的脸一下子变红了,然后很老练地跟我说,如果我想上他的课,就必须在那个夏天读一些书,并且要能熟练地背诵出其中的一些章节。我离开以后,直接去了图书馆查了一下巴茨后面的第二位作者的名字。让我吃惊的是,这个名字是劳伦斯·A. 克雷明(Lawrence A. Cremin),就是刚刚和我谈话的那位教授。

  1959—1960学年,我的家庭和生活发生了很大变化。8月1日,我读完了克雷明推荐的一堆书,我写信给他征求建议,以便进行更多的阅读。结果他回复我说,我应该放个假了(这是他最后一次给我这样的建议!),然后我就获得批准参加他为期一年的研讨班。在这个研讨班上,我写了一篇关于进步主义教育协会(Progressive Education Association)史的长文,这是一个和克雷明正在写的一本关于进步主义教育的书密切相关的主题。① 当我在秋天来到学校的时候,他在哥伦比亚大学师范学院上的一门教育史方面的大型调查课程缺少一名助教,他就让我承担起这个任务,并要求我快速地看完那门课上的所有材料。同时,我已经成为圣希尔达和圣休学院的历史系主任。那年春天,洛伦被选为来年去莫斯科国立大学(Moscow State University)学习的12名美国学生之一。那个春末,在我和梅格决定和洛伦一起去莫斯科前,克雷明和我有一次关于我未来计划的非常重要的谈话,他强烈要求我参加秋天的博士生入学笔试和口试,这让我很吃惊,他竟然觉得

---

① Lawrence A. Cremin, *The Transformation of the School: Progressivism in American Education, 1876–1957* (New York: Alfred A. Knopf, 1961).

我能在那么短的时间里做好充分的准备,但是他很轻松地说,如果我失败了,我可以一直不断地参加之后的考试。让我更加吃惊的是,我竟然通过了秋天的考试,并在 1964 年获得了博士学位。

我对进步主义教育协会的热情充其量也是有限的。它确实是我第一本书的主题,但是它在我寻找教职的过程中一开始并没有帮助。① 1963 年,我们搬到了印第安纳州的布卢明顿(Bloomington, Indiana)②,在那里,洛伦获得一份副教授的职位,但是我却找不到教职。历史系看重裙带关系,而进步主义教育家主管的教育学院认为我应该去文理学院。当然,我很担心我会重复母亲在普渡大学不愉快的工作经历。最终,在一个管理美国-苏联学术交流项目的机构里,我找到了一份"行政助理"(也就是秘书)的工作,当初就是这个项目把洛伦送往莫斯科的。当洛伦在约翰斯·霍普金斯大学(Johns Hopkins University)获得一个职位时,他告诉印第安纳大学布卢明顿分校历史系主任说,他准备接受约翰斯·霍普金斯大学提供的机会,因为他的妻子对她在印第安纳州的工作并不满意。印第安纳大学教育学院的院长哈罗德·沙恩(Harold Shane)——我在博士论文里曾嘲弄地提到过他,在一个周末的上午来找我,说他被要求来聘任我"以把你的丈夫挽留在印第安纳大学"。我欣然接受了。一年以后,洛伦被聘为哥伦比亚大学的客座教授,这在哥伦比亚大学已是一个终身教职的职位。对我来说非常偶然的是,我在研究生院的朋友,当时正在加利福尼亚大学伯克利分校教书的杰拉尔丁·约恩契奇·克利福德(Geraldine Joncich Clifford)刚刚拒绝了一个在巴纳德学院指导其教育项目的职位,巴纳德学院的管理层就向克雷明征询其他人选,结果他就推荐了我。我获得了这份工作。

我完全没有准备要成为一名"教师教育者",除了我自己那不太令人满意的 18 个学分的教育学课程。我对迪普克里克高中的清晰记忆督促着我去思考我们如何为成为一名教师做好准备,这个过程往往非常理想化,但是他们所处的环境却让他们很难找到第一份工作。至少在纽约,第一份工作很有可能是去一所较差的公立学校,那里经常缺乏家庭和社区的支持。如果

---

① Patricia Albjerg Graham, *Progressive Education: From Arcady to Academe* (New York: Teachers College Press, 1967).
② 印第安纳大学布卢明顿分校所在地。——译者注

去私立学校,也不可能进入纽约最好的几所学校。因此,我认为,我们必须给未来的教师们做好准备,让他们能够有效地与他们要面对的学生相处。20世纪60年代末是一个混乱的时期,尤其是在纽约,罢工导致学校关闭达3年之久,这对我来说是职业上的一个早期教训。1968年春天,哥伦比亚大学彻底关闭了,学生(和老师)罢课反对学校和国家的政策。任何一个有学术志向的人都想知道教育机构的生存能力到底有多大。

1968年秋天,我终于开了一门美国教育史方面的课程(在巴纳德学院历史系,虽然一些老教员持怀疑态度)。我也准备要写一本书,在这本书里,我试图解释美国教育实践中的地区差异以及在不同地区的几个社区中阶级、宗教、性别和种族所发挥的作用。[①] 进而,我想把学校和学院历史地联系起来,尽管当阿默斯特学院(Amherst College)这一章在最后的修改稿中被删除时我很失望。

但是,在巴纳德学院,我基本上不被认为是一名教育史学者,而是管理教育项目的指导者,这个项目现在已经扩展到面向哥伦比亚大学的本科生。普林斯顿大学(Princeton University)校长罗伯特·戈欣(Robert Goheen)需要一位对教育感兴趣的女性教师为即将面临的男女合校提供咨询,巴纳德学院的新校长玛莎·彼得森(Martha Peterson)就推荐了我。这一安排最重要的一点是,1968年底我就可以回来。简单地说,这是巴纳德学院给普林斯顿大学的人员租借项目。1969年秋天,我们家搬到了高等研究中心(Institute for Advanced Study)的一间公寓里,那年,洛伦在高等研究中心获得了一个职位。我骑自行车去普林斯顿大学的纳索大楼(Nassau Hall)[②],一开始并没有人需要我的帮助。于是我就做了很多研究,包括我的《美国教育中的社区和阶级》(Community and Class in American Education)一书中的"普林斯顿大学"这一章。

最后,在与新教务长威廉·鲍恩(William Bowen)和新学生处处长尼尔·鲁登斯坦(Neil Rudenstine)的合作下,戈欣校长觉得我应该试图回答这个问题:"要想使普林斯顿大学成为对女生和男生来说都是一样好的地方,什么样的改变——如果真要有改变的话——是必要的?"我的回答是女教

[①] Patricia Albjerg Graham, *Community and Class in American Education* (New York: John Wiley, 1974).
[②] 纳索大楼,普林斯顿大学最古老的建筑,建于1756年。——译者注

授,1969年之前,那里还没有一位女教授。我相信,女教师会时刻保持对女性学生需求的关注,这要比任何短期的行政改革要好得多。一开始,普林斯顿大学的很多人都不相信有任何女性能符合他们教师聘任的高标准,但是40年之后,校长是雪莉·蒂尔曼(Shirley Tilghman),教务长是南茜·韦斯(Nancy Weiss),还有很多女性教师和管理者,普林斯顿大学已经变得非常不一样。我在普林斯顿大学的经历让我一回到巴纳德学院就写了一篇我觉得可能是我被引用最多的关于学术机构中女性的文章。①

在普林斯顿大学期间,巴纳德学院和哥伦比亚大学的情形以及我母亲和我自己的职业经历,让我把学术兴趣转移到了学术生活中的女性经历上。1970年,女性运动开始高涨,尤其在纽约,我在巴纳德学院的两位同事凯瑟琳·R. 斯廷普森(Catharine R. Stimpson)和凯特·米利特(Kate Millett)都投身其中。我以前在研究生院的同事格尔达·勒纳(Gerda Lerner)和我一起参加了一个叫作"纽约女性历史学者"的团体,我们定期会面,共同讨论专业问题,有时候也会讨论个人话题。我和汉娜·格雷(Hanna Gray)、佩奇·史密斯(Page Smith)、卡尔·休斯克(Carl Schorske)组成了由威莉·李·罗斯(Willie Lee Rose)担任主席的美国历史协会(American Historical Association)调查女性历史学者工作境况(我们发现并不好)的一个特别委员会。由于罗斯身患重病,我就成了这个委员会的主席。与此同时,哥伦比亚大学也面临来自联邦民权办公室(Office of Civil Rights)关于歧视女教员的挑战,在时任校长威廉·麦吉尔(William McGill)的请求下,我和其他几位教员一起调查男性教员和女性教员的工资情况。一开始,有两位知名的同事——历史系的加森尼亚和物理系的吴健雄(Cheng T. Wu)②——加入了我们(非常怀疑学术界的公平性)。当然,结果我们发现,女性教员的工资要低很多。所有这些"激进行为"都促使我重回我的研究问题。很快,我就开始搜集关于女性参与美国高等教育的历史数据,我用一大箱国际商业机器公司的穿孔卡对很多女性进行编码。1972—1973年,我得到了古根海姆(Guggenheim)基金会的资助,就这个主题撰写一本书,尽管我已经就这个主

---

① Patricia Albjerg Graham, "Women in Academe," *Science* 25 (September 1970): 169, 1284 – 1290.
② 经与作者格雷厄姆确认,此处的Cheng T. Wu(正确的应为Chien-Shiung Wu)就是当时哥伦比亚大学著名的美籍华裔物理学家吴健雄女士(1912—1997)。她在核物理领域卓有贡献,被称为"中国的居里夫人","二战"期间参与了曼哈顿计划,1978年获授首次颁发的沃尔夫物理学奖。——译者注

题发表了几篇文章,有一篇发表在《路标》(Signs)①②上,但是这个计划没有实现。

1974年,我的人生发生了一次重要的转变,我极其不情愿地离开了巴纳德学院,开始了一段双重职业的生活:我同时接受了拉德克利夫学院的院长职位和哈佛大学的教授职位。我的职业生活发生了一次重要倾斜——偏向管理,拉德克利夫学院提供的改善杰出女性职业环境的机会看上去是很吸引人的。1977年2月,拉德克利夫学院和哈佛大学签署了一份"非融合的合并协议",对此我表示完全支持。这是经过努力艰难达成的,这份协议将会让我担任院长的拉德克利夫学院不复存在。那天下午,我们正在签署协议的时候,我被一个电话打断了,电话里我被邀请考虑一下去华盛顿在新建立的卡特政府中担任全国教育研究所(National Institute of Education)主任。我接受了,我离开哈佛大学进入了公共服务领域,而且从来没有想过要回来,然后在华盛顿一直待到1979年。但是,我确实又回来了,因为洛伦在麻省理工学院(Massachusetts Institute of Technology)获得了一个科学史教授职位,后来又去了哈佛大学,我们两个人都回到了剑桥(Cambridge)。

紧张的管理经历——首先是在拉德克利夫学院与哈佛大学进行谈判,后来是在联邦政府——帮助我理解了一些影响教育变革的力量,一些我在之前阅读教育史的过程中得不到的东西。我当时读过的大多数教育史都是关于教育思想以及拥有这些思想的著名教育家,不涉及这些思想的实现或者那些带来变化的力量——开始被称为"教育政策"的东西。我一回到哈佛大学教育研究生院就决定,我的下一本书要研究教育中联邦政府角色的历史。在我动笔之前[计划200页以上,主要讨论史密斯森尼学院(Smithsonian College)、《莫雷尔法案》(Morrill Acts)、国立大学论争等话题],哈佛大学校长德里克·博克(Dereck Bok)说服我担任哈佛大学教育研究生院的院长,结果我没有完成这本书。

作为哈佛大学历史上第一位担任学院院长的女性,我学到了很多关于

---

① 《路标》,这里指 Signs: Journal of Women in Culture and Society 这份杂志,创办于1975年,著名的女性研究学术期刊。——译者注
② Patricia Albjerg Graham, "Expansion and Exclusion: A History of Women in American Higher Education," Signs 3 (Summer 1978): 760–763.

高等教育如何运行的知识。哈佛大学这样的大学愿意维持像教育学院这样地位比较低的学院时,这些大学通常会集中精力培养那些可能会成为他们本科生的孩子。这就意味着要为那些最富裕的地区培养教师和管理者,在20世纪下半叶,主要是郊区的那些地方。包括哈佛大学在内的大多数大学,在20世纪最后30年里不再关注初等和中等学校教育,而是把注意力转移到"政策"和社会科学研究上来,从事这两方面的研究被认为可以让研究者在同事中获得较高的地位。① 包括耶鲁大学、约翰斯·霍普金斯大学、杜克大学、芝加哥大学在内的很多大学都关闭了它们的教育学院。在哈佛大学也是危机四伏,我担任院长的时候,教育学院从1974年以来没有人获得过终身教职,一直到1985年,当博克校长和哈佛大学董事会恢复对教育学院的信心之后[随着萨拉·劳伦斯-莱特富特(Sara Lawrence-Lightfoot)获得终身教职],情况才得以改观。这主要是重心转移的结果,把注意力转移到了培养研究生理解和改善学校教育上来,尤其是为了贫穷社区中那些最需要的学校。

这些经历促使我写了一本书《紧急求援:维持我们的学校》(SOS: Sustain our Schools),书中融合了我的一些个人经历,同时表达了我对美国学校教育发展以及在这一发展过程中家庭、社区、政府、高等教育和商业所扮演的角色的理解。我写这本书也是为了确定我仍然能从事历史研究和写作,因为我想着有一天我会卸任院长职位,回到全职教授的岗位上来。但是,命运并没有眷顾我。

1990年9月,克雷明突然离世,出乎意料地把我从斯宾塞基金会董事会成员推上了主席的职位。我辞掉了在哈佛大学的院长职位,但同时要兼顾教授职位和斯宾塞基金会主席的职务。

再一次走上管理岗位,我尝试运用我作为一名历史学者学到的东西,来决定未来我们需要什么样的教育研究者。我强烈地感觉到,我们需要的新一代研究者,和我们相比,他们要得到更好的培养,能够符合教育实践推进过程中的高要求。金钱在解决问题过程中确实是一个重要的因素,但仅靠金钱是解决不了问题的。思想也是必不可少的。但是,在哪里可以找到最好的思想?谁能够对这些思想进行考察,并使研究者能够在适当的时机实

---

① 我在一篇文章中描述了这个现象,参见:"A View from Within," *Oxford Review of Education* 34 (June 2008): 335-348.

践这些思想？——这些是真正的挑战，特别是当一个人不知道思想和金钱对教育是否能够真正产生一种有益影响的时候。而且，谁都肯定不会把资助方的赞扬作为自己研究工作的可靠指导。

2000年，我65岁了，也从斯宾塞基金会卸任了。9月，我回到了哈佛大学，和那年秋天来做客交流的戴维·泰亚克（David Tyack）、伊丽莎白·昂索（Elisabeth Hansot）一起教一门叫作"寻找研究问题"的课程。洛伦已于1999年退休，脑肿瘤手术后已经痊愈，这次手术提醒了我们俩，生命是有限的，而且还有很多事情由于全职工作的缘故没有去做。2001年，我也从哈佛大学以"研究员教授"的头衔退休了。而且我还答应给安嫩伯格民主研究所（Annenberg Institutions of Democracy）的系列丛书再写一本教育史方面的书，直到我退休的时候才开始动笔。① 在这本书里，我试图解释20世纪我们的教育机构被赋予了怎样的期待，而它们实际上做了什么。

退休也让我有机会参加各种组织机构的管理委员会[小约西亚·梅西基金会（Josiah Macy Jr. Foundation）、行为科学高级研究中心（Center for Advanced Study in the Behavioral Science）、美国科学艺术院（American Academy of Arts and Sciences）、美国哲学协会（American Philosophical Society）、中央欧洲大学（Central European University）、圣彼得堡国立大学斯莫尔尼学院（Smolny College of St. Petersburg State University）、卡内基教学促进基金会]，这些机会在很大程度上拓展了我在专业上的人际网络，也深化了我对学术机构的力量和不足的理解。我的职业生涯让我可以不断与很多优秀的学者保持联系，我也尽力去劝说他们研究和改善教育。我也认识到，我（和他们当中很多人）是多么幸运，出生在富有文化资源的家庭和社区中，尽管我没有认识到这些资源，但是我从中汲取了营养。当我和我的同事获得事业成功的时候，我们往往归之于一种有效的人才制度，而忽视了我们所处的环境提供的优势以及不利环境给其他很多有天赋的人带来的劣势。对我来说，学校教育只是教育熏陶中的一种调味品，而不是这种熏陶本身。但是对其他很多人来说，学校教育是基本的教育来源，而且往往令人遗憾的是，学校教育是不够的。在美国，为穷人和少数族裔提供教育的学校，尽管不是所有，但多数要比

---

① Patricia Albjerg Graham, *Schooling America* (New York: Oxford, 2005).

那些给富人和白人提供教育的学校差。简言之,需要好学校的学生绝大多数都去了最差的学校,最不需要好学校的学生却去了最好的学校。

教育政策的制定者已经认识到这个问题,但是并没有解决这个问题。关于如何改善教育实际的更好的思想是需要的,但是很缺乏。我们最优秀的学者应该有义务为解决这些问题贡献智慧和力量。对那些和我相比有着不幸的出生环境的人,为了对他们进行教育,我们需要进行一些支持性的、富有想象力的且严格的制度设置,但是目前我们没有这么做。

如果教育不能保证培养出见多识广且行为明智的公民,那么我相信,为了每一个人而改善我们的教育制度依然是我们社会稳定发展的最大希望所在。在我的学术领域和其他职位活动中,我已经尽力朝这个方向努力。

关于书目的思考

本卷的著名主编韦恩·J. 厄本(Wayne J. Urban)要求每一位作者罗列一些对我们的学术工作产生很大影响的书籍。由于这样一个清单并不是很契合我的经历,我用一些"思考"来代替。

在这篇回忆录中,我说过我非常感谢我的论文导师克雷明,他对我的专业指导非常重要。在他撰写《学校的变革:美国教育中的进步主义(1876—1957)》这本书的时候,我作为一名研究生也在研究进步主义教育,我开始认识到,他所定义的进步主义教育运动(1875—1918)对我来说要分成两个运动,一个是早期主要面对移民和穷人孩子的运动,一个是后来主要面对中产阶级和富人孩子的运动。在我写论文的时候,我出人意料地发现了斯科特·尼尔林(Scott Nearing)的《新教育》(*The New Education*)这本书,[①]然后我就形成了这一看法。克雷明的三卷本巨著:《美国教育史:殖民地时期的历程(1607—1783)》(New York: Harper & Row, 1970)、《美国教育史:建国初期的历程(1783—1876)》(*American Education: The National Experience, 1783–1876*, New York: Harper & Row, 1980)和《美国教育史:城市化时期的历程(1876—1980)》(*American Education, The Metropolitan Experience,*

---

① Scott Nearing, *The New Education* (New York: Row Peterson, 1915).

1876—1980，New York：Harper & Row，1988），是教育机构和人物研究方面的一份杰出的学术资源。

和很多其他教育史家一样，我也非常感谢泰亚克，不仅是因为他流畅且富有思想的写作，而且还因为他和昂索在散步的时候主动参与我们这个研究领域，并进行广泛而深入的讨论。与泰亚克和昂索的那些讨论帮助我形成了我后来研究的那些问题。

小说、传记、回忆录也拓展了我对那些经常隐藏在档案中的问题的理解。例如，西格丽德·温塞特（Sigrid Undset）[①]在纽约科诺普夫出版社（Knopf）1966年出版的《克里斯汀·拉夫朗的女儿》（*Kristin Lavransdatter*）中对14世纪斯堪的纳维亚（Scandinavia）女性的描绘，激发了我以前从未有的方式去思考女性的角色。同样，波伏娃（Simone de Beauvoir）的四卷本自传《一位孝顺女儿的回忆录》（*Memoirs of a Dutiful Daughter*. New York：Harper & Row，1958）、《年富力强》（*The Prime of Life*. Cleveland：World Publishing，1962）、《时势的力量》（*Force of Circumstance*. New York：Putnam，1965）、《了结一切》（*All Said and Done*. New York：Putnam，1974），以及她的一部自传体小说《名士风流》（*The Mandarins*. Cleveland：World Publishing，1956），这些都进一步拓展了我对各种女性经历的理解。莱特富特关于她母亲玛格丽特·摩根·劳伦斯（Margaret Morgan Lawrence）的传记《基列山里的芬芳》（*Balm in Gilead*. Reading，MA：Addison-Wesley，1988）以及希瑟拉·博克（Sissela Bok）关于她母亲的传记《阿尔瓦·米达尔：一位女儿的回忆录》（*Alva Myrdal: A Daughter's Memoir*. Reading，MA：Addison-Wesley，1988），也拓展了我对这些女性通过正式和非正式教育获得成功的理解。

一位名叫理查德·克卢格（Richard Kluger）的记者写了一本《简单的公正》（*Simple Justice*. New York：Alfred A. Knopf，1976），这是我见过的对理解美国学校种族隔离历史的最有用的一本书。克卢格在这本书里所描述的，跟杜威在他无与伦比的著作《民主主义与教育》（1916）、《儿童与课程》（*The Child and the Curriculum*，1902）、《学校与社会》（1899）中所描述的，两

[①] 西格丽德·温塞特（1882—1949），挪威的一位女性小说家，1928年凭借三卷本《克里斯汀·拉夫朗的女儿》获得诺贝尔文学奖。——译者注

者之间的对比和反差一直以来对我们所有人来说都是一种挑战,我们都想把杜威教育实践中最好的一面带给所有美国人。克里斯托弗·詹克斯(Christopher Jencks)跟他的很多合著者在《不平等》(Inequality. New York：Basic Books, 1972)这本书里阐明了低水平学校对穷人来说意味着什么,他曾想给这本书取名为《学校教育的局限》(The Limits of Schooling)。

最近有两本书给我印象很深,一本是克劳迪娅·戈尔登(Claudia Golden)和劳伦斯·卡茨(Lawrence Katz)运用大量的数据进行历史分析的《教育和技术之间的种族》(The Race between Education and Technology. Cambridge, MA：Harvard University Press, 2008),另一本是乔纳森·R. 科尔(Jonathan R. Cole)的《伟大的美国大学》(The Great American University. New York：Public Affairs, 2009)。这两本书都延续了美国教育领域优秀学术的传统。

最后,是我作为一名教授(成功指导了将近40名博士研究生,其中只有部分人对教育史感兴趣)和管理者的工作给了我最好的教育。作为哈佛大学的一名教授和院长,我认真阅读了很多我们考虑聘任和晋升的人的著作,他们有：杰里·墨菲(Jerry Murphy)、诺埃尔·麦金(Noel McGinn)、莱特富特、库尔特·费希尔(Kurt Fischer)、霍华德·加德纳(Howard Gardner)、卡罗尔·吉利根(Carol Gilligan)、凯瑟琳·斯诺(Catherine Snow)、安东尼·布雷克(Anthony Bryk)、马文·拉泽尔松(Marvin Lazerson)、理查德·默南(Richard Murnane)、理查德·埃尔莫尔(Richard Elmore)、加里·奥菲尔德(Gary Orfield)、罗伯特·彼得金(Robert Peterkin)、卡罗尔·韦斯(Carol Weiss)、帕特里夏·克罗斯(Patricia Cross)、苏珊·穆尔·约翰逊(Susan Moore Johnson)、约翰·威利特(John Willett)、朱迪斯·辛格(Judith Singer)、埃莉诺·达克沃思(Eleanor Duckworth)、理查德·蔡特(Richard Chait)和凯特·埃尔金(Kate Elgin)。这些学生和老师给予了我多么重要的教育啊！后来在担任斯宾塞基金会主席的时候,我读到了很多吸引人的研究计划,在我们决定把哪一些推荐给委员会的时候,我也参加了与优秀的同事和顾问委员们的生动对话。所有这些经历都印证了理查德·霍夫施塔特(Richard Hofstadter)在论述美国反智主义传统时候的正确性,但是,围绕着美国教育的研究,仍然存在着很强烈的智力活动,我从中获益匪浅。

学术和友谊

休·霍金斯
(Hugh Hawkins)

像大多数中产阶级家庭一样,我的家庭很重视教育。我们尊重和敬仰我成长所在的堪萨斯州(Kansas)和俄克拉何马州铁路小镇上的那些老师。我的四个哥哥姐姐都上了大学,尽管我们家不像今天的家庭那样非常关注大学生活,但还是会有很多讨论。我的父亲是一位铁路调度员,在上完七年级之后就工作了,但他很严肃地告诉我要尽可能地接受所有的教育:"这是一件别人无法夺走的东西。"我的母亲毕业于托皮卡(Topeka)①的沃什本高中(Washburn Academy),并且很自豪地说,如果能有一个夏天的家庭辅导,她可以上沃什本学院(Washburn College)。但是她没有,她和我父亲结婚了。

当我住在丹佛(Denver)和华盛顿的亲戚家里的时候,我发现,大城市虽然人情冷漠,但是它的高中能给人提供很多带来快乐的挑战,因此我决定提前一年完成紧张的高中学业,然后参加一些暑期学校班。跟我两个哥哥姐姐一样,我上了沃什本学院,只不过在一个学期之后,我转学来到印第安纳州的迪波夫大学(Depauw University),这是我人生中第一次重要选择。在那里,我主修了历史,但是在大四那年,我深深地迷上了哲学。

但我还是申请了历史专业的研究生项目,并且在 1950 年进入了约翰斯·霍普金斯大学。我发现,这所学校的地位远不只是源于它的医学院。在迪波夫大学一个非正式的历史研讨班上,库恩·G. 皮尔逊(Coen G. Pierson)教授着重强调了约翰斯·霍普金斯大学在培养历史专业博士生方面走在了时代的前列。后来,我去新奥尔良(New Orleans)争取罗兹奖学金(Rhodes Scholarship)的时候,在一群带着深深的悲伤和失望离开的申请者

---

① 托皮卡,堪萨斯州首府。——译者注

中,我和一位约翰斯·霍普金斯大学的研究生聊天。他明确地告诉我,那里的博士生项目更加重视写作而不是教学,这是一个很有吸引力的信息,因为我常常觉得自己是一名作家——记者或者小说家。有一位迪波夫大学的教授曾告诉我,约翰斯·霍普金斯大学提供了一个新的研究方向——"思想史"(intellectual history),在那里,我应该把自己的兴趣放在哲学上。当约翰斯·霍普金斯大学为我提供了全额奖学金,并且不需要承担教学任务的时候,我毫不犹豫地接受了。

我发现约翰斯·霍普金斯大学确实不重视课程教学,而是鼓励研究生研究原始文献,生产书面的学术成果。历史系有四位正教授,都是重量级的人物,我的导师查尔斯·A. 巴克(Charles A. Barker)是思想史领域的一位引领者,也是美国研究协会的创建者之一。尽管他从来没有获得过像他同事 C. 范恩·伍德沃德(C. Vann Wooward)那样的明星身份,但我很幸运,巴克是我的博士生导师。学生们经常拿他艰涩的讲课风格和不合逻辑的比喻开玩笑,但他坦率的风格和不矫揉造作很适合我。他对我第一篇研究论文的长篇评论永远地终结了我惯于刻板分类的倾向。有一次,他说过一句让我很震惊的话,他说:"我们是在培养你们这些学生来接任这些教授职位的。"不知何故,这种未来的角色并没有发生在我身上。

巴克让我沉浸在我的哲学兴趣里,并让我写了一篇关于实用主义者的研究论文,上了一门维克托·洛(Victor Lowe)的美国哲学课程。为了尽快确定博士论文题目,我还粗略地看过影响深远的实用主义者昌西·赖特(Chauncey Wright)的传记。后来有一天,在巴克的办公室,他递给我两份最近由托马斯·勒迪克(Thomas LeDuc)和沃尔特·P. 罗杰斯(Walter P. Rogers)做的对单个学院的研究。[①] 他很明确地告诉我,尽管高等教育史已经在很大程度上被学术界遗忘了,但是这些研究成果预示了一些新的可能性。早期的约翰斯·霍普金斯大学尽管有着很重要的地位,但还没有得到足够的重视。而且我还有近水楼台的优势,因为拉尼尔阅览室(Lanier Room)收藏部的老前辈弗里达·蒂斯(Frieda Thies)已经整理了首任校长丹尼尔·科伊特·吉尔曼(Daniel Coit Gilman)的相关文献。

---

① 分别是:*Piety and Intellect at Amherst College 1865 - 1912*(New York: Columbia University Press, 1946); *Andrew D. White and the Modern University*(Ithaca, NY: Cornell University Press, 1942)。

> **本人代表作**
>
> "Edward Jones, Marginal Man," in David Wills and Richard Newman eds., *Black Apostles: Afro-Americans and the Christian Mission from Revolution to Reconstruction*, (Boston, G. K. Hall, 1982), 243-253.
>
> *Railwayman's Son: A Plains Family Memoir* (Lubbock, TX: Texas Tech University Press, 2006).
>
> "The University," in *Encyclopedia of the United States in the Twentieth Century* vol. 4, (New York: Scribner's, 1996), 1819-1839.

部分是因为那些博士论文延期的学生受到警告的先例,部分也是因为我被巴克给我的那两本书里的历史洞见和优美文笔吸引,我决定采用巴克的建议。在仔细研究原始文献的过程中,我收获了极大的快乐,完全不顾同学们的嘲笑,说我在"拼尽全力研究本地的历史"。当大学里充满反共狂热的时候,我觉得应该要探讨一下大学所扮演的角色。

我对约翰斯·霍普金斯大学第一位数学教授——古怪的J. J. 西尔维斯特(J. J. Sylvester)很感兴趣,我对他进行了非常详细的描写,并在系里最重要的一个研讨班上提交了我的研究成果。[1] 我应该把关于西尔维斯特的研究作为我的硕士论文提交吗? 巴克并不建议这么做,他提醒我,约翰斯·霍普金斯大学重视博士生教育,硕士最多只会被看作是一个阶段性学位。

尽管1952年我在欧洲度过的那个夏天让一些老师很怀疑我在学术上的严肃性,但是学校给我的资助却没有停。而且,我在学生学术自由促进会(Students for Academic Freedom)上投入了很多精力,这是约翰斯·霍普金斯大学的一个组织,是为了与麦卡锡主义(McCarthyism)[2]对抗而成立的,它组织了一场德克·扬·斯特洛伊克(Dirk Jan Struik)和欧内斯特·范·登·哈格(Ernest van den Haag)之间的辩论,以及由戴维·里斯曼(David Riesman)这样的知名人物提供的一系列讲座。我们还搜集证据为麦卡锡最早的目标欧文·拉铁摩尔(Owen Lattimore)进行辩护。[3]

尽管有这些插曲,我依然继续一份一份地研究吉尔曼的文献,并且在图书馆深处发现了一个被遗忘的藏品。利用紧靠国会图书馆的便利,J. 富兰克林·詹姆森(J. Franklin Jameson)论文集,尤其是他的日记,帮助我捕捉了

---

[1] 副本可在阿默斯特学院档案馆的休·霍金斯论文中找到。
[2] 麦卡锡主义是20世纪50年代初盛行于美国的反共产主义的法西斯主义。——译者注
[3] Some of this research appeared in George Boas and Harvey Wheeler, eds., *Lattimore the Scholar* (Baltimore: n. p., 1953).

很多有意义的时空信息。1953年秋,在写出了几章之后,我的研究逐步走上了正轨。这也让我确定,大学的建立和第一年非常重要和复杂,足以支撑起一篇博士论文。系主任西德尼·佩因特(Sidney Painter)给予了我支持和鼓励,他评论道,即使这样,这篇论文的篇幅可能也很大了。

1953—1954年,巴克去黎巴嫩(Lebanon)教书了,伍德沃德成了我的研究导师,我一直以来都在模仿他的文笔,他的所有学生都羡慕他饱满的精神状态和清晰的思路。他提醒我不要陷入到董事会成员们的生平中去,在旁注中,他还称赞了我几处优美的措辞。

在我论文答辩的时候,巴克仍然是缺席的,伍德沃德给了我全面的指导。在这一刻,我承认我对教育史了解很少。我根本不知道博士论文中顺带提到的兰卡斯特制(Lancastrian System),当知名的人类学家肯普·马隆(Kemp Malone)问我,谁建立了伦敦大学(University of London)的时候,我大脑一片空白。他笑着说,"他还在那里"。〔几个月后,被认为是"校区执事"的看门人允许我参观了穿着盛装的杰里米·边沁(Jeremy Bentham)的骨架标本,这尊遗像每年都被搬出来领衔一场展览的盛宴。"真是彻头彻尾的自负",执事如此气愤地说道。〕

当我走到答辩室外面的时候,我听到一阵爽朗而整齐的笑声。我想这总比沉寂或者低语要好,而且我确实通过了答辩。

在获得博士学位之后的几个星期,我被征兵了。1954年7月开始,我正式参军了,尽管我是在德国服役,但从技术上说,我成了一名经历朝鲜战争的军人。这种出人意料的事情所带来的痛苦是无以言表的,因为我当时已经在阿默斯特学院(Amherst College)的美国研究项目里找到了一份实习的工作。我很喜欢这个项目里"美国文明中的问题"这个系列的研究成果,而且事实上我也是利用这些小册子应付了约翰斯·霍普金斯大学的博士生通用基础测试(general exam)。

尽管我作为一名军人足迹遍布欧洲并在德国进一步推进了我的博士研究,但当一份裁军计划让我在1956年5月就可以退役的时候,我还是感到非常幸运。主要得益于伍德沃德的帮助,我在教堂山(Chapel Hill)[1]找到了一

---

[1] 教堂山,指北卡罗来纳大学教堂山分校(University of North Carolina at Chapel Hill)。——译者注

份教职。我在那里的一年收获了很多,包括开启了和我办公室同事罗伯特·莫茨·米勒(Robert Moats Miller)以及莫顿(Morton)和菲利斯·凯勒(Phyllis Keller)的终生友谊。但是,当阿默斯特学院美国研究项目主席乔治·罗杰斯·泰勒(George Rogers Taylor)告诉我能给我提供不是一年的实习而是一个可能会一直留任的教职的时候,我权衡利弊之后决定接受 G. R. 泰勒的聘任。

阿默斯特学院的"美国文明中的问题",是所有大一学生的必修课,这门课主要讨论决策制定过程中的艺术。它不是一门概论性的课程。在这门课上,学生们会听到和读到关于精选的美国文化某些方面相互冲突的观点[作为内战原因之一的奴隶制、沃尔特·惠特曼(Walt Whitman)的美国性、1919 年的钢铁行业大罢工]。在提交了为他们所在立场进行辩护的简短文章之后,他们参与了"研讨班"(这个更适合讨论的环节),在这个研讨班上,12—15 位学生一起讨论相关的话题。虽然学生们没有得到老师的专业知识的分析,但是他们在思想的相互碰撞中受益良多。教这门课对我来说也是获益很多的。我逐渐学会了如何对学生的文章进行建设性评论以及让课堂讨论有序而生动。我也在从未正式学习过的领域加深了对美国社会和文化方面的认识。我还和一些访问学者讨论了他们领域的前沿话题,如约翰·霍普·富兰克林(John Hope Franklin)、阿瑟·戈德堡(Arthur Goldberg)和佩里·米勒(Perry Miller)。

在阿默斯特学院从事美国研究给我的影响下,我接受了新英格兰和美国的几个组织的职位。在阿默斯特学院或者别处,美国研究受大国沙文主义主导,不是一个真正的学科。这种矛盾让我在研究过程中对两种事物的发展感兴趣:新学科的出现以及学院向系所的分化。

约翰斯·霍普金斯大学的气质强化了我长期以来著书立说的动力。在阿默斯特学院,我利用我大部分的空余时间来扩充我的博士论文,在读了弗雷德里克·鲁道夫(Frederick Rudolph)关于威廉姆斯学院(Williams College)的书以及理查德·霍夫施塔特(Richard Hofstadter)和沃尔特·梅茨格(Walter Metzger)关于学术自由的书之后,[1]现在我对这个主题的热情更

---

[1] Frederick Rudolph, *Mark Hopkins and the Log: Williams College, 1836 – 1872* (New Haven: Yale University Press, 1956); Richard Hofstadter and Walter P. Metzger, *The Development of Academic Freedom in the United States* (New York: Columbia University Press, 1955).

加高涨了。由于传统的原因,也由于这些精心挑选的高素质学生,在阿默斯特学院,教学是必要的工作,但学校依然认可并支持研究。

作为一名好导师,巴克通过一些鼓励性的信件与我保持联系,尤其是他催促我完成我"在思想史领域里的第一本书"以争取新设立的摩西·科伊特·泰勒奖(Moses Coit Tyler Prize)。带着这份挑战,我加倍努力写书稿,不过还是未能在1958年提交的期限之前完成。幸运的是,评委们对我比较青睐并在第二年又给了我一次机会。

我在第二次机会的最后截止期限提交了一份上千页的书稿。尽管巴克是评奖委员会的主席,但他明确地和我说,他不会参与我的投票。后来,我才知道另外两个评委的背景使他们对我的作品有着独特的兴趣。约翰·海厄姆(John Higham)是约翰斯·霍普金斯大学的本科毕业生,而鲁道夫已经在研究他的美国高等教育史了。①

那天,我打开巴克的信,他在信中告诉我说,我已在获奖之列,如果这不是我人生中最幸福的时刻,也应该是最难忘的时刻。他说他自己"高兴得像一只孔雀一样"。资助该奖的康奈尔大学出版社(Cornell University Press)将要出版一本关于一所其他大学的著作,这对我很有吸引力。在出版社的紧急要求下,鲁道夫给我提了很多修订的建议。他的建议,以及我去威廉斯敦(Williamstown)对他的拜访,极大地帮助了我突出这本书的主题:一所新大学里的改革创新不会受到传统的束缚。那些改革创新的核心是,选聘那些高度专业化和高产出的教授,通过奖学金招收研究生,研究重于教学,赋予本科生更多的自由。②

不可否认,在美国历史协会年会上,阿兰·内文斯(Allan Nevins)给我颁奖,以及和阿德莱·史蒂文森(Adlai Stevenson)握手,这让我深感荣幸。但是,在看到很多作者在第一本书的荣光下享受无所事事的生活之后,我决定继续写作。我利用阿默斯特学院给年轻老师们提供的慷慨的研究休假政策,并申请了一份约翰·西蒙·古根海姆基金会(John Simon Guggenheim Foundation)的资助,计划对19世纪后期的大学校长进行比较研究。与获得

---

① Frederick Rudolph, *The American College and University: A History* (New York: Alfred A. Knopf, 1962).
② Hugh Hawkins, *Pioneer: A History of the Johns Hopkins University, 1874–1889* (Ithaca, NY: Cornell University Press, 1960).

约翰·西蒙·古根海姆基金会资助一样高兴的事是,同一年还有两位阿默斯特学院的同事亨利·康马杰(Henry Commager)和利奥·马克思(Leo Marx)也获得了这一资助。

我振奋精神在哈佛园(Harvard Yard)附近找了一间公寓住下,因为我知道有大量关于查尔斯·E. 艾略特(Charles E. Eliot)的文献最近开放了。1961—1962年,在剑桥的这一年,对我的研究来说,比我之前预想的要更加重要。仅仅是浸润在哈佛大学的环境里每天读着《哈佛深红报》(Crimson)就足以开阔我的视野,三位午餐伙伴蒂尔登·埃德尔斯坦(Tilden Edelstein)、阿瑟·卡列金(Arthur Kaledin)和理查德·休厄尔(Richard Sewell)也在很多方面对我帮助很大。埃德尔斯坦和休厄尔都在研究反奴隶制的历史,正是由于他们的影响,我后来在阿默斯特学院美国研究课程上新增了一个部分,并在"美国文明中的问题"系列丛书中编了一本与他们研究内容相关的书。① 卡列金研究哈佛大学的早期史,帮我获得了一些关于艾略特所起作用的看法。

有一位朋友跟我说,他遇到过一位哈佛大学老师,好像正好研究过我关心的主题。这是我第一次听到劳伦斯·维赛(Laurence Veysey)这个名字。我给他打了电话,与他会面,读了他的博士论文,也就是后来那本里程碑式的著作《美国大学的崛起》(The Emergence of Amercian University)②的前身。他的亲切友善让我丝毫感觉不到他的睿智和博学带来的压力。我指出他博士论文中很少的一些错误,他对我所要研究的那一代教育家提出了一些新的洞见和观点。

我发现,他的书已经完成了很多我所想要做的事情,同时艾略特的大量文献也给我了非常深刻的印象,于是我决定把我的书局限于讨论这位哈佛大学校长的成就。维赛和我都同意,艾略特在早期大学的建设者中是最善于表达和最有作为的。在我来到芝加哥大学档案馆遇到理查德·J. 施托尔(Richard J. Storr)的时候,又一份重要的友谊开始了,他的《美国研究生教育的起步》(The Beginnings of Graduate Education in America)③这本书回答了

---

① Hugh Hawkins, ed., *The Abolitionists: Immediatism and the Question of Means* (Boston: D. C. Heath, 1964).
② Laurence R. Veysey, *The Emergence of the American University* (Chicago: University of Chicago Press, 1965).
③ Richard J. Storr, *The Beginnings of Graduate Education in America* (Chicago: University of Chicago Press, 1953).

我的很多问题。在芝加哥的宾馆房间里,我读完了他后来出版的《哈珀的大学起源:芝加哥大学的历史》(Harper's University: The Beginnings: A History of the university of Chicago)[1]这本书的书稿。

与此同时,《哈佛教育评论》(Harvard Educational Review)让我给霍夫施塔特和威尔逊·史密斯(Wilson Smith)两卷本的《美国高等教育:一部文献史》(American Higher Educaiton: A Documentary History)[2]写一篇书评。我非常认真地接受了这个任务,我读了很多材料,希望能在一份长篇评论中解释这本书的独特价值。芝加哥大学出版社很喜欢这篇书评,并以小册子的形式为之重印了单行本。

我关于艾略特的书比原计划花费了更长的时间。这个时代的社会动荡总是比学术来得更加急切。巴克和他的妻子路易丝(Louise)都是坚定的和平主义者,在巴克的影响下,我参与建立了和平史研究会议(Conference on Peace Research in History)[后来更名为和平史协会(Peace History Society)],并组织了早期的一次会议。我更多的时间都投入民权运动中去了,并逐渐接触到非裔美国人史。有一次对已有的标准观点进行微小纠正的时候,我发表了一篇短文指出,一名来自南卡罗来纳州的非裔美国学生爱德华·琼斯(Edward Jones)在阿默斯特学院获得了学位,这比通常被认为是美国"第一个非裔美国学院毕业生"[3]的约翰·鲁斯沃姆(John Russwurm)还要早一点。

凭借我在研究生时期和伍德沃德从事的研究,1958年,我在阿默斯特学院开设的第一门课是关于南方史的,包括相当多的种族问题内容。同一年,我为美国研究课程准备了一套阅读材料,主要关注布克·T. 华盛顿(Booker T. Washington)以及当时很少被研究的威廉·爱德华·布格哈特·杜波依斯(William Edward Burghardt Du Bois)。这套材料于1962年汇编出版,题

---

[1] Richard J. Storr, *Harper's University: The Beginnings: A History of the University of Chicago* (Chicago: University of Chicago Press, 1966).
[2] Hugh Hawkins, review of Richard Hofstadter and Wilson Smith, eds., *American Higher Education: A Documentary History* (Chicago: University of Chicago Press, 1961), in *Harvard Educational Review* 32 (Summer 1962): 350 – 353.
[3] Hugh Hawkins, "Edward Jones, First American Negro College Graduate?" *School and Society* 89 (November 1961): 375 – 376. 后来我发表了一篇更完整的文章,参见:"Edward Jones, Marginal Man," in David Wells and Richard Newman, eds., *Black Apostles: Afro-Americans and the Christian Mission from Revolution to Reconstruction* (Boston: G. K. Hall, 1982), 243 – 253.

为《布克·T. 华盛顿和他的批评者：黑人领袖的问题》(*Booker T. Washington and His Critics: The Problem of Negro Leadership*)。① 第一版在12年后出版，更名为《布克·T. 华盛顿和他的批评者：危机中的黑人领袖》(*Booker T. Washington and His Critics: Black Leadership in Crisis*)，其中加入了一些新的关于黑人国家主义的材料，这也证明了学术界越来越深刻地意识到非裔美国人史的复杂性。

通过这个项目，我认识了雷福德·洛根(Rayford Logan)，他也在阿默斯特学院授课，还有奥古斯特·迈耶(August Meier)，他的一份研究成果被收录到那本材料集中。我支持过阿默斯特学院一个关心政治的学生组织"种族平等学生促进会"(Students for Racial Equality)。1965年3月，在学院教堂牧师和一位学生朋友的推动下，在"佩特斯大桥暴行"(Pettus Bridge atrocity)②之后向蒙哥马利(Montgomery)进军之前，我来到了塞尔马(Selma)③。在这次改变人生的经历之后，我和一群学生参加了一个夏季选民登记项目，这是由南方基督教领导大会(Southern Christian Leadership Conference)资助的，我们在亚特兰大接受培训，然后进驻北卡罗来纳州的威廉斯顿(Williamston, North Carolina)。在那里，我们和当地的一群非裔美国人活动家共事。

这些经历培养了我在非裔美国人教育史方面的兴趣，这已经成为我对B.T.华盛顿和杜波依斯的兴趣的一部分。我找到了一些新材料可以在我1961年开始的教育史研讨班上运用，比如贺拉斯·曼·邦德(Horace Mann Bond)的作品。我是一位多元论者，我也试图想把天主教的教育包括进来，但

个人作品精选

Roger Geiger, ed., *The American College in the Nineteenth Century* (Nashville: Vanderbilt University Press, 2000).

David B. Potts, *Wesleyan University, 1831–1910: Collegiate Enterprise in New England* (New Haven: Yale University Press, 1992).

Jon H. Roberts and James Turner, *The Sacred and the Secular University* (Princeton: Princeton University Press, 2000).

---

① Hugh Hawkins, *Booker T. Washington and His Critics: The Problem of Negro Leadership* (Boston: D. C. Heath, 1962).
② 佩得斯大桥暴行是指1965年3月7日，亚拉巴马州州长派遣警队在佩得斯大桥上镇压正在游行的民权运动分子。——译者注
③ 塞尔马，亚拉巴马州的一个小镇。——译者注

当时找不到合适的可用材料。鉴于在博雅教育体制中教育史课程面临的特殊挑战,我后来决定把我这门不断变化的课程的教学大纲和我的文章一起寄存在阿默斯特学院的档案馆里。

　　研讨班的规模一直不大。有一些学生是抱着利用这门课来获得公立学校教师资格证的想法来的,这是在阿默斯特学院读本科期间很难做到的一件事情。还有一些学生是出于对阿默斯特学院本身的起源和发展的兴趣。在这些学生中值得注意的是,乔治·彼得森(George Peterson)在他兴趣的基础上写出了一篇出色的论文,在他毕业之后很快就以《大学时代的新英格兰学院》(*The New England College in the Age of the University*)为题出版了。[1]虽然学界一贯对内战后学院的发展比较忽视,但他的书得到鲁道夫的好评以及很多历史学者的频繁引用。

　　尽管我最终开设的是社会和思想史方面的研讨班课程,但是教育的话题一直存在。2000年秋,我最后一次上这门课,学生们讨论20世纪60年代的激进主义如何影响了大学,其中有一位学生以高中的激进主义作为研究论文的主题。有一份作业要求运用学院档案馆的手稿文献,有几位学生很好地运用了馆藏的马歇尔·布卢姆(Marshall Bloom)文献,这些文献中包括丰富的由"自由解放服务"(Liberation News Service)[2]保存的秘密出版物。

　　我不害怕被误认为是一名教育理论家,因为我知道,教育学课程的声誉都比较低。尽管这种看法流传很广,我早期读了雅克·巴尔赞(Jacques Barzun)的《美国教师》(*Teacher in America*)[3]之后更加强化了这种观点。这种偏见使得我在即将要从事教学的这个学科的广泛领域中准备得很不充分。为了拓展我对基础教育的了解,我一次又一次地回到劳伦斯·A. 克雷明(Lawrence A. Cremin)的作品上来,对他的每一本新书都非常关注。他的《学校的变革:美国教育中的进步主义(1876—1957)》[4]这本书的很大一部

---

[1] George E. Peterson, *The New England College in the Age of the University* (Amherst, MA: Amherst College Press, 1964).
[2] "自由解放服务"是1967—1981年间的一个新左翼反战的秘密出版组织。——译者注
[3] Jacques Barzun, *Teacher in America* (Boston: Little, Brown, 1945).
[4] Lawrence A. Cremin, *The Transformation of the School: Progressivism in American Education, 1876–1957* (New York: Alfred A. Knopf, 1961).

分内容都进入了我研讨班的教学大纲。通过他的学术研究,我发现埃尔伍德·帕特森·克伯莱(Ellwood Patterson Cubberley)不是一位过时的老学究,而是公共教育史研究领域中的一位里程碑式的人物。我也将克雷明和教育史学会的创建联系起来,学会的年会和《教育史季刊》在我的学术生涯中变得越来越重要。

《在哈佛和美国之间:查尔斯·W. 艾略特的教育领导力》(*Between Harvard and America: The Educational Leadership of Charles W. Eliot*)[1]于1972年出版。这本书不是一本传记,我希望对艾略特任校长前后的哈佛大学进行一定的研究。尽管这本书关注的是高等教育,但我希望"基础教育中的改革"这一章能让我不要成为教育史一般领域的门外汉。在这一章里,我围绕着"十人委员会"(Committee of Ten)讨论了当前活跃的话题,这些话题我也都在我的讨论班上充分讨论过。

完成第二本书之后,我前所未有地希望投身于学院的内部事务。20世纪70年代是阿默斯特学院的重建时期,我积极服务于各种工作小组和委员会。我和一位非裔美国学生哈罗德·韦德(Harold Wade)共同主持了一个临时委员会来推动招收少数族裔学生的努力,同时还创建了一个非裔美国人研究所。

在废除了阿默斯特学院所有的课程要求之后,学院组织一个委员会深入研究课程设置问题。委员会的深入调查形成了一个报告《阿默斯特学院应该重新考虑的教育:自由学习计划》(*Education at Amherst Reconsidered: The Liberal Studies Program*)[2],我给这份报告写了一篇历史性的导言。虽然只带来很小的改变,而且主要是在大一新生的研讨班必修课程方面,但是报告采取的折中主义立场与不断上升的偏好一种核心课程的压力形成了有趣的对比,在这一点上,我发现我跟鲁道夫的观点不太一致。

尽管渴望获得一些国外教学的经历,但我还是推迟了申请富布赖特项目的时间,一直到完成了艾略特那本书。1973—1974年,我很高兴地发现我被分配到哥廷根大学(University of Gottingen),那是美国的大学先驱者在德

---

[1] Hugh Hawkins, *Between Harvard and America: The Educational Leadership of Charles W. Eliot* (New York: Oxford University Press, 1972).
[2] Lawrence A. Babb, et al., *Education at Amherst Reconsidered: The Liberal Studies Program* (Amherst, MA: Amherst College Press, 1978).

国学习的地方,比如乔治·蒂克纳(George Ticknor)和爱德华·埃弗里特(Edward Everett)都在那里学习过。因为我的课都在教育学院,所以我也定期参加学院的会议,同时我也了解到很多德国教育体制的复杂性。我希望在德国的美国学生可以利用和德国教授的通信来获得一种更广泛的学习。通过去其他大学城镇的旅行,我在一些档案馆里找到了一些文献。对我来说幸运的是,哥廷根大学收藏了两位美国生物学家的大量书信,其中一位后来曾在阿默斯特学院任教。我在一篇文章里面专门对他们进行了研究,而这也是我的德国研究的一部分。①

有一次巴克跟我说,对专业的良好发展来说,写书评是一件很烦琐的事情。但他没有注意到,看到自己的名字和评论发表出来所带来的额外满足感。除了给霍夫施塔特和W. 史密斯的文献汇编写的评论外,可能再没有别的能够比为两本关于学院歧视性招生的开创性研究写的评论给我带来更大的满足感了。② 因为《美国史评论》(Reviews in American History)支持长篇的书评,所以我能够深入地讨论于尔根·赫布斯特(Jurgen Herbst)的众多著作之一《从危机到危机:美国学院管理(1636—1819)》(From Crisis to Crisis: American College Government, 1636–1819),以及玛丽·安·德朱巴克(Mary Ann Dzuback)的《罗伯特·M. 赫钦斯:一位教育家的肖像》(Robert M. Hutchins: Portrait of an Educator)。③

通过回顾发现,我最早期的一些文章都是当时正在写的书中的部分内容,但是后期的一些文章都是源自会议论文或者受邀演说,这些文章讨论的都是文理学院而不是大学。詹姆斯·阿克斯特尔(James Axtell)、戴维·波茨(David Potts)和我第一次出现在教育史学会年会上的文章,在某种程度上

---

① Hugh Hawkins, "Transatlantic Discipleship: Two American Biologists and Their German Mentor," *Isis* 71, no. 257 (1980): 197–210.
② Hugh Hawkins, reviews of respectively, Harold S. Wechsler, *The Qualified Student: A History of Selective College Admission in America, 1870–1970* (New York: John Wiley, 1977), in *Teachers College Record* 78 (Fall 1979): 549–551; Marcia Graham Synnott, *The Half-Opened Door: Discrimination and Admissions at Harvard, Yale and Princeton, 1900–1970* (Westport, CT: Greenwood Press, 1979), in *American Historical Review* 85 (April 1980): 475–476.
③ 分别为:Hugh Hawkins, "Foundations of Academic Pluralism," *Reviews in American History* 10 (September 1982): 341–345; Hugh Hawkins, "The Higher Learning at Chicago," *Reviews in American History* 20 (September 1992): 378–385.

已成为纠正过去对内战后学院错误理解的里程碑。[1] 在《变革》(Change)杂志上发表的一篇关于自由教育的文章是来自与日本访问学者的一次谈话。[2]

由于我希望做一点方法论方面的研究,同时也想写一本关于各种教育专业学会的书,所以我曾对教育史学会的会员们进行编目分类。让我意想不到的是,《高等教育史年刊》要发表这篇研究并延用原来浮夸的标题。[3] 后来,特别是在罗杰·L.盖格(Roger L. Geiger)的领导下,这本年刊成为我的一些简明作品的主要发表处。他也已经恰如其分地将之更名为《高等教育的历史透视》。

由美国科学艺术院(American Academy of Arts and Sciences)资助的在剑桥召开的大会上,我提交了两篇论文,以此为基础,我为两本文集分别写了一章,但这两篇文章却遭遇了不同的命运。文集《争论与抉择:社会科学和公共政策》(Controversies and Decisions: The Social Science and Public Policy)[4]出版很慢,而且我那部分内容没有得到任何的回应,尽管我也因此才有幸能够接近重要人物,比如塔尔科特·帕森斯(Talcott Parsons)和丹尼尔·贝尔(Daniel Bell)。事实证明,对学者们更有用的是我在《现代美国的知识组织(1860—1920)》(The Organization of Knowledge in Modern America, 1860–1920)中贡献的那章,即"大学特性:教学和研究功能"(University Identity: The Teaching and Research Functions)[5],这一章讨论的是学术生活中一种持续的张力以及我个人的共鸣。

由于希望我的第三本书有一个良好的开端,并与此同时对一所重要的大学进行考察,我向加利福尼亚大学伯克利分校提出访问的要求。来自杰拉尔丁·约恩契奇·克利福德(Geraldine Joncich Clifford)和马丁·特罗

---

[1] Hugh Hawkins, "University Builders Observe the Colleges," *History of Education Quarterly* 11 (Winter 1971): 353–362.

[2] Hugh Hawkins, "Liberal Education and American Society: A History of Creative Tension," *Change* 15 (October. 1983): 34–37.

[3] Hugh Hawkins, "Problems in Categorization and Generalization in the History of American Higher Education: An Approach through the Institutional Associations," *History of Higher Education Annual* 5 (1985): 43–55.

[4] Hugh Hawkins, "The Ideal of Objectivity among American Social Scientists in the Era of Professionalization, 1876–1916," in Charles Frankel, ed., *Controversies and Decisions: The Social Sciences and Public Policy* (New York: Russell Sage Foundation, 1976).

[5] Hugh Hawkins, "University Identity: The Teaching and Research Functions," in Alexandra Oleson and John Voss, eds., *The Organization of Knowledge in Modern America, 1860–1920* (Baltimore: Johns Hopkins University Press, 1979), 285–312.

(Martin Trow)的肯定性回复，使我在教育研究生院和高等教育研究中心都能获得一个职位。事实也确实如此，我在两边都有办公室并能提交文章。在高等教育研究中心与其他访问学者相处的过程中，我受到谢尔登·罗斯伯雷特(Sheldon Rothblatt)和珍妮特·鲁伊尔(Janet Ruyle)的慷慨欢迎。为了写一本20世纪美国高等教育通史，我利用高等教育研究中心的一个晚间研讨班来讨论我的写作计划并收到一些鼓励性的回应。

在不远处的圣克鲁斯(Santa Cruz)，我向维赛展示了一篇以历史的视角探讨学生激进分子的文章，而维赛给我指出了大学里这些富有创造性的学生的复杂性。总而言之，我了解了很多来自加利福尼亚大学的对美国文化的看法。在加利福尼亚大学伯克利分校的历史学家中，我想起与亨利·F.梅(Henry F. May)的谈话就感到特别愉快，我从读研究生时候起就非常仰慕他在思想史方面的著作。后来，关于他那本出色的自传，我写了一篇评论，这让我很荣幸。[1]

回到阿默斯特学院，我认识到，我写作和研究的风格不适合我承担的通史研究。我征求理查德·弗里兰德(Richard Freeland)的意见，从他在阿默斯特学院上学的时候起我就认识他。他当时刚刚开始从事的研究在1992年出版，题为《学术的黄金时代：马萨诸塞州的大学(1945—1970)》(Academia's Golden Age: Universities in Massachusetts, 1945–1970)。[2] 由于我们的研究很有关联性，所以我们开始通信和见面。我向他展示我的提纲，然后问他，他觉得我应该聚焦在何处。他指出，关于"全国制度性的协会"这一章，完全缺乏相关的二手文献。但是我觉得我应该做一些开创性的工作而不是把别人的二手文献汇总一下；而且，我在加利福尼亚大学伯克利分校所做的很多研究已经在使用这些校长级协会的相关记录了。

除了已出版的这些协会的会议记录——完整而清晰的记录在早些年里并不多见——之外，我还挑选了几所大学，考察了它们的校长文献。在华盛顿，我翻阅了很多协会的文献档案。比如美国教育委员会(American Council on Educaiton)，这是一个庞大的机构，档案浩瀚如海，而且有很多与成员群体

---

[1] Hugh Hawkins, review of Henry F. May, *Coming to Terms: A Study in Memory and History* (Berkeley: University of California Press; 1987), *American Historical Review* 94 (February 1989): 228–229.
[2] Richard M. Freeland, *Academia's Golden Age: Universities in Massachusetts, 1945–1970* (New York: Oxford University Press, 1992).

有关的材料。我后来发现,关于另一个协会的非常重要的档案被藏在楼梯下面的真空吸尘器后面。1982—1983年,我又重新回到加利福尼亚大学伯克利分校的高等教育研究中心,这次我专注于我修改过的计划,并且在与两位协会领导人克拉克·克尔(Clark Kerr)和T. R. 麦康奈尔(T. R. McConnell)的面谈中受益匪浅。

对我选择的主题,其本身并没有什么内在的扣人心弦的情节,我试图通过加入6个"插曲"来使文本更加活泼生动,每隔十年对一次协会会议进行叙事化的描述,关注气氛乃至言语的转变。这有助于在文献记录中发现校长们的机智,比如印第安纳大学校长赫尔曼·B 威尔斯[Herman B(他本人坚持说这里没有脚点,因为不是任何缩写) Wells]。由于运用缩写词是在所难免的,所以我很轻松地在开头就加上了一个"向缩写词致歉"。①

这本书展现的是,工业社会里的高等教育如何从个人的联合走向正式机构的联合。在这里,我运用"组织融合"的方法,正是这个方法让我与肯尼思·博尔丁(Kenneth Boulding)一直保持联系,也是我在路易斯·高拉姆博什(Louis Galambos)的作品中非常欣赏的一种方法,但是我也知道该方法被认为是一种保守主义的变形而受到批判。我惊讶地发现自己变成了右翼,我必须承认,我的大部分学术研究的对象是"已逝的白人"。我敬重的那些历史学家都有效地运用了阶级分析理论。比如罗纳德·斯托里(Ronald Story)的《一个精英社会的熔炉:哈佛大学和波士顿上流社会(1800—1870)》(*The Forging of an Aristocracy: Harvard and the Boston Upper Class, 1800-1870*)②,这本书讨论的是波士顿的精英群体,这与我对艾略特及其事业的肯定性评价形成鲜明的对比。

也许,我早期对美国种族问题的兴趣让我有需要成为一名反制度的历史学者,同时由于在我主编的阿默斯特系列文集中种族问题的突出性,所以种族就成为我在阿默斯特学院开设的一个研讨班的主题以及在1993年第二次做富布赖特学者时在汉堡大学(University of Hamburg)授课的主题。而且我在"不速之客"(The Uninvited)这一章中讨论了大学在阻止非裔美国人和

---

① *Banding Together: The Rise of National Associations in American Higher Education, 1887-1950* (Baltimore: Johns Hopkins University Press, 1992).
② Ronald Story, *The Forging of an Aristocracy: Harvard and the Boston Upper Class, 1800-1870* (Middletown, CT: Wesleyan University Press, 1980).

女性入学时设置的障碍。

为了不冒风险和避免错误,我在绝大部分内容中都尽力回避普遍化和综合化。但是,我在20世纪90年代写了两篇宽泛的诠释性文章——《大学》(The University)①和《文理学院独特性的塑造》(The Making of the Liberal Arts College Identity)②——之后,我在某种程度上变得更加勇敢了。这两篇文章减轻了我从来没有完成在加利福尼亚大学伯克利分校计划的一本大部头书的遗憾。由于这两篇文章都涉及当前时期,所以它们也使我能够作为一名当局者观察一些事情,比如教师和管理者之间的关系。

2000年完全退休之后,我依然对书写过去很感兴趣,但是不再渴望通过手稿文献进行研究了,我决定用我在堪萨斯州和俄克拉何马州的生动回忆来写一本家庭回忆录。③ 尽管我希望我所说的故事在本质上是有趣的,但我还是希望给社会史学家提供一些新材料,比如,"铁路工人的儿子"这一部分描述的学校教育显示出20世纪30年代的教室和操场的一些精神特质。有几页也在反思,为什么有一些小插曲总是发生在我身上。在书中我还追忆了我跟其他系所老师一起合上的研讨班。

令人感到高兴的是,德州理工大学出版社(Texas Tech University Press)愿意把这本书放到它筹划中的大平原(Great Plains)历史系列丛书中去,并从H. 罗杰·格兰特(H. Roger Grant)那里获得了一篇宝贵的序言。尽管我的回忆录停止在1941年,当时我12岁,但我已经写了一篇文章(还未发表)关于我在1946年进入学院的第一个学期,"跟大兵们一起去学院"。

回顾我自己的作品,我可以说,我已经尽力在这个传统的专业领域内"贡献自己的一份力量了"。除此之外,我也希望我能让历史这个学术领域变得更加生动有趣,这个领域长期以来由于机构史的写作方式和业余的研究工作而被贬低。我早期在原创性写作方面的兴趣——使我发表了一个短篇故事,还有一篇未曾发表的小说和一部未完成的戏剧——让我保持了一种愿望,即写作要给读者带来愉悦,而不仅仅是清晰地传达信息。

我也乐于认为自己在学院和大学史的研究领域内还是有一定地位的,

---

① Hugh Hawkins, "The University," *Encyclopedia of the United States in the Twentieth Century*, vol. 4, (New York: Scribner's, 1996), 1819-1839.
② Hugh Hawkins, "The Making of the Liberal Arts College Identity," *Daedalus* 128 (Winter 1999): 1-25.
③ Hugh Hawkins, *Railwayman's Son: A Plains Family Memoir* (Lubbock, TX: Texas Tech University Press, 2006).

尤其是我表明,一个机构中的共同观念及其精神特质是可以被鉴别和描述的。或许,学术同行能从我那些为他们当前的经历提供历史背景的作品中获得一些观点。和我同时代的历史学者的作品一样,我也希望我的作品显示出,谨慎地对待文献不会妨碍书写的流畅性和吸引力。而且我的学术作品可以给别人提供检视重要人物和机构的特殊性的一个维度。事实上,鉴于回忆的局限性,我有时候发现我自己也这样来运用我的作品。

由于认识到我关于约翰斯·霍普金斯大学的那本书在很大程度上只是一部内部史,所以我在《在哈佛和美国之间:查尔斯·W. 艾略特的教育领导力》这本书里将大学与更广泛的社会生活联系起来。通过这些协会组织,我思考,校长和院长群体是如何努力向非学术世界说明他们机构的重要性的,正如在"什么时候游说?"这一章中所撰写的那样。或许,在我开始研究的时候,由于这些直白的话会对大学产生不利,因此我往往会发现高等教育需要自我辩护,或者至少处于一定的社交张力中,在艾略特那本书里,我特别从民主、宗教和功利主义方面进行讨论。虽然在构思一本书的时候有用,但是这几种分类一般来说对机构和社会之间无限复杂的互动关系当然还是远远不够的。

我自从作为一名研究生开始就投身其中的领域在这后半个世纪里已经走向繁荣。新的学术研究已经指出,宗教动机对大学的发展是多么重要,我在研究受贵格会(Quaker)影响的约翰斯·霍普金斯大学和一神论主导的哈佛大学中低估了这种影响力。这两本书其实应该从诸如路易斯·史蒂文森(Louise Stevenson)对耶鲁大学的福音派教徒们的研究中汲取营养。[1]

尽管我专注于研究型大学和文理学院,但我还是很高兴看到现在很多其他的高等教育机构都得到了认真的关注。在很多为这种拓展付出努力的历史学者中,我认为最突出的是盖格、赫布斯特和菲利普·格利森(Philip Gleason)。[2] 事实上,和这个领域中其他研究者之间的同僚之谊,给我的人生带来了最大的快乐。

---

[1] Louise Stevenson, *Scholarly Means to Evangelical Ends: The New Haven Scholars and the Transformation of Higher Learning in America*, 1830–1890 (Baltimore: Johns Hopkins University Press, 1986).

[2] 他们的作品主要有:Roger Geiger, ed., *The American College in the Nineteenth Century* (Nashville: Vanderbilt University Press, 2000); Jurgen Herbst, *And Sadly Teach: Teacher Education and Professionalization in American Culture* (Madison: University of Wisconsin Press, 1989); Phillip Gleason, *Contending with Modernity: Catholic Higher Education in the Twentieth Century* (New York: Oxford University Press, 1995).

从士兵到学者

| 于尔根·赫布斯特
| (Jurgen Herbst)

概　　述

我的同事将我归在教育史学家之列,他们说我在那面旗帜下度过了我的职业生涯。我想他们是对的。但是,在我的孩提和青年时代,我把自己看成既是一名士兵,同时又是一名学者。士兵,是因为我的父亲和一些教师给我讲了他们在第一次世界大战中的经历,以及就像我在《回忆一段德国经历:生活在纳粹下的青少年时光》(*Requiem for a German Past: A Boyhood Among the Nazis*)[1]中描述的那样,当我们的城镇和村庄遭到突然轰炸时,我们这些年轻人开始感受到战争的切肤之痛。学者,是因为从小时候开始,我就受好奇心驱使问各种问题,寻求解答。其实,我想知道什么以及得到什么样的答案都无关紧要,我只是由着自己去做。后来我才得知,尼采(Nietzsche)已经在《快乐的科学》(*The Joyful Scholarship*)[2]里概述了那种学习方法,他描述那种快乐使得学习成为一种冒险,将学术研究变成一种艺术。

我的正规教育是从小学开始的,但是在那儿待了3年之后,父母将我转学到一所德国高级中学(German gymnasium)。他们已经注意到,原来的学校已经回答不了我的问题,在那儿我只能被迫死记硬背。在高级中学,我受到的教育依然是集中的博雅教育,并伴着围墙外希特勒青年团(Hitler Youth)的军事训练。

---

[1] Jurgen Herbst, *Requiem for a German Past: A Boyhood among the Nazis* (Madison: The University of Wisconsin Press, 1999).
[2] Friedrich Nietzsche. *Die Frohliche Wissenschaft* (Ditzingen: Reclam, 2000); published inappropriately translated as *The Gay Science*, Bernard Williams, ed. (Cambridge University Press, 2001).

作为德国军队精英部门的军官候选人,我在战争最后几个月的炮火硝烟中幸存下来,并被提拔为上等兵,然后回到家乡的高级中学继续学习,并到哥廷根大学、内布拉斯加大学(Nebraska University)和明尼苏达大学(Minnesota University)进行深造。这些岁月让我有了继续寻求答案的机会,而在经历了战争和屠杀之后,这种渴求比以往任何时候都更加迫切。我回到德国后,在汉诺威(Hannover)的美国领事馆和德国下萨克森州教育部(German Education Ministry of the State of Lower Saxony)从事了两年的文化事务工作。再次回到美国,我进入哈佛大学的"美国文明史"项目学习,之后成为卫理斯大学和威斯康星大学的教员,我荣幸地能够将我的教学与研究生涯献给尼采所推崇的"快乐的科学"(joyful scholarship)。

博雅教育与大学学习

沃尔芬比特尔(Wolfenbüttel)①格罗斯学校(Grosse Schule)的老师们让博雅教育成为我们难忘的体验。老师们或隐晦或公然地怠慢官方指定的纳粹教育,他们中的一些人不得不为此付出了被解雇或调走的代价。但是,还是有其他老师遵循纳粹党的路线,因此,我们学生不得不在各种冲突中寻找到自己的出路。博雅教育帮了我们大忙。就像我在《回忆一段德国经历:生活在纳粹下的青少年时光》中提到的,我们很快就学会将勇气和信念与纳粹口号的空洞虚伪辨别开来。没有人有义务用这么多话来告诉我们这些。对我们而言,博雅教育同时通过语言和行为展示给我们,我们私下里取笑那些以身试教的老师。同时,他们的指导课也告诉我们博雅教育是什么。考试的时候我们没有考卷,取而代之的是论文。我还记得有次当我收到返回的论文上赫然写着成绩是"F"时内心的震惊,在那篇论文中,我详细陈述了针对那个考题的赞成和反对的理由。老师察觉到了我的窘迫,笑着对我说:"是的,写得很好,但是我从中看不到任何新意。你不是在告诉我,也没有真正论证你自己是怎么看待这个问题的。"这使我们很早就认识到,教育绝不是简单的死记硬背,而是学习用事实来帮助我们塑造和捍卫信念,并去践行。

---

① 德国下萨克森州的一座城市。——译者注

作为希特勒青年团(junior branch of the Hitler Youth, Jungvolk)领导者的那种教育对我们也发挥了作用。对我们来说，青年团就意味着踢足球,开展拾荒式搜索以及训练成为为国家而战的勇敢士兵。作为高级中学的学生,我们被老师和家长督促着承担这项任务,而我们也充满热情地这样去做。这就是我们的男孩子们。在《回忆一段德国经历：生活在纳粹下的青少年时光》里,我描述了一个名为埃策尔(Etzel)的高级中学的同学,他住在他的犹太阿姨家里,有一次,他给我们100个男孩子读了《哈克贝利·费恩历险记》(Huckleberry Finn)中哈克和吉姆乘着木筏顺密西西比河而下的那一章。埃策尔本来是想借此谈一谈纳粹的种族主义的。

我的中学教育被军事训练和战斗任务打断了,后来我在家乡又读过一个学期的书。同样,这次也不是通常意义上的上学,而是整个民族和个人的关于纳粹主义、战争与屠杀的灾难性经历的前奏。在这里,是弗里德里希·克梅雷尔博士(Dr. Friedrich Kammerer)精湛而富有同情心的指导引领我走上重生之

> **个人作品精选**
>
> *From Crisis to Crisis: American College Government, 1636 - 1819* (Cambridge：Harvard University Press, 1982).
>
> *And Sadly Teach: Teacher Education and Professionalization in American Culture* (Madison：University of Wisconsin Press, 1996).
>
> *The Once and Future School: Three Hundred and Fifty Years of American Secondary Education* (New York：Routledge, 1996).

路。他带我认识了教友会(Religious Society of Friends)、贵格会和里尔克(Rilke)的诗歌,尤其是他那首《科尔内·克里斯托夫·里尔克的爱与死之歌》(*The Song of Love and Death of the Cornet Christoph Rilke*)。[1]

另一次的遭遇非常偶然,但同样对我产生了影响。那是不伦瑞克(Braunschweig)教师进修学院的一名地理教师雇我做他的助手。我永远也忘不了他是如何带我到他办公室墙上挂着的巨幅世界地图前,指着德国,让我看剩下的世界版图,说：为什么竟然有人曾经相信德国本该会赢得那场战争？

接下来几年的大学生活是在哥廷根大学、内布拉斯加大学和明尼苏达大学度过的。在哥廷根大学,我们忍受着肉体和精神上的双重饥困。每天

---

[1] Rainer Maria Rilke, *Die Weise von Liebe und Tod des Cornets Christoph Rilke* (Leipzig：Insel Verlag, no date). Translated by Fritz Gibbon, *The Manner of Loving and Dying of the Cornet Christoph Rilke* (London：Wingate, 1958).

只能吃一顿饭,坐在没有电的冰冷教室里;在从旧报纸上撕下的白边上做笔记,夜里与睡袋上的臭虫和学生宿舍屋顶渗漏的雨雪作斗争。虽然是地理专业的学生,但我也上像哲学家尼古拉·哈特曼(Nicolai Hartmann)和历史学家哈特曼·海姆佩尔(Hermann Heimpei)等世界著名教授的课。这些教授,他们自己也饥寒交迫,但他们知道,他们说的每一个字都将对我们产生决定性的影响。我们在绝望中聆听一个不同的世界,渴望获得指导,从而找到途径通往一个看起来遥远又不可思议的未来。对我们来说,"存在主义"不是一个抽象的哲学概念,它是彻头彻尾的现实。

作为一名被美国公谊服务委员会(American Friends Service Committee)带到美国的外国学生,我在内布拉斯加大学地理系找到了家的温暖。我第一次感受到了一名学生在正常情况下应该享有的生活。但是同样,最重要的事情不是发生在教室里。学生的世界主义俱乐部(Cosmopolitan Club)才是我真正的家。我不仅在它的聚会上遇到了我未来的妻子,还遇到了来自英格兰、法国、意大利、挪威以及遥远的非洲、亚洲各地的我的战友。在这里,美国的腹地,我们这些老兵骄傲地写信给温斯顿·丘吉尔(Winston Churchill),告诉他我们发现了共同的欧洲传统,并且为了巩固我们新成立的联盟,俱乐部的伙伴们推选我这个德国人担任主席。

在内布拉斯加大学和明尼苏达大学学习期间,我的学术研究开始聚焦于美国文学、历史与政治科学,这让我能够胜任我在1952年回到德国后找到的工作。我给汉诺威的美国文化官员当教育顾问,并与德国教育官员一起协助安排德国教师的美国研究会议。也是在汉诺威,我找到了我终身的研究兴趣,并与来自世界各地的教师和大学研究者一起工作。我参加了位于哈茨山(Harz Mountains)的松嫩贝格国际工作组(International Working Group Sonnenberg)举办的许多教师教育会议。但我也知道,我对学习的诉求并没有停止,因此,1954年我决定以移民身份返回美国,在哈佛大学攻读美国文明史博士学位。

哈佛大学与尼采的"快乐的科学"

在哈佛大学,我真正的教育开始了。此前的一切都只是前奏。我惊奇地意识到尼采的体验与我如此相似。他将"快乐的科学"描述为"康复期",他写道:"快乐的科学意味着心灵的狂欢,这心灵曾抵御旷日持久的可怕压力,那是一种何等坚忍、严峻、冷酷、不屈不挠而毫无希望的抵御啊;而今受到希望的猛烈震撼,健康有望了,被康复陶醉了。"① 当我踏进大学大门仰望灯塔的时候,我的感受正是如此,接下来的 4 年,我找到了我一直渴望的:解答我疑问的老师;给我展示教学、研究和学术意义所在的老师;像尼采所说的那样,在他们的讲座和研讨会中表明,学术需要有快乐才能成为艺术的老师;不再有信仰的老师,还是如尼采所说:"真理在其面纱被撕下后仍是真理。我们经历了太多,不会再相信这句话了。"

我到那里需要做的第一件事,是在美国文明史中选取一个专攻的研究领域,我的博士论文将基于此。我这项任务的指导老师是霍华德·芒福德·琼斯(Howard Mumford Jones)和伯纳德·贝林(Bernard Bailyn),前者是位杰出的文学教授,后者是一位立志将成为美国殖民和革命史最重要专家之一的年轻学者。他们给了我莫大的支持,并对我严格要求,我将永远感激他们为我付出的辛劳。H. M. 琼斯教授了解到我在汉诺威的工作是作为一名教育顾问时,他建议我关注一下教育史,这个专业在那时还没有人选。贝林教授那时正在写他的书《教育与美国社会的形成》(*Education in the Forming of American Society: Needs and Opportunities for Study*)②,他也欣然同意。因此,我的终身专业学术生涯开始了,并最终导致我的第一本书问世:《美国学术中的德国历史学派:文化迁移中的研究》(*The German Historical School in American Scholarship: A Study in the Transfer of Culture*)。③ 对我来说,这是一次学术研究的探索,尝试着梳理文献资料,并写成一份具有可读性的手稿;同时,这也是一个初露头角的拥有德国血统的历史学家对自身历史的考查。

H. M. 琼斯教授也曾让我做他的研究助手。我的工作就是撰写论文和书的概要,帮助他决定是否亲自阅读。一天早上,我正在他威德纳图书馆

---

① 该段译文引自:尼采. 快乐的科学[M]. 黄明嘉,译. 上海:华东师范大学出版社,2007:1. ——译者注
② Bernard Bailyn, *Education in the Forming of American Society: Needs and Opportunities for Study* (Chapel Hill: University of North Carolina Press, 1960).
③ Jurgen Herbst, *The German Historical School in American Scholarship: A Study in the Transfer of Culture* (Ithaca: Cornell University Press, 1965).

115室的办公室埋头工作,他走进来问我做得怎么样了。"哦,琼斯教授,"我说,"这太棒了,我真心喜欢这工作,我可以做一辈子。""什么?!"他朝我大喊,整个威德纳图书馆都能听到,"你不明白你在说什么。这是这里最无趣的苦工。是的,这工作是必要的,但它并不是你待在这里的原因。你在这里是要找到我们知识世界的宝藏,拿出来擦亮,让它们熠熠发光,然后带着对知识的热爱去激发你自己和你的学生们!"说完他转身甩门而去,留给我一个终生难忘的教训。研究本身并无意义,除非它的成果发表出来,或是在教室、研讨室中带着热情和对读者、听者的关心展示出来。H. M. 琼斯跟尼采一样,都认为真相被面纱遮蔽,只有写作和演讲的艺术才能使真理显现。

贝林在他的教学和指导过程中传达了相似的观点。事有凑巧,我们2000年呈送给他的从教五十周年纪念文集的标题就是"或为艺术"(*Sometimes an Art*)。我曾用一首小诗来推荐一篇我称之为《约翰·史密斯船长的新生》(*The New Life of Captain John Smith*)的文章:"看那船长/一时大吹大擂,一时徒劳自负/一时又忧郁沉闷。//他的缺点不少,他的美德很多/中间跨越太大。//一个咸咸的亲吻/波卡洪塔斯(Pocahontas)①的礼物/在他的心里燃烧。//接纳他。/他爱,又伤害/他给了我们生命。"②不用说,学术编辑对诗可没有耐心,这首小诗没有刊印出来。

哈佛大学的四年学生生涯和接下来在康涅狄格州米德尔顿(Middletown, Connecticut)的卫斯理大学(Wesleyan University)作为一名年轻教师所度过的八年时光,留给我一份宝贵的财富,那就是终身致力于学术研究和教学。这是我从我的导师 H. M. 琼斯和贝林那里接收来的礼物。我应该把卡尔·乔基姆·弗里德里克(Carl Joachim Friedrich)的名字加入名单之列,他关于政治理论史的讲座和讨论课以其犀利的分析和感人的演讲给我留下了很深的印象。他也是一位遵循尼采传统的学者,他的讲座融合了

---

① 波卡洪塔斯(1595—1617),是生活在美国弗吉尼亚州的亚尔冈京印第安人(Algonquian Indians,即波瓦坦人)的一位重要酋长波瓦坦(Powhatan)的女儿,传闻她曾不顾自身安危救了英国殖民领袖约翰·史密斯(John Smith)上尉的生命,也因此成为英国家喻户晓的人物。她的一生短暂,却影响深远。波卡洪塔斯试着要促进波瓦坦人及英国殖民间的和平;她甚至改信基督教并嫁给一位詹姆士镇的移民约翰·罗尔夫(John Rolfe),开展一段有助于两边人民融合的婚姻。她在英国的早逝损害了弗吉尼亚州亚尔冈京印第安人与殖民之间永续和平的机会。——译者注

② *Sometimes an Art: A Symposium in Celebration of Bernard Bailyn—Fifty Years of Teaching and Beyond* (Harvard University, May 13, 2000). My essay was published as Jurgen Herbst, "The New Life of Captain John Smith," *Historical Magazine of the Protestant Episcopal Church* 44 (March 1975): 47–68.

睿智才华和对学生的关心,成为鼓舞人心的艺术作品。同样如此的还有卡尔·休斯克(Carl Schorske)和诺曼·O. 布朗(Norman O. Brown),后者更常被称为"时髦的"布朗("Nobby" Brown),他们都是我在卫斯理大学的同事。休斯克的《19世纪末的维也纳:政治与文化》(*Fin-de-Siècle Vienna: Politics and Culture*)①和布朗的《生死相依:历史的精神分析意义》(*Life against Death: The Psychoanalytic Meaning of History*)②分别以他们各自不同的方式完美展示了历史学著作如何为学生读者阐明对过去与现在的理解。

在卫斯理大学,我的工作让我从历史系和文科硕士教育项目中的一名讲师转成为副教授。1963—1964年,我担任新英格兰美国研究协会(New England American Studies Association)的主席。那时候我发表的文章主要是关于教育思想与理论史以及当前对美国中学教育的批评。③ 同时,我还担任了耶鲁大学的客座讲座教授,并获得富布赖特奖学金的资助到德国松嫩贝格(Sonnenberg)、柏林(Berlin)、海德堡(Heidelberg)、法兰克福(Frankfurt)、特里尔(Trier)演讲。

在威斯康星大学的那些年

我在威斯康星大学教育政策研究系待了28年,那些年是快乐而满足的,我找不到一群更支持我的同事和更富有热情的学生,包括听我讲座的本科生和讨论课上的研究生。他们对历史研究的热情和投入感动着我,感同身受的还有我的历史学家伙伴——研究美国历史的卡尔·F. 克斯特尔(Carl F. Kaestle)和研究欧洲历史的斯特林·菲什曼(Sterling Fishman)。我们遵照贝林的传统开展工作,把历史看作我们的学科,把教育作为我们的兴趣所在。④

我的第一项主要研究任务是参加1977年国际研究交流委员会的一项去

---

① Carl Schorske, *Fin-de Siècle Vienna: Politics and Culture* (New York: Alfred A. Knopf, 1980).
② Norman O. Brown, *Life against Death: The Psychoanalytic Meaning of History* (Middletown, CT: Wesleyan University Press, 1959).
③ Jurgen Herbst, "The Anti-School: Some Reflections on Teaching," *Educational Theory* 18 (Winter 1968): 13–22.
④ My essay in the Bailyn *Festschrift*, mentioned above, was reprinted in slightly altered form as "Nineteenth-Century Schools Between Community and State: The Cases of Prussia and the United States," *History of Education Quarterly* 42 (Fall 2002): 327–341.

民主德国为时三个月的研究。我计划调查美国高等教育的开端,从1636年哈佛大学成立到1819年美国最高法院(United State Supreme Court)开了先例的达特茅斯学院案(Dartmouth College Case)。由于这项研究在很大程度上将是高等教育的法律史,我觉得有必要熟悉一下大学历史的欧洲背景。我的这种需求,很大程度上在位于梅泽堡(MerSeburg)的国家档案馆(State Archives)和位于东柏林的洪堡大学图书馆(Library of the Humboldt University)得到了满足。每天当我进入图书馆的时候,都会看到墙上卡尔·马克思(Karl Marx)的话:"哲学家们只是用不同的方式解释世界,而问题在于改变世界。"我忍不住想象着他坐在大英博物馆里,被书和各种文件环绕,而我在柏林,这个"现实存在的社会主义"的中心,跟他分享着相似的经历。回到威斯康星大学麦迪逊分校,在我的成果出版之后,[①]我开始研究教师教育史和美国中等教育史。在《可悲是教书:美国文化中的教师教育及其专业化》(And Sadly Teach: Teacher Education and Professionalization in American Culture)[②]这本书中,我责备教师教育者忽视了把初等学校的教师培养成为学校的管理者、师范学校的教师、成人教育者和教育研究者。在《过去与未来的学校:美国中等教育350年》(The Once and Future School: Three Hundred and Fifty Years of American Secondary Education)一书中,我提到了19世纪的"人民学院"(people's college),其实是当时非常高效的高中。在这本书里,我表达出希望在进步主义教育和生活适应教育实施之后,在对中学教育的普遍不满不能再被忽视之后,我们应准备好重建我们的教育系统,使之跟上技术快速发展的步伐。对中学,我建议"将不得不与一定框架内的其他许多机构共同完成教育任务,给予选择的空间,消除监护的冲动。教育要想有效,必须在自由的氛围之下"。[③]

我很不情愿地承认,这是不可避免的,也是必需的:大学教授的责任包括了为他的同事、学生、社区以及更广泛的职业提供服务。我有亲身体会。

[①] Jurgen Herbst, *From Crisis to Crisis: American College Government 1636 – 1819* (Cambridge: Harvard University Press, 1982).

[②] Jurgen Herbst, *And Sadly Teach: Teacher Education and Professionalization in American Culture* (Madison: University of Wisconsin Press, 1989).

[③] Jurgen Herbst, *The Once and Future School: Three Hundred and Fifty Years of American Secondary Education* (New York: Routledge, 1996), 213.

我曾三次担任教育政策研究系的系主任，一届教育史学会主席，8年的国际教育史常设会议执行委员会成员，其中1988—1991年还是该委员会的主席。1980年，我被选为国家教育学院（National Academy of Education）的一员；1983—1984年，我是德裔美国人300周年庆典总统委员会（the Presidential Commission for the German-American Tricentennial）的成员。1978年，麦迪逊的市长委任我到该市伦理委员会（Ethics Board）任职，1981—1994年我担任委员会主席一职。

> **对我产生影响的著作**
> John I. Goodlad, *Teachers for Our Nation's Schools* (San Francisco: Jossey-Bass, 1990).
> Carl E. Kaestle, *Pillars of the Republic: Common Schools and American Society, 1780-1860* (New York: Hill and Wang, 1983).
> Deborah Meier, *The Power of Their Ideas: Lessons from a Small School in Harlem* (Boston: Beacon Press, 1995).
> David Potts, *Liberal Education for a Land of Colleges: Yale's Reports of 1828* (New York: Palgrave Macmillan, 2010).
> Diane Ravitch, *The Death and Life of the Great American School System: How Testing and Choice Are Undermining Education* (New York: Basic Books, 2010).

但是，恰恰是教学和在国际教育史常设会议工作的那段经历，激发了我对学术的热情，并使我珍惜由此带来的快乐。在威斯康星大学麦迪逊分校，我曾给本科生开设了有关教育问题的研讨班，这个研讨班通过广播电台进行播报，结果吸引了全州各地的听众。我利用最开始的十分钟讲述历史背景打开话题，接下来就由我的学生来回答电话里不断涌入的各种问题。这无论是对学生还是对听众来说都是奇妙的体验，让参与者终生难忘。我参与国际教育史常设会议始于1979年它在勒芬（比利时地名）举行的第一次年会。对我来说，这是20世纪50年代初在汉诺威时的松嫩贝格精神的愉快再现。与国际教育史常设会议相关的系列会议让我辗转整个欧洲，从北部的约恩苏（Joensuu，芬兰地名）到南部的帕尔马（Parma，意大利地名），从东部的波兰到西部的都柏林（Dublin），同时也去了以色列、澳大利亚、加拿大及日本。我非常感激教育史国际常务会议在2008年纽瓦克（Newark）会议上授予我的荣誉会员身份及所受的称颂。①

在结束我关于威斯康星大学经历的叙述之前，我不得不提那些伴随

---

① For the laudatio see http://www.inrp.fr/she/ische/index.htm.

着我的美妙的、终生的友谊,是这些友谊使得我在那里的那些年过得满足而充实。费利克斯·波拉克(Felix Pollak),一位在维也纳出生的犹太诗人,他的双语诗歌和散文都是才华横溢的袖珍杰作,[1]正是他比任何人都更加力劝我把回忆写下来。还有特德·哈梅罗(Ted Hamerow),他是我在历史系的同事,在他写的许多书里都有关于"二战"、屠杀、德国抵制希特勒的令人信服的叙述。对我而言,他的自传比其他任何的证词都更多地告诉我关于我们身处其中的不同世界的共同命运。[2]

退　　休

1994年,我离开威斯康星大学的教学岗位,跟苏(Sue)[3]一起搬到科罗拉多州的杜兰戈(Durango, Colorado),和我们的女儿斯蒂芬妮(Stephanie)和外孙女希亚妮(Sheyanne)住在一起。我那时还不知道在拉普拉塔县(La Plata)和圣胡安山脉(San Juan mountains),一种崭新的生活将为我打开,那种生活将会把我带回童年的梦中,我每天过的生活既是学者也是士兵。1995年春天,我受邀成为加利福尼亚大学伯克利分校高等教育研究中心的访问学者。接着又有人邀请我到夏威夷大学(University of Hawaii)、东京三鹰的国际基督教大学(International Christian University at Mitaka, Tokyo)作讲座。我在三鹰的讲话在当地以小卷本的形式出版:《研究与教学:个人反思与美国大学:传统与改革》(Research and Teaching: Personal Reflections and the University in the United States: Tradition and Reform)。[4] 第二年,我回到我的家乡沃尔芬比特尔,在我们1946届毕业班依然健在的同学面前发表了毕业讲话。1998年春天,我又被吸引到国外,这次是去维也纳大学(University of Vienna)交叉学科研究所担任客座教授。

1999年在杜兰戈,我担任刘易斯堡学院(Fort Lewis College)的专业助

---

[1] Felix Pollak, *Benefits of Doubt* (1988) and *Lebenszeichen: Aphorismen und Marginalien* (1992).
[2] Theodore Hamerow, *Remembering a Vanished World: A Jewish Childhood in Interwar Poland* (New York: Berghahn Books, 2001).
[3] 指作者的妻子苏珊·L. 艾伦(Susan L. Allen)。——译者注
[4] Jurgen Herbst, *Research and Teaching: Personal Reflections and the University in the United States: Tradition and Reform*, International Christian University, Faculty Development Series, No.1.

理(Professional Associate)。这些专业助理都是退休的专业人士,曾经是物理学家、经济学家、商人、教授、艺术家、学校校长以及各类企业和基金会的CEO。我们的工作就是以任何可能的方式去帮助学院和学院的师生。我教授一门博雅学科荣誉本科生的讨论课,同时依然在专业助理开创的年度终身学习项目中讲课。为了完成从威斯康星大学退休后遗留下来的工作,我完成并出版了一项关于美国和德国择校问题的研究成果。[①] 我也完成了关于在纳粹德国成长经历的回忆录,就是我在文章最开始提到的《回忆一段德国经历:生活在纳粹下的青少年时光》。1999年这本书出版之后,我收到许多在科罗拉多州演讲的邀请,它也使得我直到今天为止还在刘易斯堡学院历史课上讨论的"可用名单"之列。

正是我在拉普拉塔县搜救中心注册成为一员的经历,把我带回了重返士兵生活的梦与现实。当然,搜救中心并不是军队,我们也不是士兵。但是我们的奉献,随时准备服务的状态,在陆地、水面以及雪地的绳索救援和担架、直升机疏散训练,更不用说白天或晚上的实战营救,让我们结成了执行任务中面临危险的男男女女间的同志情谊,就像士兵们所珍惜的战友之情一样。哎,如今年纪和健康已不允许我参加那些刚注册时备受鼓舞的活动。我在我安全的家中通过电话和广播来帮助引导每一场营救,现在我担任这个群体组织的会计。

而科罗拉多州与我作为一名学者的工作也有着直接的联系。我最新的一本书《公共教育的女性先驱:文化如何传播到荒蛮的西部》(*Women Pioneers of Public Education: How Culture Came to the Wild West*)[②],在某种程度上就是受锡尔弗顿(Silverton)周围群山连绵的荒野激发的,锡尔弗顿是杜兰戈往北约80千米处的一座旧的采矿小镇。我发现我们关于东部和中西部的学校和教育的历史有很多,但是关于西部的却没有。我们称赞像贺拉斯·曼(Horace Mann)和亨利·巴纳德(Henry Barnard)一样的男性学校改革者,却对西部地区的女性角色知之甚少,我们把德国对美国教育的影响也看作是过去了的事。《公共教育的女性先驱:文化如何传播到荒蛮的西部》

[①] Jurgen Herbst, *School Choice and School Governance: A Historical Study of the United States and Germany* (New York: Palgrave, 2006).
[②] Jurgen Herbst, *Women Pioneers of Public Education: How Culture Came to the West* (New York: Palgrave, 2008).

这本书将为你解开疑团。现如今，锡尔弗顿实施了一种探索学习拓展计划（Expeditionary Learning-Outward Bound），这是回到库尔特·哈恩（Kurt Hahn）在康斯坦斯湖塞勒姆城堡（Schloss Salem on Lake Constance）的男女合校寄宿学校的教育的一条途径。而终于，我现在正在写关于1977年我在东德度过的三个月的经历和想法的手稿。

结　语

当我回顾我在教育领域的经历时，我首先发现的一个事实是，教育对我来说曾意味着，现在依然意味着自由学习（liberal learning）。自由学习意味着通过理解自我和周边的世界来获得个人成长，有了这种理解，慢慢就能够为了它的福祉和繁荣作出自己的贡献。这种学习方法表现在学术的两个方面：研究与教学。研究是通向理解的庄严之路，而教学是丰富自我及其学生生命的学者之路。

我们有许多种途径可以开始这种体验，并有很多领域可以去实践。对我来说，就是在历史领域。因为历史允许我们超越今天生活在其中的世界的限制，去扩展和深化我们的视野。只要我们有决心和毅力，历史允许我们探讨人类过去的每一个角落，并从中吸取经验教训，帮助我们塑造未来。

你或许会问：教育史呢？那不正是你从事的领域吗？是的，但是如果你回过头去看看我前面所讲的，你就会注意到，我的选择纯粹是偶然的。那甚至根本就不是一个选择。正是因为1952年我从美国回到汉诺威后得到的工作就是作为一名教育顾问，而且还是由于在当时没有任何其他学生选择教育史作为主攻专业的情况下，H. M. 琼斯教授的建议，才促使我把兴趣和训练都放到教育史上。

因此，如果你问我有什么建议给我们教育史领域的新同仁，我将会说，首先也是最重要的，把你自己当作一名历史学家并且像一名历史学家一样去做学术。把教育史当作是一项自由专业去做，这将丰富你和你学生的生命。你完全可以游离于教育领域错综复杂的细节之外，从课程学习到课堂管理，再到我们教育系的同仁身上。教育史并不会教给你教学的技巧，但是它会让你知道教育在哪些方面以及是如何适应人类活动的进程的。关于我刚才给你的建议，请记住尼采在《快乐的科学》中所写的一首小诗：
*Vademecum-Vadetecum*①

> 你被我的风度和谈吐吸引，
> 是否决意紧步后尘？
> 还是忠实地跟随你自己吧，
> 然后再随我——不过且慢！还须当心！

---

① Vademecum-Vadetecum，拉丁文，意为"跟我走吧——跟你走吧"。这里的译文引自：尼采. 快乐的科学[M]. 黄明嘉，译. 上海：华东师范大学出版社，2007：49. ——译者注

如何与教育史结缘以及我的奥德赛之旅

> 卡尔·F. 克斯特尔
> (Carl F. Kaestle)

我的家庭出身

我父亲出生于田纳西州孟菲斯（Memphis）东北部一个叫作帕里斯（Paris）的小镇。我爷爷是一名火车售票员，他的父母是德国人，1870年来到田纳西州后生下了他。我奶奶那一脉都是荷兰人，奶奶是一名有资格证的教师，在整个家庭搬到孟菲斯之前，都是她在家教两个儿子学习，后来孩子们去孟菲斯读高中。我父亲的一名老师鼓励他去佐治亚理工学院（Georgia Tech）学工程学。他大四的时候，一位教授建议他去申请耶鲁大学谢菲尔德科学学院（Sheffield Scientific School）的硕士学位。

在耶鲁大学，我父亲沉浸在博雅教育中。他是学工程的，但他最喜欢的课程是勒尔（Lull）的生物进化课程和威廉·格雷厄姆·萨姆纳（William Graham Sumner）的学生阿尔伯特·凯勒（Albert Keller）教授的社会学课程。我父亲和我母亲在纽黑文（New Haven）通过相亲认识。我母亲那时在奥尔巴尼州立师范学院（Albany State Teachers College）学习，这所学校现在叫作纽约州立大学奥尔巴尼分校（SUNY-Albany），她需要从她的家乡斯克内克塔迪（Schenectady）乘电车上学。她的名字是雷吉娜·佩罗（Regina Perreault），父母都是法国移民。她父亲是一名绘画承包商，在生意场上讲英语，但在家里讲法语。我母亲从幼儿园开始学习英语，后来成为一名高中法语教师，在纽约阿姆斯特丹附近任教。

弗兰克（Frank）跟着他的未婚妻来到了斯克内克塔迪，在通用电气公司(General Electric)实习。经济大萧条时期,他们俩的工作都还稳定,还帮助部分朋友渡过了难关。我父亲后来成为电路系统设计领域的专家,为大型化工和石油产业服务,比如石油管道和铝工厂。"二战"期间,他参与了"曼哈顿计划"(Manhattan Project)。我的母亲生完孩子后就停止了教学,她热心参与学校、公园、青少年精神健康诊所等的社区工作。

我的教育经历

我们住在纽约的斯科舍(Scotia)小镇,那里聚居着从斯克内克塔迪跨过莫霍克河(Mohawk River)来的中产阶级专业人士和工薪阶级产业工人。我就读的高中并不是很有名气,也不像通常的那么严格,但是它拥有一流的音乐系(音乐是我的终生爱好之一)和一些非常优秀的教师,其中一位就是肖夫人(Mrs. Shaw),她的生物课非常有趣,以至于我打算将来做一名医生。1958年我上大学时,部分医学院表示申请者可以主修人文学科,只要他们同时修习必要的科学课程,因此我选择了英语作为主修课并兼选了新生化学课,我对未来信心满满。

然而,化学我学得非常吃力,接着,大学二年级时的植物学和动物学也是如此。我没有学科学的天分。我抛开了做医生的想法,非常享受上英语课和选修课,以及参加一些歌唱的活动,包括欢乐合唱团(Glee Club)和威芬普夫斯合唱团(Whiffenpoofs)。那时耶鲁大学的英语系是非常牛的,有些新批判主义(New Griticism)的光辉人物在那儿。根据他们的理论,学生不应该读批判主义的东西(读他们的也不行),也不应该过于关心一件艺术品的历史背景,而只需注意当我们看到它时它所表达出的意思。新批判主义作为文学理论已经被揭穿,但是那时候它激励着这里的人们。我们上保罗·韦斯(Paul Weiss)关于美学的哲学课,与新批判主义完全一致,而英语课上我们就一篇接一篇地写文章。我喜欢这样,事实证明这是远比文学批评更为有效的训练。在教我的著名教授(有些是新批判主义的,有些不是)中,有讲授现代美国诗歌的罗伯特·佩恩·沃伦(Robert Penn Warren)和R. B.刘易斯(R. B. Lewis),有讲授莎士比亚的梅纳德·马克(Maynard Mack),有讲授弥尔顿(Milton)的亚历山大·威瑟斯庞(Alexander Witherspoon),还有讲授19世纪英语小说的戈登·海特(Gordon Haight)。

到了大三,我想我应该好好规划一下未来的职业,我对公共教育产生了兴趣。我母亲曾深入参与过斯科舍的学校事务,晚饭后我们会就教育政策问题谈论几个小时。但是,对一名耶鲁大学的学生来说,我的选择是很不寻常的。耶鲁大学在20世纪50年代初就取消了教育学院,惠特尼·格里斯沃尔德(Whitney Griswold)校长认为,根本就不存在教育学这门学科,那只是一个论题而已。有一门教育课程幸存了下来。心理学系的主任克劳德·巴克斯顿(Claude Buxton)开设了一个关于教育的研讨班,他在课上鼓励我们沿着我们希望借助的任何一门学科追求自己的教育理想。我就写了一篇关于民主和教育的哲学论文。

我考虑准备当一名教师,就去找埃德·戈登(Ed Gordon),他是耶鲁大学有名的师范类文科硕士项目的主管[不要与心理学家埃德蒙·戈登(Edmund Gordon)混淆,他后来是耶鲁大学的一名教授,现在是我一位亲密的朋友]。埃德·戈登问我我的职业目标是什么,我说我会尽我所能成为最优秀的英语教师,至少五六年后再看看学校管理方面有没有感兴趣的职位。他说:"这样的话,我这里不想要你。"他只对有志于终生从事教学事业的候选人感兴趣。"你应该去哈佛大学。"他轻蔑地向我保证,那里的每个人都是教几年书后就到该组织机构较高的职位任职去了。

埃德·戈登不是一个轻易改变主意的人,所以我就申请了哈佛大学的教学法硕士项目(M. A. T. program)。[埃德·戈登的女儿安·戈登(Ann Gordon)是威斯康星大学的一名反战活动家,后来她编纂了伊丽莎白·卡迪·斯坦顿(Elizabeth Cady Stanton)和苏珊·B. 安东尼(Susan B. Anthony)的相关文献,她是我来到威斯康星大学之后的第一位博士生导师,所以埃德·戈登确实也对我的人生有一些助益。]当时,哈佛大学的教学法硕士项目由西奥多·赛泽(Theodore Sizer)负责,他后来是教育学院的院长,最终成为全国最知名的备受尊敬的学校改革者,是要素学校联盟(Coalition for Essential Schools)的创建者。赛泽策划了教学法硕士项目的"C计划",这个计划要求整整两年的学习时间而不是一年。而我关心的是,我还年轻,也很稚嫩,还有一份《国防教育法》的贷款要还。

这个"C计划"以一个两周的速成研讨班开始,这个研讨班主要是关于,在两位导师的不断观察和指导下,如何写一份像样的教案,并进行全职教学。我选择了马萨诸塞州的牛顿市(Newton, Massachusetts)作为我的实习地点。牛顿中学有着很高的声誉,而且有一个特别好的英语系。我的主要导师是亨利·比塞克斯(Henry Bissex),对我们哈佛大学的实习生来说,他简直就是偶像。比塞克斯各方面都很厉害,他有着很好的教学理念,也非常平易近人。关于教学,我学到了很多,但我仍然完全不确定我该选择怎样的事业。像大多数第一年的英语老师一样,我的主要精力集中于怎样把这一年有尊严地坚持下来,以及不要淹没在我布置给学生的作业里。

除了比塞克斯的指导之外,我每天都从一个叫作"蓝洞"的大地下室里收获很大,在那里英语系同事在空闲的时间里闲聊,聊得最多的还是学生和教学。["有谁能告诉我怎么跟埃丝特·克兰斯顿(Esther Cranston)沟通吗?她看起来好像很伤心","谁有一份关于关系从句和非关系从句的好教案吗?"]牛顿中学并不是一所完美的学校(比如,它的英语教学分成了七个水平等级),但这是一个去学习好老师是如何日复一日工作的好地方。

在教学法硕士项目的第二年,我在哈佛大学上了一些课程,包括沃尔特·杰克逊·贝特(Walter Jackson Bate)关于英国浪漫主义诗人的课程,佩里·米勒(Perry Miller)关于美国文学中的浪漫主义的新课,伊斯雷尔·谢弗勒(Israel Scheffler)的教育哲学,以及麻省理工学院的诺姆·乔姆斯基(Noam Chomsky)睿智的转换语法(transformative grammar)课程,它使整个英语语言学界为之震动。课程真的很丰富。因为之前英语方法与课程方面的课非常糟糕,不仅无用,而且令人恼火,所以我很高兴这些课程都非常精彩。

但是,在秋末,英文方法课的助教约我出去喝咖啡。他听说我对学校管理很感兴趣,就问我来年是否有兴趣担任华沙美国学校(American School of Warsaw)的校长。我说:"我还不够格啊。"我的助教说,他认识现在的校长,这个校长也是哈佛大学教学法硕士项目毕业的。他说学校的规模很小,约有100名学生,董事会更喜欢通过他们认识的朋友介绍的形式来聘任校长。

学校听起来很有趣,而且在欧洲生活两年也是非常吸引人的,以至于我放弃了自己之前的信念,即学校管理者在试图主管一所学校之前至少要教五年书。因为我已经决定跟我女朋友求婚了,所以现在我不仅要求婚,而且还要征求她在华沙生活两年的建议,这会打断她在哥伦比亚大学学习的护理项目以便在欧洲开始我们的生活。她同意了,然后我申请了这个职位并得到了这份工作,结束了第二学年的课程开始进入基础教育领域的工作。我们在8月前往华沙。

波兰的插曲

我喜欢生活在波兰,我也热爱这所学校。它在某种程度上像是一个实验室,规模很小(一至六年级),得到家长的大力支持。我在那里的第二年,我们实施了一项我在哈佛大学学到的改革措施,即不分年级的基础教育。这看起来与这所学校非常契合,我们经常发现,一些在学期中间入学的学生才刚刚开始学英语,所以就有一位四年级学生却有着一年级的英语阅读水平以及八年级的数学水平。我们决定根据语言和数学能力给学生分组,并随时为那些做好准备进入更高水平的个别学生更换小组。相比之下,我们根据年龄在社会课程、科学和物理这些科目中进行分组,以避免分组时过于侧重能力。我们也废除了狭隘的字母等级评分方式,我们还和马萨诸塞州列克星敦(Lexington, Massachusetts)的公立学校建立了合作关系,其督学鲁迪·福贝特(Rudy Fobert)——不分年级基础学校的概念创始人之一——来访问了我们学校,哈佛大学的罗伯特·安德松(Robert Anderson)也来过。可以聚集这么多明智的头脑,对于一位24岁的校长来说真是巨大的鼓舞。

但是,我对生物和医学还是再一次作出了错误的判断。我认为校长应该像践行的哲学家。事实上,他们需要的不仅仅是教育上的领导者,而且还是精于人事的人,要有学校生存政治学方面的敏锐眼光,也就是说,校长还需要具备一些其他我所缺乏的技能。因此,我在华沙的第二年(1965—1966年),我开始去读几本不同类型的教育书籍。其中一本是劳伦斯·A. 克雷明(Lawrence A. Cremin)的《学校的变革:美国教育中的进步主义(1876—1957)》,这是一本关于进步主义教育运动的历史。我喜欢这本书,写信给克雷明,并在第二年的7月前往哥伦比亚大学师范学院拜访了他。克雷明接待了我,说他希望在秋天再见到我,然后送我回家,并让我读P. 米勒的《新英格兰的心智》(The New England Mind)。事实最终证明,我此举是多么明智。

回到学校

当时,克雷明在他的领域已经非常知名,并获得了班克罗夫特奖。他正成为教育研究领域一位年轻的智者,在卡内基和斯宾塞这样的基金会里也非常知名。他跟哈佛大学的伯纳德·贝林(Bernard Bailyn)一起提出了这样的观点:教育史必须超越赞歌式的美国公立学校史,要把教育看作一个更广泛的文化传递过程。克雷明吸引了一个感兴趣的研究生群体,他以欧洲的风格,一年又一年地维持着一个研讨班。于是,我立即与这些学生取得了联系,他们经验很丰富,能够帮助我认识到我想要进入的这个新学科到底是怎么样的。["谁是理查德·霍夫施塔特(Richard Hofstadter)?"我会这么问。"噢,"他们会这么回答,"你应该从这四五本书开始。"]

那一年,对我成为一名历史学者的早期训练产生影响的其他因素中还有:历史系的罗伯特·克罗斯(Robert Cross),他开设了为期一年的关于历史和社会科学的研讨班;劳伦斯·斯通(Lawrence Stone),他被哥伦比亚大学社会学系从普林斯顿大学引进过来教授一门关于英国革命起源的课程。R. 克罗斯亲切而睿智,他能把当时(1966年)错综复杂的潮流与社会科学和历史联系起来理解。他坚持认为,研讨班成员要组织和安排讨论。从R. 克罗斯和研讨班的其他人员那里,我认识到,历史就像教育一样,是一个跨学科领域。斯通是一位敏锐的知识分子,他的演说非常优美。在这门课上及其后,我很惊叹地看着他从政治和宗教史拓展到家庭史、定量研究方法和心理历史学。我的研究论文与斯通的兴趣很接近,是一篇对英国贵族和内战前后大学的定量研究。在我的早期职业生涯中,他以朋友和导师的身份成为我的坚强后盾。

在哥伦比亚大学师范学院的第一年里,克雷明打算让我成为哥伦比亚大学师范学院和哈佛大学教育史联合项目的第一位学生。实际上,他说任何一个项目都不会如此快地获得批准,所以他琢磨着我应该很容易申请去哈佛大学跟贝林一起做研究,我去多久就维持这个项目多久。对此,我严肃地思量了一番:做克雷明的研究生很快乐,他们为能在哥伦比亚大学师范学院跟克雷明一起做研究而感到振奋鼓舞——这是一个我应该抛弃的环境吗?

> **对我产生影响的著作**
>
> Bernard Bailyn, *Ideological Origins of the American Revolution* (Cambridge: Harvard University Press, 1967).
>
> Lawrence A. Cremin, *The Transformation of the School: Progressivism in American Education, 1876–1957* (New York: Alfred A. Knopf, 1964).
>
> Richard Kluger, *Simple Justice: The History of Brown v. Board of Education and Black America's Struggle for Equality* (New York: Alfred A. Knopf, 1976).
>
> Janice Radway, *A Feeling for Books: The Book-of-the-Month Club, Literary Taste, and Middle-Class Desire* (Chapel Hill: University of North Carolina Press, 1997).

但是,我还是去剑桥见了贝林,他让我向他展示一些我做的研究。在那个时间点上,我能有的就是一篇在克雷明研讨班上撰写的学期论文,讨论弗朗西斯·培根(Francis Bacon)在17世纪美国的影响(几乎没有什么影响)。贝林认为,这篇文章还不是很糟糕,这让我上钩了。赛泽,现在是哈佛大学教育学院的院长(对我来说幸运的是,他也是一位教育史学者),他是我的面试委员会委员,还有当时教育学院的教育史学者鲍勃·丘奇(Bob Church)。我被接收进入教育学博士项目,受研究生院管理,因为这样具备最大程度的灵活性,也是连接历史系和教育学院的一种好方法。

这种连接通过两件事得以巩固:一是在《哈佛教育评论》的学生编辑委员会工作,二是在历史系担任助教。那时《哈佛教育评论》正处于一个引人注目的时刻。在我加入的前一年,委员会录用了富有争议的阿瑟·詹森(Arthur Jense)的文章,主要内容是关于种族、智商和教育政策。[①] 在我成为杂志办公室的两位编辑之一的时候,这篇文章风靡学术界,因此我也完全经历了这件事在哈佛大学以及其他地方引起的骚动。我很快就学到了一些关于数据统计、心理测验学和做研究的政治学方面的知识。

在那里的最后一年,我成为历史系的一位导师。我和我的8位低年级学生在一起很开心,直到1970年春天,当时哈佛大学校园爆发了反对哥伦比亚大学爆炸事件的运动,这直接导致了学期的终结。我在哈佛大学攻读博士学位的三年期间,越南战争经历了最糟糕的阶段。其间,我参与了很多游行、与学生的对话以及麦卡锡竞选运动(Gene McCarthy's campaign)[②]的民

[①] Arthur R. Jensen, "How Much Can We Boost IQ and Scholastic Achievement?" *Harvard Educational Review* 39 (Winter 1969): 1–123.

[②] 尤金·约瑟夫·麦卡锡(Eugene Joseph McCarthy, 1916—2005),美国政治家,来自明尼苏达州的国会议员,1968年总统大选中,麦卡锡试图获得民主党提名未果。他的竞选纲领是反对越南战争。——译者注

意调查。同时,我和我的妻子也决定生一个孩子,弗里德里卡(Frederika)于1969年的圣诞节上午出生。当然,我还要写毕业论文。

贝林和我的博士论文

对于这本书的大部分读者来说,无须赘述,贝林是一位重量级的富有创造性的历史学家,可能是他那一代人甚至是以往所有人中研究英属北美殖民地时期的历史学家中最有影响力的一个。同样广为人知的是,他还是一位杰出的导师,培养了很多优秀的殖民地史学者和若干美国教育史学者。显而易见,作为一名优秀导师的能力

> **对我产生影响的著作(续)**
>
> Theodore Sizer, *Horace's Compromise: The Dilemma of the American High School* (Boston: Houghton-Mifflin, 1984).
>
> Lawrence Stone, *The Crisis of the Aristocracy* (Oxford: Clarendon Press, 1965).
>
> David B. Tyack, *The One Best System: A History of American Urban Education* (Cambridge: Harvard University Press, 1974).
>
> Raymond Williams, *The Long Revolution* (London: Hazzell, Watson & Viney Ltd., 1961).

在某种程度上也是他作为一名杰出历史学家的体现。他有一种无可比拟的能力,可以同时做到博大和精深。

但他是如何以一对一的方式与他大量的被指导者之间进行相互交流并产生影响的?我个人的经历是非常舒适的。他一旦接收了我,就对我很有信心。因此,尽管他会严苛地批评我的研究工作,但不会打击我的自信。我想见他的时候,他往往都是有空的。只要我们一见面,我们就投入到讨论研究中去。他的谈话内容都是关于知识与学术的,我们之间的对话几乎不涉及个人事务,只有一次我记得在1969年他说了几句宽慰的话,对我父亲的去世表示哀悼。在毕业来临的时候,他的每个博士研究生都与贝林和他的妻子愉快地共进一次晚餐。从那以后,贝林和我的关系就非常密切,他以各种方式支持我的事业发展,包括多年以来在哈佛大学教师俱乐部(Harvard Faculty Club)里多次共进午餐中给我的鼓励。

我开始计划研究纽约州三个城镇[斯克内克塔迪、公爵县(Duchess County)的乡村以及纽约市]的教育发展,但是纽约州北部市镇的大部分相关记录都毁于1911年档案馆的一场大火中,所以我采纳了贝林的建

议,把研究聚焦在纽约市的研究。纽约市的记录卷帙浩繁,完整地保存在纽约历史学会(New York Historical Society)和纽约市档案馆(City Archives)中。

在我写这篇论文的时候,迈克尔·B. 卡茨(Michael B. Katz)出版了他那本开创性的和富有影响力的《早期学校改革的讽刺:19 世纪中叶马萨诸塞州的教育创新》一书,但我依然继续做我自己的研究,并着手作出自己的解释,因为相较西海岸或者马萨诸塞州,纽约市是一个非常特别的地方。我发现的是一个关于强制入学和服务于各种利益团体目标——不论结果好坏——的官僚主义发展的故事。一方面,我强调,改革者主要关注的是道德教育以及他们对城市贫困人口的病理分析。也有很多天主教徒和清教徒的冲突,经济上比较贫穷的天主教徒处于弱势一方。另一方面,我也强调,各种清教团体的慈善学校后来变成兰卡斯特制免费学校,并从 1850 年开始逐渐纳入纽约公立学校体制。我拟了一个临时的标题《完美的制度》(The Perfect System),并把书稿交给了哈佛大学出版社。我觉得,这个标题短语能够被现代的读者理解为是一种讽刺。但是,唯一的读者——哈佛大学出版社的评审读者却认为这是一个糟糕的标题,所以这本书就被贴上一个很俗气的标签《城市学校制度的演进:1750—1850 年的纽约》(The Evolution of an Urban School System: New York City, 1750 – 1850)[1]。

论文完成以后,一位教育史学者同事芭芭拉·布伦策尔(Barbara Brenzel)邀请我去她剑桥的公寓里和塞缪尔·鲍尔斯(Samuel Bowles)和赫伯特·金蒂斯(Herbert Gintis)共进午餐,他们通过马克思主义分析,共同撰写了《资本主义美国的学校教育:教育与经济生活的矛盾》(Schooling in Capitalist America: Education and the Contradictions of Economic Life)[2]。我很激动。S. 鲍尔斯已经通读了我的书稿,他的评论在我的头脑里回绕了很多年:"你的所有证据都指向一个激进的解释。你为什么不这么做呢?"当然,这给我带来了一个兴奋点,即认识到,一位历史学家的意识形态、理论和政治观在阐释一个不完美、不平等的社会制度或者其他复杂的历史谜

---

[1] Carl F. Kaestle, The Evolution of an Urban School System: New York City, 1750 – 1850 (Cambridge: Harvard University Press, 1973).
[2] 该书已有中译本,参见:S. 鲍尔斯,H. 金蒂斯.美国:经济生活与教育改革[M].王佩雄,等译.上海:上海教育出版社,1990.——译者注

题时产生的影响。证据和社会理论选择上的细微差别都会使一位激进的历史学者、一位左翼自由派历史学者和一位保守主义历史学者对同样的事件和证据作出不同的解释。我认为,对历史学者产生的所有影响因素之间的关系无法以任何清晰或者固定的模式来厘清。但是,我在历史书写过程中,以我自己的方式力求(我确信 S. 鲍尔斯教授也是这样)让我的解释看上去能够得到最大多数证据的最有力支持。在我还没有回避理论的时候,我就已经成了一名折中主义者,而不是一位理论的综合实践者。

前往威斯康星大学

哈佛大学出版社同意出版那本书,而威斯康星大学则给我提供了一份工作。1970 年秋天,我和妻子以及我们 6 个月大的里卡(Rika)前往威斯康星大学麦迪逊分校。5 天之后,我们来到了斯特灵大楼(Sterling Hall),这是一座被威斯康星大学反战学生炸过的数学研究大楼。那场爆炸导致一名研究助理丧命,给威斯康星大学麦迪逊分校的反战运动蒙上了一层阴影。学生和教师中的裂痕依然很深,战争的每一天都很残酷,所以我继续在追求学术事业、维持家庭生活和醉心于政治活动之间寻求平衡。我的妻子兼职教护理,最后回到研究生院攻读社会工作的硕士研究生,这让她能够进入全职工作并在一个由州教师协会运营的健康维护组织(Health Maintenance Organization)中担任团队领导。我是教育政策研究和历史系的一名副教授。这种联合任命对教育史这个分支领域中的人来说是非常罕见的,我很喜欢。威斯康星大学有一支力量雄厚的教育史学者队伍。于尔根·赫布斯特(Jurgen Herbst)、斯特林·菲什曼(Sterling Fishman)、爱德华·克鲁格(Edward Krug)、赫伯特·克里巴德(Herbert Kliebard)、鲍勃·凯尔(Bob Koehl),很快还有迈克尔·富尔茨(Michael Fultz)的加入,所有人都在教育政策研究系从事历史研究。其他人,包括迈克尔·奥尔内克(Michael Olneck)和迈克尔·阿普尔(Michael Apple),事实上也在做一些历史研究。历史系中友好的同事们包括保罗·博耶(Paul Boyer)、约翰·库珀(John Cooper)、琳达·戈登(Linda Gordon)、格尔达·勒纳(Gerda Lerner)等。

博士论文以外的学术工作

> **一些我仍然喜欢的、与我的书无关的独立文章**
>
> "The Public Reaction to John Dickinson's *Farmer's Letters*," *Proceedings*, American Antiquarian Society (October 1968): 323–359.
>
> "Moral Education and Common Schools in America: A Historian's View," *Journal of Moral Education* 13 (May 1984): 101–111.
>
> "Public Schools and the Public Mood," *American Heritage* (February 1990): 66–81.
>
> "Standards of Evidence in Educational Research: How Do We Know When We Know?" *History of Education Quarterly* 32 (Fall 1992): 361–366.
>
> "The Awful Reputation of Education Research," *Educational Researcher* 22 (January-February 1993): 23–31.

在完成博士论文那本书之后,我很快就策划了下一个计划,向克雷明提出"教育经典"(Classics in Education)系列丛书计划。早在研究纽约市的时候,我就对英国改革家约瑟夫·兰卡斯特(Joseph Lancaster)进行了全面彻底的了解,我认为他应该在"教育经典"系列的名单上占有一席之地,因为他是19世纪前20年中最有影响力的改革家。哥伦比亚大学师范学院以及尤其是伍斯特美国文物协会(American Antiquarian Society in Worcester)收集的兰卡斯特资料非常丰富,但是没有得到很好的挖掘。编辑一卷书成了一项宏大而又令人享受的研究课题。我已经对英国和美国的学校改革做了一些比较研究,兰卡斯特在两个国家都很活跃,在大西洋两岸开办学校和撰写改革小册子。他曾设想了一个制度,在这个制度中,数以百计的贫穷儿童都能通过一种严格设定的课程从而获得单个导师的指导,即让年长的学生来教授年幼的学生。兰卡斯特是一位古怪的自我推销者,他反对所有的体罚,却发明了奇特的羞辱惩罚以代替之。但不管怎么说,他的无宗派色彩的有效的慈善学校制度在很多城市和很多国家扎根。在美国,导生制学校为后来纽约、费城、斯克内克塔迪以及其他地方的公立学校制度提供了一个起点。①

我在威斯康星大学的第三年,一位名为马里斯·A. 维努韦斯基斯

---

① *Joseph Lancaster and the Monitorial School System: A Documentary History* (New York: Teachers College Press, 1973).

(Maris A. Vinovskis)的年轻历史学者出现在历史系的走廊里。维努韦斯基斯是贝林的学生,一位历史人口统计学者,他在20世纪70年代对社会史中数据统计的新运用很感兴趣。他对方法有着很高的热情,而且他的热情具有感染力。我制定了一个研究马萨诸塞州公共教育发展的计划。当我对他专长的数据统计感兴趣的时候,我让他作为一名顾问加入我的课题中。很快,我们合作出版了一本题为《19世纪马萨诸塞州的教育与社会变革》(*Education and Social Change in Nineteenth Century Massachusetts*)的书。很多人以为,维努韦斯基斯做了大部分的数据工作,而我做了大部分的写作工作。其实,我们的分工是一半对一半的。我作为一名教师在威斯康星大学上了一门给历史学者开设的数据统计课,维努韦斯基斯就在课上指导我,所以我对数据统计也略懂一点皮毛。他写了大概一半的章节,而我做了最后的统稿。我学到了很多关于社会史、多变量分析和定量研究政治学的知识。虽然说数字不会带来更多的可信度,但是我认为,那本书的主要贡献在于,它是对学校入学率以及19世纪中期马萨诸塞州学校变革的其他变量的经验性发掘。①

在这些贡献之外,那本书受到一些激进的学校改革史学者的严厉批评。这些批评让我想起来罗伯特·贝克霍弗(Robert Berkhofer)在一篇文章中主张,20世纪70年代有两股社会史研究潮流,其中一个给出的研究结论相对比较简单,而且也比较压抑;另一个比较复杂,似乎是主流。一个遵循道德叙述的模式,另一个则是主张经验主义。② 这些对话都很有价值,但似乎都淹没在时间的迷雾中了。

我的下一本书比前三本更加广为人知。《共和国的脊梁:公立学校和美国社会(1780—1860)》(*Pillars of the Republic: Common Schools and American Society, 1780-1860*)是一本汇编书,我在其中做了很多研究,而且基本上都是基于已经出版的一手文献。该书的主题是美国州资助的免费学校制度的创建,其分析的单位是各州,主要是选取了8—10个州作为案例。有时候视线还会移到最底层,比如,纽约市在18世纪90年代的入学情况,以

---

① Carl F. Kaestle and Maris A. Vinovskis, *Education and Social Change in Nineteenth-Century Massachusetts* (New York: Cambridge University Press, 1980, paperback edition, 2009).
② Robert Berkhofer Jr., "The Two New Histories: Competing Paradigms for Interpreting the American Past," *OAH Newsletter* 11 (May 1983): 9-11.

及内战前中西部一间教室学校(one-room schoolhouse)中的生活。这本书用的是结构主义的分析方法。我用儿章讨论了1820年之前的学校教育,突出了当时农村和市区学校教育模式的显著差异;接着,我开始描述19世纪20—50年代社会上的经济、种族和宗教关系,讨论改革者理解他们所处结构化环境使用的主流意识形态及其造成的制度变革,然后是一些反抗的力量及其命运。从这种解释框架中凸显出来的主题是,共和主义、资本主义和清教主义在造福于一个州的过程中交织在一起,形成了一种富有争议但有着主流影响力的意识形态。①

在接下来的六七年里,我从学校教育史转入识字和阅读史,以使我的头脑保持活力。其结果是我跟四位研究助理合作出版了一本《美国识字史:1880年以来的读者和阅读》(Literacy in the United States: Readers and Reading since 1880)。这本书由一系列关于1880年至今的美国识字运动的性质和程度的文章构成。我的重点是讨论识字运动的扩展与意识形态的关联性,这种关联性是不可避免的,但往往又是被忽视的。所有的识字运动都深深地嵌在一定的社会背景中。②

这一兴趣继续推动了一项新的关于书籍史研究的合作;与此同时,我还回到了长期保持的对联邦教育政策的兴趣上来。所以,在过去的15年里,我兼顾了两个项目,一个是五卷本的《美国书籍史》(History of the Book in America)中的一卷,另一个是关于"二战"以来联邦政府在教育上所发挥作用的历史的书。我在书籍史项目上的共同主编是贾尼丝·拉德韦(Janice Radway),她在杜克大学(Duke University)待了很长时间,现在在西北大学(Northwestern University)。这对我来说真是撞了大运。她是一位文化理论学者,关注大众文化主题,比如浪漫主义小说以及月度读书俱乐部(Book of the Month Club)。她比我更加倾向于理论思维,而我在美国社会史及史学方面有着更扎实的基础。我们两个都对印刷文化史有大量了解。尽管这本书是一个文集,但我们也写了很多,形成了一种相对连贯的叙述,试图把作者们都纳入这个框架中来。这本书探讨了当文化融合的力量遇到同样强大的

---

① Carl F. Kaestle, *Pillars of the Republic: Common Schools and American Society, 1780-1860* (New York: Hill & Wang, 1983).
② Carl F. Kaestle, Helen Damon-Moore, Lawrence C. Stedman, Katherine Tinsley, and William Vance Trollinger, Jr., *Literacy in the United States: Readers and Reading since 1880* (New Haven: Yale University Press, 1991).

多元化、新参与者以及不同意见的时候发生了什么。在主编这本书的时候，我获得了一个机会以深入思考美国的社会变革、种族和宗教之间的关系以及出版和阅读的世界。①

这项工作完成之后，我专注于联邦政府在教育上所发挥作用的历史这项研究。我要讨论两种现象：第一，推动联邦政府在教育中发挥作用的不断增加的插曲式的因素；第二，相比之下，不可思议的长久以来对地方主义和州控制教育的呼吁使得美国成为发达国家里所有教育管理制度中最分权的国家之一，甚至是在标准化教育的时期里。我们应该看一看，在我的书里以及在真实的学校世界里这一切是如何发生的。

来 来 往 往

在过去的40年里研究这些课题的时候，我的专业发展当然也受到教学、指导学生和在不同机构之间迁移的影响。我担任了15位博士研究生的主要导师，其中很多人从那以后都成了朋友，我经常转而向他们征求意见、寻求共鸣和分享快乐。在威斯康星大学和布朗大学教授教育史方面的基础讲座课程给我带来的挑战与回报从来没有消失过。这是我唯一的一门讲座课程，其他的都是研讨班形式，是由学生主导的。那些小的课程也被要求不断修改，包括新的方法和新的内容，从中我也学到了很多关于如何构建这些课程。

威斯康星大学是我们这个领域培养研究生的主要中心之一。对我来说，在25年中，这里也是一个非常丰富和具有支持性的思想环境。1997年，我离婚之后离开了威斯康星大学，然后与利兹·霍兰德（Liz Hollander）坠入爱河，她是一位城市规划师，是芝加哥长哈罗德·华盛顿（Harold Washington）的城市规划专员。利兹彻底改造了德保罗大学（DePaul University）的城市延展活动中心并担任主任。在三年里，我们在周末的时候通过90号州际公路去看望对方，直到后来我在芝加哥大学找到了一个职位。

---

① *Print in Motion: The Expansion of Publishing and Reading in the United States, 1880–1940*, Carl F. Kaestle and Janice A. Radway, eds. (Chapel Hill: University of North Carolina Press, vol. 4 of A History of the Book in America, 2008).

> **一些我仍然喜欢的、与我的书无关的独立文章(续)**
>
> "Literate America: High-level Adult Literacy as a National Goal," in Diane Ravitch and Maris Vinovskis, eds., *Historical Perspectives on the Current Education Reforms* (Baltimore: Johns Hopkins University Press, 1995), 329-354.
>
> "Toward a Political Economy of Citizenship: Historical Perspectives on the Purposes of Common Schools," in Lorraine M. McDonnell, Michael Timpane, and Roger Benjamin, eds., *Rediscovering the Democratic Purposes of Education* (Lawrence: University Press of Kansas, 2000), 47-72.
>
> "Clio at the Table: Historical Perspectives and Policymaking in the Field of Education," in Kenneth Wong and Robert Rothman, eds., *Clio at the Table: Using History to Inform and Improve Education Policy* (New York: Peter Lang, 2009), 283-294.

当这所大学以其高超的智慧取消了教育系两年后,我们搬到了普罗维登斯(Providence),我在那儿成为布朗大学教育、历史和公共政策领域的教授,而利兹则成了校园盟约(Campus Compact)的执行主任,这是一个为学生群体及其学习服务的全国性组织。

因为我在布朗大学的主要职责是在教育系,而这个系主要进行本科生教育,所以我通过担任一个博士后项目的主管使得我指导年轻学者的愿望得到了满足,这个项目由斯宾塞基金会和休利特基金会(Hewlett Foundation)赞助,围绕我的研究主题的是:学校改革的联邦和国家策略。10位年轻学者,其中大多数都是学院教师,组成了一个紧密联合的坚定团体。这个项目不需要大家一直待在这里,但是他们每年来普罗维登斯两次,待上4天。在两次碰面之间,我们通过各种方式——面对面的或者网络的——把他们每个人和他们在布朗大学的合作导师联系起来。这是一段令人愉快的经历,看着他们个体成长,看着他们相互指导,关于教育改革有着很多有趣的讨论。我关于联邦政府在教育中所发挥作用的研究以一种美好的方式进入到这个项目中,我与同僚们的研究相互影响,并为我们共同推出的这本书写了很长的一章,这本书题为《教育一个国家:学校改革的联邦和国家策略》(*To Educate a Nation: Federal and National Strategies of School Reform*)。三年的合作研究经历也在名义上一直持续到了这一天。①

---

① Carl F. Kaestle, and Alyssa A. Lodewick, eds., *To Educate a Nation: Federal and National Strategies of School Reform* (Lawrence: University Press of Kansas, 2007).

最后一点思考

我的两个女儿都进入了学术界。里卡是印第安纳大学伯明顿分校（Indiana University-Bloomington）的一位分子人类学者（molecular anthropology）。她教授体质人类学（physical anthropology）方法以及人种演化和迁移方面的课程，并用DNA技术分析古化石。克里斯汀（Christine）获得了公共健康方面的博士学位，并在弗吉尼亚理工大学（Virginia Tech）人类发展系任教。她研究未成年女性在性行为、抽烟及其他方面的风险行为。在她所教的课程中有一门是性学，还有一门是人类发展的定量研究方法。

在克里斯汀还在念高中的时候，她就说："爸爸，你的专业领域教育学在学术界的地位好像很低。"但是她说她根本不会从我身上得出这个结论，因为我看上去对它充满热情。所以，她问我："我这么说对吗？""对的。"我回答道。然后她继续问："这会困扰你吗？""不会。"我回答道。

这个领域充满了机会。我们大多数人都身处多学科的部门，有时候我们会在教学和研究两方面做一些真正的跨学科工作，会遇到一些挑战也会得到一些回报。而且，教育史和政策与实践的关系非常密切，所以我们的事业有一种不断发展的现实感。这一事业的重要性值得我们去从事它。

最后，这个分支领域也有很多关怀与体贴，其中有很多学院人士，包括一些"老海象"和"小幼崽"。"海象"这个比喻来自我多年前参加的由帕特里夏·阿尔伯耶格·格雷厄姆（Patricia Albjerg Graham）主持的一个会议。格雷厄姆开玩笑地说她自己是一只"海象"，意指某个人已经在这个领域待上好一段时间了。前教育专员弗兰克·凯佩尔（Frank Keppel）从房间的后面大声地说："帕特（指格雷厄姆），我才是一只'海象'，或许豪（Howe）也是，但你不是。"我很多宝贵的朋友像我一样现在毫无疑问已经成了一只"海象"。没有人比戴维·泰亚克（David Tyack）更加明智和友善，没有人比格雷厄姆更有见识更能给人以鼓舞，没有人比韦恩·J.厄本（Wayne J. Urban）更适合一起共进晚餐了。当然，这只是一个简单的列举。好极了，年轻的"幼崽"们继续来到这个领域，他们是明智的、敏感的，而且充满热情。

论成为一名美国教育史学者

哈维·坎特
（Harvey Kantor）

我上高中和大学时，从未想过自己会成为一名教育史学者。但回想起来，我也并不奇怪自己会走上这条道路。成年后，从我能记得住的日子起，我就一直对美国历史和政治特别感兴趣。这个兴趣可以把我带到很多方向上去，有时也的确如此。但是随着时间的推移，我逐渐认识到教育研究对我来说是一个具有强烈吸引力的领域，它可以用社会相关性的方式，把我对历史和政治的兴趣结合起来。

I

> **个人作品精选**
>
> Harvey Kantor, David B. Tyack, eds., *Youth, Work, and Schooling: Historical Perspectives on Vocationalism in American Education* (Stanford: Stanford University Press, 1982).
>
> Harvey Kantor, *Learning to Earn: Work, School and Vocational Reform in California* (Madison: University of Wisconsin Press, 1988).
>
> Harvey Kantor and Barbara Brenzel, "Urban Education and the 'Truly Disadvantaged': The Roots of the Contemporary Crisis," in Michael B. Katz, ed., *The "Underclass" Debate: Views From History* (Princeton: Princeton University Press, 1993), 366–402.

20世纪五六十年代，我在位于马萨诸塞州波士顿城郊的牛顿市（Newton）长大。我的父母都是大学毕业生，他们向我和兄弟姐妹强调教育的重要性，至少是在学校表现良好的重要性（当然，这两者显然不是一回事）。我、妹妹和弟弟并没有把父母的训诫铭记于心。学校并不是我最想去的地方，至少最初不是。我在读小学之前最热切的愿望是去波士顿红袜队打第三垒。但幸运的是（因为我后来发现打出一个弧线球远比当初看起来要难得多),在学校表现良好对我来说也变得重要起来,而且在父母的督促下,我学习也较努力。我并不太清楚自己除了喜欢打球外,为什么还常常喜欢阅读。在读小学期间,只要不练习击球和防守,我几乎把美国历史上里程碑式的每一本书都阅读了一遍。这激发了我对美国历史的兴趣,我也学到了我们国家过去的经验教训,我用我的余生来进行反思。

(续)

Harvey Kantor and Robert Lowe, "Class, Race, and the Emergence of Federal Education Policy: From the New Deal to the Great Society," *Educational Researcher* 24 (May 1995): 4-11, 21.

Harvey Kantor and Robert Lowe, "Bureaucracy Left and Right," in Larry Cuban and Dorothy Shipps, eds., *Reconstructing the Common Good in Education: Coping with Intractable American Dilemmas* (Stanford: Stanford University Press, 2000), 130-147.

Harvey Kantor and Robert Lowe, "From New Deal to No Deal: No Child Left Behind and the Devolution of Responsibility for Equal Opportunity," *Harvard Educational Review* 76 (Winter 2006): 474-502.

20 世纪 50 年代和 60 年代初的牛顿市是被詹姆斯·科南特 (James Conant)称为"灯塔"学区的地方之一,因为它致力于教育改革和追求学术卓越(academic excellence)。它热切地支持课程改革,如伊利诺伊大学中学数学委员会(UICSM)、中小学数学研究组织(SMSG)、物理科学研究委员会(PSSC)的物理,以及国家科学基金(NSF)[1]资助支持的生物学、化学、社会学(包括 MACOS)等其他方面的课程项目。我于 1966 年毕业的牛顿高中(Newton High School)也被科南特在《今日美国高中》(*An American High School Today*)中列为一个综合高中的模型。[2] 但最为令我怀疑的是,它是如何获得科南特这种评价的,因为学校里大量来自犹太家庭和专业(professional)

---

[1] 此处作者使用的是首字母缩略词,其全称分别为:
UICSM——University of Illinois Committee on School Mathematics,1951 年成立,是 20 世纪五六十年代"新数学"课程改革运动的先锋性组织。其最初成立的目的是,将传统的中等学校中大学预备数学进行重组,使学生进入大学后可以立即开始学习微积分、解析几何。
SMSG——School Mathematics Study Group,美国一个学术智囊团,专注于数学教育的改革。1958 年由美国国家科学基金资助成立,1977 年停办。
PSSC——Physical Science Study Committee,1956 年麻省理工学院创办,检查物理入门教育并涉及提升物理教育。主要工作是编写新的物理教科书、教学电影、实验器材等。
NSF——National Science Foundation,1950 年成立,是唯一一个致力于科学和工程学科方面基础研究和教育的联邦机构。
MACOS——Man: A Course of Study,是一门基于杰罗姆·布鲁纳(Jerome Bruner)的理论建立的课程,在 20 世纪 70 年代流行于英、美。——译者注

[2] James Bryant Conant, *The American High School Today: A First Report to Citizens* (New York: McGraw-Hill, 1959).

家庭的学生,包括占据更大优势的哈佛大学和麻省理工学院教授的孩子,充斥着众多预修(Advanced Placement)班,而且几乎所有人后来都进入了常春藤联盟院校和优秀的文理学院。

通过后来和我的好友及合作伙伴鲍勃·洛(Bob Lowe)的解释进行比较,我意识到我在牛顿高中体验的学术环境并不是美国中等学校甚至其他郊区学校的常态(norm)。但在当时,我并没有考虑到这一点。我记得我发现很多在初级中学里和我关系很友好的爱尔兰裔和意大利裔的孩子不再与我同班。但我大多数情况下都忙于参加校篮球队,并试图赶上学术成绩突出的同学,并没有时间去考虑事情缘何至此(或注意到班里的非裔美国人和拉丁美洲裔人的缺席)。历史是我唯一的强项,也是我觉得真正具有吸引力的科目,这在很大程度上是因为我有三个优秀的历史教师,我至今还记得他们。与此同时,我还在其他科目上取得了良好的成绩,成功被布朗大学录取。当时的常春藤联盟院校已经开始放弃犹太学生配额制,但在我阅读杰尔姆·卡拉贝尔(Jerome Karabel)的《天之骄子:哈佛、耶鲁、普林斯顿大学的录取和落选中被隐藏的历史》(The Chosen: The Hidden History of Admission and Exclusion at Harvard, Yale, and Princeton)后意识到,自己肯定还是从常春藤联盟院校的偏好中受益了,这种偏好一直延续到当前在录取入学中认可校友的孩子。①

20世纪60年代末,我在布朗大学读书期间,开始培养起研究教育的兴趣,并更为批判性地思考问题,虽然这与我注册学习的课堂关系较小,但与周围发生的事情关系更为密切。其中最重要的是,有几本大受欢迎的著作,主要由城市学校的教师撰写,详细介绍了美国教育的失败,尤其是城市里那些收入低、非裔美国人和波多黎各裔(Puerto Rican)儿童教育上的失败——实际上是积极地教坏了他们。这些书是:乔纳森·科佐尔(Jonathan Kozol)的《年幼死亡》(Death at an Early Age),赫伯特·科尔(Herbert Kohl)的《36个孩子》(36 Children),詹姆斯·赫恩登(James Herndon)的《事情本来的样子》(The Way It's Spozed to Be),乔治·丹尼森(George Dennison)的《儿童的生活》(The Lives of Children),纳特·亨托夫(Nat Hentoff)的《我们的孩

---

① Jerome Karabel, *The Chosen: The Hidden History of Admission and Exclusion at Harvard, Yale, and Princeton* (New York: Houghton Mifflin, 2005).

子正在死去》(*Our Children are Dying*),约翰·霍尔特(John Holt)的《为什么孩子们会失败》(*Why Children Fail*),彼得·施拉格(Peter Schrag)的《市中心的乡村学校》(*Village School Downtown*)。我和一个室友把这些书都读了一遍并进行了讨论。这些书现在仍然在我的书架上和其他书放在一起,其中还有后来出版的科佐尔撰写的《免费学校》(*Free Schools*)和赫恩登的《如何在你的本土上生存》(*How to Survive in Your Native Land*)。①

回想起来,我也不是十分确定自己为什么觉得这些书那么具有吸引力。我知道这在一定程度上是因为书写的力量,以及作者所讲述的那些耐人寻味的故事——那些故事与我自身的求学经验大不相同,虽然有时候距离我长大的地方不远。可能在我读到一所学术机构似乎是故意失败时也产生了一种社会背叛感(sense of social betrayal),尽管我一直认为学校机构仍然蕴含着美国民主中最美好的希望。在我看来,很多其他机构承诺的平等明显是假的。不管是什么原因,这种阅读经历是一个起点,因此我开始以学生、教师和组织者的身份,以及后来以一名学者的身份,终生对教育的社会、政治和经济功能方面的问题进行探讨,特别是关注自由社会和教育改革的可能性与局限性。但那时我还没有形成一个良好的架构贯穿我读过的东西,从而不确定是否可以从改革的局限性视角来进行讨论。

不过,我对教育的兴趣与日俱增,并以此作为我的未来工作和研究领域,并非仅仅是因为阅读科佐尔、H. 科尔、丹尼森等人关于城市学校背叛承诺的影响。讽刺的是,这种兴趣也源于一些与家庭关系较为紧密的问题,即我对正规教育的不满。

布朗大学有许多杰出(还有一些不那么杰出)的教授。然而,当时对我来说,大学的课堂上并没有教授我想学的东西,或者至少我没有经常感觉到课堂和学习之间的关联性。虽然我在一些课程上表现优秀——主要还是历史方面的课程,如约翰·托马斯(John Thomas)、威廉·麦克洛克林(William

---

① Jonathan Kozol, *Death at an Early Age* (Boston: Houghton Mifflin, 1967); Herbert Kohl, *36 Children* (New York: Signet Books, 1967); James Herndon, *The Way It's Spozed to Be* (New York: Simon and Schuster, 1968); George Dennison, *The Lives of Children* (New York: Vintage Books, 1969); Nat Hentoff, *Our Children Are Dying* (New York: Viking Books, 1966); John Holt, *How Children Fail* (New York: Dell Publishing, 1964); Peter Schrag, *Village School Downtown* (Boston: Beacon Press, 1967); Jonathan Kozol, *Free Schools* (New York: Houghton Mifflin, 1972); James Herndon, *How to Survive in Your Native Land* (New York: Simon and Schuster, 1971).

McLoughlin)和巴里·卡尔(Barry Karl)的美国历史,汤姆·格利森(Tom Gleason)的俄罗斯历史——我大部分时间都是在自学,以及和我的朋友交流,主要是想了解更多关于美国外交政策的帝国主义根源、教育中的种族不平等以及"反文化"和"新左派"的政治意义——通常都是课堂上不会涉及的话题。

这种自主学习的偏好促使我参加了一个高等教育独立学习课题组,最终还导致我在布朗大学学习的本科课程的变化。基于自我激发的学习最佳的设想,"新课程"(几年后被这么称呼)中消除了字母等级计分制(letter grades),终结了分类必修制度(distribution requirements),它围绕着跨学科的"思维模式"组织安排了第一年的课程,并提供自定义学习课程的选择,可以代替主修专业课程。后来我发现,在没有像"新课程"提供的较为结构化的课程指导下,一些学生可能并不知道自己要去寻找什么。而这正是当时T.格利森试图让我信服的东西。不过这个经历使我对学术机构学习的传统习俗产生了合理的怀疑,当时它加深了我在不断思考将教育作为一个研究领域的念头,并且最终促使我决定申请攻读斯坦福大学的教育史博士学位。

从布朗大学到斯坦福大学学习期间,我经历了剑桥、怀俄明州的夏延(Cheyenne, Wyoming)和马萨诸塞州的萨默维尔(Somerville, Massachusetts)这几段生活。1970年在布朗大学读大四时,我申请了哈佛大学的教育研究生院的教育学硕士项目,部分原因是我想了解更多教育政治学的东西,而且我也不知道自己还能做什么。我在哈佛大学教育研究生院读书时,马文·拉泽尔松(Marvin Lazerson)和戴维·科恩(David Cohen)开设了一门教育史课程。但我并没有看出历史和我有兴趣探讨的问题之间的联系,因此就没有注册学习这门课。相反,在哈佛大学读书期间,我大部分时间都是用来读民主理论方面的东西,我试图去理解黑人权力(Black Power)运动的崛起,欧申·希尔-布朗斯维尔(Ocean Hill-Brownsville)的冲突,针对个人主义、教育机会平等、文化多元主义提出的社会控制理念,以及它们之间的区别对自己的政治立场可能带来的影响。

只是后来我才开始发现,历史或许实际上完全可以讲述这些话题。然而,在我拿到硕士学位时,我并没有考虑过在历史方面开展研究。虽然我一直以为自己会回到学校,但是我在大学的经历以及我在研究生院的阅读使我确信，对我来说更重要的是在现有的学校制度中进行选择。结果就是在接下来的四年中，我在两所高中担任教师和组织者，首先是在最为难忘的怀俄明州夏延，后来又回到了马萨诸塞州萨默维尔。

虽然我从来没有想到会去夏延，但我和我伴侣（未来的配偶）在那里度过了两年半的时间。吸引我们的是，我们想离开剑桥，而且夏延社区行动机构（Cheyenne Community Action Agency）①在一份选择性教育（alternative education）报纸上刊登了一则通知，希望招聘两名教师或组织者来运行一所面向高中辍学参与工作的贫困青少年的街道学校（Street Academy）。受周围正在进行的"自由"学校运动（"free" schoolmovement）②的启发，我们希望把阅读并讨论过的自主学习的理念付诸实践。或许太天真了，我们还认为我们可以小规模地创建一个选择性教育的示范（alternative model），从而向当地的学校系统施加改革的压力。当然，我们遇到的困难远比我们预想的要多。但在夏延那段时间里，我们成功地从理查德·尼克松（Richard Nixon）预防少年犯罪项目中获得资助，得以将街道学校改革为一所选择性高中（alternative high school），最终得以纳入公立学校系统中。这所学校至今还在运行中，在公立学校系统中成为边缘学生群体的一个选择。我们仍在讨论这是否构成了有意义的教育变革，或者它是不是我们在20世纪60年代习惯性地称之为"吸纳"（cooptation）的一个好的范例。

夏延的工作以一种偶然的方式推动了我研究教育史的想法。具体原因我记不清了，只记得我在1973年夏天参议院水门事件听证会休息期间拿起了迈克尔·B. 卡茨（Michael B. Katz）的《早期学校改革的讽刺：19世纪中叶马萨诸塞州的教育创新》③一书。当时，我和珍妮特（Janet）正在试图找出为什么学校里的孩子会疏离学校，以及夏延的学校系统似乎很怀疑并抵制我们的努力和尝试的原因，即便是它未能成功地教育这些孩子而我们或许可以做些事情。《早期学校改革的讽刺：19世纪中叶马萨诸塞州的教育创

---

① 社区行动机构是非营利性公私合办的组织，是在1964年《经济机会法》（Economic Opportunity Act）下授权成立，以向贫困宣战，使人们可以自食其力。——译者注
② "自由"学校运动，也被称为"新学校运动"（new schools movement）或"选择性学校运动"（alternative schools movement），是20世纪六七十年代美国进行的一场教育改革，试图通过选择性、独立的社区学校来改变正规学校的办学目的。——译者注
③ Michael B. Katz, *The Irony of Early School Reform: Educational Innovation in Mid-Nineteenth Century Massachusetts* (Cambridge: Harvard University Press, 1968).

新》对理解后一个问题并无多大作用。然而,它却对阶级利益在创办公立学校制度上扮演的角色进行了引人入胜的解释,修正了我对我们每天工作中都会遇到的制度困难的思考——证明了我们遇到的困难并不仅仅是善意的改革带来的意外结果。同样重要的是,它还向我展示了历史是如何以一种我从未认真考虑过的与政治相关的方式来促进教育研究和实践的。

离开夏延后,我回到了马萨诸塞州萨默维尔。我在波士顿的老街角书店[Old Corner Bookstore,除了店名外,它和之前霍桑(Hawthorne)、拉尔夫·瓦尔多·爱默生(Ralph Waldo Emerson)等19世纪新英格兰著名的知识分子常常聚集的地方不再相像了]工作了一阵子,加入一个马克思主义学习小组。我还在萨默维尔的一个选择性高中担任教师和筹款人,与之前我和珍妮特在夏延从事的工作类似。然而,我也就是到这时才知道自己想研究教育史的,而且在很大程度上是由于M. B. 卡茨的一个学生芭芭拉·布伦策尔(Barbara Brenzel)的建议,我才申请去斯坦福大学攻读博士学位的。布伦策尔是我之前在剑桥时认识的,她是在哈佛大学拿到的教育史博士学位。在萨默维尔担任教师时,我读了《一种最佳体制:美国城市教育史》(*The One Best System: A History of American Urban Education*),但除了布伦策尔告诉过我信息外,这是我1976年秋到帕洛阿尔托时仅知的关于斯坦福大学教育学院(Stanford School of Education)或戴维·泰亚克(David Tyack)的信息。①

Ⅱ

我不知道自己在想什么,我到斯坦福大学时也不知道自己该如何支付学费。我设法攒了一点积蓄,但显然还不足以支付斯坦福大学的研究生学习费用。幸运的是,我到达后不久,泰亚克就给我和诺曼·德拉克勒(Norman Drachler)安排了一个研究助理职位。德拉克勒曾担任底特律的学监,当时正在斯坦福大学对大城市学校和城市学校的管理者进行研究。随

---

① David B. Tyack, *The One Best System: A History of American Urban Education* (Cambridge: Harvard University Press, 1974). For my retrospective assessment, Harvey Kantor, "In Retrospect: David Tyack's The One Best System," *Reviews in American History* 29 (2001): 319 - 327.

后,我便定期地担任泰亚克的美国教育史课程助教,他每个学期都会开设这门课,主要是面向本科生;我同时还担任了泰亚克与迈克尔·基斯特(Michael Kirst)共同开设的历史和当代教育政策课程的助教。这些工作使我得以支付学费和生活费。没有这些工作(以及珍妮特的资助),我不知道自己会做什么。

当我进入斯坦福大学开始学习时,只有一小部分学生学习教育史。瓜达卢普·米格尔[Guadalupe San Miguel,现在是休斯敦大学(University of Houston)历史系教师]当时正在完成学位论文,其他一两个人也完成了大部分的课程学习。我是唯一一个在当时被称为"教育社会科学"(Social Sciences in Education)的项目中学习历史的,当年注册的其他学生学习的都是社会学、经济学、人类学或哲学。我后来的合作伙伴鲍勃·洛直到我学习的第三年才进入这个项目;泰德·米切尔(Ted Mitchell)当时是一名斯坦福大学的本科生,后来成为西方学院(Occidental College)的校长,也在同一时间进入该项目;其他人还有汤姆·詹姆斯(Tom James,哥伦比亚大学师范学院现任教务长)。和泰亚克学习的还有鲁本·多纳托[Reuben Donato,现在是科罗拉多大学(University of Colorado)的教育学教授],以及后来的丹·珀尔斯坦(Dan Perlstein,目前在加利福尼亚大学伯克利校区教授教育史)。

根据安排,我第一年学习的课程包括很多批判性社会科学课,包括一门由汉克·莱文(Hank Levin)开设的教育经济学课程,研究人力资本理论的不足;一门由阿图罗·帕切科(Arturo Pacheco)开设的教育、哲学和社会学理论课,对我来说,这是我首次正式入门学习法兰克福学派和西方马克思主义。其余所有的正式课程都是由历史系开设的,我上了卡尔·德格勒(Carl Degler)的19世纪社会史研讨班,以及阿尔·卡马里略(Al Camarillo)、巴顿·伯恩斯坦(Barton Bernstein)开设的20世纪美国社会、政治历史的研究课。我还参加了罗纳德·沙茨(Ronald Schatz)开设的为期一年的研讨班,内容始于19世纪的英美劳工比较史,结束于20世纪30年代美国产业工会联合会(Congress of Industrial Organizations)的兴起。在这些课程中,我并没有体会到历史上所描述的在许多大学中文理学院和教育学院之间的关系中存在的地位政治学(status politics)问题。

因为只有我们几个人学习历史,所以泰亚克仅开设了两门面向研究生的教育史课程——一个是史学,一个是城市教育史。这是我正式的教育史入门课程。其中最精彩的是,学习贺拉斯·曼·邦德(Horace Mann Bond)的《亚拉巴马州的黑人教育:一项关于棉花和钢铁的研究》(Negro Education in Alabama: A Study in Cotton and Steel),这是我读过的对南方非裔美国人教育分析最好的一本书。① 但我了解的教育史大部分都不是来自这些课程。我在教育史方面接受的真正的教育是源于担任教育史课程的助教,以及定期与泰亚克的会面。泰亚克不管在撰写什么都会征求我的看法,也会自愿地和我们所有人分享他在教育史方面百科全书式的知识。我们并不总是赞同泰亚克的观点(我和鲍勃·洛,总是试图让他的立场更左)。但是通过泰亚克,我学会了(或至少试着去学习)以开放的姿态去听取他人批评的重要性,即便这种批评听起来很刺耳。

这些日常的交流导致我开始将我早期的研究聚焦于职业教育的起源。20世纪70年代末,我们在一次谈话中讨论了塞缪尔·鲍尔斯(Samuel Bowles)和赫伯特·金蒂斯(Herbert Gintis)的《资本主义美国的学校教育:教育与经济生活的矛盾》②,当时我正试图阐明教育史中阶级分析的重要性,泰亚克对我说,如果我真的想更多地了解关于教育中阶级的重要性,我可以考虑将学位论文的研究聚焦在职业教育的起源上。我当时也没有考虑很多职业教育史的问题,但出于很多原因,他的建议引起了我的共鸣。从我和沙茨、B.伯恩斯坦的共同阅读中,我得知20世纪早期是美国资本主义和阶级关系发展的关键时期。同时,泰亚克的学生没有一个不知道20世纪早期在教育变革史上的重要意义。研究职业教育似乎是一个从历史角度结合我对关键时期的阶级关系史和教育改革之兴趣的好方法。

然而,从根本上确定我开始对职业教育史感兴趣的是,我在历史方面的阅读和研究。其中最为重要的是,哈里·布雷弗曼(Harry Braverman)的《劳工与垄断资本:20世纪劳动的退化》(Labor and Monopoly Capital: The

---

① Horace Mann Bond, *Negro Education in Alabama: A Study in Cotton and Steel* (New York: Atheneum, 1969; orig. published 1939).
② Samuel Bowles and Herbert Gintis, *Schooling in Capitalist America: Education and the Contradictions of Economic Life* (New York: Basic Books, 1976).

Degradation of Work in the Twentieth Century)①。这本书的主题是20世纪早期工艺劳工的去技能化,这正是学校改革者争论是否通过职业教育向学校课程增加技术技能教学的时期。充分的阅读使我得以了解大多数针对雇用和工资的培训带来的混合性效果,我开始被说服去尝试揭露布雷弗曼书中提出的明显存在的悖论——在岗劳工的必然去技能化与向学校中出身工人阶层的学生开设技能训练之间的历史关系——这将会是一个具有吸引力的学位论文主题。任何挥之不去的疑问都在我与拉泽尔松的多次交流中得以驱散。当然,拉泽尔松已经在美国教育中职业主义历史方面做了大量的研究。②

我对这一主题的初步思考方式是受到很多修正主义研究的影响,这些研究将职业教育作为批判公共教育中的进步主义的核心问题,尤其是学校远远未能使教育机会平等,职业教育旨在起到社会控制的功能。③ 然而,随着研究的开展,我认为社会控制框架并不能充分地解释大范围看似冲突的利益团体都一致诉求学校开展职业培训。因此,我想要解释的是,为什么这么多人在似乎并非明显是教育问题的情况下,试图将布雷弗曼描述的技能危机转移到学校身上,以及这又是如何最终形成对学校、工作和劳动力市场组织之间关系的看法的。这个主题贯穿于我和泰亚克主编的整部论文集《青少年、工作和教育:从历史的角度看美国教育中的职业主义》(*Youth, Work, and Schooling: Historical Perspectives on Vocationalism in American Education*)和我的学位论文之中。我的学位论文后来修改出版,题为《学会赚钱:工作、青少年和加利福尼亚州的学校教育(1880—1930)》(*Learning to Earn: Work, Youth, and Schooling in California, 1880-1930*)。④

回想起来,我觉得这项工作的最大成就是,相较于当时公认的强调不公

---

① Harry Braverman, *Labor and Monopoly Capital: The Degradation of Work in the Twentieth Century* (New York: Monthly Review Press, 1974).
② W. Norton Grubb and Marvin Lazerson, *American Education and Industrialism: Documents in Vocational Education, 1870-1970* (New York: Teachers College Press, 1974).
③ 关于修正派对职业教育的解释,参见: Paul Violas, *The Training of the Urban Working Class: A History of Twentieth Century American Education* (Chicago: Rand McNally, 1978).
④ Harvey Kantor and David Tyack, eds., *Youth, Work, and Schooling: Historical Perspectives on Vocationalism in American Education* (Stanford: Stanford University Press, 1982); Harvey A. Kantor, *Learning to Earn: School, Work, and Vocational Reform in California, 1880-1930* (Madison: University of Wisconsin Press, 1988).

平再生产作用,它描绘出一幅更具有活力、更为多样化的劳动力市场和职业教育的图景。例如,大多数关于职业教育的修正主义研究主要关注工业教育,在很大程度上将其描述为一场自上而下的改革。但是,《学会赚钱:工作、青少年和加利福尼亚州的学校教育(1880—1930)》强调的是,职业变革同样是学生意愿的产物,即便是他们最终所受的限制、抑制的程度是不平等的。这在年轻女性抓住商业教育的机会作为进入文书工作的一条路径上尤为如此。后来,简·鲍尔斯(Jane Powers)、米里亚姆·科恩(Miriam Cohen)和约翰·L. 鲁里(John L. Rury)在研究中也揭示了这点。[①] 但因为我没有完全脱离把学术和职业教育并列的社会控制框架,所以我还是倾向认为职业教育过于单一。其中一个后果就是,我在这一时期撰写的职业教育都没有充分地考虑到为什么一些工业教育班将非裔美国青少年排除在外——实际上也就是,为什么东南欧移民青年常常在口头上,有时还会采取实际行动来反对非裔美国人进入职业学校。在关注工业领域中的劳工时,我也没有想很多为什么南方白人可以为白人青少年推广科学农业教学却排斥黑人,反而是把黑人归类为教授其勤奋工作和卑微体力劳动的美德的群体。

从此之后,许多在开始时激发我研究职业教育史的兴趣减退了。除了曾撰写过一篇论文,一篇从 M. 科恩、J. 鲍尔斯和鲁里的研究之后仅有的重要性研究,发表在 1999 年赫伯特·克里巴德(Herbert Kliebard)出版的《学会工作:职业主义与美国课程(1876—1946)》(*Schooled to Work: Vocationalism and American Curriculum, 1876–1946*)之中。[②] 我产生怀疑的原因是,职业教育已经随着 1983 年《国家处于危机之中:教育改革势在必行》(A Nation at Risk: The Imperative for Educational Reform)的发布从高中完全消失了;当前的大多数职业培训和教育都集中在公立社区学院和专门技术学校(proprietary technical schools)。但仍然令我惊讶的是,那些当初激发我撰写职业教育史的兴趣——也就是这样一种信念,即在学校里接受更好的技能

[①] Jane Bernard Powers, *The "Girl Question" in Education: Vocational Education for Young Women in the Progressive Era* (London: Falmer, 1992); Miriam Cohen, *From Workshop to Office: Two Generations of Italian Women in New York City, 1900–1950* (Ithaca: Cornell University Press, 1993); John Rury, *Education and Women's Work: Female Schooling and the Division of Labor in Urban American, 1870–1930* (Albany: SUNY Press, 1991).

[②] Herbert Kliebard, *Schooled to Work: Vocationalism and the American Curriculum, 1876–1946* (New York: Teachers College Press, 1999).

培训可以顺利地过渡到新形式的工作岗位上,而不会破坏它们所根植的不平等的社会关系,这种理念如果没有比以往更灵活的话,则至少还是同之前一样具有很强的适应性。如今,我关注的焦点是学术研究,而非专门的职业课程。如果我现在再回去研究职业教育的话,我会尝试打破学术-职业二元论,检验职业教育本身的分化和分层,更为深入地思考学术教育当前成为主要职业教育形式的历史过程。

III

从斯坦福大学毕业后,我来到了犹他大学(University of Utah)。如果说我没有想到自己会去怀俄明州夏延的话,那么我也没想过自己会在盐湖城(Salt Lake City)度过接下来的25年。一个斯坦福大学的同行接受了犹他大学的教育哲学职位,在他的催促下,我成功地获得了教育史职位,当时隶属于教育研究系。从那以后,我就一直待在盐湖城。同样令人惊奇的是,我常常建议别人反对该系,但我在这个教育、文化和社会系主任职位上待了7年,这个系是仅存的几个教育社会基础系(social foundations of education department)之一。

自从我来到犹他州后,我的许多学术工作都是和鲍勃·洛合作完成的。我们的合作始于斯坦福大学,最初开展得较为缓慢。但我们通过非正式的教育史午餐小组讨论,在克伯莱大厅(Cubberley Hall)外半定期地会面,我们发现彼此虽不同但具有互补性的兴趣和兼容性的政治观,从而为我们的合作奠定了有力的基础。或许最为重要的是,我们还发现双方都运用相似的方式理解历史及其对教育政策的意义,我们的方式都是基于对很多被误以为是历史和教育上的传统智慧的怀疑,这不仅仅因为我们右翼的政治观,还因为我们都是自我认定的进步主义者。

我们后续的合作是建立在阶级和种族不平等的关系、经济变革以及自由改革(liberal reforms)的政治功能等基础上的,后来这些侧重也一直保持着。这些方面都是最初激发我研究职业教育的动因,尤其是社会政策长期将政治和经济方面的冲突转移到学校上。但我们也更有意识地尝试以历史为基础,把学校改革理解成为解决种族和经济不平等的途径,从而以一种更

> **对我产生影响的著作**
>
> Samuel Bowles and Herbert Gintis, *Schooling in Capitalist America: Educational Reform and the Contradictions of Economic Life* (New York: Basic Books, 1976).
>
> Harry Braverman, *Labor and Monopoly Capital: The Degradation of Work in the Twentieth Century* (New York: Monthly Review Press, 1974).
>
> Michael B. Katz, *The Irony of Early School Reform: Educational Innovation in Mid-Nineteenth Century Massachusetts* (Cambridge: Harvard University Press, 1968).
>
> Ira Katznelson and Margaret Weir, *Schooling for All: Class, Race, and the Decline of the American Ideal* (New York: Basic Books, 1985).
>
> David B. Tyack, *The One Best System: A History of American Urban Education* (Cambridge: Harvard University Press, 1974).

开放的方式思考教育在美国社会决策中所处的地位,并质疑近来活跃于社会政策、教育政策制定和改革的可能性等著作中许多学校中心论的设想。最终的研究结果在一定程度上具有折中性,但我们认为一方面它提供了一种不同于教育政策发展史的标准性叙述的视角,另一方面也和常规的政策研究视角不同。

这个课题的核心就是我们所做的种族和贫困的历史以及联邦教育政策政治学方面的工作,包括鲍勃·洛所做的新政时期的教育研究,我在完成《学会赚钱:工作、青少年和加利福尼亚州的学校教育(1880—1930)》后所做的研究,以及我在"伟大社会"(Great Society)的社会政策方面所做的研究。① 我们在开始这项工作时,都在思考如何能在将教育一直被视为解决社会问题的途径这种理念进行历史化方面做更多的工作,那时我们观察到一个简单的结果——但凡教育处于"伟大社会"的中心地位,反贫困计划就会蕴含其中,而这在新政时期是处于边缘地位的。基于这一观察,我们开始探索那些将新政未涉及的教育推到了"伟大社会"国内政策制定的前沿这一社会和政治发展过程。通过上述研究,我们希望更好地理解为什么教育政策制定的信念虽有局限性却一直这么有活力,以及这种教育观在其他社会政策的代价下如何影响了不同阶层、人种和种族群体的生活机会。

在思考这些问题时,我们还对联邦教育政策的演变进行了历史研究。但

---

① 参见: David Tyack, Robert Lowe, and Elisabeth Hansot, *Public Schools in Hard Times: The Great Depression and Recent Years* (Cambridge: Harvard University Press); Harvey Kantor, "Education, Social Reform, and the State: ESEA and Federal Education Policy in the 1960s," *American Journal of Education* 100 (November 1991): 47–83.

因为这些研究大多倾向将社会政策中教育的地位看作是没有任何疑问的,所以它们在理解社会政策转变为特权教育的过程上并未有所帮助。于是,随着研究的进展,我们试图超越这些研究,并更为坚定地将教育政策的发展置于美国社会和经济规定中,尤其是福利国家的发展政策中。[1] 虽然关于这方面的史学研究都有不同的发展轨迹,但总体来看,它们为我们提供了一条路径——从更广泛的政治和制度背景下思考冲突,尤其是不同阶级和种族群体之间就如何平衡社会规范和经济安全的公共责任和个体责任这个问题上的冲突,以及这种冲突是如何推动教育走到第二次世界大战后联邦社会政策的前沿的(而且甚至是在其他更为广泛的直接性公共政策的政治支持都在减少的情况下还要继续维持它),我们也认为,这并不能仅仅通过聚焦联邦的教育政策史来解释。[2]

多年来,我们合作撰写了好几篇主题性论文,试图用历史来质疑很多看似理所当然的活跃于当前教育政策争论中的假设。在这些论文中,我们尤为注意针对保守主义对公共教育的攻击提供另一种解释,我们传统的批判性观点常常是一种下意识的自由反应,同时并没有丢弃我们将学校视为再生产阶级和种族不平等的政治机构的观点。其中最为值得注意的是,我们撰写的几篇论文,讨论了关于教育左翼对最近右翼运用修正主义批判学校官僚化的反映,以及关于教育史必须为通常被称为"素质"教育的提供和分配做些什么样的研究。[3]

---

[1] 关于种族、阶级和福利国家的很多历史著作都提到了这一研究:Richard Cloward and Frances Fox Piven, *The Politics of Turmoil: Poverty, Race, and the Urban Crisis* (New York: Vintage Books, 1975); Margaret Weir, Ann Shola Orloff, and Theda Skocpol, eds., *The Politics of Social Policy in the United States* (Princeton: Princeton University Press, 1988); Michael Brown, *Race, Money, and the American Welfare State* (Ithaca: Cornell University Press, 1999); Michael B. Katz, *The Price of Citizenship: Redefining the American Welfare State* (New York: Henry Holt, 2001); Jacob Hacker, *The Divided Welfare State: The Battle over Public and Private Benefits in the United States* (Cambridge: Cambridge University Press, 2002); Jennifer Klein, *For All These Rights: Business, Labor, and the Shaping of America's Public-Private Welfare State* (Princeton: Princeton University Press, 2003); James Gilbert, *The Transformation of the Welfare State: The Silent Surrender of Public Responsbility* (Oxford: Oxford University Press, 2002).

[2] 这一观点主要是在以下作品中形成的:Kantor, "Education, Social Reform, and the State"; Harvey Kantor and Robert Lowe, "Class, Race and the Emergence of Federal Education Policy: From the New Deal to the Great Society," *Educational Researcher* 24 (May 1995): 4–11, 21; Harvey Kantor and Robert Lowe, "From New Deal to No Deal: No Child Left Behind and the Devolution of Responsibility for Equal Opportunity," *Harvard Educational Review* 76 (Winter 2006): 474–502.

[3] Harvey Kantor and Robert Lowe, "Bureaucracy Left and Right," in Larry Cuban and Dorothy Shipps, eds., *Reconstructing the Common Good in Education: Coping with Intractable American Dilemmas* (Stanford: Stanford University Press, 2000), 130–147; Harvey Kantor and Robert Lowe, "Reflections on History and Quality Education," *Educational Researcher* 33 (June/July 2004): 6–10.

我们在这项研究上的目标并不是从历史中生发出大量的"教训"以引导当前教育或社会政策的形成。我认为历史难以做到这一点,或者说至少它不能做得很好。事实上,我认为可以得出一个有力的论点——过去的经验大都具有时间和空间上的局限性,无法针对何种政策肯定会在当前或未来最为有效的运作这样的问题提供确定的答案。相反,通过将当前的情境置于长期的教育政策制定的轨迹中,我们在这些论文中所做的就是,试图从历史中揭露那些过于简单的类比,而这些曾被用来说明一些政策的合理性并展示历史知识是如何深化我们理解政策制定者当前面临的制约和可能性的。但是,我已开始思考,我们是如何基于这种理解选择行动的,以及我们选择的行动随后导致我们选择了什么样的政策。这是一个关于我们的意识形态和政治使命的问题,同样是一个关于我们对教育史认识的问题。

IV

1993年,我和布伦策尔合著了一篇关于战后大都市的空间、劳动力市场和城市教育转型的论文,成为 M. B. 卡茨主编的《下层阶级的辩论:历史的视角》(The Underclass Debate: Views from History)一书中的一章。[1] 借鉴了艾拉·卡茨纳尔逊(Ira Katznelson)和玛格丽特·韦尔(Margaret Weir)的《面向所有人的学校教育:阶级、种族和民主理想的衰落》(Schooling for All: Class, Race, and the Decline of the Democratic Ideal)[2],这篇论文研究了"二战"后美国城市和郊区交汇处人口的地理再分布及其带来的阶级和种族的空间分布特点,以及战后城市劳动力市场的分歧如何损害了城市学校再分配教育机会的能力。我们在这篇论文里试图说明大都市里的阶级和种族差异是如何与郊区的政治自治结合破坏了"布朗诉教育委员会案"的承诺,限制了城市教育改革的可能性。

这篇文章隐含的假设是,学校改革的政治学是受到不同群体和阶层间

---

[1] Harvey Kantor and Barbara Brenzel, "Urban Education and the 'Truly Disadvantaged': The Historical Roots of the Contemporary Crisis, 1945 – 1990," in Michael B. Katz, ed., The "Underclass" Debate: Views from History (Princeton: Princeton University Press, 1993), 366 – 402.
[2] Ira Katznelson and Margaret Weir, Schooling For All: Class, Race, and the Decline of the Democratic Ideal (New York: Basic Books, 1985).

论成为一名美国教育史学者

的社会关系影响的,各个群体阶层的利益是和特定的地理空间相联系的。但我们撰写这篇论文时,我和布伦策尔并不能论证这个动态机制是如何具体实践操作的。多亏了犹他大学教育学院提供的学术资金支持,我最近一直在通过盐湖城的冲突研究这些空间政治学究竟是怎样的,我们深入探讨了1987年盐湖城由于关闭了城市四所高中的其中一所以及随后重组中等学校以平衡其他三所高中里的种族、阶级和教育成绩而引发的冲突。作为该城市近年来最具分裂性的教育冲突,它说明了郊区化的过程是如何加剧城市里的阶级和种族冲突的。与此同时,通过揭示深深扎根在城市自身的空间组织中的长期社会分化,也使得卡茨纳尔逊和韦尔关于在阶级和种族多样化城市中开展普通学校教育的可能性的主张变得复杂。

除了受到理论上的挑战外,这个课题最让我激动的是,它促使我使用不同的文献来源(房地产记录、城市规划和土地使用报告、分区条例)以及很多我之前没用过的多种方法,尤其是口述史。这也让我更加认识到历史知识的偏见——不仅仅是因为我不熟悉书面材料上的那些分歧和沉默(当然,这是历史学家一直都不得不要解决的问题),还因为通过采访让我意识到与我交流的许多人都对当地有着深刻的了解,而我却明白自己只了解了个大概。当然,人类学学者一直在研究中处理这样类似的困境,但作为一名历史学者,这还是我第一次直接遇上这种问题。

虽然我在读研究生时发表的首批文章中,有一篇是对修正主义学术研究的抗辩,[①]但我觉得,我在这些作品和随后的研究中所遵循的路径都可以被描述为后修正主义。尽管我最初的灵感来自《早期学校改革的讽刺:19世纪中叶马萨诸塞州的教育创新》,但我已经看到修正主义的论点被夸大的一面。它不仅模糊了社会化与社会控制的区别,还假定学校制度不受社会影响。和许多同事一样,我现在对学校变革的动态机制采用更为客观的评价——包括释放学校教育的多种可能性,以及妇女、工人阶级组织和有色人种努力争取实现这些可能性的斗争。在尝试用一种更加细致入微的观点来看待过去教育的矛盾性角色时,我也担心我们最近的教育史研究工作会放弃对那些活跃于修正主义课题之中并在最初激励我研究教育史的教育机构

---

① Walter Feinberg, Harvey Kantor, Michael Katz, and Paul Violas, *Revisionists Respond to Ravitch* (Washington, DC: National Academy of Education, 1980).

的批判。正如我与鲍勃·洛在《官僚制的左与右》(Bureaucracy Left and Right)①这篇文章中所描述的,我们当前工作的挑战是如何继续将学校理解为再生产不平等的机构,而同时不会减少斗争,这些斗争有时会获得成功,有时却由于缺乏那些致力于改革的人而没那么成功。

---

① Harvey Kantor and Robert Lowe, "Bureaucracy Left and Right," in Larry Cuban and Dorothy Shipps, eds., *Reconstructing the Common Good in Education: Coping with Intractable American Dilemmas* (Stanford: Stanford University Press, 2000), 130 – 147; Harvey Kantor and Robert Lowe, "Reflections on History and Quality Education," *Educational Researcher* 33 (June/July 2004): 6 – 10.

成为一名历史学者：一段意外的职业生涯[1]

迈克尔·B. 卡茨
(Michael B. Katz)

1961年，我打算攻读美国思想史博士学位。当时我是哈佛大学一名大四的学生，主修历史和文学，希望去加利福尼亚大学伯克利分校跟随亨利·F. 梅(Herry F. May)学习。在哈佛大学，佩里·米勒(Perry Miller)和奥斯卡·汉德林(Oscar Handlin)两人对我产生了巨大的思想影响。P. 米勒在美国历史学和文学上占有重要地位。他宏伟的工作不仅使新英格兰清教徒免受反知识分子的指责，还指出美国历史上一贯的思想传统，他的著作还充满激情和才华地表达了历史上激动人心的思想。对我来说，P. 米勒的闪光点不在于他的著作，而是他在我读大四时开设(我坚信他只开设了这一次)的"美国浪漫主义"课程，这门课的内容从未在他的著作中充分呈现过。同样，汉德林也主要是通过课程对我产生影响的，即为期一年的"美国社会史调查"课程，尽管他撰写的《波士顿的移民(1790—1865)：一项文化适应研究》(*Boston's Immigrants, 1790-1865: A Study in Acculturation*)和《离乡背井的人：形成美利坚民族的大规模移民的史诗》在我本科时读过的最重要的书目之列。[2] 我大四时撰写的学位论文，从社会分析视角研究了波士顿对墨西哥战争的反映，更多地运用了汉德林的实证方法，而不是P. 米勒的观点。不过在历史学和文学界，P. 米勒显然具有更大的魅力，而且我希望研究思想。

---

[1] 感谢普林斯顿大学出版社和师范学院出版社允许我使用如下两本书的部分内容：*Improving Poor People: The Welfare State, The "Underclass" and Urban Schools as History* (Princeton: Princeton University Press, 1995) and *The Irony of Early School Reform: Educational Innovation in Mid-Nineteenth Century Massachusetts*, reissued with a new introduction (New York: Teachers College Press, 2001).

[2] Oscar Handlin, *Boston's Immigrants, 1790-1865: A Study in Acculturation* [Cambridge: Harvard University Press, 1941 (reprinted several times)]; Oscar Handlin, *The Uprooted: The Epic Story of the Great Migrations That Made the American People* [New York: Grosset and Dunlap, 1951 (also, later editions; republished most recently by University of Pennsylvania Press)].

加利福尼亚大学伯克利分校为我提供的奖学金不足以让我带着家人（妻子和两个孩子）横跨大陆并在加利福尼亚州生活，至少在攻读研究生时是不可能的。我只能去赚钱。以作为我主要经济来源的百科全书推销员的经验来看，我知道我是可以做推销的。所以，在某一天下午，我闷闷不乐，满脸胡子拉碴地走到拉蒙特图书馆（Lamont Library），去翻看公司职位需求册子。我能很好地去推销肥皂吗？

我的一个朋友丹·福克斯（Dan Fox），是一名历史学研究生，正好从阅览室走过来。我告诉他我的困境。他问我是否听说过哈佛大学教育研究生院的教学法硕士项目。教育学院？教学？不行，我没听说过这个项目，也从未想过将教育学院作为可能的选择。福克斯解释道，这个项目允许学生将一半的课程用来学习一门学科，目前正在招收来自常春藤联盟院校成绩优异的毕业生，而且以实习和奖学金的形式提供很多资助，可以注册学习，上一系列历史课程，然后第二年再去攻读一个博士学位。

这个想法似乎值得考虑。即便是教育学院，也比宝洁公司（Procter and Gamble）或智威汤逊（J. Walter Thomson）①更有吸引力。四年来，我第一次走进哈佛大学的劳伦斯大厅（Lawrence Hall）——当时教育学院的所在地。我找到招生办公室并询问教学法硕士项目的情况。令我震惊的是，一个秘书把我带到副院长（assistant dean）弗兰克·迪艾（Frank Duhay）的办公室，副院长面试了我。他问我为什么想学习高中教学，因为我产生这个想法的时间还不到一个小时，所以回答这个问题需要一些创造性。我对自己编造的貌似合理的故事感到不自在，所以说到一半就不说了。我告诉他我想读研究生，而且需要资助，询问他能否帮忙。他想知道我的成绩，我告诉了他，然后他问我需要多少钱。

事实证明，哈佛大学教育研究生院是个绝妙的地方。教学法硕士项目从密集的暑期项目开始。我们四个人和两位老教师要教授世界史（限定为1789年后的欧洲历史），面向牛顿初级中学的学生，为期六周。我们每天早晨教学，下午互相评价，并计划第二天的授课，每周有几天回到哈佛大学上课，并在夜里备课。回想起来，我在开始时的傲慢自大是可怕的。幸运的是，这种

---

① 智威汤逊（J. Walter Thompson，简称 JWT），1864年创建，是世界上第一家广告公司。——译者注

傲慢并没有长期保留下来。

我曾以为教学应该是容易学习的，因为我知道许多历史知识。将历史告诉孩子们又能有多困难呢？但事实是，我的评判者让我彻底明白，教学是非常难的，比我曾经做过的任何事情都要难。正式开展学年教学的老教师们和高中教师们知道的历史要比我多得多，他们知道如何传达给青少年。至暑假末，我深深地被吸引住了。我并不清楚自己要遵循哪一条职业路线，但肯定不是一个传统的历史学者。

教学法硕士项目让我对职业生涯的路径感到困惑。最简单的就是，留在研究生院并做一些与教育相关的事。但做什么呢？幸运的是，去英国游学的奖学金使我得以推迟一年再做决定。我曾想过自己可以去研究社会课程是如何在英国的中小学里教授的，但1962年夏天发生的一件意外的事影响了我的职业生涯。

我的主要著作(按年代顺序)

The Irony of Early School Reform: Educational Innovation in Mid-Nineteenth Century Massachusetts (Cambridge：Harvard University Press, 1968, reissued with new introduction, 2001).

Class, Bureaucracy and Schools [New York：Praeger, 1971 (1975)].

The People of Hamilton, Canada West (Cambridge：Harvard University Press, 1975).

The Social Origin of Early Industrial Capitalism (with Michael J. Doucet and Mark J. Stern), (Cambridge：Harvard University Press, 1982).

Poverty and Policy in American History (New York：Academic Press, 1983).

In the Shadow of the Poorhouse: A Social History of Welfare in America [New York：Basic Books, 1986 (1996)].

Reconstructing American Education (Cambridge：Harvard University Press, 1987).

The Undeserving Poor: From the War on Poverty to the War on Welfare (New York：Pamtheon Books, 1989).

Improving Poor People (Princeton：Princeton University Press, 1995).

The Price of Citizenship: Redefining the American Welfare State [New York：Metropolitan Books, 2001 (2008)].

One Nation Divisble (With Mark J. Stern), (New York：Russell Sage Foundation, 2006).

在我快要结束在温切斯特高中(Winchester High School)的历史实习教学时，我需要找一份暑期工作来维持去英格兰之前几个月的生活费。在教育学院的公告牌上有个通知，写着剑桥邻里之家(Cambridge Neighborhood House)在招聘一名幼儿园负责人。由于某些原因，可能是因为我一直喜欢和小孩待在一起，我被这个职位吸引了。这个自称是美国历史上最古老的安置所的"邻里之家"拥有社区里仅有的一栋大房子，它位于市区的荒凉地区,但距离麻省理工学院不远。除了一位秘书外,幼儿园的全职员工只有负责人埃尔莎·鲍德温(Elsa Baldwin)一个人,还有一条名叫"麦克斯"的令人生畏的大狗保护着她。据说 E. 鲍德温有一处公寓,可我总是在"邻里之家"看见她。我觉得她是安置运动(settlement movement)创始人与当前仅有的联系,这种联系近到我好像可以接近简·亚当斯(Jane Addams)。

这个社区并不是特别安全,虽然以当前的城区标准来看,它还算比较安定。大部分居民都是白种人,只有几个非裔美国人居住在这里。主要的问题来自少年群体[用"帮派"(gang)这个词又过于正式]带来的麻烦,他们四处闲逛,没有工作,无所事事,闷闷不乐。(那段时日里,我因为抽一个"J"形的大烟斗,所以被戏称为"夏洛克"。)我第一次把汽车停在"邻里之家"门前时,他们用怀疑和好奇的眼神看着我敲那扇坚固的金属大门。这扇大门总是会在几个小时后锁上。晚上,在我与 E. 鲍德温面谈时,他们开着我的车出去兜风,把车撞坏了。我的反应很平静,我认为正是这种平静而不是学位或者思想帮我立刻获得了工作。

E. 鲍德温希望启动一个暑期项目,把针对当地孩子的日间活动及针对父母的夜间活动同家访结合起来,整个过程都是免费的。[这要先于"提前开端"(Head Start)项目,她也预料到了这点。]她期望聘用的负责人即便未接受过社会工作的正规训练,但也可以策划项目、招聘和培训员工、招收孩子、教学、与家长合作,并且大部分工作日和晚上都要在"邻里之家"。她为这些工作提供的报酬是每周 60 美元。

我想做这份工作,但这似乎是一种迁就。我有家庭,需要赚钱。即便是在本科期间兼职推销百科全书,我每周收入也多于 60 美元。我很矛盾,于是我去找之前在哈佛大学读大四时的导师威廉·R. 泰勒(William R. Taylor)。他让我接受这项工作。他说,要去做一些自己不喜欢做的事情,而我也有资格做这项工作。

事实证明,这个夏天是不可思议的。我也不知怎么招聘了一批敬业、有才华、精力充沛的员工。来了很多孩子,那辆限定了我们能力范围的黄色旧校车坐得满满的。我们在"邻里之家"酷热的柏油操场上举行各种活动,去娱乐场、游乐园和可以游泳的地方,或在树林里散步。我们请来医生检查孩子的身体,拜访学生父母,听取他们的问题,并邀请他们参加"邻里之家"的项目。大部分孩子及其父母都很热情、开放、慷慨，并成了我们的朋友。

虽然做了点事情，但我们很快就意识到，自己在帮助他们解决所面临的真正问题时爱莫能助。这是这项工作的无奈。他们挣扎地依靠不够充分的福利生存，居住在环境恶劣的公共住房中，将孩子送到无效的学校，缺乏工作机会或培训，负担不起医疗或牙科护理，自助式地接受社会服务机构、教育和法律执行机构的服务，而他们在这些机构中并无影响力。这是在哈佛大学中没有开设的一门课：在贫困中生存需要付出怎样的代价。我知道，无论我的职业生涯如何，都一定程度上与我在"邻里之家"新交往的朋友的经历相关。

在安置所与贫困儿童及其父母一起工作的全新体验，改变了我的计划，而且在很多重要方面改变了我的生活。我现在想研究教育与工人阶级的关系，聚焦于城市、贫困和儿童的关系。所以，我改变了我在英国的关注点，我广泛地阅读政府报告、工人阶级历史，以及关于贫困、教育的文献。当时在教育部（Ministry of Education）工作的莫里斯·科根（Maurice Kogan）担任我的导师。我尝试以采访作者的形式跟踪阅读，并参观了众多不同类型的学校。

从英国回来后，我被哈佛大学教育研究生院的博士项目录取，但我难以决定应该关注什么。9月，刚入学的一个晚上，在学校正式上课前不久，我和系主任兼我的导师西奥多·赛泽（Theodore Sizer）一起走回家。赛泽是历史学博士，曾在我读教学法硕士时教授过一门教育史研讨课。他说（我改述）："你为什么不去研

对我产生影响的著作

Bernard Bailyn, *Education in the Forming of American Society: Needs and Opportunities for Study* (Chapel Hill: University of North Carolina Press, 1960).

Harry Braverman, *Labor and Monopoly Capital: The Degradation of Work in the Twentieth Century* (New York: Monthly Review Press, 1975).

Daniel Calhoun, *The Intelligence of a People* (Princeton: Princeton University Press, 1973).

Lawrence A. Cremin, *The Transformation of the School: Progressirism in American Education, 1876 - 1957* (New York: Alfred A. Knopf, 1961).

Mike Davis, *City of Quartz* (New York: Verso, 1990).

John Dewey, *Democracy and Education* (New York: Macmillan, 1916).

Oscar Handlin, *Boston's Immigrants, 1790 - 1865* (Cambridge: Harvard University Press, 1941).

Jane Jacobs, *The Death and Life of Great American Cities* (1961).

究教育史呢？你有知识背景，你知道怎么做历史研究。历史会赋予你很大的灵活性。人们似乎也喜欢聘请历史学者来做管理者。"于是我采纳了他的建议。

在教育学院，研究生的培养模式与我在历史系接受的教育大不相同。一方面，政治和外交史方面的书我读得少；另一方面，一系列的教学经验也让我知道历史以外的事情：监管实习教师；与伊斯雷尔·谢弗勒(Israel Scheffler)合作研究教育哲学，并在他担任主席的一个委员会中担任他的助理，这个委员会要为哈佛大学教育研究生院的未来撰写一份全面的报告；[1]在《哈佛教育评论》编辑部工作，并在罗伯特·德里本(Robert Dreeben)撰写其重要著作《论学校所学之物》(On What Is Learned in School)[2]时担任他的助理，这本书影响了我对过去和当前学校的看法；每天和共处在朗费罗大楼(Longfellow Hall，教育学院搬到了这个地方)顶层办公区的研究生助教进行简短交谈，我记得只有我一个人是历史学者。

在丹尼尔·卡尔霍恩(Daniel Calhoun)身上，我看到这是一位极好的导师。他推动我走向分析社会史，并迫使我在传统的历史学者较为普遍地运用量化研究之前，在历史分析中使用计算机。1963年秋，卡尔霍恩开设了唯一的一个教育史研讨班，面向一小部分对教育史真正感兴趣的学生。他称计算机将会成为历史研究的重要工具，我们所有人都要在完成研讨班的论文中使用计算机。然而，因为他也刚开始学习基于计算机的分析，还无法帮助我们，所以我们必须自学。

作为一个认为历史是避开数学的一种方式的人，我很担心，也很茫然。我在漫无目的地搜索图书馆书架时，看到一本亚历山大·詹姆斯·英格利斯(Alexander James Inglis)于1911年出版的研究马萨诸塞州高中起源的书。[3] 1827年，马萨诸塞州颁布了一项法律，要求具备一定规模的城镇开办高中。在接下来的几十年里，只有一部分符合条件的城镇履行了法律规定——英格利斯提供了一份有用的清单。我觉得检验那些创建高中的城镇与未创建高中的城镇之间的差异会很有趣。人口普查可以提供数据，但问

---

[1] 该报告已在哈佛大学出版社出版。Committee on the Graduate Study of Education, *The Graduate Study of Education* (Cambridge：Distributed for the Graduate School of Education by Harvard University Press, 1965).
[2] Robert Dreeben, *On What Is Learned in School* (Reading, MA：Addison-Wesley Publishing, 1968).
[3] Alexander James Inglis, *Rise of the High School in Massachusetts* (New York：Teachers College, 1911).

题是如何进行分析。作为一名研究生助教,我在朗费罗大楼顶层有一间小办公室。隔壁办公室是艾伦·埃利斯(Allan Ellis),他也是一名研究生助教,而且是统计方面的专家。我恳请他帮助我,他也很大方地一步一步教我。我用其他一手资料补充了数据分析,并尝试找出高中获得资助支持的原因。

1964年春,我指导的一名住在马萨诸塞州贝弗利(Beverly)的教学法硕士生告诉我,他发现了一件有趣的事情。他参加了戴维·里斯曼(David Riesman)开设的一门课,并在写一篇关于贝弗利教育史的论文。他在市政厅偶然发现了一个分类账本,上面记录了1860年针对废除高中的投票,而且还有每个投票者的姓名和投票情况。

我匆匆赶去贝弗利看他所说的报告,并仔细查看了这份到目前为止是我所知道的最为特别的文件。我想知道,是什么导致了意见分歧?在我看来,应该从区分高中支持者和反对者上是否有系统性的差异入手,我从手稿统计和税额评定表(tax assessment rolls)切入。

1964年春末,我决定继续沿着同一条研究路径,撰写一篇关于马萨诸塞州公共教育起源与该州城市—工业转型之间关系的学位论文。在没有明确计划的条件下,我将这项任务视为一系列探索,并希望从实证研究中衍生出一个连贯的知识框架和阐释模式。

1965年初冬,我交给赛泽和卡尔霍恩一篇长篇幅的论文,论文由几个案例研究组成,案例之间仅通过对时间、地点的一致关注相联系。他们把我叫到赛泽的办公室,告诉我虽然每个案例研究都很有趣,但这篇学位论文并没有主题或论点。我应该想好自己决定写什么,重写,然后再交给他们。

在好几个月中,我漫无目的地阅读,四处转悠,忧心忡忡。一天上午,我感觉自己迷失了方向,卡尔霍恩找我过去,递给我一个清单。他说,"这就是我觉得你想说的东西"。他是对的,我对其进行了微调并修改了几处措辞,几周后,我重写了论文,成为后来1968年出版的《早期学校改革的讽刺:19世纪中叶马萨诸塞州的教育创新》,2001年再版。卡尔霍恩告诉我的是,我没有意识到,我已经在研究过去和现在的关联,因为我在用历史来解释当前的教育改革。

我相当自信地把未经修改的学位论文送到哈佛大学出版社,出版社将稿子转交给一位读者。事实证明,那份读者报告不仅赞赏了论文,而且提供了很好的实用的修改建议。我询问这位读者是否愿意见面。原来他是斯蒂芬·特恩斯特伦(Stephan Thernstrom),他的评价让我看到了增补和修订的方向。

> **对我产生影响的著作(续)**
>
> Jane Jacobs, *The Death and Life of Great American Cities* (New York: Random House, 1961).
>
> Ira Katznelson, *City Trenches* (Chicago: University of Chicago Press, 1981).
>
> Peter Laslett, *The World We Have Lost* (London: Methuen, 1965).
>
> Karl Mannheim, *Ideology and Utopia* (New York: Harcourt Brace and Company, 1936).
>
> Perry Miller, *Errand into the Wilderness* (Cambridge: Belknap Press of Harvard University Press, 1956).
>
> Stanislaw Ossowski, *Class Structure in the Social Consciousness* (New York: Free Press, 1963).
>
> Mike Rose, *Possible Lives: The Promise of Public Education in America* (Boston: Houghton Mifflin, 1995).

看到第一本书付样出版,我特别激动。而且在学术界,我这本书还起到了特定的目的。学者们希望第一本书可以在专业领域获得一个终身职位和稳定的地位。这是我在激动之余并没有考虑到的地方。我并没有想过这本书会对学术领域产生重大的影响,或在当前的学校改革争论中起到的作用。但图书出版的时机常常是至关重要的。1968年,激进的学校改革在很大程度上仍悬而未决,《早期学校改革的讽刺:19世纪中叶马萨诸塞州的教育创新》令我意外地获得了历史学者以外的读者。对我来说,重要的教训就是,历史真的很重要,这在几年后"修正主义"受到攻击时又得到了强化。[1]

我在1966年完成学位论文时,就认为自己是一个严肃而专业的历史学者。尽管如此,我心中的矛盾仍未解决。当福克斯邀请我去谈工作时,我迫不及待地去了,福克斯现任肯塔基州伯里亚(Berea, Kentucky)阿巴拉契亚山志愿者组织(Appalachian volunteers)[2]的田野调查(field operations)负责人。由于种种原因,最后我还是选择了学术生涯,虽然这完全不是主流的选择。我去了一个新的学术机构——安大略教育研究所(Ontario Institute for

---

[1] 关于这个问题可参见我的书:*Reconstructing American Education* (Cambridge: Harvard University Press, 1987), 144-152.
[2] 阿巴拉契亚山志愿者组织,1963年由政府资助成立,总部设在肯塔基州庇哩亚学院,致力于向贫困宣战的非营利性组织。——译者注

Studies in Education),它附属于多伦多大学(University of Toronto),当时刚成立两年。在这里,我可以撰写教育史并教授教育史,从而有助于开拓对以英语为母语的加拿大现代社会史的研究,并使我能致力于为教育研究建构一个跨学科的社会科学场景发挥作用。在多伦多大学,我继续研究城市教育史。《早期学校改革的讽刺:19世纪中叶马萨诸塞州的教育创新》从社会结构的视角探讨了城市公共教育的起源。现在,我决定将组织作为主要视角。这让我重新设想公共教育的起源是不同组织形式之间的竞争,并将后续的制度化作为经典的科层化案例进行分析[从这个视角探讨的论文发表在《阶级、科层和学校》(Class, Bureaucracy, and Schools)里,修订本为《重建美国教育》(Reconstructing American Education)]。①

在研究城市教育时,我也启动了一项长期的课题,对加拿大城市人口[安大略省哈密尔顿(Hamilton, Ontario)]在早期工业化期间的发展进行重新解释。这项加拿大城市课题最初是为了尝试弥补我早期研究教育工作的不足——早期的研究未能给我的阐释提供一个关于阶级和社会结构的实证性基础。在获得一个城市(后来跟纽约州的水牛城做比较)的量化数据的基础上,该课题重建了工业资本主义出现期间,职业、财富、性别、年龄、种族、财产所有权、社会流动、家族组织和生命历程之间的复杂关系[课题的主要成果参见我与两位紧密合作的伙伴迈克尔·杜塞(Michael Doucet)和马克·斯特恩(Mark Stern)共同完成的《西加拿大哈密尔顿市的人民》(The People of Hamilton, Canada West)②和《早期工业资本主义的社会组织》(The Social Organization of Early Industrial Capitalism)这两本书]。③ 然而事实证明,试图创建严谨且具有吸引力的社会史是一项充满讽刺性的任务。我一直认为下列看法是一种肤浅、错误的轻蔑,即许多具有左派政治立场的历史学家拒绝量化的研究,将量化看作一个固有的资产阶级性、反人性化的工

---

① 关于科层体制的部分,篇幅很长,最初是分成两篇文章发表的:"The Emergence of Bureaucracy in Urban Education: The Boston Case, 1875 – 1884, Part 1," *History of Education Quarterly* 8 (Summer 1968); "The Emergence of Bureaucracy in Urban Education: The Boston Case, 1875 – 1884, Part 2," *History of Education Quarterly* 8 (Fall 1968)。
② 安大略省在加拿大历史上有两个称谓:1791—1841年间被称为上加拿大(Upper Canada),1841—1867年间被称为西加拿大(Canada West)。——译者注
③ Michael B. Katz, *The People of Hamilton, Canada West: Family and Class in a Mid-Nineteenth Century City* (Cambridge: Harvard University Press, 1975); Michael B. Katz, Michael J. Doucet, and Mark J. Stern, *The Social Organization of Early Industrial Capitalism* (Cambridge: Harvard University Press, 1982)。

具,将历史从关注普通人的生活和挣扎或限制普通人获得机会的政治权力的焦点上转移开。在现实中,量化允许历史学者复原、描述和解释普通大众的生活,用前所未有的细节、准确和视阈来书写草根的历史。同样,这使得历史学者得以能够描述阶级结构的出现和阶级、性别和种族对社会关系和机会结构的强大而持续的影响。量化数据也会清楚地呈现家庭形式和人生阶段——如青春期——的社会性背景。除了方法外,我未能在历史学者和类似的学术课题之间建立起广泛而坚实的联系,这是我的一大专业遗憾,这也减弱了双方学术研究的质量。

20世纪70年代中期,我开始思考新的研究方向。我希望在加拿大城市课题中结合自己之前的机构史兴趣和人口量化研究。对机构的人口学数据进行统计分析或许是个解决方法。精神病院、感化院和监狱的历史大部分都集中在改革者和管理者的理念、立法和管理实践上。几乎没有人写过住在里面的人:他们是谁?是什么导致他们被监禁?他们对机构有什么影响?是否有撰写草根机构史的资料来源?为了回答这个问题,我花了一个夏天的时间去纽约州的一些档案馆,找到了足够研究一辈子的材料。

在选取可以使用的记录样本时,我获得了一项全国精神卫生研究所(National Institute for Mental Health)资助的课题——通过使用救济院登记表、贫民调查和人口普查资料重新建构机构的人口统计学。随着工作的推进,我的研究焦点从人口统计学拓展为美国历史上历史学者们未曾充分研究过的相关问题。相关性是如何被界定的?有什么文献?有些人为什么不能照顾自己?他们是如何被公共政策和私人慈善机构对待的?类似的假设可以指导针对不同的依赖性群体的思想和政策吗?在《美国历史上的贫困和政策》(Poverty and Policy in American History)一书中,我尝试探讨和回答这些问题。①

这本书的研究使用了大量的一手文献来阐释19世纪的贫困和福利。在苏珊·戴维斯(Susan Davis)和斯特恩两位同事的帮助下,我向基本图书公司(Basic Books)的史蒂夫·弗雷泽(Steve Fraser)提议出版一卷书,阐释这

---

① Michael B. Katz, *Poverty and Policy in American History* (New York: Academic Press, 1983).

些问题在过去和当前的连续性和相似性。虽然 S. 弗雷泽喜欢这个想法,但他指出,针对一个主题撰写书籍比编写作品集产生的影响更大,并建议我们撰写一部关于美国福利的社会史。在未意识到这项任务工作量的情况下,我们达成了一致意见,最后的成果就是《在救济院的阴影之下:美国福利的社会史》(In the Shadow of the Poorhouse: A Social History of Welfare in America,由于种种原因,我是该书的作者)。①

> **对我产生影响的著作(续)**
> Lillian Rubin, *Worlds of Pain* (New York: Basic Books, 1976).
> Gareth Stedman-Jones, *Outcast London* (London: Oxford University Press, 1971).
> Stephan Thernstrom, *Poverty and Progress* (Cambridge: Harvard University Press, 1964).
> David Tyack and Elizabeth Hansot, *Learning Together* (New Haven: Yale University Press, 1990).

事实证明,在该书出版后的十年时间里,即 1986—1996 年,是福利国家历史上的多事之秋,因此我觉得需要对《在救济院的阴影之下:美国福利的社会史》进行修订。出版商也同意修订。我花了半个夏天的时间系统地收集了这十年来的事件信息。虽然我收集了大量的信息,但是很难找到连贯的线索。我感到很沮丧,一天下午,我在暑期度假的缅因州西部山区进行了一次长途骑行。我突然想到一个主题:将这些事件串联起来的是在同一个方向上同时产生影响的三大驱动力,我称之为依赖、分权和市场。有了这个框架后,我就可以轻松地撰写新内容了。但是,在我完成撰写时,我发现留下了大量不能包含在新版书中的材料,以及涵盖这些材料的一个条理分明的框架。唯一可行的似乎就是,将这些内容再编成一本书,这就是《公民的代价:重新定义美国福利国家》(The Price of Citizenship: Redefining the American Welfare State),它的成书时间远远长于出版社和我自己的预期。② 这本书很不幸地在"9·11"事件后出版,当时福利国家突然降为一个公共问题。事实证明,和《在救济院的阴影之下:美国福利的社会史》一样,《公民的代价:重新定义美国福利国家》出版后的几年里,美国福利国家的发展意义重大——不是将推动其历史发展的因素抛诸脑后,而是在相同的轨道上

---

① Michael B. Katz, *In the Shadow of the Poorhouse: A Social History of Welfare in America* (New York: Basic Books, 1986; expanded 10th anniversary edition, 1996).
② Michael B. Katz, *The Price of Citizenship: Redefining the American Welfare State* (New York: Metropolitan Books, 2001; expanded edition, University of Pennsylvania Press, 2008).

加速发展,更加牢固地巩固了美国第一阶层和第二阶层之间的区别。我又新写了一章,囊括了近来的历史,开头就通过对卡特里娜飓风(Hurricane Katrina)的反应来解释美国福利国家的弱点。最新版于 2008 年 11 月面世,恰巧在经济崩溃和贝拉克·奥巴马(Barack Obama)当选总统前。这两件事都标志着福利国家历史的新篇章,而且可能也是教育史的一个新篇章。

仍然存在的一个挑战是,将教育史与福利国家的历史联系起来。我曾在一次演讲中探讨了两者的联系,并进行了多次修改,形成一篇文章《作为福利的公共教育》(Public Education as Welfare),2010 年夏天发表在《分歧》(Dissent)杂志上。两者的历史应纳入一个更为广泛的美国国家历史中,而国家历史本身又受广为人知的跨学科领域"美国政治发展"(American Political Development)近来开展的令人激动的修正工作所支配。研究福利国家的历史学者加入了与"美国政治发展"的对话中。除了少数例外,教育史学者们并未参加。①

经过最初两本关于贫困和福利著作的研究,我迫不及待等待着转向编辑一本特别的论文集,研究纽约慈善组织协会(New York Charity Organization Society)的历史,作为详细探讨 19 世纪末 20 世纪初贫困经历的基础。在和万神殿图书公司(Pantheon Books)的安德烈·希夫林(Andre Schiffrin)和萨拉·贝尔施特尔(Sara Bershtel)讨论这个课题的过程中,他们介绍了一套知识政治学方面的新系列丛书,并邀请我撰写一本关于贫困的短篇著作。这太有趣了,我难以拒绝。不过我再次低估了工作的难度。然而,经过几年的时间,我逐渐对这个课题感到沮丧,因为文献陈旧,作者们一而再再而三地重新包装老观点。我完全可以写一个自己的版本,但又似乎不值得这么做。有一天,我突然意识到这些陈旧的、重复性的文献本身就标志着需要撰写一段历史。问题就变成如何识别并阐释贯穿整个过程的两个世纪的评论贫困和福利的核心思想观念,如何在陈旧的、不具效力的俗套之外解释这种无能为力。基于这样的认识,我进行了新的规划,并逐渐完成了《不值得帮助的穷人:从贫困战争到福利战争》(*The Undeserving Poor:*

---

① 教育史学者的主要例外,见: Patrick J. McGuinn, *No Child Left Behind and the Transformation of Federal Education Policy, 1965 - 2005* (Lawrence: University Press of Kansas, 2006)。

From the War on Poverty to the War on Welfare)①这本书。

我打算回过头来做慈善组织协会这个课题。② 我一直推迟这个课题,聚焦在更为当代的问题上,在我看来,当代的问题似乎值得优先考虑。但有一天我收到拉塞尔·塞奇基金会(Russell Sage Foundation)的来信,信中邀请约 24 名社会科学者来投标承包一个课题,撰写一本书,旨在从 20 世纪社会和思想趋势的角度看 2000 年的人口普查——并使这本书可以面向普通读者。基金会会提供慷慨资助。这个课题吸引我的原因有很多——纯粹的思想挑战,潜在的重要性,还有必须说的是,在微型计算机(microcomputer)时代做一个量化研究课题的机会:不再需要为使用计算机筹集资金,或拖着整箱的卡片或卷带,或等待计算机中心给出结果。我的朋友兼长期研究合作人斯特恩同样被吸引进来。我们一起撰写了计划,并被基金会接受——我们是接受资助撰写同一本书的两组之一。关于这本书的故事很长,难以在这篇文章中展开。事实证明,这本书的工作量令人却步,是我们没有预料到的。从某种程度上来说,它几乎把我们折磨死了。但我们还是完成了,而且在研究和撰写《一个可分开的国家:美国的过去与未来》(*One Nation Divisible: What America Was and What It Is Becoming*)的过程中,我们广泛地认识到美国历史上的不平等是如何运作的。③

撰写《一个可分开的国家:美国的过去与未来》让我明白了,历史学者相对远离政治经济学。作为美国人,我们在过去的一个世纪里经历了最为严重的、不断增长的经济不平等。然而事实证明,历史学者也在慢慢地反思这种不平等的来源、影响及意义。教育史学者也并无不同,从很大程度上来说,他们过去并不关注不平等和官僚体制,而这两者在 20 世纪 60 年代末和 70 年代却使该领域恢复生气。④

---

① Michael B. Katz, *The Undeserving Poor: From the War on Poverty to the War on Welfare* (New York: Pantheon, 1989).
② 我根据这个课题写了一些论文,见:"Improving Poor People," and "Devotion and Ambiguity in the Struggles of a Poor Mother and Her Family: New York City, 1918 – 1919," in Larry Cuban and Dorothy Shipps, eds., *Reconstructing the Common Good in Education: Coping with Intractable Dilemmas* (Stanford: Stanford University Press, 2000).
③ Michael B. Katz and Mark J. Stern, *One Nation Divisible: What America Was and What It Is Becoming* (New York: Russell Sage Foundation, 2006; paperback edition, 2008).
④ 20 世纪 60 年代和 70 年代关注教育不平等最著名的例子或许是 Samuel Bowles and Herbert Gintis, *Schooling in Capitalism America: Education and the Contradictions of American Life* (New York: Basic Books, 1975).

235

在《一个可分开的国家：美国的过去与未来》上开展的工作使我仔细地看待过去和现在的移民问题。正视近来大规模的移民显然是一个具有重大意义和迫切性的全国性课题，而且历史学者才刚开始着手这个课题。公众对移民的讨论是值得注意的，这是因为他们对此进行了热烈的讨论，虽然他们的讨论未必具有启发性。再次，一个热门的紧迫问题推动我走向前所未有的方向，并使移民问题成为我当前研究与教学的一个焦点。

严格束缚在学术界限内总是让我不自在。作为一名学者的我，我的激进倾向在这几十年来并没有被完全驯服。我的这种品质也帮助我探索了用不同的方法来运用历史支持持续进行的公共问题争论。我很幸运地找到很多可以使用这种方式的例子。其中有五个例子比较突出。这篇文章的篇幅不足以详加讨论，所以我简要提及这几个例子来说明，一点历史的傲慢或胆大妄为可以引导你走上多样化的道路，并打开机会的大门。

第一个例子并没有将我带到大学之外，但它将我指向一个不同的、与政策更为相关的方向。20世纪80年代初，宾夕法尼亚大学（University of Pennsylvania）的城市研究项目主管这个职位正对我虚位以待。我当时的精力分散在教育研究生院和历史系这两个部门。由于种种原因，我仍然不是很确切地知道自己为什么会被这个职位吸引，它不仅要求在使用最少资源的条件下复活一个垂死的项目，还没有什么机构权力。它的基本设计是合理的，其目标是联系理论和实践。这是宾夕法尼亚大学仅有的可以向实习生提供学分的项目。我在这个项目上担任了13年的主管或合作主管；在离开这个职位时，我构建好了一个城市研究方面的研究生项目。城市研究是一个蓬勃发展的项目，现在由斯特恩和伊莱恩·西蒙（Elaine Simon）领导。在这个项目中，教学始料未及地将我带到对城市的深入研究中去，这在很大程度上影响了我日后的研究和写作。

第二个例子意外地发生在1992年底，当时宾夕法尼亚州州长罗伯特·凯西（Robert Casey）任命我执行一项任务，提供减少福利依赖的方法。令我吃惊的是，不同的政治和机构成员都同意了一份温和的进步性报告。每个人都出于不同原因不喜欢福利，每个人都可以看到当前制度中的障碍和反常规定，以及需要在讨论根本性的革新计划前革除历史遗留下来的失调性问题。

第三个例子发生得较早,与社会科学研究理事会创建的城市底层委员会(Social Science Research Council's Committee on the Urban Underclass)有关。1987年,洛克菲勒基金会让社会科学研究理事会考虑成立一个关于城市底层的委员会(我用了大量的时间批判这个用语)。社会科学研究理事会的委员们将一个奖学金和助学金项目与研究议程进行了结合。其中一个委员会成员询问我是否愿意参加研究人员启动会议,讨论基金会的要求。我当时正想写一点关于美国的学术、基金会和政策之间的"三角关系"的内容。在20世纪60年代和70年代,我知道这些关系已经影响了向贫困宣战和"伟大社会",但其间的内部运作仍相对没有公开。我感觉社会科学研究理事会成立的委员会是一个新的轮回,它的档案资料将会记录社会科学在20世纪末的影响力究竟有多大。我向社会科学研究理事会的员工建议,新成立的委员会应从一开始就设一个档案管理员,随着工作的开展,负责收集和保存文件,并采访一些工作进展过程中的关键人员。全体工作人员、委员会成员和基金会都同意这项提议,于是我就在委员会存在的5年时间里兼任委员会当然成员(ex-officio)和档案管理员。访谈和文献材料存档在明尼苏达社会福利历史档案馆(Minnesota Social Welfare History Archives)。委员会还给我提供资金和管理上的支持,委托我编一卷论文集,从历史的角度看待城市的贫困问题。在此基础上,我出了一本《"底层之辩":历史的视角》(The "Underclass Debate": The View from History),前所未有地对城市的贫困集中进行了历史研究,而且在这个过程中,削弱了社会科学研究理事会的一些工作基础。①

第四个例子始于1989年11月,当时我在芝加哥参加科学研究理事会委员会资助的第一次重大会议。在一天晚上上床睡觉前,在昏暗的酒店房间,我打开了晚间电视新闻。这家酒店靠近城市南部湖边。当地新闻报道了选举产生的家长理事会、社区成员理事会以及教师理事会的就职典礼,他们将管理这个城市将近600所学校。他们被选上是因为一项新的学校改革法推行激进的分权化的结果。这怎么会发生的?为什么我们这些来自芝加哥外的人很少听闻?为什么全国媒体关注得那么少?作为一名教育史学者,我

---

① Michael B. Katz, ed., The "Underclass" Debate: Views from History (Princeton: Princeton University Press, 2005).

立即意识到，芝加哥是一个世纪以来对城市学校制度采用最快、最显著的结构变革的城市。我想知道关于改革的起源、改革如何开展等多方面的信息。我回到当年的基地——纽约的拉塞尔·塞奇基金会，联系了两位同事：米歇尔·法恩(Michelle Fine)，深入参与费城教育改革的社会心理学家；E. 西蒙，城市人类学家和质性评估教育项目专家。他们都和我一样对此很感兴趣。为了获得芝加哥学校改革的研究资助，我们求助于斯宾塞基金会及其主席，即已故的劳伦斯·A. 克雷明(Lawrence A. Cremin)，当时他是美国教育史学界的领军人物。克雷明很快就拨给我们一笔启动资金，他的继任者帕特里夏·阿尔伯耶格·格雷厄姆(Patricia Albjerg Graham)也是一位历史学者，她继续资助我们。前后6年的时间里，我们在芝加哥访问所有涉及改革的选区选民代表，收集文件，参观学校。我得到很多关于学校改革、芝加哥的信息，认识到历史研究的局限性。我们采访的每个人都向我们讲述了一个略有不同的改革起源的故事。如果我从现在开始用一些常见的资料撰写50年或100年的改革历程的话，那或许是大错特错了。我发表了一篇题为《芝加哥学校改革的历史》(*Chicago School Reform as History*)的文章，与M. 法恩、E. 西蒙合作发表了一篇题为《闲逛：外界认为芝加哥的学校改革》(*Poking Around: Outsiders View Chicago School Reform*)的文章。[①] 我们还为《芝加哥论坛》(*Chicago Tribune*)撰写专栏(op-ed)[②]，给改革社区撰写备忘录。

最近，如上文提及的，我与斯特恩为拉塞尔·塞奇基金会撰写的一本书，在当前的移民问题上引起了大家浓厚的兴趣。在宾夕法尼亚城市研究所(Penn Institute for Urban Research)的团队支持下，我承担了建构费城大都市的移民数据库的任务，主要是整理1970年以来的移民数据，并分析移民的趋势。在我们的工作顺利进行后的一年左右，一些费城基金会希望布鲁金斯学会(Brookings Institution)撰写一份关于大城市费城移民的报告。考虑到我们所做的工作，基金会让我们负责联系布鲁金斯学会，于是我们决定进

---

① Michael B. Katz, "Chicago School Reform as History," *Teachers College Record* 94, 1 (Fall 1992): 56–72; adapted as chapter 3 in Katz, *Improving Poor People*; Michael B. Katz, Michelle Fine, and Elaine Simon, "Poking Around: Outsiders View Chicago School Reform," *Teachers College Record* 99, 1 (Fall 1997): 117–157.
② 全称为"与社论版相对"的专栏(opposite the editorial page 或 opposite editorials)，刊登的观点与编委会成员的观点(社论)、读者来信的观点不同。——译者注

行合作。来自布鲁金斯学会的主研究员是一位领军型的移民研究专家奥黛丽·辛格（Audrey Singer）。为客户——地方基金会——工作，对我们两个待在大学里的人来说是一种全新的体验，尽管对辛格来说不是。这些地方基金会希望持续了解新的研究发现，并帮助推进这个项目。事实证明，这项合作是愉快的，而且伴随着另一个"真实世界"的经历，我也体会到很多关于研究主题以及应用型学术的苦与乐。我们的报告题为《费城近来的移民：新兴门户中的区域变化》(Recent Immigration to Philadelphia: Regional Change in a Re-Emerging Gateway)，2008 年 11 月在费城自由图书馆中央部门（Philadelphia Free Library's Central Branch）一个拥挤的礼堂里发布，并在当地媒体上进行了讨论。[1] 不过，不知道是什么原因，基金会到目前为止也没有采用他们已认可的报告所提供的重大建议。这里还有另外一个教训，虽然我不知道这个教训究竟是什么。

接下来要做什么呢？我想做移民问题的研究。我酝酿撰写几本书和几篇论文。虽然我对城市、种族和不平等这个问题非常感兴趣，但很难说做哪个，按什么顺序做。我已经 71 岁了，我的计划清单足够需要另一个职业生涯的时间。所以，接下来的事在一定程度上要看运气了，这种运气从 1961 年福克斯把我带到哈佛大学教育研究生院的招生办公室时就开始了。大部分时候，我运气很好，毕竟我是幸运的一代，朝鲜战争时我还小，越南战争时我太大，而且随着高等教育机构的不断扩张走入了就业市场。人口统计学或许不是命中注定的，但从正面的角度来看，肯定起到了帮助作用。每次我做好未来工作计划时，我似乎都是在这个方向的轨道上前行的，有时会发生脱轨的事情，或者更准确地说，是转换到另一个轨道方向上。我一路前行，大多数情况下我都不会抗拒；结果往往也令人惊讶，却从未感觉无趣过。

---

[1] Audrey Singer, Domenic Vitiello, Michael Katz, and David Park, *Recent Immigration to Philadelphia: Regional Change in a Re-Emerging Gateway* (Metropolitan Policy Program, Brookings Institution, November 2008).

学术中的冒险

戴维·F. 拉巴里
(David F. Labaree)

在这篇文章中,我觉得用自己警示性的故事来书写我的学术经历会更有价值,而不是仅仅撰写一个自传性的简述。这种想法是为了帮助该领域的新进学者思考作为学者该如何在职业生涯中找到一条研究路径,同时希望可以纠正他们的误解,并向他们展示学术是如何在心智发展过程中展现为一段惊心动魄却令人振奋的冒险的。我讲述的小故事包含三个相互联系的主题:你需要研究那些与你的经验共鸣的东西;你需要冒险并做好犯很多错误的准备;你需要依靠朋友和同事来告诉你错了。下面我将一一阐释。

研究那些与经验共鸣的东西

首先,我说一点自己所探讨的学术问题的性质,然后再讲一些我对这些问题的兴趣的想法。我的工作聚焦于美国教育制度的历史社会学研究,以及梳理贯穿其中的具有讽刺性的脉络。这个制度长期以来一直标榜是一个机会均等、开放进入的模式,还有很多的证据支持这些说法。与欧洲相比,这种不断提升的受教育路径的扩张要来得更早,发展速度更快,而且拓展到的人也更多。目前,几乎任何人都可以在美国接受不同形式的中等后教育,实际上有超过三分之二的人做到了。但是当学生们进入教育体系时,他们发现自己平等地获得了一种极为不平等的教育经历。为什么?因为该体系平衡了开放入学和激进分层。每个人都可以上高中,但不同学校的教育质量大不相同。几乎每个人都可以上大学,但那些最容易进入的机构(社区学院)仅仅对学生的生活机会提供最小的促进作用,而那些可以为最好的工作提供最可靠保证的机构(主要的研究型大学)则具有高度的竞争性。这种极端平等和不平等、入学和分层的复合物,是美国教育中一个显著的、迷人的特征,这也是我在研究工作中一直以不同方式在探索的问题。

美国教育中另一个具有明显讽刺意味的是,由于强有力的形式主义倾向,本来是为了获得知识学习而建立的教育制度实际上却是削弱学习的。教育的消费者(学生和他们的父母)很快意识到,教育制度中最具回报性的是获得其最高层次的教育(以受教育年限、学术轨道和机构名声为衡量标准),这样的文凭极为稀少,因此也最有价值。这种极为扭曲的激励结构强烈地刺激消费者与教育制度进行博弈——通过努力积累最多的成功的符号标志,即在最具竞争性的学校中最具声望的项目中取得成绩、学分和学位。然而,这种报偿结构并不鼓励学习,因为收益来自符号标志的稀缺,而不是在获得符号标志的过程中积累的知识量。从最好的一面来看,学习只是这种文凭驱动系统的副产品;从最坏的一面来看,学习是这种系统的受害方,因为这种结构促使学生产生消费主义,使他们自然而然地去寻求投入最少的时间、精力去获得最多的资格证书。因此,二手车店的逻辑在学习的殿堂盛行。

在探讨分层和形式主义的问题时,我倾向于聚焦在可以解释两种教育结果的特定机制,即市场。我认为,美国的教育日益成为一种商品,如同其他消费品一样通过市场环节来供应和购买。教育机构必须对消费者具有敏感性,向不同的市场部门提供其需要的教育产品组合。这促进了教育内部的分层,因为消费者需要在追求社会优势中获得一些可以与大众相区分的教育证书。这也推广了形式主义,因为市场是基于商品的交换价值(可以交换什么),而非使用价值(可以用来做什么)进行运作的。教育消费主义维持并增加了社会不平等,破坏了知识习得,而且在优势竞赛中导致对公、私资源的不良的过度投资。其结果就是,教育日益被看作是私益(private good),只会对教育证书的拥有者产生好处,而不被看成公益(public good),会使整个社会成员共同受益,哪怕他们没有获得学位或没有孩子在学校里读书。从许多方面来说,我的工作目标是探究美国的教育观为什么会在这些年里从公共转向私人。

这是我过去30年工作的重点,我为什么关注这些问题呢?为什么那么着迷于形式主义、市场、分层,以及作为地位竞争主宰的教育?答案很简单。因为这些问题伴随着我的成长。

乔治·奥威尔(George Orwell)曾将自己家庭的社会地位形容为中低层中产阶级,这与我的家庭情况相似。在《通往威根码头之路》(*The Road to Wigan Pier*)①中,他思考了英格兰的阶级关系,谈及其家庭在文化上富裕,但物质贫乏。这与我的情况相似。我的两个祖父都是牧师。在我父亲这边,神职人员的身份可以上溯至四代人。在我母亲这边,不只是她父亲一个牧师,她母亲的父亲也是一个牧师,而且是一个苏格兰长期神职人员世系的后代。他们所有人都是长老会牧师,长期以来,长老会的神职人员都是具有高学识的文化领袖,但这些领袖却一贫如洗,犹如教堂中的老鼠。当然,后半部分有点夸张,但重点是他们的威望和权威来自学习,而非财富。所以他们倾向于重视教育,蔑视攫取金钱。我父亲是一位工程师,得以供养家庭过着谦逊却舒适的中产阶级生活。他和母亲将家庭所有的资源都投入三个儿子的教育上,让我们去读费城的一所私立高中[日耳曼敦高中(Germantown Academy)],然后读私立大学[理海大学(Lehigh University)、德雷塞尔大学(Drexel University)、伍斯特学院(College of Wooster)、哈佛大学]。我的父母都曾在精英学校接受教育[普林斯顿大学和威尔逊学院(Wilson College)]并获得政府奖学金(ministerial scholarships),他们也希望自己的孩子接受这样的教育。

这意味着我们成长在以自身的文化遗产、教育成就为荣的环境中,采用一种居高临下的态度来看那些仅仅为生计而工作的人。而且,这种优越感与嫉妒漂亮的衣服、装饰精良的房子、新车,以及朋友的家人所经历的奇特的旅行大不相同。我觉得我的家庭是一个没落贵族,在物欲横流的社会中高举文化的旗帜,与此同时却穿着破旧的衣服。从这个背景下看,我很自然地将教育当作重要的社会制度来研究,并特别关注教育被市场社会的消费主义和地位竞争摧毁的方式。在这个过程中,我仅仅从家庭的视角出发。在呼吁警惕建立在物质地位上的社会等级制度危险的同时,还需要有人站出来支持实质性学习而非形式主义学习,提倡公益而非私益。所以,我从势利的民粹主义——一种对失去的世界的渴望——出发进行学术研究,在这个世界中,人的位置是建立在真正知识的文化权威之上的,单纯的文凭证书难以当道。

---

① George Orwell, *The Road to Wigan Pier* (New York: Harcourt, Brace, 1958).

期 待 出 错

即便在最好的环境中成为一名学者,也不是件容易的事,试图向正在成长中的学者灌输保持正确的奉献精神,会使之变得更为困难。[①] 在学习博士课程和参加终身教职评审时,我们强调严格的研究方法和研究设计、严谨的思想归因、有条理的积累数据,以及谨慎的论证观点等方面的重要性。对学者来说,小心地坚持方法论立场本身并不是坏事,但如果试图一直保持正确的话,则会使我们过于谨慎,鼓励我们迎合数据,远离争议,以至于我们总是说一些无趣的东西。仔细看看学者们是如何在实际中运用各种方式反映他们在挫折中成长的。或者至少这是我的经验。当我回顾过去多年的工作时,我发现最为一贯的因素就是出错。一次又一次地,我不得不承认自己未能成功地追求我预设的目标,放弃一个曾经强烈信奉的想

具有影响力的著述

David K. Cohen, "Teaching Practice: Plus Ça Change," in Philip W. Jackson, ed., *Contributing to Educational Change: Perspectives on Research and Practice* (Berkeley, CA: McCutchan, 1988), 27 – 84.

Randall Collins, *The Credential Society: An Historical Sociology of Education and Stratification* (New York: Academic Press, 1979).

Émile Durkheim, *The Evolution of Educational Thought: Lectures on the Formation and Development of Secondary Education in France* [Boston: Routledge and Kegan Paul, 1938 (1969)].

Michel D. Foucault, *Discipline and Punish: The Birth of the Prison*, trans. by Alan Sheridan (New York: Pantheon, 1977).

Albert O. Hirschman, *Exit, Voice, and Loyalty* (Cambridge: Harvard University Press, 1970).

Carl F. Kaestle, *Pillars of the Public: Common Schools and American Society, 1780 – 1860* (New York: Hill and Wang, 1983).

Michael B. Katz, *The Irony of Early School Reform: Educational Innovation in Mid-Nineteenth Century Massachusetts* (Cambridge: Harvard University Press, 1968).

Karl Marx, "The Fetishism of Commodities and the Secret Thereof," in *Capital*, vol. 1 (New York: International Publishers, 1867/1967), 71 – 83.

---

① 我很感谢林恩·芬德勒(Lynn Fendler)和汤姆·伯德(Tom Bird),他们给我这篇文章的早期手稿给出了一些评论。正如他们以前那样,给我指出一些尴尬的错误。我在 2002 年斯坦福教育学院的一个学术讨论会上以及同一年在新奥尔良召开的美国教育研究协会 F 分会的指导研讨班上分享了我这些分析的一个早期版本。后来的版本作为导言发表在《教育、市场和公益:戴维·F. 拉巴里作品选》(*Education, Markets, and the Public Good: The Selected Works of David F. Labaree*, London: Routledge Falmer, 2007)中。在泰勒和弗朗西斯出版公司(Taylor and Francis)的允许下得以重印。

决,或回头纠正一个重大错误。短期内,这些失误或许令人不安,但从长远来看,却是卓有成效的。

或许我只是在使其合理化,但出错似乎是学术整体的一部分。从一方面来说,这在写作过程中很重要。我们往往在头脑中想得很好,在课题上得到很好的共鸣,但真正的考验是,在纸上是否有效。① 只有在纸上,我们才能阐释清楚具体的观点,评估逻辑的可行性,衡量证据的重要性。不管我们是否尝试将一个好的想法转换成书面文字,我们总会在午饭时愉快地讨论这个想法的过程中不可避免地遇到一些之前没那么显而易见的问题。这是使写作可怕但又令人兴奋的一部分原因:这好像是在走钢丝,每走一步都有失败的危险。我们能通过这些看起来无法克服的问题吗?只有到了终点我们才能知道。

这就意味着,如果写一篇文章不冒风险的话,那么也就没有什么潜在的回报。如果我们要做的就是,将一个思考成熟的想法写在纸上,那么这就不是写作,而是转录。当作者从写作过程中得以学习,学术写作是最有成效的,但这只会在以下情境中发生:写作帮助理清一些我们不知道(或只是感觉到)的事情,帮助我们解决不确定是否可以解决的思想问题,或让我们在不知道的地方发生转向。要使写作过程(与最终出版产品不同)对作者有价值,学习是主要因素之一。如果我们未能从写作中学到东西的话,那就难有理由认为将来的读者会从中学到东西。但这种学习只有在论文成果一开始并不是那么成功的时候才会发生。这意味着失败的可能性对学术追求来说是非常重要的。出错对学术来说也能起到作用,因为它可以迫使我们在面对研究中收集到的不同的争论和证据时,放弃一个宝贵的想法。像其他人一样,学者们容易带有确认偏误(confirmation bias)。我们寻找支持自己偏好的分析证据,忽视一些支持其他阐释的证据。所以,当我们在研究和写作中发生冲突,迫使我们难以到达自己设想的目的地时,我们倾向于将这种偏

---

① 这并不意味着这是形成一种想法的最佳方式。对我来说,教学总是刺激创造性思维的一种很好的方式。这对我来说是一个机会,能与书本上关于某个特殊主题的思想接触,把这些思想形成一个故事,再看看当我在课堂上讲述这个故事的时候,这个故事听起来怎么样,并倾听学生们的回应。为了达到这些目的,教室有着一种精彩的混合特质:在给这个创造性的过程强加纪律和机构的同时,也给即兴创作提供了空间,让我们有机会不断地重构每一件事情。在我的第一本书出版之后,我的大部分写作都和这种教学过程有着渊源。但是我发现,在某些特定的方面,我还是必须通过出版考验我的想法。

离视为失败。然而,虽然这些经验使人不悦,但却富有成效。它们不仅促使我们学习一些自己并未期待去了解的事物,还将一些人们并不想听的争论引入作品中。一位密歇根大学的同事,戴维·安格斯(David Angus)也有这方面的意识,他常常向教育学院的教职候选人提出这样的挑战性问题:"向我们阐述几点在你的研究中,迫使你放弃一个你真正关心的想法的经历。"

上述所有形式的出错我都经历过。我所写的著作从来没有按照设想的那样写出来,因为我需要为了弥补一些不充分的论证而被迫作出改变。这种分析常常会发生转向,意味着我必须放弃一些我想保留的东西,接受一些我想回避的东西。而且,没有事情是停留在完成状态的。正在我以为自己有一个很好的分析工具,并开始使用它来分析目光所及之物时,它就会粉碎成碎片,迫使我重新开始。这种意图被误导和错置的故事始于学位论文,这像每一个学术故事那样。

马克思让位于韦伯

我的学位论文主题是在宾夕法尼亚大学社会学博士项目上最后一门课时轻松确定的,当时我向迈克尔·B. 卡茨(Michael B. Katz)提及自己对早期的费城中央高中(Philadelphia's Central High School)做了一个简短的研究。他有一个资助研究费城教育史的新项目,而费城中央高中是该项目的主要研究对象之一。他需要有人来研究这个学校,而我则需要一个主题、一位导师和一定的资助。愉快的巧合,一切都发生在15分钟的时间里。我最初对教育产生兴趣,将其作为一个研究对象,是20世纪60年代末的哈佛大学读本科时,我当时的主要精力放在争取民主社会学生会上,同时辅修社会学。在哈佛大学学习的最后一两年时间里,我运用马克思主义方法来分析作为一个社会特权性机构的哈佛大学(还有更好的案例吗?),从而增强了我对教育研究的兴趣。

对学位论文,我想同样运用马克思主义方法分析费城中央高中,这所学校似乎也在召唤我使用这种方法。费城中央高中成立于1838年,是这座城市开办的第一所高中,也是全国首批高中之一,后来发展成为面向费城男孩的精英学校。它看起来似乎是公立高中里的"哈佛"。我有一个针对这种分析的模型——M. B. 卡茨对贝弗利高中（Beverly High School）的研究,其中他解释了这所中学是如何在建成后不久就被许多公民视为一个主要服务于上层阶级的机构,进而导致镇会议在1861年废除这所学校。[1] 我当时计划对费城中央高中也做这样的研究,而且很多证据似乎也支撑了这种解释,包括学校有大量的上层中产阶级学生群体、学校在新闻界的贵族名声,以及后来成为城市的精英中学。

> **具有影响力的著述(续)**
>
> John W. Meyer and Brian Rowan, "The Structure of Educational Organizations," in John W. Meyer and William R. Scott, eds., *Organizational Environments: Ritual and Rationality* (Beverly Hills, CA: Sage, 1983), 71–97.
>
> James Scott, *Seeing Like a State* (New Haven: Yale University Press, 1999).
>
> Martin Trow, "American Higher Education: Past, Present, and Future," *Educational Researcher* 17 (March 1988): 13–23.
>
> Ralph Turner, "Sponsored and Contest Mobility and the School System," *American Sociological Review* 25 (1960): 855–867.
>
> Willard Waller, *The Sociology of Teaching* [New York: Wiley, 1932 (1965)].
>
> Max Weber, "Science as a Vocation," in H. H. Gerth and C. Wright Mills, *From Max Weber* (New York: Oxford University Press, 1958), 129–156.

这是我的意图,但我的计划很快就在我当时收集的数据上遇到了两个大问题。第一个问题是,对学校前80年里学生学识和成绩的统计分析发现了一种一致性特征：只有四分之一的学生能毕业,这意味着学校的筛选性强;是成绩而非阶层决定了学生能否毕业,这意味着学校是高度精英管理的(meritocratic),这着实令人惊讶。现代中学的冲突在很大程度上和阶层相关,但在早期的费城中央高中并非如此。中产阶级的学生起初更喜欢注册入学,但他们并不一定比工人阶级的学生更能取得成功。第二个问题是,这所高中在费城学校体系中扮演的角色并不适合我试图讲述的马克思主义的"自上而下"的控制。在这所中学前50年的发展历史里,完全不存在对费城学校系统施加科层制权威的情况。这所高中在当地的教育市场中是一件有吸引力的商品：在宏伟的建筑中提供大学级别的高水平教育(授予学士学位),且不收费。语法学校(grammar school)的学生竞相通过入学考试进入这个有价值的机构,而且语法学校教师也竞相通过教学考试使大多数学生进入费城中央高中。这所高

---

[1] Michael B. Katz, *The Irony of Early School Reform: Educational Innovation in Mid-Nineteenth Century Massachusetts* (Cambridge: Harvard University Press, 1968).

中对费城学校系统的影响是巨大的,但是非正式的,这种影响是从下层消费者的需求中产生的,而非上层的官僚命令。

因此,我所计划的讲述一个阶级特权和社会控制的故事,从学位论文开始之时就破碎了。但我在这里也看到了一个关于市场和分层的故事:马克思让位于韦伯。在美国第二大城市建立中央高中立即导致产生一件稀缺的理想商品,且这种以消费者为基础的市场权力(market power)不仅赋予这所中学对学校系统的控制权,还使其具有充足的自治权建立起一个发挥效用的精英制度。这所高中推广了不平等:它主要服务于中产阶级群体,并建立起一种极端的教育分层方式。但它对中产阶级和工人阶级的孩子同样推行严格的精英制度,而这两个阶级中的大部分人也都是失败的。

请 朋 友 帮 助

我正在讲的故事中,坏的方面是学术常常会诱使你反复犯错;好的方面是如果你寻求帮助的话,这会起到帮助作用,使你在学术迷途中获得卓有成效的经验。你可以请求你的朋友和同事帮忙。你最不想听的事情或许恰好是那些使你不受思想混乱和专业迷茫影响的东西。下面我继续讲故事,以示我的同事们是如何屡次救我于水火之中的。

市场让位于政治学

在完成学位论文之际,我逐渐习惯于韦伯式的思考方式。这个过程用了好长一段时间,因为马克思主义者对韦伯持有轻蔑的态度。[①] 最终,我下定决心,讲述一个关于市场和学校的好故事,即便是这故事不是我想聊的,所以我在把学位论文改写为著作时运用了这个故事。当我自以为是地将书稿终稿送给出版商时,我也将书稿拿给我在密歇根州立大学的同事戴维·科恩(David Cohen)评阅,他曾大方地提出要阅读一下。D. 科恩的评论非常有用且具有很大的尖锐性。他指出,我在这本书中将高中和学校系

---

① 马克思的文章总是激动人心的,很适合这样一个大标题:全世界无产者,联合起来! 但是韦伯的文章更加复杂、悲观和令人不愉快:合理化的铁笼已经统治了思想和社会行动的结构,但是我们无法阻止甚至逃脱它。

统的发展变化阐释为市场影响的结果,但我所讲的故事却是市场和政治之间在控制学校这个问题上的持续冲突。① 政治元素已在文中呈现,但我未能认识到并对其进行明确分析。简而言之,他向我解释了我自己著作的要点。我不得不重写整个手稿以呈现出这个隐含的论点。

将美国教育史上的这一案例架构为政治和市场之间的冲突使我开发并利用了一直存在于自由民主之中的更大的冲突格局:促进权利平等,进入机会平等和结果平等的民主诉求,以及维护个人自由,促进自由市场和包容不平等的自由诉求。费城中央高中的故事涉及这两方面元素。它显示出一个提供机会平等但结果却不平等的系统。民主政治要求扩大所有公民进入高中的机会,而市场却要求通过学生流失和分流限制获得高中文凭。费城中央高中见证了这些力量之间的博弈,并最终达成一个伟大的妥协,成为美国教育的标志性特点:为进入一个分层学校系统打开了通道。我在分析中使用政治和市场同样带来形式主义的问题,因为教育的政治目标(培养有能力的公民)看重学习,而市场目标(为了社会优势而教育)则看重文凭证书。

分 解 市 场

这本书于1988年出版,题为《一所美国高中的形成:文凭市场和费城中央高中(1838—1939)》(*The Making of an American High School: The Credentials Market and the Central High School of Philadelphia, 1838 - 1939*)②。有了政治和市场作为新工具,每件事看起来都像是一个有待敲打的目标。所以,我撰写了一系列的论文,并在文中把这个想法应用于众多的教育机构及其改革努力上,包括高中教学的发展演变、社会推广的历史、社区学院的历史、教育改革的修辞学以及教育学院的出现。

然而,在撰写这些论文期间,我遇到了另外一个大问题。我将一份关于社区学院的论文草稿送给一位朋友戴维·霍根(David Hogan)评阅,他曾担

---

① 他还顺便指出,我关于高中目标体系那一章从根本上来说是支撑这一表述的脚注:"费城中央高中是精英管理的。"这让我很沮丧,但确实如此。这一章里包含书中的17个表格(论文中共有30个),这花了我两年的时间搜集、编码、输入和数据化分析2 000名学生的数据。

② David F. Labaree, *The Making of an American High School: The Credentials Market and the Central High School of Philadelphia, 1838 - 1939* (New Haven: Yale University Press, 1988).

任我在宾夕法尼亚大学时的学位论文委员会成员,他的批判让我冷静下来。他指出,我在用教育市场的理念来指代两种在概念和实践上完全不同的事物。一个是教育消费者的行为——学生希望教育提供领先地位所需的资格证书,另一个是教育供应商的行为——纳税人和雇主希望教育提供社会所需的人力资本。消费者追捧教育的交换价值,为拥有文凭的个体提供筛选性利益;供应商寻求教育的使用价值,为社会中的每个人,即便是未在校园中的人提供集体性利益。

这迫使我重新整理观点,放弃政治与市场的视角,并建构起美国教育史的发展中竞相占据主要地位的三重目标的冲突。"民主平等"指的是利用教育培养有能力公民的目的;"社会效率"指的是利用教育培养具有生产力的工人的目标;"社会流动性"指的是利用教育使个体在社会中取得领先地位的目标。第一个是教育政治学的代指,第二个和第三个是对教育市场的分解。

放弃好的、坏的和丑陋的

三重目标的想法一旦形成,就成了我教学过程中的支柱,并在一段时间中建构了我撰写的所有作品。受到新的分析工具的激励,我完成了之前提到的一系列的论文。但到了20世纪90年代中期,我开始害怕这种魔力会像我之前对马克思主义和政治-市场的热情那样很快就会消失。大多数想法都有一个较短的保质期,正如隐喻很快地就会达到极限,伟大的想法在接受检验后就开始萎缩那样。这并不是说这些图像和概念都是毫无价值的,只是它们是有概念和时间上的限制。因此,学者们需要趁热打铁。M. B. 卡茨曾通过模棱两可的建议向我阐明这一点,"先撰写你的第一本书"。换句话说,如果你拥有一个值得进行对话的想法,那么你应该马上去做,因为这个想法最终会演变成其他事物,导致你最初的想法未能被表达出来。既然一个想法的发展演化从未停止过,那么拖延出版,直到这个想法得到完善的行为就意味着永不出版。

因此,将三重目标的论文收集为一本书的时机似乎恰为合适,我不得不在它贬值之前迅速行动起来。在签署过出版合约,并利用学术休假整合论文之后,我发现不得不面临如何构思开篇第一章的问题。1996年初,我完成了这份书稿,并提交给《美国教育研究》(American Educational Research Journal)。该杂志给予的评论令我大吃一惊,惶恐不安。他们支持我撰写的东西,但同时也给予很强的批判。特别是其中有一篇评论,我后来发现是由诺顿·格拉布(Norton Grubb)写的,强烈要求我重新思考整个竞争性目标的分析框架。他指出了我在对当前工具的热情中彻底忽略的东西。实际上,我的三重目标分析框架变成了一个带有两面性的规范性框架:一种关于光明与黑暗的摩尼教(Manichean)视角,既有民主平等的好的一面,又有社会流动性和社会效率不好的、丑陋的一面。这种意识形态色彩的呈现很难经得住推敲。格拉布指出,社会效率并非像我所说的那样丑陋。像民主平等一样,而与社会流动不同,社会效率推动学习,因为它与劳动力技能有很大的关系。同样地,与民主平等类似,社会效率将教育视为一种公益,收益属于每个人,而不是仅仅(像社会流动性那样)有利于那些持有文凭的人。

这种尖锐的批评迫使我重新开始,用一种不同的方式讲述整个竞争性目标的想法,放弃关于善恶的二元对立构想,勉强地接受平衡的理念,并消除最初的马克思主义的遗留。在重新整理观点的过程中,我提出,这三重目标都是从自由民主的本质中自然出现的,且都是必要的。[1] 针对不同教育目标的冲突并没有解决方案,正如没有方案可以解决自由、民主的问题一样。我们需要一个能培养有能力的公民、具有生产力的工人,同时还能促使个体追求自己理想的教育系统。我们都按照我们此刻最重要的社会角色来支持这些目标的实现。作为公民,我们希望毕业生能明智地投票;作为纳税人和雇主,我们希望毕业生们将提高经济效率;作为家长,我们需要一个教育制度,为我们的孩子提供社会机会。问题是当前这些目标组合的不平衡性,随着社会流动性的增长超过了其他两个目标,这让私益压倒了公益,分层压倒了平等,证书压倒了学习。

在制度底层审视生活

借助这一重建故事的过程,我得以完成我的第二本书,并于1997年出

---

[1] David F. Labaree, "Public Goods, Private Goods: The American Struggle over Educational Goals," *American Educational Research Journal* 34, 1 (Spring 1998): 39–81.

版。这本书在削弱其可能性的重大问题出现之前面世。[1] 其中有一个问题已经映入眼帘。在评论我于《美国教育研究》上发表的三重目标论文时,约翰·L. 鲁里(John L. Rury,杂志编辑)指出,我的论证是基于一种社会组织的地位竞争模式开展的——学生为了实现向上流动,争取稀缺的证书——这并不能真正地运用到教育制度中的底层。处于高中里较低轨的学生,以及处于高等教育开放入学(社区学院和区域性州立大学)条件下的学生所处生活环境与我所说的大不相同。他们受到了证书竞赛的影响,但实际上他们并没有参与比赛。对他们而言,竞争的动机很小,回报也很遥远,而且当务之急并不是成功,而是生存。

幸运的是,有一个处于教育制度等级的底部而我又非常了解的地方,那就是处境可怜的教育学院(education school)。1985—2003 年,我在密歇根州立大学教育学院教书期间,在这个主题上获得了丰富的素材。我当时已经开始撰写一本关于教育学院的著作,但直到这本书写到一半时我才意识到它迫使我重新思考整个关于教育学院的地位竞争力。这是一所与我迄今为止一直在撰写的哈佛大学和费城中央高中类似的教育机构。身处教育制度等级的最底层,教育学院受到学界的轻蔑,最优秀的学生躲避开,政策制定者忽视它,以及被自己的毕业生不重视。这是回应我之前一直回避的问题的完美案例:当文凭没有交换价值,地位竞争力消失时,教育会发生什么?

我发现,在底层生活有一定的优势,但弊远大于利。从积极的一面来看,教育学院地位低可以使其将精力放在学习上,而非文凭上;关注教育的使用价值,而非交换价值。从这个层面来说,教育学院从消耗那些更负盛名的高等教育领域文凭竞赛中解放了出来。然而,从消极的一面来看,教育学院的地位低意味着它不具有著名学术机构(如费城中央高中)能给自己带来的自主权,容易受到外界影响。这种机构的缺陷也使教育学院顺应其所处环境,从而用低成本培养了大量具有一定专业素养的教师。

在完成了这本书稿后,我向两位密歇根州立大学的同事——林恩·芬

---

[1] David F. Labaree, *How to Succeed in School without Really Learning: The Credentials Race in American Education* (New Haven: Yale University Press, 1997).

德勒(Lynn Fendler)和汤姆·伯德(Tom Bird)征求意见。他们及时指出了文中的几个大问题。在最后几章的论证上，我试图厘清两个相互的问题：其一，教育学院在塑造学校上能力弱，但却有效地促进了进步性思想。其二，关于这本书的基调：作为一个对教育学院采取批判性视角的内部人士，我看起来像是在以牺牲同事的代价提升自己的地位。幸运的是，他们给我指出了针对这两个问题的出路。在第一个问题上，他们帮助我看到教育学院更为致力于维护进步主义(progressivism)的修辞立场，而不是将它当作一种教育实践模式。在我们作为教师教育工作者的工作中，我们要培养教师在一个敌视进步实践的教育系统中工作；在第二个问题上，他们建议我把第三人称转为第一人称。通过清晰表明我在所研究的共同体中的成员身份以及我在所批判的问题上的参与性，我可以将基调从谴责转变为自白。经过对这些方面作出重大调整后，《教育学院的麻烦》(The Trouble with Ed Schools)[①]于2004年出版。

赋予各种局限以可能性

我在这篇文章中讲述了一个关于基础研究的没么愉快却又收获颇丰，反复地出错，然后在朋友的帮助下努力纠正错误的故事。但我不想留下我认为这些修正都真正地解决了问题的印象。这个故事更多的是在回忆而不是重新规划我的道路。它也说明我在美国教育的历史社会学研究路径上的一些基本限制，一直以来我都不愿意解决，也没有能力解决，因为它们横亘在我观察事物的中心位置。知识的框架界定、塑造并促进学者的工作。这样的框架可以帮助我们剖析数据，并反映出一些从其他角度看并不明显的有趣特点，但它们只有在非常锋利的时候才能起到这样的作用。作为一种分析工具，剃须刀比棒球棒更好用，沙滩球根本就没有用。然而，明显的优势是有代价的，因为它必然缩小了分析范围，而且使学者在牺牲关注其他问题方面的情况下致力于研究某一个方面。我一直强烈地意识到我在切割事物时出现的局限性。

[①] David F. Labaree, *The Trouble with Ed Schools* (New Haven: Yale University Press, 2004).

其中一个问题是，我倾向于写一段没有行动者的历史。通过宏观社会学的方法研究历史，我着迷于探索学校-社会关系里的一般模式和主要趋势，而非个案的特殊性。在我所讲的故事中，人们不行动，而是社会力量去抗衡，社会机构在应对社会压力中发展演化，随后产生集体性结果。我重点关注的是一般的过程和结构，而不是不同类别的内部的变化。在我阐释美国教育中大量缺失的是，教育行动者和教育组织表现的非常多样化的特点和行为。我承认这些方面的问题。然而，我的目标并不是去撰写某类事物的拼凑历史，而是去探讨一些影响美国教育生活主体轮廓的广泛的社会结构模式。我感觉这样的工作是有效的，尤其是在教育这样的领域，因为这个领域中的观点主要是心理的、当下的，而非社会的、历史的；以及在教育史这样的分支领域里，因为这个领域很容易就会撰写出不关注大图景的视角狭小的专著；还有在像美国这样的国家里，因为这个国家强调高度的个性化而不重视集体和分类的重要性。

我工作的另一个特点是，我倾向于把论证延伸到证据之外。正如任何阅读过我的著作的人看到的那样，我并没有建构一个数据大厦或者给出一个谨慎的经验性概论。我的第一本书被装扮成一个早期高中的社会史，但实际上它就是一篇关于在整体上影响美国教育发展变化的政治和市场的论文——在单个、非典型学校的历史数据基础上的大飞跃。同样，我的第二本书是在温和的、折中的经验基础上对文凭和消费主义进行一系列的思考。我的第三本书涉及教育学院的教育数据很少，而对教育学院的性质反思最多。总之，论证观点一直不是我的强项。我想，教育研究领域足够广泛、丰富，可以使一些学者关注构建关于教育的经验性观点，也可以使其他学者专注于探索思考这一主题的方式。

因此，这个故事的寓意或许是，学术与其说是一种独白，不如说是一种对话。我们所在的教育研究如同其他领域一样是非常广泛的，我们不能仅仅只涉及一小部分；教育又是那么复杂，我们甚至难以掌握自己所研究的小范围领域。但这没关系。作为学术对话的参与者，我们的责任不是把事情弄对，而是保持事情的有趣性，因为我们可以通过和数据、同事之间充满困惑的互动来进行纠正，从而可以使我们的学术更为经久不衰。

一种进步的教育
——教育史的事业生涯

埃伦·康德利夫·拉格曼
(Ellen Condliffe Lagemann)

我一直对历史感兴趣,而且从广泛的文化角度来看,教育史让我拥有了一份奇妙、多样、令人满意的事业。这是怎么发生的?我又被带向何处?我会在对广泛的话题和专业角色进行愉快的探讨中,尝试进行解释。

早 期 教 育

故事始于我的家庭和童年。我出生在纽约,并在里弗代尔(Riverdale)地区的一个小社区长大。我的父亲经营一家旅行社,他在新西兰出生,在英国接受教育。我母亲终身都是一个纽约人,是家境殷实,完全被同化了的德国犹太裔后代。我和我的三个兄弟都是在纽约读的独立学校(independent schools),然后到新英格兰地区读寄宿学校,我读的是康科德中学(Concord Academy)。家庭都会通过各种微妙的方式促进孩子社会化,塑造和教育孩子,我的家庭也通过这些微妙的方式使我意识到性别问题,让我坚持进步的社会价值观,并将历史作为日常生活经验这个整体的一部分。

我母亲和最亲密的姨母都是女子学院的毕业生,常常会说到返回学校学习的话题。她们最终都拿到了社会工作方面的硕士学位。我的姨婆麦迪(Maddie)是布林莫尔学院的优秀毕业生,在《女性的奥秘》一书出版后,她就送给我了一本。祖母给了我一本比阿特丽斯·韦布(Beatrice Webb)的传记以及一些关于女性费边主义者(Fabian)[①]的书籍。外祖母在我6岁

---

① 费边主义者,即坚持费边主义(Fabianism)的人。费边主义主张渐进社会主义,属于社会主义思潮。——译者注

时去世,不过我一直知道她做过的事情,包括在亨利街安置所(Henry Street Settlement House)工作以及参加全国有色人种协进会(National Association for the Advancement of Colored People)。通过这些途径以及其他方式,我的女性亲戚们让我意识到,除了做妻子和母亲外,家庭之外的成就也很重要。

父亲喜欢音乐、戏剧、芭蕾和旅行,他似乎知道所有他游览过的地方的历史。他在我们家地下室里挂了一张世界地图,并向我们展示他游览过的地方的幻灯片。他是个很会讲故事的人。我尤其记得他讲述的英国君主和毛利神(Maori gods)的故事。

父母都曾经上过进步学校。父亲读的是英格兰的阿博茨霍尔姆学校(Abbotsholm School),母亲读的是林肯学校(Lincoln School),附属于纽约哥伦比亚大学师范学院。按照这种模式,他们最初把我送到菲尔斯通小学(Fieldston Lower School),学校的课程是围绕社会课程构建的。正是在那里,历史真正让我精神一振。当我们学习印第安人或维京人(Vikings)时,我们学习一些他们说的语言,缝制他们曾经可能穿过的衣服,烹饪他们曾经可能吃过的食物。放学后,我玩印第安人的婴儿玩具,或用维京字母练习写作。如果说这使我早在正式加入历史学家这个群体之前成为一名历史学者的话,那么它也使我对进步教育理论形成一种本能的亲密感。

随后,在里弗代尔乡村学校(Riverdale Country School)短暂地待了一段时间后,我去了康科德中学,这是在当时被称为新英格兰女子学校中最为进步的中学,也是进步学校中最为传统的中学。我们住在殖民地时期的房屋里,划着独木舟抵达那个通向康科德战场的桥上。周末,我们研究奥尔科特(Alcott)[1]和霍桑(Hawthorne)[2]的家庭。我甚至还坐在拉尔夫·瓦尔多·爱默生(Ralph Waldo Emerson)的坟墓上学抽烟。住在康科德镇上,沉浸在美国历史和文学上具有令人自豪地位的文化氛围中,这深深地强化了我对

---

[1] 路易莎·梅·奥尔科特(Louisa May Alcott, 1832—1888),美国女作家。她出生在宾夕法尼亚州费城,早年生活在波士顿和康科德,结识爱默生和索罗等人。主要著作有《花的寓言》《医院速写》《小妇人》《墨守成规的姑娘》等。——译者注
[2] 纳撒尼尔·霍桑(Nathaniel Hawthorne, 1804—1864),美国心理分析小说的开创者,也是美国文学史上首位撰写短篇小说的作家,被称为美国19世纪最伟大的浪漫主义小说家。——译者注

历史的兴趣。此外,伊丽莎白·霍尔(Elizabeth Hall)这位极具魅力的、有影响力的女校长的教堂谈话,使我思考我在世界上的责任与义务。在家人的指导下,我成为时事俱乐部(current events club)部长和学生慈善组织的带头人,负责筹集资金帮助波士顿罗克斯伯里(Roxbury)社区的睦邻服务所。

从康科德中学毕业后,我去了位于马萨诸塞州北安普敦(Northampton, MA)的史密斯学院。前两年,史密斯学院看起来就像是另一所女子学校。我感觉很无聊,几乎都想辍学了。随后,在大二快要结束的时候,我决定学习历史。我想写一篇毕业论文。这标志着我人生中的一个重要转折点。从那时起,我就变得非常学术了。

在和我的导师进行多次交谈后,我决定我的学位论文要撰写一篇关于维达·D. 斯卡德(Vida D. Scudder)的传记。她是一个基督教社会主义者(Christian Socialist),曾在卫斯理学院担任英语文学教授,是学院安置协会(College Settlement Association)的创始人之一。她的日记被收录在《索菲亚·史密斯文集》(Sophia Smith Collection)中,我发现,研究原始文献令我感到非常兴奋。我也和约瑟芬·斯塔尔(Josephine Starr)一起去喝过茶,她是曾和简·亚当斯(Jane Addams)一起创办过霍尔馆的埃伦·盖茨·斯塔尔(Ellen Gates Starr)的侄女。和斯卡德一样,J. 斯塔尔一直是一名神圣十字架之友协会(Society of the Companions of the Holy Cross)的成员,并给了我一本该协会曾经用过的祷告书。虽然我从未弄清楚向圣灵(Holy Ghost)祈祷是如何煽动革命的,但撰写毕业论文却使我对历史写作深感兴趣。我喜欢探究一个人生命和心灵的奥秘,拼接其不同的影响模式;我也喜欢阅读二手文献,这些文献作为我的主题研究背景,在新的联系中重新焕发了活力。

虽然我的世界开始围着美妙的史密斯学院尼尔森图书馆(Nielson Library)转,但我和朋友们并没有对周围发生的事情漠不关心。我曾考虑过去密西西比州,但最后在1964年夏天并没有去成。我遇到了当时在耶鲁法学院(Yale Law School)读书的玛丽昂·赖特[Marion Wright,当时还不是埃德曼(Edelman)太太]。她来史密斯学院招募一组人来为密西西比河三角洲(Mississippi Delta)的贫困儿童筹集资金。孩子们没有鞋子的事实震惊了我。当然,当时还有越南战争。我记得我们在很多次的深夜讨论中说道有多痛恨这场战争,同时也感到内疚,因为我们的兄弟、男性朋友都被征兵入伍,而我们却并未被要求去服役。

成为一名教育史学者

随着在史密斯学院的四年学习接近尾声,我很纠结究竟是注册学习博士课程,还是去做一名高中老师。我选择教书在很大程度上是因为我有在新罕布什尔州埃克塞特(Exeter, NH)的菲利普斯埃克塞特中学(Phillips Exeter Academy)进行教学实习的经验。我为来自内城社区的暑期课程学生开展教学,提供建议,并和他们住在一起。每星期都会有一位从外面请来的演讲者来给实习生做讲座。乔纳森·科佐尔(Jonathan Kozol)是给我留下深刻印象的人之一。从我和那些学生一起工作,会见演讲者,以及阅读贝尔·考夫曼(Bel Kaufman)的《桃李满门》(*Up the Down Staircase*)上得到的兴奋感,使我明确了自己的方向。①

为了获得教学许可证,我注册学习了哥伦比亚大学师范学院社会课程硕士项目。我这么做是出于两方面原因。我获悉位于哈勒姆(Harlem)的富兰克林高中(Franklin High School)有教职岗位的需求。在那里工作的可能性与我的理想主义以及对民权的兴趣共鸣。此外,在史密斯学院学习期间,我发现了劳伦斯·A. 克雷明(Lawrence A. Cremin)写的《学校的变革:美国教育中的进步主义(1876—1957)》②,并从头读到尾。书中包含所有我想学习的东西。我到现在还保留着那本书的原始版本,在第一页上写了三行字:"强盗式资本家(robber baron)、安置运动和进步主义教育。"克雷明是哥伦比亚大学师范学院的一名教授,这也是吸引我去那儿的原因。

我最初来哥伦比亚大学师范学院的两个愿望都未能成功实现。我注册的实习项目的监管人分配我去纽约州的罗斯林(Roslyn, NY)教学,并不考虑我请求去哈勒姆的想法。他想让我与著名的老教师约瑟夫·卡茨(Joseph Katz)共事。J. 卡茨曾经跟着理查德·霍夫施塔特(Richard Hofstadter)攻读研究生,不仅是一位严肃的历史学者,还是一位优秀的社会课程教师。虽然

---

① Bel Kaufman, *Up the Down Stair Case* (New York: Prentice Hall, 1964).
② Lawrence A. Cremin, *The Transformation of the School: Progressivism in American Education, 1876–1957* (New York: Alfred A. Knopf, 1961).

我还是想去哈勒姆,但当我一见到他后就决定和他共事了。J. 卡茨是我有史以来见过的最好的老师。我们日常关于历史以及如何教历史的交流着实是令人鼓舞的。看着他将课上所有的孩子都激发起来是令人兴奋的。当他从六名实习生中挑选出我作为正式教师时,我感到非常激动。虽然罗斯林这个位于长岛北岸(North Shore Long Island)的富裕郊区与我想去的地方相距甚远,但 J. 卡茨让我知道教学有多么困难、多么重要以及多么令人满足。我和他一直是很亲密的朋友,直到他 2009 年去世。

我想跟克雷明学习的愿望也在一开始就发生了偏移。所有的社会科学项目的学生都要求学习克雷明的教育史大课。当时他刚完成《美国教育史》三部曲的第一卷,并向大家宣布他虽然很高兴能在他的办公时间与大家会面,但我们有问题还是应该先去问助教。[①] 我觉得这让人很扫兴,于是整堂课都坐在后排,和一个朋友传纸条。我改写了之前在史密斯学院写的一篇论文,提交作为学期论文。我会成为一名历史学者,克雷明会成为我最亲密的朋友和同事,这在 1967 年秋时还是难以预测到的。

那年春天,哥伦比亚大学要在晨边公园(Morningside Park)建造一个体育馆的计划引发了学生抗议活动。因为我在教学实习,所以较少直接参与其中。不过,这些抗议活动在我的脑海里留下了大量问题。这个公园,甚至是大学是属于谁的?非裔美国学生坚持只有非裔美国人才能占据哈密尔顿大楼(Hamilton Hall)是对的吗?以前对我来说看似遥远的权力和政治问题,现在变得真实且相关了。不过这里我想把这些问题搁置一边不作详谈。我获得了硕士学位,并继续我的生活。

从 1968 年 6 月至 1974 年 1 月,在我成为一名教育史的博士生期间,我还在罗斯林高中教学,并在位于纽约下东区(Lower East Side of New York)由城市联盟(Urban League)运营的街道学校中教学。我在 WMCA 广播[②]制作了一个谈话节目并帮助进行一个叫"呼吁行动"的申诉服务(ombudsman service),该服务处理住房、健康和移民问题;我还曾担任银行街儿童学校(Bank Street School for Children)负责人的助理。1969 年,我和科尔德

---

① Lawrence A. Cremin, *American Education: The Colonial Experience*, 1607–1783 (New York: Harper & Row, 1972).
② WMCA (570 AM) 是纽约一家调频电台,由萨勒姆传媒集团(Salem Media Group)所有,用基督教广播模式播报教学节目和谈话节目。——译者注

(Kord)结婚了。虽然我们相距甚远,但我们两人的兄弟在菲尔斯通学校读书时就是朋友,我们也一直都知道对方。直到科尔德服完兵役,并成为纽约大学法律系的学生时,我们才在一起。当我们的儿子尼克(Nick)在1972年出生时,我曾打算全职待在家里,但一段时间后我很快就意识到,有鉴于之前选择在研究生院教学,我现在就可以重拾我在史密斯学院就培养起来的学术抱负。

作为哥伦比亚大学师范学院的一名博士生,我有幸与克雷明共事。通过担任他的助教和研究助理,我赚得了学费。除了参加道格拉斯·斯隆(Douglas Sloan)和霍普·詹森·莱希特尔(Hope Jensen Leichter)指导的两个研讨班外,其他所需的学分都是跟随克雷明独立学习获得的。我工作非常努力,每天早上五点起床,一直学习工作到晚上休息,只要尼克在休息或高兴地玩着,我都会坐到桌前学习。正是这样将全部时间用来撰写克雷明《美国教育史》第二卷的研究备忘录,为博士考试读书以及撰写学位论文,才使得我能在四年半的时间里拿到学位。①

当我着手写作博士学位论文时,我想让我的论文和史密斯学院的毕业论文之间具有连续性。我的学位论文题为《一代女性:进步改革者生活中的教育》②,后来成为我的第一本书。它是从我本科毕业论文的一部分里延展出来的,在本科论文中,我将斯卡德比作 J. 亚当斯和莉莲·沃尔德(Lillian Wald)。克雷明试图说服我从另一个视角进行研究。他希望我写"作为教育机构工作者的博物馆"(museums as educators),但他很快就认识到我是说服不了的。我旨在探索自己对女性和社会改革的好奇心,并希望回到传记写作。

虽然我不愿意去探讨克雷明建议的话题,但我却采纳了他提出的"教育传记"(educational biography)概念。这使我得以超越将教育和正规学校机构的教育进行简单的对等。在复苏女性历史的早期阶段,摆脱围绕男性经验建立的模板似乎很重要。因此,寻找一种源自女性实际生活经验的教育模式是有意义的。

---

① Lawrence A. Cremin, *American Education: The National Experience, 1783-1896* (New York: Harper & Row, 1980).
② Ellen Condliffe Lagemann, *A Generation of Women: Education in the Lives of Progressive Reformers* (Cambridge: Harvard University Press, 1979).

哥伦比亚大学师范学院(1978—1994)

我拿到博士学位后,纽约市区已经没有教育史学者的职位了。我丈夫也已从法学院毕业,结束了联邦机构的实习,在纽约的一家法律公司做得不错,所以我就没有去别处找工作。我在耶鲁大学的教育项目中找到了一份教学工作,但上下班时间太长,而且我也不想在一个小的教师教育项目上开始自己的职业生涯。当时,克雷明完成了《美国教育史》的第二卷,希望我继续在这本书的研究、写作上帮助他。由于没有别的更好的选择,我答应做一年,随后不久,我得以加入哥伦比亚大学师范学院的教师队伍,一开始是做助手,然后成为哲学和社会科学系(Department of Philosophy and the Social Sciences)的正式教员(以及后来成为哥伦比亚大学历史系的一员)。

在这些年间,我和克雷明经常会面,讨论他的研究写作或我的研究写作,从1974年他担任哥伦比亚大学师范学院的院长后,我们还会讨论学院的事务。从那一年起,我们的谈话逐渐涉及各种各样的话题——比如,从如何撰写19世纪的公立学校运动,到哥伦比亚大学师范学院是否应该有赤字或解雇教师,再到关乎朋友、家庭、雄心、希望和失望等较为私人的事情。由于我们谈论得太频繁,谈论的事情也很多,虽然他对我的影响是深远的,但我难以确切地划分出从克雷明那里所学的事物。

克雷明敬重教育学术研究,认为教育更是一种社会科学,而不仅仅是大量的技术型、专业性知识。当然,他将这种精神传递到了我身上。看着他在工作中面临并作出许多困难的决定,令我深刻地认识到反思的重要性。克雷明这个人具有明确的喜好,要求标准也非常高。但他在和其他人交往时也很慷慨大方,极为忠实。他相信很多事物都蕴含在简单之中,但他却说过诸如"他们正在尽力做到最好"以及"保持长远的眼光"这样深刻的有智慧的话语。"写作就是在行动"(Scribere est agir)是他最喜欢的短语之一。我将这句话写进了我最近撰写的献给克雷明的书——《一门捉摸不定的科学:困扰不断的教育研究的历史》(*An Elusive Science: The Troubling History of*

Education Research)①中。我觉得这本书贴切地捕捉到了他灌输给我的信念——研究和写作可以在不同程度上体现并提升一个人的社会信仰,但同样重要的是采取更为直接的行动。

在1974年担任哥伦比亚大学师范学院院长之前,克雷明是哥伦比亚大学师范学院哲学与社会科学系的主任。我是第三个成为所谓的"这个系"正式成员的女性,其他两位是唐娜·沙拉拉(Donna Shalala,她在我入职时辞职)和玛克辛·格林(Maxine Greene)。格林多年以来一直是我亲密的、非常喜爱的同事。系里一直有几位兼职女性成员,但"这个系"是一个非常男性化的地方。我和格林常常在卫生间哀叹这一点,但这种男性成员及其话语权的绝对主导在哥伦比亚大学师范学院的历史上是不可或缺的事实。

尽管哥伦比亚大学师范学院一直有女性教员,但领军的知识分子(intellectual figures)一直都是男性。许多男性在我们系成立的早期阶段就聚在这里,作为历史学者、哲学学者、经济学者、社会学者和人类学学者,他们在此研究"广义"上的教育。虽然这个定位与克雷明的写作具有最为密切的联系,但它实际上是来源于乔治·康茨(George Counts)、约翰·蔡尔兹(John Childs)等20世纪30年代的"边疆学者"发展的观点。经济大萧条时代的激进主义在过去的年岁里消失,但我们之间存在一种观念,即认为教育政策和实践应建立在了解文化与社会的基础上。

因为这个系是以综合性的政治和文化问题为导向的,因此对我来说是一个非常舒适的地方。继我在《学校的变革:美国教育中的进步主义(1876—1957)》第一页上写下的颇有先见之明的路线图之后,我从研究女性和社会改革转移到慈善事业的历史研究上。然而,如果从长远的兴趣考虑的话,这个转变纯粹是巧合和幸运。时任卡内基公司(Carnegie Corporation)总裁和卡内基教学促进基金会主席的艾伦·皮弗(Alan Pifer)当时在找人撰写卡内基教学促进基金会的75周年纪念史。皮弗当时想找默尔·柯蒂(Merle Curti),后来又找了克雷明,在克雷明的建议下,他决定让我来撰写纪念史。结果是,我首先撰写了《促进公共利益的私人力量:卡内基教学促进基金会史》,接着又撰写并出版了第二本书《知识政治学:卡内基公司、慈善

---

① Ellen Condliffe Lagemann, *An Elusive Science: The Troubling History of Education Research* (Chicago: University of Chicago Press, 2000).

事业和公共政策》。①

　　撰写这两本书居然对我的专业发展起到了重要的作用。我学到了很多之前从未探索过的话题。例如，因为卡内基教学促进基金会最初对提升专业教育（professional education）感兴趣，所以我读了大量的关于专业的历史和社会学方面的东西——最主要的是医学、法律、护理、工程和教育。当时，各个专业的社会学（sociology of the professions）在马克思主义者中是一个活跃性话题，质疑功能主义者以及对"国家"发展感兴趣的社会学者与政治学者之间形成的重要联系。

　　除此之外，很少有关于慈善事业的正面的批判性作品，这使得我选择任何我觉得有意义的情景（context）作为我研究的人物和实践的阐释背景（background）都是必要的，也是可能的。针对这两方面，卡内基基金会一直在开展许多令人称道的活动，如创建美国教师退休基金会（TIAA-CREF）②，支持冈纳·米达尔（Gunnar Myrdal）撰写并出版《一个美国式的困境：黑人问题与现代民主》（*An American Dilemma: The Negro Problem and Modern Democracy*）③。也有一些活动考虑不周或发生了未预料到的负面后果。举例来说，由卡内基基金会赞助的弗莱克斯纳医学教育报告（*Flexner Report on Medical Education*），强制关闭了几乎所有向非裔美国人开放的医学院。④

　　随着我撰写两本关于卡内基慈善事业的著作，我发现自己越来越对基金会的所作所为不感兴趣，而是对他们在缺少公共问责的情况下产生重大影响的能力所蕴含的意义感兴趣。这样做当然是合法的，但从民主理论上来说，一个人积累了像安德鲁·卡内基（Andrew Carnegie）这么多的财富和权力是否正当？私人组织可以被允许开展诸如卡内基公司推动成立美国教育考试服务中心（Educational Testing Service）这样具有深远影响的活动吗？

---

① Ellen Condliffe Lagemann, *Private Power for the Public Good: A History of the Carnegie Foundation for the Advancement of Teaching* (Middletown, CT: Wesleyan University Press, 1983); Ellen Condliffe Lagemann, *The Politics of Knowledge: The Carnegie Corporation, Philanthropy, and Public Policy* (Chicago: University of Chicago Press, 1989).
② 全称为 Teachers Insurance and Annuity Association-College Retirement Equities Fund，成立于1918年，是美国最大的保险公司之一。——译者注
③ Gunnar Myrdal, *An American Dilemma: The Negro Problem and Modern Democracy* (New York: Harper & Row, 1944).
④ Abraham Flexner, *Medical Education in the United States and Canada*, Carnegie Foundation Bulletin #10 (1910).

更普遍地说,"私人权力"能够涉入"公共利益"(public interest)里来吗?这些问题把我带到政治哲学领域。我特别喜欢迈克尔·瓦尔策(Michael Waltzer)的《基本原则》(Radical Principles),谢尔登·沃林(Sheldon Wolin)的《政治和远见》(Politics and Vision),彼得·巴克拉克(Peter Bachrach)的《精英民主理论》(The Theory of Democratic Elitism),最重要的是约翰·杜威(John Dewey)的《自由主义与社会行动》(Liberalism and Social Action)和《公众及其问题》(The Public and Its Problems)。

在《知识政治学:卡内基公司、慈善事业和公共政策》出版期间,我被邀请担任《师范学院记录》(Teachers College Record)的编辑。我同意了,因为我渴望尝试一些没那么正式的学术写作。作为编辑,你可以写一个被称为"记录在案"(For the Record)的介绍性专栏。在我之前的很多编辑都没有定期做这个,但我渴望学习用没那么超然的、更易于阅读和更有吸引力的方式撰写。结果是,在接下来的5年时间里,我不仅要撰写关于教育领域当前研究兴趣的季度性专栏,还要阅读或至少概览教育领域中出版的大部分著作和期刊。编辑《师范学院记录》使我得以继续广泛参与当前与教育相关的各种各样的问题。

教学同样令我超越了教育史。我加入教职行列后,克雷明就邀请我合作讲授大型教育史讲座课,随后我们还开发了一系列的关于政策问题的后续课程。此外,从1982—1987年,我是教育专业入门项目(Program for Entry into the Educating Professions,简称PEEP)的负责人。这是一个博士生项目,面向那些希望在校外学习的教育领域工作的群体,通过向教育性电视台开发节目,为博物馆研发教育素材,或在大公司内部提供培训课程等渠道开展。

作为教育专业入门项目的负责人,我教授组织理论、非营利性组织经济学和文化社会学这几门核心课程。更重要的是,因为教育专业入门项目需要实习生,所以我和学生们与大量的社会机构和文化机构进行了广泛的合作。由于获得了一项在新泽西州纽瓦克(Newark, New Jersey)工作的资助,我在那里度过了很长时间,甚至还帮忙建立了一所至今仍在运行的独立学校(independent school)。我从未去过哈勒姆,但我们在纽瓦克服务的孩子也和曼哈顿北部的孩子一样,迫切地需要有效的学校教育。为机会平等的目的而工作对我来说仍然很重要,但这并没有给哥伦比亚大学师范学院的前辈同事们留下深刻的印象。在我晋升为正式教授不久前,他们明确表示,这个领域的工作对我们系并不重要,而完成我正在撰写的著作则显得更重要。我非常不情愿地回到了第 120 号街,并开始质疑这个系的超然性导向(detached orientation),在此之前,我一直自认为是其光荣的一员。哥伦比亚大学师范学院或者教育学从总体上产生了理论和实践之间的鸿沟,这是怎么回事?

受这个问题的激发,我完成了《知识政治学:卡内基公司、慈善事业和公共政策》,并获得了晋升。随后,我开始从事后来出版的《一门捉摸不定的科学:困扰不断的教育研究的历史》这本著作的相关研究工作。1990 年 9 月,克雷明突然死于心律失常,享年 64 岁,对全国人,尤其是对我们这些与其关系最为紧密的哥伦比亚大学师范学院成员和他的家人来说,这是个巨大的损失。就好像主楼二层灯光都熄灭了一样,他那有声有调的口哨声常常萦绕整个大楼。他走后,所有的教学担子都落在我身上。这也说得通,因为我们在一起合作教学了许多课,但实际的工作负担——7 门课以及多到我记不得的博士学位论文,实在是令人震惊。快到年底时,我很高兴。我早就预定好在 1991—1992 学年在行为科学高级研究中心做研究员,快要去西部的时候我感到很激动。

我在行为科学高级研究中心开始读哲学、心理学和课程研究方面的历史。我沉浸在各种各样"教育学院"的历史中。毫不夸张地说,读的书越多,撰写教育学术史看起来就越难以捉摸。毕竟,教育既不是一门学科(discipline),也不是一个界限明晰的领域。这使我撰写那本书也极为困难。

尽管如此,我还是很享受在行为科学高级研究中心度过的那一年。关于它的一切——阳光,从我学习的地方看到的山坡风景,午餐、散步及饮酒时的交流对话,观鸟竞赛和海狮表演,以及多次去旧金山的餐馆吃饭等,都令我感到惬意。即便我和科尔德每两周见一次面,但我还是想念我的家人。不过,有很多研究员同事那年都是一个人度过的,所以我们常常一起吃晚饭,并在周末一起去散散步或骑行。除此之外,知识分子之间的友情是具有促进性、乐趣性和启发性的。我得以明了不同学科的人是如何提出问题并展现证据的。我们的谈话使我得以深入地思考自己的专业实践意识。我不断地意识到,对我来说,历史写作应该具有更多的功用性和参与性,而且从一定程度上来说,不像许多同事那样具有严格的学术性。撰写历史帮助我去思考女性如何能对世界产生影响,还帮助我探索关于权力和政治的问题。我现在希望撰写历史能帮助我去了解曾经培养哥伦比亚大学师范学院的同事们尊重理论、漠视实践的历史环境。

继续前行:纽约大学、斯宾塞基金会、哈佛大学与巴德学院

1992年9月,我回到哥伦比亚大学师范学院。一如既往,我有很棒的博士生,他们针对各种有趣的话题开展工作,我也很高兴能回来和他们一起共事。但和我在行为科学高级研究中心发现的智识兴奋相比,哥伦比亚大学师范学院看起来像是一个沉闷的地方。我曾想过在哥伦比亚大学师范学院度过整个职业生涯,但现在看来有些工作邀请还挺令我感兴趣的。最具有吸引力的是纽约大学的邀请,其教育学院的院长安·马库斯(Ann Marcus)看起来特别明智且具有战略眼光。1994年9月,我开始乘坐地铁去市中心而非城外。

纽约大学过去和现在一直是一个非常热闹的地方。我大部分时间都在教育学院,尽管我有许多学生来自文理学院的历史系。马库斯让我开始建设一支优秀的教育史师资队伍,也就是后来全新的人文与社会科学系(Humanities and the Social Sciences)。我的希望是聚焦在一直作为哥伦比亚大学师范学院特征的宽泛的社会和人文性上,但也应使它能更为直接地服务教育学院中较为实践导向的学生。同时,马库斯也让我留出完成《一门捉摸不定的科学:困扰不断的教育研究的历史》所需的时间。过去,我总会在完成当前撰写的一本书时,就考虑好下一本书,但当时我对后续的著作并没有具体的想法。然而,命运总会不时地出面干预,考验我对教育作为一个学术领域的思考,首先是斯宾塞基金会的主席,然后是哈佛大学教育研究生院的院长。

来到斯宾塞基金会后,我发现基金会有众多长期拨款项目,而且聘用的员工量要多于工作的要求。在解决这些问题之后,我得以转向更有趣的挑

战性项目。由于对那些入围的拨款申请不满意,董事会就强烈支持发展一个更具有针对性的资助方案。新上任的副主席保罗·戈伦(Paul Goren)和我决定,我们应该思考一下教育研究的"适用性"(usability)。我们希望开始资助一些将研究成果转换为从业者可以使用的教科书、测试和玩具以及政策制定者可以信赖的图表、公式和行动理论方面的项目。

　　我在斯宾塞基金会全神贯注地工作,甚至第二年在接到哈佛大学的来电邀请我担任教育研究生院院长时都不为所动。随后,新上任的校长拉里·萨默斯(Larry Summers)约我面谈并咨询了其他合适的人选。我向他推荐了很多优质人选。没过几分钟,他就打断我并询问我为什么不接受这份工作。我列出了自己的原因,但被他逐个击破,最后还说:"如果你真的关心美国教育的话,你在哈佛大学可以比在斯宾塞基金会做得更多。"他卓越的思维能力和他对教育的兴趣都很具有吸引力。而且,我去年还被邀请领导一个特别委员会(ad hoc committee),为教育学院的未来发展方向提供建议,所以我知道哈佛大学教育研究生院当时正在关注发展一种新的模式。然而,最后却并不是教育研究生院里的种种机会而是个人因素导致我接受了哈佛大学提供的职位。我丈夫一直没能搬来芝加哥,至少来说,我们也发现通勤婚姻是不可能幸福的。犹豫数月后,我最终接受了哈佛大学的工作邀请,因为我丈夫决定他可以搬到剑桥。

　　在哈佛大学教育研究生院,我的新同事们形成了一支强大的团队,和我一样具有推动学院更为专业地关注政策和实践问题的热情。他们率先开发新的核心课程,围绕案例建立课程,并和其他教员合作。我的工作是筹集所需资金,还清1 000多万美元的债务赤字,以及解决学院长期以来的结构性债务问题。

　　虽然我很喜欢哈佛大学,但我很快就清晰地认识到在那个特殊的时期担任院长并不是一件我想长期做的事情。尽管哈佛大学的校长对教育感兴趣,但马萨诸塞大楼(Massachusetts Hall)①里的人、哈佛大学的管理中心并不重视教育学院。我被不断地要求采取行动,否则其他院的教员可能会抢在前面。我并不急于设计项目,这又会不断地使我领导的教员处于边缘地

---

① 马萨诸塞大楼,建立于1720年,是哈佛大学现存最古老的建筑物。——译者注

位,从而导致冲突。我本是可以轻松地转变这种情况,使之成为媒体关注的焦点。在哈佛大学工作的几年间,由校长引发的争论意味着我们所有在哈佛大学的教员都在不断地受到新闻媒体的关注。我并不觉得公共宣传就是最佳的收益。过去和现在所有的教育学院都是比较脆弱的机构。我认为,教育学院需要通过更加专注和更强烈的专业导向性来增强自身。但与许多人的观点不同的是,我不认为教育学院应该被撤掉。在公众场合传播不满可能会强化那些赞同哈佛大学前校长洛厄尔(Lowell)的观点的人,洛厄尔认为教育学院像是一只小猫,应该被淹死。因此,在我担任院长接近第三年年底的时候,我宣布自己打算在年底辞职,回到教学和写作上来。

事实上,我并不知道自己接下来想做什么。在逐渐完成我在《学校的变革:美国教育中的进步主义(1876—1957)》首页上列出的任务单后,我还是没有考虑好撰写一本怎样的书。文理学院的历史系同事邀请我去该系教学,但这样做的后果是导致与教育学院之间的紧张关系,尽管教育学院对教育史研究并没有什么兴趣。从20世纪90年代初起,我和我丈夫在根特(Ghent)度过了很长时间,这个地方是纽约哥伦比亚县的一个小镇,离纽约以北约两个小时的车程。在和许多朋友交流后,搬到根特在巴德学院(Bard College)教学的可能性应运而生。科尔德一直想长期住在根特,我也看到将大学里不可避免的领土战争抛诸脑后的巨大吸引力,大学中每个学院的教员都处在一个界限明晰的世界中。因此,在担任两年的访问职务后(visiting appointment),我辞去哈佛大学的工作,加入巴德学院的教师队伍。

哈佛大学和巴德学院是两所完全不同的高等教育机构。一个是一所庞大的、向外扩张的综合性大学,在教师和捐赠上存在巨大的差异分化;一个是一所小型的文理学院,紧密地共享着民主的价值观。在哈佛大学,许多教师都认为教学应该是尽可能避免的事情;而在巴德学院,教学就是教师的职责所在。哈佛大学在规避风险(除了投资捐赠外)上非常的保守;而巴德学院在追求的目标任务上则是大胆的。在巴德学院的工作中,我找到了比在哈佛大学时更为有趣的方式,可以将我长期感兴趣的社会问题,尤其是与民权相关的问题,和我作为教师、教育史学者的经历结合起来。

巴德监狱计划(Bard Prison Initiative)成了我工作的中心。在我来到巴德学院后不久,我就见到了马克斯·肯纳(Max Kenner)。肯纳是一位有魅力且非常勤奋用功的巴德校友,过去十年一直负责巴德监狱计划。在我们的第一次谈话结束时,肯纳询问我是否愿意承担巴德监狱计划的教学任务。受到挑战的激励,我答应了下来。随后不久,我就在陪同下经由最安全的监狱的混凝土长廊,进入一间有十几个人的教室,这些人大都是因为暴力犯罪而被判长期监禁的,其中大部分都是非裔或拉丁美裔美国人(Hispanic)。在接下来的十周里,我教授一门教育史课,使用传记作为媒介让学生来学习美国历史和教育。学生们很聪明,具有好奇心,也愿意努力学习并渴望学习。从那时起,我就将大部分时间都用在教授5所监狱的学生上,巴德监狱计划会授予这些学生文学副学士学位(AA)或文学学士学位(BA)[①]。现在,我领导对我们的学生及其经历进行研究,以及他们通过严格的博雅教育收获了什么。我所做的工作并不符合传统意义上界定的教育史领域,但涉及的都是权力、政治、种族、平等、教育和机会方面的问题,而这些问题曾是我在做教育史学者时写作的核心问题。

  有鉴于这个故事已从过去联结到当前,我想用自己对作为一个学术研究领域的教育史的观察来进行总结。我很钦佩教育史学会和《教育史季刊》,并珍惜自己可以成为这么活跃的学者团体中的一员。同时,我在教育史领域外的学者那里也收获颇丰,如教育的其他领域、其他历史分支领域、其他社会科学,以及整个人文学科。我服务过的很多董事会和委员会都使我不仅能和大量的学者合作,还使我得以接触律师、政治人士、金融人士和记者,等等。正如我认为将研究成果转换成从业者和政策制定者可以使用的形式那样,我也认为,教育史学者和其他领域的人的互动也非常重要。这么做是具有挑战性的:它往往需要你去超越自己的舒适区。但如果你认为教育史对人们思考当前和过去的问题、机会具有重要价值的话,这样做又是至关重要的。被界定为从时间维度研究文化及其传播的教育史领域,可以开放研究几乎所有的话题,并帮助研究者在学术界内外不同领域变换职位角色。如果像我这样希望把专业生活作为继续学习的主要内容的话,那么一份教育史职业生涯就可以了。我非常感谢那些为我打开的大门。

[①] 全称分别为 Associate Degree of Arts、Bachelor of Arts。——译者注

三位老师

杰弗里·米雷尔
(Jeffreye Mirel)

我从小在俄亥俄州的比奇伍德(Beachwood)长大,那是一个匆匆建成的城郊,这样的城郊在第二次世界大战后的几十年里,围绕着美国大工业城市激增。我在克利夫兰城郊的生活是一种美式田园般的生活,有很多孩子,后院的秋千,自行车把上挂着棒球手套,星期六下午的电影,以及很多电视节目。

我在那些年里接受的教育并不都与学校直接相关。父母才是我最重要的教育者。父亲和母亲都是移民的后代。母亲只是一个高中毕业生,但她像我父亲一样,都就读于克利夫兰最好的高中,当时克利夫兰的公立学校在全国位列前茅。母亲在高中毕业时已经接受了扎实的博雅教育,并决定尽可能地教授给我。小时候,母亲决定让我每天至少花一部分时间学习一些比"米老鼠俱乐部"(Mickey Mouse Club)主题曲的歌词更有价值的东西。因此,每个夏天的下午,她都会给我做午饭,并在我们围着亮黄色塑料贴面的餐桌坐着时,给我读一些她认为我该读的经典漫画书(最后我们就会一起读书)。在小 E. D. 赫希(E. D. Hirsch Jr.)推广文化素养理念很久以前,[①] 我母亲就意识到了熟悉詹姆斯·费尼莫尔·库珀(James Fenimore Cooper)、查尔斯·狄更斯(Charles Dickens)、亚历山大·仲马(Alexander Dumas)、维克多·雨果(Victor Hugo)、沃尔特·斯科特(Walter Scott)、儒勒·凡尔纳(Jules Verne)以及赫伯特·乔治·威尔斯(Herbert George Wells)等作家作品的重要性。在我终于抽出时间实际阅读这些书,并在后来向我的高中和初中学生教授其中一些书时[如《双城记》(A Tale of Two Cities),《时光机

[①] E. D. Hirsch, Jr., *Cultural Literacy: What Every American Needs to Know* (New York: Houghton Mifflin, 1987).

器》(*The Time Machine*)],我感觉自己像是在和一群关系甚好的老朋友团聚。我母亲还教给我比阅读更为重要的事情,即她教我热爱读书,并去欣赏那些好故事。

父亲对我的影响是潜移默化的。他阅读广泛,常常回家时从公共图书馆借来一堆书,然后快速地翻阅。他95岁时仍是这样。2008年大选结束后几个月,我去拜访父亲,当时他深深地陷入贝拉克·奥巴马(Barack Obama)的《我父亲的梦想》(*Dreams from My Father*)中。他大多是通过行为榜样影响到我的。他很少谈论自己读了什么,我想他似乎也没有注意到我在读什么。在青少年早期,我完全被科幻小说吸引。有一晚,父亲来到我的卧室,手里拿着乔治·奥威尔(George Orwell)的《1984》(*1984*),他解释说这本书有点像科幻小说,比我所读的书能提供更多的营养。他补充说道,如果我喜欢的话,还可以尝试读阿道斯·赫胥黎(Aldous Huxley)的《美丽新世界》(*Brave New World*)。

这两本书我都读了,对我很有启发。我意识到这些小说不仅仅只有引人入胜的故事。事实上,我认识到这两本书的故事在很大程度上都表达了作者对大范围的政治和社会问题的一种观点视角。这种意义来的时机恰好合适。我密切关注了约翰·肯尼迪(John Kennedy)的大选,大选使得政治、历史变得令人兴奋和有趣。在父亲的推动下,我突然有了一种可以阅读的全新的小说体裁,以及一系列关于俄国大革命、第二次世界大战、冷战主题的非小说类书籍。我的阅读是散漫的、分散的,但回过头看,我很惊讶于自己读过的至少一部分书的特质,包括《共产党宣言》(*Communist Manifesto*)、《动物农场》(*Animal Farm*)、C.赖特·米尔斯(C. Wright Mills)关于古巴革命的《听,美国佬》(*Listen, Yankee*)、阿瑟·库斯勒(Arthur Koestler)的《中午的黑暗》(*Darkness at Noon*)等。

如果没有父母亲提供的教育基础,我永远不会敞开心扉去接受三位教师的理念,并受其影响。这三位教师分别是罗伯特·多贝尔(Robert Dober)、伯纳德·梅尔(Bernard Mehl)和戴维·安格斯(David Angus)。他们最直接、最强有力地影响了我的生活和事业。

* * *

我在阅读中遇到的问题就是没有人可以一起讨论。学校在这方面没起到什么作用。没有老师提起我在读的那些书,也没有人关心这些书的作者提出的论点。我在读高中的时候是个好学生,但我对周围事物漠不关心。和过去、现在的许多青少年一样,我当时认为高中存在的主要目的就是提供一个每天可以见到朋友的场所。但就课堂上学到的知识来说,我的高中一直到十年级都很悲催。但就在那时,我遇到了多贝尔。

> **个人作品精选**
>
> *Patriotic Pluralism: Americanization Education and European Immigrants* (Cambridge: Harvard University Press, 2010).
>
> *The Failed Promise of the American High School, 1890 – 1995* (co-authored with David Angus) (New York: Teachers College Press, 1999).
>
> *The Rise and Fall of an Urban School System: Detroit, 1907 – 1981* [Ann Arbor: University of Michigan Press, 1993 (second edition, 1999)].

多贝尔毫不费力地让我知道了教学是一份高尚且令人兴奋的事业。一个很棒的教师能改变你的生活。他是一位来自工人阶级波兰裔家庭的英语教师,也是一位具有惊人天赋的教育者。我是通过他的名声知道他的,而且委婉地说,他的名声很怪。他向学生们布置的作业主题为"爱是乌龟"或"恨是犀牛"[我后来发现,后者是从荒诞派剧作家尤金·约内斯科(Eugene Ionesco)那里借来的]。有时,他会站在桌子上讲课。在他不上课时,你会常常看到他在大厅里踱步,周围跟着一群学生,都是一群很聪明的学生,一起热情洋溢地讨论文学和哲学。这么说一点都不夸张。

有一天,多贝尔出现在我的自习室里,他走到我桌前问我是否有时间出去走走。我完全不知道他认识我,也不明白他为什么会想和我谈话。想到出去走走总比待在自习室里强,于是我略紧张地说:"当然有时间。"我在自习室里主要是写讽刺小说,取笑学校里的一些教师和同学。我觉得自己写的小说很滑稽,这也是我的朋友们普遍赞同的(当然,除非写的是他们时他们不这么认为)。偶尔,我会尝试一些严肃的题材,而且非常令我吃惊的是,我们出去散步时,多贝尔从口袋中掏出一篇短篇论文,题为《生活就像一条山路》(*Life is Like a Mountain Road*)。他告诉我,这是我的一个朋友给他的,他喜欢这篇文章。

回想起来,我也不知道他为什么会喜欢这篇文章。这很尴尬。因为我在文章中巧妙地把人类的生活比作登山时披荆斩棘(青年时代),然后在下山时逐渐流失体力和战斗力(年长时代),最后死于山谷(是的,每个阶段都很不走运)。由于一些原因,多贝尔认为这篇杰作显示出希望(promise),并询问我是否愿意加入他有时在我待的自习室中授课的一个专门的特殊班级。那个班上大概只有10个人(所有人都有惊人的才智),在多贝尔的引导下学习了存在主义的一些巨著。我从来没有听说过存在主义,但我紧张地说:"好啊!"从此,我的生活发生了改变。

在那个学期余下的时间里,我们阅读并讨论诸如萨特(Sartre)的《禁闭》(*No Exit*)、加缪(Camus)的《陌生人》(*The Stranger*)以及马丁·布伯(Martin Buber)的《我和你》(*I and Thou*)选集;法国存在主义哲学家加布里埃尔·马塞尔(Gabriel Marcel)在附近的约翰·卡罗尔大学(John Carroll University)演讲时,他安排我们去听讲座。那是我第一次参观大学校园。我终于在多贝尔那里遇到一些非常关注书籍、思想和教学的人,找到了能帮助我理解自己一直阅读、思考的东西。虽然我很少参与课堂讨论,但我很认真地读书、听讲。

在接下来一年里,我改变了"轨道",进入多贝尔的荣誉英语班(honors English class)。他教授一门传统的英美文学课程,但教授方式很别出心裁,以至于影响力很大。犹如基廷(Keating)先生,即《死亡诗社》(*Dead Poets Society*)里的罗宾·威廉斯(Robin Williams)这个角色,多贝尔主要有两种促进高质量教学的品质。首先,他在文学戏剧巨作上具有演员的敏感性。他让我们看到文学巨著的伟大,因为著作本身的引人入胜及其讲述的震撼故事。其次,他故事也讲得好,阅读和解读诗歌的方式也易于理解,即便是最没有诗性的学生都能接受理解,而且他在对话上还具有演员的禀赋。当我们读《麦克白》(*Macbeth*)时,他呈现的醉酒看门人的形象是我见过的最为难忘的——有趣,低俗,绝对精彩。

其次,他认同约翰·杜威(John Dewey)对课程的看法,认为课程是人类知识的巨大宝库,是对真正的、持久的人类问题的回应。[1] 同样,对多贝尔来

---

[1] John Dewey, "The Child and the Curriculum", in Martin S. Dworkin, ed., *Dewey on Education* (New York: Teachers College Press, 1959), 97.

说,文学巨著强调普遍存在的问题:什么是好的生活?什么是友谊?什么是爱?为达目的是否可以不择手段?为什么人们利用并滥用他物呢?多贝尔的天才之处在于,他认识到这些问题对高中生来说并不是抽象的学术问题。相反,青少年一直思考的正是这些问题,因为他们总是在努力处理常常带有痛苦性质的关系及其转变,而这些关系是其生活的核心。

多贝尔很少评论时事或评论 20 世纪 60 年代困扰美国社会的巨大变化,他只是为学生们提供判断、评估的工具。威廉·布莱克(William Blake)是他最喜欢的诗人之一。到 1966 年我从比奇伍德高中(Beachwood High School)毕业的时候,我也越来越清楚地认识到布莱克在 19 世纪的伦敦所描述的"黑暗邪恶的作坊"只是一块从平房工厂里扔出来的文学石头;这些坐落在克利夫兰的凯霍加河(Cuyahoga River)沿岸的工厂,还涌现出物质主义、贪婪、剥削和不平等这些问题。这些问题都是美国这个国家正在面临的且亟须解决的。

总之,多贝尔为我做了杰克·麦克法兰(Jack McFarland)曾对迈克·罗斯(Mike Rose)做的事情。借用 M. 罗斯美妙贴切的短语,多贝尔给予我"参与对话"所必要的知识和信心。在这些关于文学、哲学,最后还有历史方面重要问题的丰富而持续的对话中,我都坚持自己的观点。[1]

个人作品精选(续)

图书章节

"Educating Citizens: Social Problems Meet Progressive Education in Detroit, 1930 – 1952," (co-authored with Anne-Lise Halvorsen), in Robert Rothman and Kenneth Wong, eds., *Clio at the Table: Using History to Inform and Improve Educational Policy* (New York: Peter Lang, 2009), 9 – 36.

"There Is Still a Long Road to Travel, and Success Is Far From Assured: Politics and School Reform in Detroit, 1994 – 2002," in J. Henig and W. Rich, eds., *Mayors in the Middle: Politics, Race, and Mayoral Control of Urban Schools* (Princeton: Princeton University Press, 2004), 120 – 158.

"Mathematics Enrollments and the Development of the American High School in the Twentieth Century," (co-authored with David Angus), in George Stanic and Jeremy Kilpatrick, eds., *A History of School Mathematics* (Reston, VA: National Council of Teachers of Mathematics, Inc., 2003), 441 – 489.

"A History of Urban Public Education in the Twentieth Century: The View from Detroit," in Diane Ravitch. ed., *Brookings Papers on Educational Policy 1999* (Washington, DC: Brookings Institution Press, 1999), 9 – 66.

---

[1] Mike Rose, *Lives on the Boundary* (New York: Penguin Books, 1989), 32 – 39.

* * *

1968年,我在西北大学度过难忘的两年后来到俄亥俄州立大学(Ohio State University)。我是一名英语专业的学生,尤为迷恋两类作家:19世纪早期的英国浪漫主义诗人——拜伦(Byron)、叶慈(Keats)、雪莱(Shelly),以及20世纪二三十年代的小说家——尤其是海明威(Hemingway)和菲茨杰拉德(Fitzgerald)。我被这些作家吸引的部分原因是,他们的作品对其所处时代的艺术、政治和社会秩序进行了挑战和批判,很像是我看到我们这一代人在反对越南战争,支持民权运动(Civil Rights movement),以及支持后来的妇女运动(women's movement)中所做的事情。

和加利福尼亚大学伯克利分校、哥伦比亚大学或密歇根大学不同,俄亥俄州立大学在这些年间并不是一个学生激进主义的温床[尽管有大量的学生抗议肯特州立大学(Kent State University)的枪击事件,并导致学校在1970年5月彻底停课]。虽然我处在全国辩论的外围,但大学生活中类似的关于如何促进政治、社会变革的话题越来越成为俄亥俄州立大学中许多人文和社会科学课堂的一部分。或许更重要的是,这些争论引发了我们每天夜里随性的谈话。我在哥伦布(Columbus)①的三年时间里,没有人能比梅尔处在这些话题更中心的位置,他是我生命中第二位影响深远的老师。

正如本书其他作者所指出的,意外发现似乎在塑造人的生活中起着重要的作用,犹如是设计好的一样。我和梅尔的第一次相遇完全是偶然性的。我的一个高中同学在威斯康星大学读书,提到他姐姐上过一门教育学教授上的很棒的课,他想去看看这个教授上课。梅尔竟然当天晚上就有一节课,我们就去了。我们发现课堂的场景从一方面来看是比较普通的——在一个大讲堂里,一位教授在讲台对着一百多名学生讲课。但也就这些是普通的。梅尔的课堂是用我从来没有或后来也没再看到过的授课方式。他没有讲课稿,没有参考或引用的书,也不会在黑板上写下人名、日期或重要的想法理念,以用于将来的测试。他的演讲依赖的仅仅是他的魅力、惊人的知识广

---

① 哥伦布,俄亥俄州的首府,俄亥俄州立大学所在地。——译者注

度、令人惊叹的敏捷思维,以及同等重要的是,他那不输于莱尼·布鲁斯(Lenny Bruce)的喜剧天赋。此外,与其他课堂不同的是,他的课具有高度的互动性,学生们经常会挑战和质疑他,从而常常会引发起关于当时一些重大问题的长时间的或者不时的激烈讨论,如种族关系、越南战争、青年反文化(youth counter-culture)等。我被这节课深深地吸引了。学期剩下的课我都在没有注册的情况下就参加了,后来还报名参加了下学期的课。

我很快地就意识到上一次这门课,并不能确保知道下一次课是关于什么内容。教学大纲上描述这门课是探讨教育的社会基础(Social Foundations of Education),但大纲与任何一天授课的内容之间关系都不大。从教学手段来说,这更像是爵士乐,而非根据乐谱演奏音乐,梅尔来上课时脑中已有一个主题,会随着课题的开展发展并即兴展开。这些主题正如他推荐的书籍一样都是折中性的,涵盖不同的时间段,《麦田里的守望者》(Catcher in the Rye)、《哈克贝利·费恩历险记》《亨利·亚当斯的教育》(The Education of Henry Adams)、《马尔科姆·X自传》(The Autobiography of Malcolm X),埃德加·Z. 弗里登伯格(Edgar Z. Friedenberg)的《消失的青少年》(The Vanishing Adolescent)、保罗·古德曼(Paul Goodman)的《荒谬地成长》(Growing up Absurd)、B. F. 斯金纳(B. F. Skinner)的《瓦尔登湖 II》(Walden II)和雅克·埃吕尔(Jaques Ellul)的《技术社会》(The Technological Society)。

或许他讲课最显著的品质是非常具有激发性(provocative)。梅尔使用一些明显的反常的表述来激起学生的互动。他是在伊利诺伊大学(University of Illinois)接受的教育,被培养成为一名教育史学者。他与那些致力于进步主义教育信念——教师必须使其所教科目与学生相关——的人一同学习。他非常擅长联系历史来授课,但总会以不同的方式延展"相关性"的边界。

例如,我的同事鲍勃·贝恩(Bob Bain,他因梅尔而与我在俄亥俄州立大学结缘,并随后成为我最为亲密的朋友)回想梅尔是如何在一门课上以"嬉皮士是20世纪晚期的清教徒"这一观点来开场的。学生们大声疾呼,他们蓄着长发,穿着扎染的T恤衫,戴着金框眼镜和珠子项链,明显地充满愤怒。

> **个人作品精选(续)**
>
> 期刊论文
>
> "Camping at the Great Divide: What History Teachers Need to Know," (with Robert Bain), *Journal of Teacher Education* 57 (May/June 2006): 212-219.
>
> "Old Educational Ideas, New American Schools: Progressivism and the Rhetoric of Educational Revolution," *Paedagogica Historica* 39 (August 2003): 477-497.
>
> "Civic Education and Changing Definitions of American Identity, 1900-1950," *Educational Review* 54 (June 2002): 143-152.

虽然许多人(可能是大多数人)都不知道清教主义,而且甚至更多人都不在乎,但梅尔将他们和"清教的"东西联系上实际上是在抨击他们的自我意识和世界观。他们只要作出反应,梅尔就可以很好地把他们带到他想要带去的地方。在一节回应他们疾呼的课上,梅尔展示了清教主义的历史,清教在塑造美国教育和社会思想上的作用,以及清教关于上帝选民和诅咒的教义。然后他又像个聪明的爵士艺术家似的,回到他开场白的话题上,说明反文化的绝大多数中产阶级成员是如何共享一些善恶信念的,以及他们乐于接受与美国主流文化签订的"中途契约"(half-way covenant)①所带来的好处,他们会从选举安全的角度批判这种主流文化。

这种教学方式使我们所有人——从本科生到博士生——都参与到对话中,并评价那些批评和反批评。结果,这些思想和争论常常会延续到课外,因为我们还会对讨论的问题进行改头换面,并从梅尔案例所涉及的事物[从蒙田(Montaigne)到胖妈妈桑顿(Thornton)]中学到更多东西。我逐渐意识到这些对话成为我思想发展的一个关键元素。不管是在课上和朋友交流争论,还是自己内心冲突性想法的斗争,这都不重要,重要的是梅尔教会我,从所谓正确的视角来看待学术辩论根本就不是学术。就像多贝尔站在他面前似的,梅尔将许多很棒的想法变得对此时此地真实而有意义。

鉴于我在他课上的经历,我决定不去攻读英语硕士学位,而是去询问梅尔是否愿意做我的硕士导师。他同意了,不久后我就开始和那些几乎每天都在他办公室里、晚上常常会在他家里的学生相处,对话和争论似乎永远在继续。我不确定自己是否在这些非结构性和不可预知的聚会中比在他同样

---

① "中途契约"是17世纪北美的新英格兰地区清教徒移民为第二代移民及非清教徒加入教会所制定的原则标准,所谓中途就是指那些没有一开始就经过灵魂的洗练而中途加入上帝信仰的人。第一代清教徒移民希望借此维持清教的正统思想并将之传给下一代,使得清教的事业后继有人。——译者注

不可预测的课程中学到的更多。他的办公室里挂着几十张梅尔自己拍的照片、很多书以及超负荷运转的咖啡机,这里是个充满活力的沙龙,吸引了俄亥俄州立大学中一群最有趣的、最具有思想性和启发性的人。思想观点、政治、文化的讨论一直在继续,但常常夹杂着幽默,偶尔会有激烈的争论。起初我只是听他们讨论,但梅尔从不允许一个人只是坐在那耳濡目染地吸收和接受。他总是提问,为了在那样的环境中生存,你必须快速地振作起来,不仅仅是关于教育史或教育哲学,还涉及像肯·凯西(Ken Kesey)、菲利普·罗思(Philip Roth)或艾萨克·巴什维斯·辛格(Isaac Bashevis Singer)这样的小说家,像布鲁斯这样的社会评论家,著名的摄影家、爵士音乐家比莉·霍利迪(Billie Holiday),以及那些可以买到好的民族特色食品的地方。这种教育的核心是一种新的理解历史权力的方式,从而加深了我们对生活和行动所处的环境的理解。我生活中很少有其他时期比本科中的这两年以及随后跟随梅尔学习的硕士阶段那样在心智和文化上具有那么丰富的经历,而且我还融入以梅尔为中心的团体中。这最终引领我走上教育史学者的职业生涯。

是否有一个他的学生们可以明确追寻的梅尔思想学派?我不确定。但至少有一个主题常常出现在他重要的讲座和交流中。相较于革命者的形象,梅尔更是个反叛者,他支持教学、学习和实践,也就是说,他更像是伊拉斯谟(Erasmus),而非路德(Luther),更像加缪,而非萨特。我可以确定的是,很多俄亥俄州立大学的人在这些年里把梅尔看作是一个危险的激进分子——他与同事和管理者之间的斗争也成为我们对学术理解的一部分。但是,他教给学生的东西以及他对学生的影响从根本上掩饰了这种激进主义。他很欣赏历史悠久的制度和机构,而且他认为制度和机构的消失是它们和邪恶做斗争的过程。这并不是意味着他认为所有的制度和机构都同样值得保护——他常常指出,奴隶制和《吉姆·克劳法》(Jim Crow)很可恶,应该被摧毁。但至于其他,最明显的就是公立学校,他谴责像伊凡·伊里奇(Ivan Illich)这样的人,他们在这个时代赢得了极大的关注却呼吁"非学校化社会"(deschooling society)。同样地,梅尔反对教育史领域新兴的修正主义趋势,将其视为对有缺陷但仍然很有价值的机构的道德和政治基础的攻击。我也毫不怀疑他一定会反对教育券和质疑特许学校。

梅尔还改变了我对教师和学者能够而且必须在我们工作的制度和机构的范围内活动这种角色定位的理解。他要求我们认识到有责任去尝试并践行这些理想。这些方面已经成为我教学、研究的关键因素。我不知道其他跟着梅尔学习的历史学者——贝恩、韦恩·J. 厄本(Wayne J. Urban)、乔·沃特拉斯(Joe Watras)和艾伦·维德尔(Alan Wieder)等是否将这些视为梅尔思想遗产的重要方面。我们应该坐下来边喝边讨论。但是我确信,上述方面在很大程度上与安格斯(梅尔的学生)的观点一致。

* * *

> **最喜欢的他人著述**
>
> James Anderson, *The Education of Blacks in the South*, 1860 – 1935 (Chapel Hill: University of North Carolina Press, 1988).
>
> Carl F. Kaestle, *Pillars of the Republic: Common Schools and American Society*, 1780 – 1860 (New York: Hill and Wang, 1983).
>
> Herbert Kliebard, *The Struggle for the American Curriculum*, 1893 – 1958 (New York: Routledge, 1995).
>
> Edward A. Krug, *The Shaping of the American High School*, Vols. 1 & 2 (Madison: University of Wisconsin Press, 1969, 1972).
>
> David F. Labaree, *The Making of an American High School: The Credentials Market and the Central High School of Philadelphia*, 1838 – 1939 (New Haven: Yale University Press, 1988).

直到离开哥伦布8年后,我才得以和安古斯一起开会、学习和共事。那段时间,我又回到了对文学的热爱,拓宽了我对历史的兴趣,学习了如何教学。我在俄亥俄州立大学攻读硕士学位期间,我学习了所有必修的课程,包括教学实习,从而拿到了中学英语教学资格证书。1971年秋天,我作为一名高中和初中教师开启了我的职业生涯。我的第一份工作是在纽约北部郊区一所较大的中学,学校当时采取了当时流行的教育形式,几乎打倒了大部分的内墙,以鼓励创新性教学(实际上并没有起到作用)。后来我离开了,来到佛罗里达州迈阿密的小哈瓦那区(Little Havana section of Miami)的一所正统犹太教日校教书。最后到1975年,我又回到克利夫兰在位于克利夫兰海茨(Cleveland Heights)的罗克斯伯勒初级中学(Roxboro Junior High School)教书。我能到罗克斯伯勒初级中学工作的一部分原因是我在俄亥俄州的教学证书上增添了历史一项[我晚上和暑期在佛罗里达国际大学(Florida International University)学习了一系列的美国历史课程],从而使我能够胜任八年级的美国历史课以及九年级的各种英语课。

  罗克斯伯勒初级中学是一个很棒的初级中学。它曾是凯霍加县(Cuyahoga County)在种族和经济阶层方面最为多样化的学校之一;学生们对学习感兴趣,甚至充满热情。我在一个给予教职工以极大的空间来选择教学内容的项目中工作。罗克斯伯勒初级中学使我得以运用到所有我从多贝尔和梅尔那学习到的东西,并在课堂上实践。以他们为榜样,我试图将学生带入"对话",向他们尽可能地广泛介绍一系列的问题、想法和作者,并使他们感兴趣。在这样做的过程中,令我最为吃惊的是,历史逐渐在我所有的教学过程变得越来越重要。事实上,我喜欢给八年级的学生教授美国历史,而且我发现当我向九年级的学生教授文学时,我需要在进入文本之前呈现大量的历史语境[如,理查德·赖特(Richard Wright)的《黑人男孩》(*Black Boy*),伊莱·威塞尔(Eli Wiesel)的《夜》(*Night*),以及珍妮·瓦卡茨基·休斯敦(Jeanne Wakatsuki Houston)的《再见集中营》(*Farewell to Manzanar*)]。我还继续在晚上和暑期学习历史课程,先是在克利夫兰州立大学(Cleveland State University)学习,后又到凯斯西储大学学习。

  1977年,我申请攻读凯斯西储大学的美国历史博士学位,并被接受了。我想我可以一边攻读学位,一边继续在罗克斯伯勒初级中学教书。此时又发生了偶然情况。在来到凯斯西储大学后不久的一个夏天的晚上,我和贝恩(他当时在比奇伍德高中教历史,我几乎每天晚上都会和他交流彼此在教室里的活动)一起闲逛的时候,听说梅尔新招的博士生维德尔顺便来访。我们谈到了深夜,其中我提到了凯斯西储大学的项目。维德尔建议我在致力于此之前,应该打电话给密歇根大学的安格斯,和他讨论一下是否可以去那攻读教育史的博士学位。

  即便是我在打电话给安格斯之前,我就已经意识到密歇根大学相较于凯斯西储大学具有明显的优势,尤其是在支付博士学位的开支方面,可以通过奖学金和助教奖学金的渠道获得资助,而这两种途径在凯斯西储大学都是不可能的。虽然我和妻子芭芭拉(Barbara)试图站在反对物质主义的文化立场,但养育两个幼儿和一个即将出生的婴儿的现实使我们不堪重负,经济资助是我去密歇根大学的一个有力的推动因素。有了这样的想法后,我打电话给安格斯,并约定几周后在密歇根大学安娜堡分校见面。

在我离开他办公室时,安格斯已经说服我申请密歇根大学并建议我们都应该在1978年暑期过来看看这里是否真的有我想做的事情。我们几乎都按照计划做了。我在暑期课程中跟着安格斯学习了人生中第一门教育史课程,很喜欢,并知道这就是自己想学的。夏末时,我和芭芭拉带着三个孩子回到克利夫兰又过了一个学年。1979年6月,我们打包行李搬到了密歇根州。芭芭拉也向研究生院提交了申请,并在我们搬到密歇根州一年后开始工作。回想我们在密歇根大学安娜堡分校度过的五年时光,我们两人待在研究生院,三个孩子待在家里,现在看来当时我们真是彻底疯了。但这行得通,在很大程度上也是因为安格斯的帮助,他把我们当成他的家人,他也成为我们的一个组成部分。

在所有导师里,安格斯是最棒的。在修正主义历史学者以及他们的批评者之间的争论处于高潮时,我开始和他一起做研究。或许是因为我们都跟梅尔学习过,都觉得梅尔对公众学校的观点具有吸引力,我们都倾向于站在"自由"派而非修正主义的立场。比如,我们都很欣赏戴安娜·拉维奇(Diane Ravitch)的历史研究以及她在该领域的批判性立场。安格斯最喜欢开展良好的学术争论,他会给争论带来洞察力、激情和能量。总体而言,怀疑是他研究教育史的最重要方式,具体体现是对待修正主义与反修正主义之间的争论。他首先以数据为本,而非理论,而且绝对不会从意识形态出发。他常常在密歇根大学的职位面试中,询问面试者是否可以提供一个例子,即在他们的研究中曾被迫放弃其中一个基本性理论假设的经历。那些回答"没有"的人往往会看到他那出了名的发火。这种立场并不仅仅只针对来访的求职者,他对自己工作的要求与对他的研究生的要求也一样高。

除了怀疑之外,安格斯还给历史研究带来另外两种态度,也强烈地影响了我的思考。首先,他对诸如重视宏伟的宣言和轻视"下流肮脏"的历史研究没有任何耐心。其次,他对研究充满警惕性,即便是那些良好的研究,以及那些聚焦在人们过去所谈论的政策和实践的变化而不是根据那些可以清楚说明这些变化的证据而进行的研究。虽然安格斯有许多关于这两方面问题的例子,但只有一本书被他正式地指出认为成功地避免了这两个问题,即戴维·F. 拉巴里(David F. Labaree)的《一所美国高中的形成:文凭市场和费城中央高中（1838—1939）》①。拉巴里的书被他用来向学生展示应该怎样研究教育史。

与多贝尔、梅尔一样，安格斯诱导我进入一种新的、迷人的心智对话中。我离开他的课堂时，满脑子都充满了他介绍的想法、推荐阅读的新书和要求查找的论文。他还督促我学习历史系的课程，尤其是马里斯·A. 维努韦斯基斯（Maris A. Vinovskis）开设的课，后来维努韦斯基斯成为我学位论文答辩委员会的成员之一，现在他是我一个很棒的同事，也是我一个亲密的朋友。随着我对底特律兴趣的攀升，我还和西德尼·法恩（Sidney Fine）一起共事。他是一个才华横溢的学者、教师和评论家。但最重要的是，安格斯几乎从我来到密歇根大学安娜堡分校第一天起就让我撰写论文并在会议上展示论文。而这个过程中最重要的是，这不是完全靠我个人努力就能决定成功与否的。在密歇根大学跟随安格斯学习的 5 年时间里，以及接下来在他 1999 年去世前的 15 年时间里，他几乎阅读并评论了我撰写的所有东西。鉴于我也阅读并评论他的学术研究，我显然从中获得了更多。

> **最喜欢的他人著述（续）**
>
> Diane Ravitch, *Left Back: A Century of Failed School Reforms*（New York：Simon & Schuster, 2000）.
>
> Diane Ravitch, *The Great School Wars: A History of the New York City Public Schools*［Baltimore：Johns Hopkins University Press, 2000（third edition）］.
>
> William J. Reese, *America's Public Schools: From the Common Schools to "No Child Left Behind"*（Baltimore：Johns Hopkins University Press, 2006）.
>
> David Tyack, *The One Best System: A History of American Urban Education*（Cambridge：Harvard University Press, 1974）.
>
> Maris Vinovskis, *From a Nation at Risk to No Child Left Behind*（New York：Teachers College Press, 2009）.
>
> Jonathan Zimmerman, *Whose America? Culture Wars in the Public Schools*（Cambridge：Harvard University Press, 2002）.

在我还未成为博士候选人之前，我就开始对 20 世纪 30 年代的教育感兴趣，这在很大程度上是因为它还有待研究，而且因为现存的关于这一时段的所有学术研究都符合安格斯所说的"宏伟的宣言"范畴。这些宏伟的宣言绝大多数都宣称在大萧条那十年里，没有什么产生持久影响的教育事件发生（可能要除了社会改造主义者的思想理念）。但基于学术研究，安格斯确信

---

① David F. Labaree, *The Making of an American High School: The Credentials Market and the Central High School of Philadelphia, 1838–1939*（New Haven：Yale University Press, 1988）.

在20世纪30年代有大量的学生注册进入高中,在这些学校里肯定会有一些具有深远影响的事件发生。两年后,当我完成了关于经济大萧条期间底特律公立学校(Detroit Public Schools)的学位论文时,我证实了安格斯认为高中,至少是底特律的高中即将发生重大变化的预感。特别是,在州层面和地方层面的教育政治学方面,我还有大量的发现。

正如芭芭拉·芬克尔斯坦(Barbara Finkelstein)在与我和安格斯的一次难忘的午餐上所指出的,我的学位论文存在的问题是我在20世纪30年代底特律发现的是新出现的事物,还是只是它之前发展趋势的延续。毕竟,历史是研究随着时间发展的变化的,而我对20世纪30年代之前及经济大萧条之后的底特律学校只有模糊的认识。换句话说,我的学位论文并不能单独支撑起一本书。意识到这一点后,既让我兴奋,也让我感到沮丧。显然,如果我想去探究20世纪30年代底特律学校发生的事情的意义,那我就要对进步时代以及经济大萧条之后"二战"期间和战后的学校做更多的研究。我以为这需要花费很长时间,但我还是严重低估了实际要付出的时间。

带着明确的研究计划,我在1984年8月到北伊利诺伊大学(Northern Illinois University)开始了我的第一份学术工作。九年后我才完成了《城市学校制度的起起伏伏:底特律(1907—1981)》(*The Rise and Fall of an Urban School System: Detroit, 1907–1981*)这本书的最终稿。[1] 在这个过程中,我得到了北伊利诺伊大学研究生院很多的暑期研究资助,以及两项实质性的资助,使我得以脱离教学近乎两年。另一个关键因素是安格斯。由于我做的很多研究要在底特律开展,在那九年里,我定期地回到密歇根大学安娜堡分校,并常常和安格斯待在一起。在无数个夜晚的数杯苏格兰威士忌酒中,他帮我仔细考虑每一章的每一节,指出我论证中的缺陷,并帮我思考怎样去解决这些问题。这本书如果没有他的帮助和支持是难以出版的。

当我完成了《城市学校制度的起起伏伏:底特律(1907—1981)》这本书后,安格斯和我讨论一起撰写一本关于美国高中历史的新书。我们合作撰写了许多关于高中的论文,质疑一些传统的解释,并认为这个话题值得探索。如果说我早期关于20世纪30年代的教育研究是因安格斯对那些基于

---

[1] Jeffrey Mirel, *The Rise and Fall of an Urban School System: Detroit, 1907–1981* (Ann Arbor: University of Michigan Press, 1993).

空洞的研究发出的宏伟宣言的鄙视而受启发的话,那么我们合作撰写的高中历史是对他关注教育史的第二个问题的回应。他倾向于认为,政策对话的变化实际上与实践的变化相关。在对美国中等教育的历史研究上,即便是像爱德华·克鲁格(Edward Krug)撰写的具有重要意义的两卷本《美国高中的形成》(*The Shaping of the American High School*)也主要是基于这个假设。① 我们试图使用新的学生课程数据,并在全国范围内、密歇根州以及大急流城(Grand Rapids)和底特律收集数据,以检验传统的解释。

撰写这本书很难,这并不是因为研究或写作的问题,而是在我们研究《美国高中未兑现的承诺(1890—1995)》(*The Failed Promise of the American High School, 1890-1995*)②这6年来的大部分时间里,安格斯一直在和癌症作斗争。他在所有的治疗中坚持下来,总的来说,他好像做得不错。1998年,我搬到了亚特兰大的埃默里大学(Emory University),这使我更难和他相聚。1998年底,我们将完成的书稿送出。次年3月,我们在蒙特利尔会面,为了在美国教育研究协会的会议上宣传我们的书。跟贝恩(当时是密歇根大学的教员)和维努韦斯基斯一起,我们在一家别致的法国餐厅举行了一个盛大的庆祝晚宴。未来似乎充满了希望。但到7月,安格斯的病情突然恶化。8月,他去世了。我们在20年前的一次对话,培养并彻底地塑造了我的思想生活,我相信我也使他的思想生活富有生气,而且我们之间的友谊是难以估量的。

* * * *

2001年1月,我来到密歇根大学教育学院成为研究初等和中等教育史的学者,本质上是填补安格斯的职位空缺。在教育学院的大楼里,我的办公室与我们曾经待过的他的办公室只有一门之隔,那是我们在一起交流成千上万个小时的地方,这是一种带着苦涩的甜蜜回忆。我喜欢这种延续的感

---

① Edward A. Krug, *The Shaping of the American High School, 1880-1920* (Madison: University of Wisconsin Press, 1969); Edward A. Krug, *The Shaping of the American High School, 1921-1941* (Madison: University of Wisconsin Press, 1972).

② David L. Angus and Jeffrey Mirel, *The Failed Promise of the American High School, 1890-1995* (New York: Teachers College Press, 1999).

觉。我十分想念他。

从20世纪90年代中期以来,我开始研究东欧和苏联的公民教育问题。我这样做或许是无意识的,因为公民教育确实是一个话题,而且东欧却是世界上一块安格斯并不感兴趣的地方。然而对我来说,考虑到我们家族在这个地区的背景,这是一项具有吸引力的、有意义的工作。从我在那里的经历出发,我开始构思关于美国化教育的一项新的研究课题框架,这个课题成为我在密歇根大学期间的核心研究工作。我出版的最新著作《爱国主义的多元化:美国化教育和欧洲移民》(*Patriotic Pluralism: Americanization Education and European Immigrants*),是我在没有安格斯知道或参与的情况下完成的第一本重要研究著作。[①]

在我研究和撰写《爱国主义的多元化:美国化教育和欧洲移民》时,我受到了一些好朋友和同事的帮助与鼓励,特别是贝恩和维努韦斯基斯,他们两个人继续影响和激励着我。自从我来到密歇根大学后,贝恩和我合著了一些关于历史教学的文章,我也期待可以和他做更多的事情。维努韦斯基斯和我在思考撰写一本联系我们对历史和政策这两方面兴趣的著作。此外,我好朋友玛丽·安·德朱巴克(Mary Ann Dzuback)、拉巴里、拉维奇、比尔·里斯(Bill Reese)、约翰·L. 鲁里(John L. Rury)、维德尔和乔恩·齐默尔曼(Jon Zimmerman)都继续让我觉得在这个领域工作既有思想上的愉悦,还有社交上的快乐。

回首往日岁月,我非常感谢我的老师们,他们的观点、理念不仅被我吸收到内部的对话中来,他们还为我打开了大门引领我走到了这里。我非常幸运地能拥有不断激发我的好奇心和兴趣的朋友、老师和学生,使我一直保持着诚实、怀疑和默默反抗。

[①] Jeffrey E. Mirel, *Patriotic Pluralism: Americanization Education and European Immigrants* (Cambridge: Harvard University Press, 2010).

"噢,那就是你要去的地方!"

戴安娜·拉维奇
(Diane Ravitch)

20世纪四五十年代,我在休斯敦长大成人时就知道自己想成为什么样的人,那就是记者。我想写作。还在上初中时,我就开始写作,并向一家地方新闻报纸投稿。高中时,我编辑了学校年鉴。大学期间,我担任《卫斯理学院新闻》(Wellesley College News)的编辑。我坚定地以为,如果我拥有一份事业的话(即便是我遇到的专业女性人数不多,我也不确定自己是否能拥有一份事业),那就是新闻工作。我从未想过自己有一天会成为一名教授、一名学者,而且还是一名教育史学者。

杰拉尔丁·约恩契奇·克利福德(Geraldine Joncich Clifford)在描写自己专业发展的文章中谈到了我的家庭背景,我读到她的描述时不禁捧腹大笑。她认为我"来自一个有才智、文化地位显赫的犹太人家庭,是一个昂贵的东部女子学院的产物"。她提到我是犹太人,毕业于卫斯理学院是对的,但我的家庭在才智和文化地位上并不显赫。我们家一共有8个孩子,我排行第三,我有5个兄弟和2个姐妹。我母亲是一位来自比萨拉比亚(Bessarabia)的移民,1917年来到美国;她是休斯敦公立学校的优秀毕业生。我外公是个裁缝,我外婆虽然在得克萨斯州生活了半个世纪,但从不会讲英语。我的父亲出生在佐治亚州的萨凡纳(Savannah, Georgia),高中未毕业。他最大的愿望是成为一个杂耍演员,偶尔穿着软鞋做一套演出动作,讲一些老掉牙的笑话。我父母开了一家酒馆,他们每天都工作很长时间,每周工作六天。我父亲的一个朋友给了他一辆1929年版的劳斯莱斯(在当时被认为是件毫无用处的东西),他喜欢开车带着所有孩子绕着小镇转悠,遇到路人时,按着旧式喇叭,"阿拉嘎,阿拉嘎"作响。父母非常重视我们在学校的教育,但我们家在才智和文化上从来没有优越过。我们平时听的不是歌剧,而是艾尔·乔尔森（Al Jolson）、埃迪·坎托（Eddie Cantor）、弥尔顿·伯利（Milton Berle）、平·克劳斯贝（Bing Crosby）和比阿特丽丝·凯（Beatrice Kay）这些明星的歌曲、喜剧和电影。通常我们家都被描述为"滑稽的""疯狂的"或"狂野的"，却从未有"显赫"一说。

我们家8个孩子，有的上了大学，有的没有上大学。我姐姐在阿拉巴马大学（University of Alabama）读了两年，并在她结婚时退学了（她上大学就是为了找个丈夫，并如愿以偿）。我妹妹在读高中时私奔了，没有读大学。

我在少年时期喜欢运动，是个假小子。我喜欢打棒球、排球、篮球、保龄球和骑马。但比起运动，我更喜欢读书。初中时，我认真阅读了约翰·图尼斯（John Tunis）关于体育运动的小说。高中时，我加入了订阅图书俱乐部（subscription book club），并阅读了一些经典小说。我最喜欢教英语文学的老师。我在圣哈辛托高中（San Jacinto High School）的学习生活犹如詹姆斯·科尔曼（James Coleman）在《少年社会》（The Adolescent Society）[①]中描述的那般。对我的同学来说，最重要的是车、长相、约会、衣服和出名，最不重要的则是待在学校中好好学习。由于我学习成绩较好，常常在课堂上发言，因此我常常被称为"书呆子"。获得这个称号可不是一件好事。学校里没有人重视教育，作弊成风。毕业之后，我们就开启了真实的生活。我未到16岁时就参加了飙车赛并脱颖而出，还遭遇过三次车祸。这充分证明了我并不只是一个"书呆子"。

尽管我不信仰宗教，但我的犹太教老师对我的心智发展很感兴趣，并向我推荐阅读书目。他的妻子毕业于卫斯理学院，她鼓励我申请这个学院。我听从了她的建议。我十分渴望离开这个我认为极度反智主义的氛围，去看看得克萨斯州以外的地方。我父母对我去东部学院读大学这件事并不高兴，但我一直坚持劝他们，最后成功地说服了他们答应如果我被录取了的话，就让我去。

我很喜欢在卫斯理学院度过的四年时光，这里的一切都是我在休斯敦受教育期间未体验过的。几乎每个学生都是"书呆子"，我与班中的尖子生

[①] James S. Coleman, *The Adolescent Society: The Social Life of the Teenager and Its Impact on Education* (New York: Free Press, 1961).

相差甚远。学院持有卓越的教育价值理念,我平生首次在学术上受到挑战。我主修政治学,辅修历史。第一学期我的论文是分析政治温和派(moderates)与右翼极端派在管理休斯敦公立学校委员会上的冲突,或许这是我后来在教育上发展出专业兴趣的先兆。

> **个人作品精选**
>
> *The Great School Wars: New York City, 1805 - 1973* (New York: Basic Books, 1974).
>
> *The Troubled Crusade: American Education, 1945 - 1980* (New York: Basic Books, 1983).
>
> "Tot Sociology: Or What Happened to History in the Grade Schools," *The American Scholar* 56, 3 (Summer 1987): 343 - 354.
>
> "Multiculturalism: E Pluribus Plures," *The American Scholar* 59, 3 (Summer 1990): 337 - 354.
>
> "Adventures in Wonderland," *The American Scholar* 64, 4 (Fall 1995): 497 - 516.

1960 年,我大学毕业。三周后,我结婚了。我的伴侣是我暑期在《华盛顿邮报》(*Washington Post*)做勤务工[①]时遇到的。1960 年秋天,我开始找工作,希望在新闻业和出版领域找到一份工作。但不幸的是,每家单位都希望招聘一个专业的、上手快的人,不想雇用一个富有热情却毫无经验的记者。有一天,我在《纽约时报》(*New York Times*)上看到《新领导》(*New Leader*)的创刊人索尔·列维塔斯(Sol Levitas)去世的消息。S. 列维塔斯曾是一名孟什维克(Menshevik),《新领导》是一份具有民主社会主义者理念的杂志。这家杂志对我来说似乎是个很适合的好地方,于是我就去拜访这家杂志,杂志社询问我是否可以去那里工作。接待人员说:"我们现在很乱,请进来和新主编迈克·科拉奇(Mike Kolatch)谈。"于是我照办了,并受雇为编辑助理,领取固定的工资。科拉奇没有问,我也没有告诉他,我从未见过孟什维克,也不知道任何关于民主社会主义的理念。

我在随后的几年里断断续续地在《新领导》工作,并获得了现代政治思想方面的硕士学位。后来,我觉得这个学位是非正规的、实践性的证书。我从全国许多最为卓越的思想者那里获得了当时的一手政治辩论材料。我见到了著名的作家——丹尼尔·贝尔(Daniel Bell)、内森·格莱泽(Nathan Glazer)、约翰·西蒙(John Simon)、斯坦利·埃德加·海曼(Stanley Edgar Hyman)、欧文·克里斯托(Irving Kristol),以及来自迈克尔·哈林顿

[①] 勤务工,报社或广播机构负责递送稿件、跑腿的小工。——译者注

（Michael Harrington）、西德尼·胡克（Sidney Hook）、埃里希·弗罗姆（Erich Fromm）、西奥多·德雷珀（Theodore Draper）、拉尔夫·埃利森（Ralph Ellison）、保罗·塞缪尔森（Paul Samuelson）和汉斯·摩根索（Hans Mongenthau）等作家的校对手写稿。我写了几篇书评，并很高兴最后能有机会刊登出来。但我并没有专长的领域，科拉奇主编建议我找些自己的关注点并成为那一方面的权威专家。我认真地听从了他的建议并铭记在心。由于我才刚刚组建家庭，所以没有时间让自己成为一个专家。1962年我生了第一个孩子，1964年又生下第二个孩子。

接着发生的悲剧改变了我的人生。我的小儿子患上了白血病，于1966年离开人世。紧接着我又怀孕了，1967年又生了一个儿子。于是我开始找兼职工作。一个朋友推荐我去卡内基公司担任一个项目成员，负责研究和写作（每小时5美元）。其中，有一项任务是汇报福特基金会在纽约三个贫困区资助的示范学区的情况；福特基金会邀请卡纳基公司加入，一起资助这些学区。我在哈勒姆地区的201学区和布鲁克林地区的欧申·希尔-布朗斯维尔学区投入了大量的时间。学区领导们希望教育分权，交由社区管理。我饶有兴趣地观察到学区与教师工会之间的对峙变得更加激化，最终爆发了一场罢工。这次罢工导致纽约所有的公立学校在1968年秋天关闭了近两个月。

我很好奇为什么注册了100多万学生的城市学校系统竟然是集权性的。冒出这个想法似乎很奇怪。我从纽约公共图书馆（New York Public Library）跑到纽约历史学会图书馆（Library of the New-York Historical Society），并深深地沉迷于我发现的东西。学校曾在19世纪末分权，但改革者要求进行集权化，以提高学校的效率，防止腐败。如今，改革者又希望实行分权化，以解决普遍存在的行政体制停滞问题。我想就是它了，这是个很好的故事！于是我就匆忙写了一封信给我的朋友米切尔·列维塔斯（Mitchell Levitas, 巧的是他是S. 列维塔斯的儿子）；M. 列维塔斯在《纽约时报》做编辑，打算写一篇关于学校分权历史的文章。或许是因为我太缺少常识，他对我的建议一笑置之，反而建议我写一篇《与牙医共舞》（*I Danced with My Dentist*）的文章，并开玩笑说一定刊登。我不知道为什么这么多年后还会记得他嘲笑我的一幕，可能是这种轻蔑狠狠地触动到我了吧。

"噢，那就是你要去的地方！"

痛定思痛，我回到图书馆继续读书。我发现最新出版的纽约公立学校史是1905年的版本，于是我就决定了这就是一直以来我所寻找的研究课题。但我也意识到自己需要进行专业的学术训练。有一天，我带着大儿子去参加一个6岁孩子的生日聚会。我在聚会上遇到了哥伦比亚大学历史学者戴维·罗斯曼（David Rothman），他也带着孩子来参加了这场聚会。我告诉他我有意向去哥伦比亚大学学习历史，因为我希望写一部纽约公立学校的历史。他告诉我不要浪费时间，并指出三个不利的因素：第一，作为女性，我在历史系可能会感到不自在；第二，我年龄大了，历史系不愿意浪费时间教导一个年长的人；第三，我对教育感兴趣，但哥伦比亚大学历史系并不对教育感兴趣。他建议我去哥伦比亚大学师范学院。我对卡内基公司的朋友们说了这件事，并经由他们介绍认识了劳伦斯·A. 克雷明（Lawrence A. Cremin）；克雷明在哥伦比亚大学师范学院和历史系兼任教师。当时，克雷明正在开展一项卡内基公司资助的美国教育史课题。1968年1月，我和克雷明见面，并告诉他自己想做的事情。克雷明和我交谈了一个小时，并匆匆列出了一个长长的书单。他告诉我应该忘掉写一本书的想法，毕竟我没有受过训练，也没有经验；他建议我写一系列的论文。我承诺继续开展研究并再和他联系。6个月后，我拿着125页的稿子再次和他交流。这个稿子并不是一篇论文，而是一本书的前几章。他鼓励我继续写下去，并告诉我不应该因为当前社会太过于有"文凭意识"（degree-conscious）而费心去拿个更高的文凭，更何况我也不需要。

在接下来的几年里，我定期和克雷明见面，向他呈现新写的章节并请他批评指正。他总是会列出新的书单给我，但也很细心地"不干涉我的写作"，让我用自己的文字去表达我想说的东西，而非他想说的东西。有一年秋天，克雷明在从斯坦福大学行为科学中心（Center for Behavioral Sciences at Stanford）的暑期常规旅居回来后

234

个人作品精选(续)

"What If Research Really Mattered?" *Education Week* (December 1998).

Left Back: A Century of Failed School Reforms (New York: Simon & Schuster, 2000).

The Language Police: How Pressure Groups Restrict What Students Learn (New York: Alfred A. Knopf, 2003).

"The Fall of the Standard-Bearers," *The Chronicle of Higher Education* (March 2006).

The Death and Life of the Great American School System: How Testing and Choice Are Undermining Education (New York: Basic Books, 2010).

告诉我,他和布鲁诺·贝特尔海姆(Bruno Bettelheim)在游泳池边休憩时曾谈及我的情况。贝特尔海姆阅读过我在《书评》(Commentary)[①]上写的一篇文章,并得知我在哥伦比亚大学师范学院做研究助理。他问克雷明我是否想读个博士学位,克雷明告诉他自己曾建议我不要拿学位。据克雷明说,贝特尔海姆当时就说:"转告那个年轻的女子我不同意你的观点。告诉她去打破障碍。告诉她去拿个博士学位。"

克雷明告诉我这些时,我几乎快写完那本书了,但我也很快分析得出贝特尔海姆所说的是对的。于是我注册成为博士研究生,学习数据统计等所需要学习的课程,完成了所有博士学位的要求(尽管我从未获得过一个硕士学位)。1974年,我的书在获得学位之前出版了。克雷明坚决地说我不能用那本书做博士学位论文,因为它并不是在一个研讨班上写出来的。我曾一度采纳他的建议,但之后又从帕特里夏·阿尔伯耶格·格雷厄姆(Patricia Albjerg Graham,当时是哥伦比亚大学师范学院的教员)那里获悉哥伦比亚大学有过几个人(包括 D. 贝尔)提交已出版的著述作为学位论文的。不过这种事情从未在哥伦比亚大学师范学院发生过。所以,我在攻克其他难题后,违背了克雷明的意愿,开始申请提交这本已出版的书作为学位论文。虽然他很坚持,但最后他退让了并警告我说,学位委员会的投票可能是"决定命运的一次性投票",没有机会修改。我说我愿意冒险尝试一下。

学位委员会由克雷明、肯尼思·杰克逊(Kenneth Jackson,代表哥伦比亚大学历史系)、唐娜·沙拉拉(Donna Shalala,当时在哥伦比亚大学师范学院政治学方向)和斯隆(哥伦比亚大学师范学院历史学方向)。我攻读的是哥伦比亚大学哲学博士,而不是哥伦比亚大学师范学院的教育博士。委员会对我进行提问,我自认为回答得还比较满意,最后我获得了博士学位。更令我喜出望外的是,我撰写的《纽约市伟大的学校战争(1805—1973)》(The Great School Wars: New York City, 1805–1973)[②]获得了学术期刊和大众媒体的好评。

获得博士学位后,我留在哥伦比亚大学师范学院担任兼职助理教授(adjunct assistant professor),每年教授一门课。我得以有时间写一些评论文

[①] Diane Ravitch, "Community Control Revisited," Commentary (February 1972).
[②] Diane Ravitch, The Great School Wars: New York City, 1805–1973 (New York: Basic Books, 1973).

章,满足研究和出版的需要,而且我还有许多机会能和克雷明正式交谈,他还继续担任我的指导老师。

  1975年的一天,克雷明告诉我有个新课题,并询问我是否愿意对那些自称为修正主义教育史学者(revisionist historians of education)进行批判性评论。这些学者常常打击克雷明和其他有着"共识"的历史学者("consensus" historian)①,并认为公立学校并不是机会的动力站(engine of opportunity),而是精英群体用来控制穷人和工人阶级孩子的一条途径。克雷明并不赞同他们刺骨地评价公立学校在美国历史上的作用,我也同意克雷明的观点,因此我就同意了撰写评论。我针对他们在国家教育学院的工作撰写了一篇长篇评论。每写一个章节,我都会拿给克雷明看,他还给予了积极的肯定。基本图书公司的出版商欧文·格利克斯(Erwin Glikes)请我把这些册子整合成一本书,成为后来出版的《修正"修正主义者":对激进抨击学校的再批判》(*The Revisionists Revised: A Critique of the Radical Attack on the Schools*)②。这本书出版后,许多激进的教授都撰写檄文批评我。这我倒不惊讶,但令人失望的是没有人支持我,甚至连克雷明都未表示支持。几年后,我在一次会议上听到克雷明赞扬修正主义历史学者;这些学者曾是他列举出来让我批判的对象。我以为,这就是所谓的有"共识"的历史学者吧。

  在20世纪80年代,我撰写了《动荡的美国教育改革运动(1945—1980)》(*The Troubled Crusade: American Education, 1945-1980*),并对课程的政治、意识形态斗争产生了浓厚的兴趣,甚至自己也参与到这样的争斗中。③ 1983年,在纽约州教育局(New York State Department of Education)提议用没有相关性的主题取代编年史时,我撰写了一篇批判性的评论,并以嘉宾专栏的形式在《纽约时报》上阿尔伯特·尚卡尔(Albert Shanker)的"每周评论"板块发表。④ 我和小切斯特·E. 芬恩(Chester E. Finn Jr.)共同获得了国家人文基金(National Endowment for the Humanities)的资助,与全国教

---

① 共识历史是一种强调统一的美国基本价值观、弱化冲突的美国历史学,在20世纪五六十年代影响力较大,主要代表人物有理查德·霍夫施塔特(Richard Hofstadter)、路易斯·哈茨(Louis Hartz)等。——译者注
② Diane Ravitch, *The Revisionists Revised: A Critique of the Radical Attack on the Schools* (New York: Basic Books, 1978).
③ Diane Ravitch, *The Troubled Crusade: American Education, 1945-1980* (New York: Basic Books, 1983).
④ Diane Ravitch, "How to Make a Mishmash of History," *The New York Times*, guest columnist for Albert Shanker (May 1983).

育进展评估(National Assessment of Educational Progress)合作开展关于历史和文学的首次评估。最后的成果是出版了一本书,题为《17岁的青少年们知道什么?》(What Do Our 17-Year-Olds Know?)[1]。在该书出版之前,我们和当时的国家人文基金主席林恩·V.切尼(Lynne V. Cheney)发生了一场令人尴尬的事情。她将我们的成果拿去做成自己的册子而未注明来源,因此被美国广播公司(ABC)的山姆·唐纳森(Sam Donaldson)在电视上曝光,谴责她剽窃我们的工作成果。[2] 为了应对谴责,国家人文基金的律师团深入翻查了这个课题的财政记录,以期找到一些不利于我们的记录,但并未发现有不妥之处。

我发现自己越来越多地投入到教育史研究上。这在我1985年获得加利福尼亚州督学(superintendent of instruction)比尔·霍宁(Bill Honig)的邀请,帮助撰写加利福尼亚州K-12历史-社会科学新大纲后得到进一步加强。在随后将近两年的时间里,我每个月都去加利福尼亚州,与大纲委员会的学者和教师会面。这是一段令人兴奋并具有启发性的经历,我从中获得了一手的关于种族政治学(ethnic politics)观点和课程制定政治学的观点。大纲委员会最后制定的大纲以历史为中心,并适当地涉及美国的多元文化遗产及其共同的民主理念;大纲联合了艺术和社会科学,鼓励在初等学校开设历史,将一年的世界史学习增至三年。加利福尼亚州的大纲成为其他州的模板。1987年,加利福尼亚州教育委员会采纳大纲,进行少许改动后就投入使用。[3]

大概在同一时期,我帮助布拉德利中小学历史委员会(Bradley Commission on History in the Schools)招募了会员和资金,将全国众多历史领军学者汇集一处,倡导提升历史教学[委员会后来发展成为全国历史教育委员会(National Council on History Education),我成为创建者之一]。与此同时,我还参与到纽约州社会课程关于多元文化主义的论战中。该争论非

---

[1] Diane Ravitch and Chester E. Finn, *What Do Our 17 Year-Olds Know? A Report on the First National Assessmemnt of History and Literature* (New York: Harper & Row, 1987).

[2] Edward B. Fiske, "Schools Criticized on the Humanities; Dispute over Use of Data," *New York Times* (September 1987).

[3] 加利福尼亚州公立学校(从幼儿园至十二年级)历史-社会科学大纲,由历史-社会科学大纲和标准委员会制定,1987年7月被加利福尼亚州教育委员会采纳。

"噢,那就是你要去的地方!"

常复杂,难以用较小的篇幅阐释清楚,主要是一个州层面的专家团队发布了一份种族中心主义(ethnocentrism)的报告,试图通过课程来提升种族自尊,而我对此提出挑战。① 我也因此被谴责为种族主义者(racist)。我和小阿瑟·施莱辛格(Arthur Schlesinger Jr.)合写了一份声明,许多著名的历史学者联合署名,指出中小学历史"必须满足准确性和完整性这两个最高标准",并警告不应利用中小学来"分裂人类,使种族敌对"。② 随后,施莱辛格又写了一本书,我也写了几篇文章。但是,我从未在文章中提及过我在批判种族极端主义(ethnic extremism)后,收到过恐吓信、死亡威胁和污蔑这些事。③

接着,我的生活发生了新的转向。1991年,当时新上任的教育署长拉马尔·亚历山大(Lamar Alexander)邀请我担任副署长,管理教育研究和改进办公室(Office of Educational Research and Improvement)并担任顾问。起初我并不感兴趣,我终身都是一个民主党人,喜欢研究和写作。(如果克雷明还活着的话——他于1990年突然辞世——我肯定会拒绝这个邀请,因为他一直建议我不要给学术赋予任何政策制定者的角色。)在亚历山大告诉我他希望推广自愿性国家课程标准(voluntary national curriculum standards)时,我立即答应加入。在乔治·H. W. 布什(George H. W. Bush)政府任职长达18个月的时间里,我监管着资金不足的联邦研究计划,并倡导从自主性资金中划拨出1 000万美元用于资助历史、科学、艺术、经济学、公民学、地理、外国语、体育和英语方面的自愿性国家课程标准。在比尔·克林顿(Bill Clinton)被选为总统后,我受邀成为布鲁金斯学会高级研究员,我在那里待

---

① Diane Ravitch, "A Phony Case of Classroom Bias," *New York Daily News* (January 1990).
② Diane Ravitch and Arthur M. Schlesinger Jr., "Text of Statement by 'Scholars in Defense of History,'" *Education Week* (August 1990): 38. 这份声明的签署者有托马斯·本德尔(Thomas Bender)、约翰·莫顿·布卢姆(John Morton Blum)、杰罗姆·布鲁纳(Jerome Bruner)、詹姆斯·麦格雷戈·伯恩斯(James MacGregor Burns)、罗伯特·卡罗(Robert Caro)、肯尼思·B. 克拉克(Kenneth B. Clark)、亨利·斯蒂尔·康麦格(Henry Steele Commager)、马库斯·坎利夫(Marcus Cunliffe)、大卫·赫伯特·唐纳德(David Herbert Donald)、弗朗西斯·菲茨杰拉德(Frances Fitzgerald)、大卫·加罗(David Garrow)、亨利·格拉夫(Henry Graff)、入江昭(Akira Iriye)、迈克尔·卡曼(Michael Kammen)、斯坦利·N. 卡茨(Stanley N. Katz)、威廉·洛伊希滕贝格(William Leuchtenberg)、亚瑟·S. 林克(Arthur S. Link)、威廉·曼彻斯特(William Manchester)、威廉·H. 麦克尼尔(William H. McNeill)、斯图亚特·普劳尔(Stuart Prall)、理查德·桑内特(Richard Sennett)、汉斯·提夫斯(Hans Trefousse)、理查德·韦德(Richard Wade)、C. 范恩·伍德沃德(C. Vann Woodward)。
③ Arthur M. Schlesinger Jr., *The Disuniting of America: Reflections on a Multicultural Society* (Knoxville, TN: Whittle Direct Books, 1991); Diane Ravitch, "Multiculturalism: E Pluribus Plures," *American Scholar* 59, 3 (Summer 1990): 337–354; Ravitch, "Multiculturalism, Yes; Particularism, No," *Chronicle of Higher Education* (October 1990); "History and the Perils of Pride," *Perspectives* (March 1991); Diane Ravitch and Arthur M. Schlesinger Jr., "The New, Improved History Standards," *Wall Street Journal* (April 1996).

了18个月,写了一本关于国家标准的书。[1] 大概在同一时间,发展国家课程标准的努力在一次大辩论中化为泡影,切尼严厉地抨击历史标准是令人无法接受的"左派"观点,是带有政治偏见的。[2] 随后,媒体狂轰滥炸,这使接下来15年里都没有人再讨论国家课程标准。

> **最喜欢的他人著作**
>
> William C. Bagley, *Education and Emergent Man: A Theory of Education with Particular Application to Public Education in the United States* (New York: Nelson, 1934).
>
> Arthur Bestor, *Educational Wastelands: The Retreat from Learning in Our Public Schools* (Urbana: University of Illinois Press, 1953).
>
> Raymond E. Callahan, *Education and the Cult of Efficiency: A Study of the Social Forces that Have Shaped the Administration of the Public Schools* (Chicago: University of Chicago Press, 1962).
>
> Jeanne Chall, *Learning to Read: The Great Debate* (New York: McGraw Hill, 1967).
>
> Lawrence A. Cremin, *The Transformation of the School: Progressivism in American Education, 1876–1957* (New York: Alfred A. Knopf, 1961).

1995年,我回到纽约,希望回到我从1975年起担任兼职教员的哥伦比亚大学师范学院。在我于华盛顿的联邦政府和布鲁金斯学会工作的三年期间,我在哥伦比亚大学师范学院的办公室仍然空着,我的文件、书籍仍置于其中。新上任的哥伦比亚大学师范学院院长坦然地告诉我,我的同事们不希望我回来。显然,我在共和党政府中做事,以及提出了与他们背道而驰的观点,使我不再受欢迎。幸好纽约大学给我提供了一个兼职职位,使我得以在1995年秋天安定下来。

我重拾20世纪80年代中期动笔写的一本关于课程史的书。在投入华盛顿的政策制定事务后,再回到学术研究并不容易,但我下定决心完成这本书。我再次可以掌控自己的时间和想法,做自己最喜欢的事——长期浸泡在图书馆里阅读已有几十年未动过、落上灰尘的档案和书籍。2000年,《回顾百年失败的学校改革》(*Left Back: A Century of Failed School Reforms*)[3] 出版。这个标题是由编辑强加给我的,因为他想将这本书宣传为学校失败的另一个故事,但我讨厌这个副标题,于是在出版平装本时将其更换为《百

---

[1] Diane Ravitch, *National Standards in American Education: A Citizen's Guide* (Washington, D C: Brookings Institution Press, 1995).
[2] Lynne V. Cheney, "The End of History," *Wall Street Journal* (October 1994).
[3] Diane Ravitch, *Left Back: A Century of Failed School Reforms* (New York: Simon & Schuster, 2000).

年学校改革论战》(*A Century of Battles Over School Reform*),从而更为精确地反映这本书的内容。

重新开始学术追求后,我仍有涉足政策制定领域。1997年,克林顿总统任命我为全国评估理事会(National Assessment Governing Board)成员;理事会负责监管全国教育进展评估。教育署长理查德·赖利(Richard Riley)又继续任命我服务了第二任期,因此我共在理事会效力了7年。这对我来说是一段非常重要的学习经历,我得以看到大规模评估是如何进行的。我也得以看到了一些偏见和敏感性的评论,并在2003年撰写了《语言警察:压力集团是如何限制学生所学内容的》(*The Language Police: How Pressure Groups Restrict What Students Learn*)①。这本书比上一本书给我带来更多的乐趣。我对发现大规模的教科书、测试是如何接受审查和净化的感兴趣,也感到震惊和害怕。我在许多无线电广播节目和电视节目中露面。最让我激动的是,去《每日秀》(*Daily Show*)接受乔恩·斯图尔特(Jon Stewart)的访谈。安排好访谈时间时,我还不知道斯图尔特是谁。我在上节目前的晚上看了《每日秀》节目,受访嘉宾是卡罗琳·肯尼迪(Caroline Kennedy)。我意识到节目观众都是很酷、很时髦的年轻人,而我不是。我在等待受访时真的很紧张,斯图尔特的一个助理硬把我推上了台。当斯图尔特大声报出我的姓名时,台下的年轻观众开始鼓掌,在他说出"教育史学者"时,台下的掌声瞬间便停止了。我现在回想起这一幕时都会大笑。

在我为第一届布什政府工作后的数十年里,我在政策圈都被贴上"保守"的标签。我不仅在共和党政府工作,还支持测试、问责制、择校和绩效工资。我还经常在《纽约时报》《华盛顿邮报》和《华尔街日报》(*Wall Street Journal*)上撰写评论,支持这些政策。

因此,在我发现自己错了的时候,作为一名教育政策的思考者,这又是我人生中一个重要的发展转向。我渴望对研究进行严肃反思,我开始意识到我之前推广的政策并不能提升教育,事实上可能会破坏教育。首先,我反对《不让一个孩子掉队法案》(No Child Left Behind Act),因为我总结发现,它将课程范围缩小了,把学校变成一个测试工厂,对学业成就并没有什么影

---

① Diane Ravitch, *The Language Police: How Pressure Groups Restrict What Students Learn* (New York: Alfred A. Knopf, 2003).

响。更糟的是，它向中小学提出了一个不现实的目标，并对未完成目标的学校进行惩罚。这导致人们普遍对公立学校失望。随后我又对问责制和择校进行调查，发现它们也有负面的影响。类似地，我还发现许多关于教师评价的研究也大有缺陷。概括来说就是，如果将其投入实施的话，则很有可能导致教学成为一个缺乏吸引力的专业工作，因为对教师评价主要依据学生在有限的基本技能测试中取得的分数。我曾一度赞赏的、共和党和民主党都支持的特许学校运动（charter school movement）也变成一种私有化主导的运动。

> **最喜欢的他人著作（续）**
>
> John Dewey, *Experience and Education* (New York：Macmillan, 1963, first published by Kappa Delta Pi, 1938).
>
> Richard Hofstadter, *Anti-Intellectualism in American Life* (New York：Alfred A. Knopf, 1961).
>
> Isaac L. Kandel, *The Cult of Uncertainty* (New York：Macmillan, 1943).

在证据的支持和考虑到公共教育未来的情况下，我撰写了《伟大的美国学校制度的生与死：测试和择校是如何破坏教育的》（*The Death and Life of the Great American School System: How Testing and Choice Are Undermining Education*）[1]。我希望这是我最后一本关于教育的书。

我偶尔会梦想着写一本回忆录——所有人都是这么想的吧？——但我觉得自己也愿意留给他人评述争论。我拥有一份充实而满意的事业；它给予我许多智识上的激动和喜悦，也给我许多机会去探讨当前的重大问题。成为一名教育史学者，给我提供了一个很好的阐释和理解各种争论的出发点。它使我有机会去解释过去是如何贯穿在我们的决策和讨论之中的。

我仍然继续关心历史研究领域的未来。我一直希望每个人都能接受良好的教育，以至于对备受争议的事件都能具有历史知识背景，但我担心学习历史变成像机器人技术、冶金术一样专门化：学习历史成为专家和具有天赋的业余爱好者的事，而与普通大众无关。我一直希望并坚信历史知识将会广泛地传播，我们所有人都能谈论亚伯拉罕·林肯（Abraham Lincoln）、弗雷德里克·道格拉斯（Frederick Douglass）、托马斯·杰斐逊（Thomas Jefferson）、爱玛·戈德曼（Emma Goldman）、《国外居民和煽动言论法》

---

[1] Diane Ravitch, *The Death and Life of the Great American School System: How Testing and Choice Are Undermining Education* (New York：Basic Books, 2010).

(Alien and Sedition Acts)①、世界产业工会会员(Wobblies)、红色恐慌(Red Scare)、天定命运论(Manifest Destiny)②、普莱西案判决(Plessy decision)、布朗判决、经济大萧条、"灰碗"(Dust Bowl)③等美国历史上重要的人物和事件,把这些话题作为我们日常公共交谈的一部分。然而,公众却完全沉浸在娱乐明星、运动员的最新报道和个人问题上。我也关心文学,并希望我们可以在阅读时下最好著作的同时,继续阅读过去历史上最优秀的著作。这是我编写古典英美文学选集,试图保留那些我喜爱的作品免于遗忘的原因所在。④

考虑到当前公共教育的私有化,在这个过程中历史被转移到专家身上,文学被琐碎的电子化的信息取代,考虑到我们需要把教育办得更好,使它发挥真正的作用,我需要源源不断地思考。或许我还得再写一本书!

---

① 《国外居民和煽动言论法》,指1798年约翰·亚当斯(John Adams)答署生效的四部制止外国人反美及发表煽动性言论的法律:《归化法》(The Naturalization Act)、《友国居民法》(The Alien Friends Act)、《敌国居民法》(The Alien Enemies Act)、《煽动言论法》(The Sedition Act)。——译者注
② 认为向西扩张、占领整个北美是上帝的旨意。——译者注
③ 即"尘暴重灾区"。——译者注
④ *The American Reader: Words that Moved a Nation* (New York: Harper Collins, 1990); *The English Reader: What Every Literate Person Needs to Know* (with Michael Ravitch) (New York: Oxford University Press, 2006).

讲故事与历史

威廉·J. 里斯
(William J. Reese)

此时，我正在看一张1958年11月22日在宾夕法尼亚州杜里埃美国军团街585号（American Legion Post 585, in Duryea, Pennsylvania）拍摄的照片的电子版。当时我才6岁，现在对这张照片没什么印象了。后来每周新闻报纸《皮茨顿报道》（Pittston Dispatch）也刊登过关于该事件的类似照片。报道中的照片我记得很清楚，也记得它们在家里引起的轰动。皮茨顿是宾夕法尼亚州东北部无烟煤区威尔克斯－巴里（Wilkes-Barre）和斯克兰顿（Scranton）之间最大的乡镇。皮茨顿城中心有一家电影院和几家商店、餐馆。与附近社区一样，皮茨顿还未从崩溃的矿井工业中恢复过来。杜里埃的人口仅有几千人，它没有自己的新闻报纸、图书馆等便利设施。杜里埃几乎所有人都是工人；只有一个律师、一个牙医和一个医生。但与富人社区一样的是，这里的人们也会生老病死，结婚，观看球赛，参加葬礼，偶尔在周日报（Sunday paper）上露露脸。《皮茨顿报道》面向附近许多乡镇，报道八卦、新闻，刊登那些富有具有特色的毕业典礼、聚会、保龄球联赛和少年棒球联合会（Little League）冠军、教会野餐、7月4日的国庆游行（Fourth of July Parade）等当地活动照片。

我在几年前发现的这张1958年拍摄的照片使我想起自己成长的地方，是它塑造了我作为一个人和一名历史学者的情感。多年以来，与我关系紧密的朋友都听过我在杜里埃成长的故事，大部分也都看过这张照片。在我看到这张照片之前，我常常会想起父母亲每年都会发生的激烈的争论，我母亲为该事件感到尴尬，而我父亲则穿着他最好的衣服，兴致勃勃地看着自己的照片被刊登在报纸上。直到我读高中时，我还是不大明白整个事件的前因后果。我母亲是一个高中毕业生，她抱怨父亲："你给孩子们树立的榜样不好,我希望他们去读大学。"我父亲则是耸耸肩,不以为然。在意识到未受教育的前途黯淡无光后,我父亲也希望我们去读大学。烦扰的争论告一段落,但在一年后又会再度起来。直到看到这老旧的照片时,我才意识到这一争论已经过了那么多年,远远超过我意识到的时间。

他们在争吵什么呢?在这里需要多叙述一点相关背景。根据我父亲、祖父的讲述,父亲在高中时被开除了。故事是这样的。父亲说他在教室后面胡闹时,一位教师从后面用书敲了他的头。父亲迅速转身,并揍了那位教师,然后就被开除了。祖父说,如果我父亲向那位教师道歉的话,还是有机会重返校园的。祖父说,督学私下登门提出这个条件时并无任何不妥之意。我不知道父亲对此是否有话要说,因为祖父怀疑高中文凭是否对他的儿子有好处。对祖父来说,最好去做点事来补贴家里。所以,父亲就没毕业,在法国打完仗后回到家后,就在屠宰场里工作,结婚成家。

这张图片是在主街(Main Street)上的美国退伍军人协会(American Legion)大厅拍摄的。照片上有39个男人。仅有一人穿着外套,打着领带。他们展现出工人阶层的得体(working-class respectability,我在做研究生时学到的术语)。许多人面带笑容,几个人显得俏皮淘气。我父亲(后来成为一个纺织工人)、祖父(一个退休矿工)和两个叔叔也在里面。他们站成三排,前面竖着两个旗帜。较小的旗帜,在中间偏左的位置,上面写着"未毕业生聚会";较大的旗帜,位于中心位置,上面写着一行较大的大写的粗体字"仍在努力",下面是一行较小的大写字"某某班"(CLASS OF ????)。在全体人员上方拉着很多彩色横幅,一直从金属衣架悬挂到天花板上的采暖通风处。所有人都拿着假的文凭证书,用他们特有的方式表示对这个世界的嗤之以鼻。

我不知道是谁安排的这个年度事件,也不清楚他们是否有人曾考虑参

个人作品精选

Power and the Promise of School Reform: Grassroots Movements during the Progressive Era (Boston: Routledge & Kegan Paul, 1986).

The Origins of the American High School (New Haven: Yale University Press, 1995).

America's Public Schools: From the Common School to "No Child Left Behind" (Baltimore: The Johns Hopkins University Press, 2005).

加一般教育发展考试(G. E. D.)①。当然,这也起不了多大作用。但这次聚会是美国一个常见现象的普遍反映:高中聚会。只有在取笑一些习俗时,恶搞才会有效果。这些人离开学校,去工作,去为祖国战斗。这是一个爱国主义群体。在退伍军人协会的墙上写着宪法序言的开头一句。我父亲和其中好几个人都是第二次世界大战的退伍军人。他们每年都会见面,定期享受在一起的时光。他们看起来没有一点尴尬不安。当我后来在20世纪60年代后期意识到聚会的性质时,我也没想太多。我记得自己一直以为他们这些人是自得其乐的。我也从来没有问过父亲,谁英年早逝了,他为什么参军。随着多年来的持续思考,我尝试进行更多的分析,只得出一个简单的结论,即这些人是在讽刺自命不凡,宣扬自己的男子气概(manliness,也是从研究生院学到的词)和工人阶级的骄傲。那个建议拿着假的文凭证书拍照的人也真是一个天才。

许多黑白照片上记录的过往事件都像这张相片一样存在我的脑海里,而这个是青少年时期最为栩栩如生的一张。不可否认,学校在我成长为一名历史学者和教育者的道路中起到了关键性作用,但这些关于家庭、工人阶级生活,以及讲故事作为日常生活基本元素的记忆却更为重要。毕竟故事是历史的基本元素。我所闻所述的故事是我得以了解美国并对周围世界产生好奇的方式。故事可以起到很多作用:娱乐,联系古今,提供经验教训,培养道德品行。如果没有故事,我们的生活就失去了方向。在这个没有人,我指的是在校外没有人问我或跟我讨论一本书的世界里,谈论故事、讲故事、注意听故事和无意听到故事都有助于我理解每一件事情。在我的成长中,故事是畅销书的替代品。

我的邻居弗雷迪·格雷科(Freddy Greco)是一个意大利人,他很擅长讲故事。他开了一家杂货店,我读高中时在里面打零工。他批发大量的奶酪和罐装的西红柿、调料,囤放在物资的车库里。他把货物销售给宾夕法尼亚州东北部的很多饭店、比萨饼店和酒吧。我们用老旧的绿色吉普车运送货物,我还没到16岁时就开过这辆车。格雷科是一个天生的销售员,能说会道,并把我介绍给路上遇到的每个人。其中很多人也喜欢聊天,开玩笑,还

---

① 全称为General Educational Development Tests,是一种代替高中毕业生文凭的考试。——译者注

有一些人会讲一些粗俗的故事。

在所有的邻居中,格雷科是一个可以编造很多奇谈怪事的人,他讲的大都是他听说的暴徒袭击事件,一直都充满戏剧性情节,往往是以尸体被扔在新泽西州的某个地方来结尾。格雷科跟杜里埃的其他人一样,从未忘记过自己是一个少数族裔。当意大利裔美国人约翰·西里卡(John Sirica)大法官帮助揭发尼克松总统的"水门事件"时,他会心一笑。我在读初中时,格雷科的一个"商业伙伴"用信封装了 20 美元给我,因为我帮他送了一些商品到店外。这个人是个真正的匪徒,后来死在狱中。在当时来说,20 美元是很大一笔钱,而这个抽着雪茄且有专人开着豪华汽车的男人则对我说,"给你,小孩,留给你上大学"。大多数人只在电影里看过这样的场景。格雷科当时在剁肉,围裙上沾满了血迹,他近距离地看到了这一幕,在我回商店时哈哈大笑。我把钱装进口袋,从未告诉过父母。工人阶级家庭常常希望孩子们交出一切所得,但这钱是我的。

历史常常涉及大量的社会因素、伟大的思想和运动,以及不同时期的变化,但它总是通过集体传记或个人传记来灵活呈现。比起读书,观察人们并听他们讲故事更能让我了解人们常常在一些难以克服的困境下是如何作出抉择的。学校,至少说在学校学好或做好,在我当时所受教育中处于次要地位。学校在我后来成年时才起到更为重要的作用,在此之前,我周围的人都认为学校没有那么重要。格雷科不止一次地告诉我,他是在五年级时辍学的;我想这不仅是他肯定自己在未继续接受学校教育的条件下做得多好的方式,也是在和我的生活进行对比。他教导我不要走他的老路。

显然,讲故事早于人们著述或读书,格雷科一直分享、精心讲述的故事后来被我称之为一种叙事(narratives)。故事有开始、中间环节和结尾,穿插着戏剧性的线索,有时会穿插一个笑话来释放紧张的情绪。解释乌合之众如何或为什么干掉那些坏人或告密者,这需要很多才智:所有的故事情节都要顺畅地连起来,并令人信服。这些故事,很可能是转述或再述的,似乎不知从哪里冒出来的,发生于过去不确定的时间、地点。故事的时间或地点是不是真的没有关系。我听说格雷科曾因卖给我爷爷奶奶太多糖而在第二次世界大战期间被关进监狱,但我每次问他或问我的家人时,他们都只会哈哈大笑。这个笑话是戏弄我的。格雷科还会讲一些每个他熟悉的牧师的虚伪

244

301

故事来逗我,这些牧师开着高级的黑色凯迪拉克,还从穷人那偷钱。他还会引用诗文来证明他的观点——牧师是镇上最为轰动的艺术家。然后他会哈哈大笑。我在服务单一的大众(single mass)之前曾辞去祭台侍童的工作,格雷科并没有反对。

因为格雷科是一个反神职的意大利人,所以在这个到处是虔诚教徒,或至少是人人去天主教堂的镇子上,他总是有点与众不同,是邻里的一个局外人。这也解释了他为什么没出现在那张"非毕业生聚会"照片上的原因。杜里埃有意大利人,但并不多;格雷科来自旧福奇(Old Forge),那里有很多意大利人。我们里斯家族来自威尔士(Wales),1958年的那张照片上的其他人大都是斯拉夫人的后裔,和我外祖父母一样来自东欧或中欧。

格雷科告诉我要认真对待学业,并尽可能地远离杜里埃。他对那个在当地天主教学院里教书的姐姐尤为感到骄傲。这使她与众不同。但是作为当地公立学校的一名学生,我实在不大明白,学习是为了什么,虽然学习似乎是走出镇子的可能性保证。向那些父母上过大学或读过研究生的人解释工人阶级对学校的态度是不容易的,这些人的父母希望他们的孩子上升到上层阶级。工人阶级父母知道教育具有经济价值,但他们不知道除了能做教师或护士这样的好处外,去上大学实际意味着什么。这些工作无疑都是轻松、干净、有保障、安全的。他们知道学校是防止非毕业生的下一代滑入深渊的保障。宾夕法尼亚州的东北部是一片坑坑洼洼的大地,有废弃的矿井、丰富的露天矿,以及数不胜数的很快就要关门的工厂。

1958年拍摄的这张照片上的人不是反对经济制度的激进分子,我认识的大多数工薪阶层成年人都以不同的方式表达过学校对年轻人的矛盾性。我们家很多亲戚认为,学习太多会使人不会做实践操作性工作,如移动冰箱,修汽车,或给新的人行道铺混凝土。他们嘲笑那些身居要职的成功人士为"大咖"(big shots),这种贬低词汇常常用在那些分发赞助的政治人物身上。我父母双方家庭里没有一个"大咖",我父母、姑姨和叔舅大都在工厂上班。任何显眼的人都是自找嘲弄,我常常听到"所有冒出来的钉子都被钉下去了"这样的话。甚至连去上大学都会引起反对。成年人强调上大学并不会使你产生优越性,而且围绕在我身边的父母双方家庭里的天主教徒们也警告说,上大学会摧毁你的信仰以及你和家庭、所在地的关系,上大学会让你变得"自大"。工人阶级的父母希望他们的儿子(常常还有他们的女儿)取得成功,但这通常只是意味着参军或接受更多的学校教育,不管好坏。但学校并不是一个纯粹的好地方。

照片上我认识的人都曾为自己的身份感到骄傲过。在未接受过正规教育的条件下,他们用自己的方式创造了生活,这是光荣的。但他们取笑学校则反映了他们的情感冲突。每年都会有新一轮的毕业班照、同学聚会照刊登在《皮茨顿报道》上,提醒着他们未曾获得的事物。在嘲弄毕业时的仪式和喧闹中——旗帜和横幅,文凭和标记——他们承认了学业的成功越来越重要。世界在超越他们。

甚至在我还不知道"非毕业生聚会"的相关事情前,我就感受到他们对学校的复杂感情。我仍将世界分为参加高中同学聚会和未参加高中同学聚会的两类人;我想象不出自己会参加高中同学聚会。我最近发现了一张我的毕业照,我在1956年就近注册进入以伍德罗·威尔逊(Woodrow Wilson)命名的公立小学。上课时,男生站在左边,女生站在右边。我戴着黑色帽子,穿着黑色长袍,站在神圣的红心教堂台阶的前排(Sacred Heart Church,由于某些原因,教堂并不是位于威尔逊学校前面)。我拿着一个横幅,上面写着"要仁慈"。我皱着的眉头显得不协调。或许华兹华斯(Wordsworth)[①]会理解我感觉到被从监狱里拉出来的阴影。

学校不是人们思考的地方,而是做事的场所。年复一年,学校是一个从九月到六月初儿童待着的地方。幼儿园毕业后,我曾在威尔逊公立小学待了几年。大体来说,我还记得几个朋友、课间休息活动、打翻牛奶的状况、木制的建筑和一个消防设备。学校像个丑陋的大盒子,我知道的教师都是未婚女性,大都是爱尔兰姓,我记得有麦克黑尔小姐(Miss McHale)、麦克洛克林小姐(Miss McLaughlin)和吉尔胡利小姐(Miss Gilhooley)。到初中时,杜里埃和附近的几个学区进行合并。这时候,正式地将"绵羊"和"山羊"进行分流(又一个我在研究生院学到的词汇)。那些要去学习课程难度高的学生被分到7-1班,学习课程难度低的学生按顺序分到7-2至7-4班。如何

[①] 威廉·华兹华斯(William Wordsworth, 1770—1850),英国浪漫主义诗人。作者威廉·J. 里斯的原文与华兹华斯在《颂诗:不朽的暗示》(Ode: Intimations of Immortality)中写的" Shades of the Prison-house Begin to Close..."相似。——译者注

对学生进行选择是个谜,我当时被分到7-2班,后来到8-1班,再后来我又到了9-2班,这在一些人看来我又下降了。很多人跨越了这个分界线建立了友谊,然而,大学的界限通常都会使人形成小圈子,与那些在学业上处于边缘地位的群体区分开来。

我们的学校系统在我读高中期间和皮茨顿合并,形成了更大的学区,但没人关注教育质量改善的问题。在未告诉我父母的情况下,我在十年级时从"大学预科"班调至"职业教育"班,因为我莫名地觉得自己不会去读大学。尽管我对自己期望不高,但我在当时还被选为班长,并轻松地取得全"A"的成绩。当我第一次将第一名成绩报告单带回家,以显示自己的学习变化时,我的父母才得知我自愿转班的消息。他们强迫我参加暑期学校,学习"代数Ⅱ"和"西班牙语Ⅱ",以争取回到大学预科班。我们班大部分同学作出过这样的尝试,但都未能如愿。回想起来,接触过那些失利的人和那些常常被认为天生是不可教的人,这提醒了我,人是具有多样性的,而教育机构则具有残酷性。在幼儿园的皱眉照反映出我对学校的模糊理解,这种感觉挥之不去,而且常常会得到强化。一些大学反映出来的傲慢势力对那些未能读大学的人来说是明显的,其实也没什么好去恃才傲物的。观看并观察这些现象远比我花时间读书更有益,因为以后会有充足的时间来读书。

校外的经历对塑造我的世界观来说一直是至关重要的,这些经历也毫无疑问地体现在我教过的每堂课上和书写的字里行间。放学后我继续工作,暑假时在格雷科那里工作。我还在许多其他工作岗位上干过,比如我曾在镇子的垃圾车上工作过。我是"装顶盖人员"(topper),像其他高中生一样站在车顶,其他人员把人们丢弃的罐头和塑料袋扔到我脚边;我负责最大限度地利用空间,来看看我能将垃圾堆得多高。在快餐店的工作也使我从一小笔工资中得到了零花钱。无论是垃圾车上的劳动还是快餐店里的工作,都像许多其他低微的工作一样,员工们都会讲故事(大多是彼此开玩笑),使日子没那么难熬。

我不断了解到人们日复一日地做着必要的工作,却没有很多的报酬或荣耀。对许多人来说,工作领域和学校一样,有很多死角。垃圾车上的一位主力员工戴着三块手表,而且总有像我这样的同事问他时间。他的手表没有一个是正常的。他在撸袖子时面无声色,而其他人则会哈哈大笑。我不知道他到底是不是在搞笑。他在自己的漫步者汽车篷上安装了喇叭,在主街上行驶时他会大声地播放音乐,我猜那是他自己在喝倒彩(Bronx Cheer)的音乐。这很搞笑,惹怒了很多人,但更多人是被惹得哈哈大笑。

> **对我影响很大的著作(按出版时间排序)**
>
> Merle Curti, *The Social Ideas of American Educators* (New York: C. Scribner's Sons, 1935).
>
> Lawrence A. Cremin, *The Transformation of the School: Progressivism in American Education, 1876-1958* (New York: Alfred A. Knopf, 1961).
>
> Michael B. Katz, *The Irony of Early School Reform: Educational Innovation in Mid-Nineteenth Century Massachusetts* (Cambridge: Harvard University Press, 1968).
>
> David P. Thelen, *The New Citizenship: Origins of Progressivism in Wisconsin, 1885-1900* (Columbia: The University of Missouri Press, 1972).

我在高中时赚了一些钱,更重要的是,我还因为在老兵葬礼上演奏哀乐逃过课。学习吹小号有很多好处。我和朋友罗伯特·普罗耶托(Robert Proietto)轮流演奏,一人在坟墓附近演奏哀乐,另一个人在远处重复。大多数老师会把他的名字错念成普里耶塔(Pryetta)。我们的三角学(trigonometry)老师在看过一场之后就知道了这个骗局,并给我们起了一个绰号,叫"来回嘟嘟声"(tootsand return)。海外退伍军人协会(VFW)[①]和美国退伍军人协会的成员打电话给我们校长要求我们去服务,看来他们还挺满意的,还不断邀请我们。大多数的葬礼是为年迈的老人(意指他们已经老到做我们父母的年龄)举行的。至20世纪60年代末时,越南战争导致的死者往往更年轻。有一天,在寒冷的斯克兰顿,我在墓地附近演奏哀乐时,一个年轻的新娘开始难以自持地号啕大哭并跑过去抱着棺材。当时在下着雪还有冰雹,我的小号阀门都冻住了,不过我也找到了逃学的更好方式。

那个令人不安的场景并不是导致我顿悟成为一名历史学家的原因。但它的确使我好奇的是,从现有的最深层次上来说,究竟是什么将我置于历史领域?我们在那个狂风四起的不幸日子里为什么会出现在那儿?有时候我觉得自己迷恋上了思考历史的根源,好奇事情缘何至此,这已经深深地烙进了我的意识之中。

[①] 全称为 Veterans of Foreign Wars。——译者注

我并不知道自己会成为一名历史学者或大学教授,在我高中的岁月里,我非常好奇那些可以学得好做得好的学生。我不理解他们的行为,也不理解我自己的着迷。我学得少,成绩常常是 A、B,而且发现那些成绩好的学生很担心自己的成绩。同伴文化(peer cultures)非常恶毒,取笑"马屁精"和成绩好的学生在皮茨顿地区高中(Pittston Area High School)很流行,尤其是女生一马当先。甚为奇怪的是,鉴于我的犬儒主义和往往滑稽的行为,我没有取笑过学业成绩好的人。反倒是我的朋友常常这么做。我知道成年人也很擅长贬低他人。高二时,我们参加了学术能力评估测试(SAT)①,一位指导老师打断了正在进行的拉丁语课,开始发成绩单。他在把成绩单发给我一个朋友时扔到地上,说"我估计你没打算过上大学吧"。我取得了比平时标准化测试更好的成绩,没有遭到嘲笑。我比我上过的任何课都要清楚地记得那天发生的事情。激发那些不爱学习的学生去热爱学习本就不易,尤其是一些成年人竟然还这样做。

跟我同时代的许多社会史学者都受到民权运动或 20 世纪 60 年代众多社会运动的重大影响,但这些运动对我的教育经历来说影响甚小。我仅仅从成年人抱怨那些最为变革性的变化里间接地受到影响。工人阶级为主的宾夕法尼亚州不是一个激进主义的温床,而是一个遍布基层政治、种族对立、工业经济衰退、爱国主义的地方。从小生活于此教会了我讲故事的艺术和幽默的重要性,以及对工人的尊重。由于不同的原因(不包含 20 世纪 60 年代的激进因素),我对权威产生了怀疑,并孕育了我长时间以来对教育机构的矛盾性观点。

多亏了有电视,到高中时我才知道民权运动和反战抗议。因为杜里埃人都是白人,所以种族融合是一个抽象的问题,大多数住在威尔克斯-巴里和斯克兰顿外的也是白人。越南战争也不是高中日常关注的问题,除非有人要去应征入伍或认识在服役的人。但凡越南战争话题在学校或家里出现时,大人们很快就会去谴责嬉皮士和留长发的人,尽管我们身边没有这样的人。记得当时有位女同学在学习期间请求老师去倒水喝时,老师大声说道,"为了那些待在越南的士兵,别去喝水了"。我当时在想,这个从未笑过的女

---

① 全称为 Scholastic Assessment Test。——译者注

士在说些什么呢？

在十一年级的英语课上，越南战争问题以更为私人和奇怪的方式成为紧张交流的根源。我们有个从小学一起读上来的男同学，他在学业上的困难程度比大多数人都要高；事实上，他年复一年地坐在教室后面的角落里，从不说话，不惹是生非，也从未被提过名字。他只是在上课铃响的时候和我们一起坐在那里。有一天，他没有再出现。有人问我们班的老师费伊小姐（Miss Fahey，注意姓和婚姻状况）他去哪儿了。费伊小姐简单地回了一句："他应征入伍了。"坐在我身后的家境优渥的约翰·威廉斯（John Williams）在我耳边低语道，"我们完蛋了"。我们之前了解到那个男生在五年级时就刮胡子，现在已经21岁的他从法律上来说不得不离开中学了。同年晚些时间，《皮茨顿报道》上刊出他的照片，并附文：他被派到越南当厨师了。我简直不敢相信这则新闻。他得以生还归来，至少还有两个我知道的杜里埃人没能回来。

成年人似乎完全反对"越南战争是错的"这个看法。但凡在皮茨顿地区高中出现反战情绪——学校加强着装规定，教师会扇出格的男生耳光（少数情况下还会拳打脚踢）——这种情绪都会被碾碎。在学校外面，成年人会冲着那些站在主街一角理发的蓄长发的年轻人大呼小叫。当然，在"非毕业生聚会"上的人似乎非常团结一致。"我的国家，对或错"本来也可以挂到"非毕业生聚会"的横幅上而不会不合适。

我对其他塑造美国的重大事件的了解也很模糊，且大都觉得不大了解这些事件。我更多地思考，如何从现有的世界中脱离出来，去一个更好的地方。高中生活令人窒息。每个人都担心其他人的看法，花费大量的精力去担心自己在班内外被嘲笑。有一些年龄较大的恶棍应该去适合他们的其他机构，他们在健身房里欺负弱小的男生，因为害怕报复，没人敢提出抗议。当别人被打时，最好是管好自己的事，

对我影响很大的著作(按出版时间排序)(续)

David B. Tyack, *The One Best System: A History of American Urban Education*（Cambridge：Harvard University Press, 1974.）

Carl F. Kaestle, *Pillars of the Republic: Common Schools and American Society, 1780－1860*（New York：Hill and Wang, 1983）.

James D. Anderson, *The Education of Blacks in the South, 1860－1935*（Chapel Hill：The University of North Carolina Press, 1988）.

并视而不见。父母们不想听说男孩子不能照顾好他们自己。

如果说当时我不大了解的重大社会问题对我的直接影响甚微的话，那么书本也一样未对我产生多大的影响。这在我申请大学时并未起到什么作用，我在转回到大学预科班后不断意识到，大学可能是一个逃脱的路径。我的学术准备非常差。家里的家庭"图书馆"只有一本字典和每周购买的《金色百科全书》(Golden Book Encyclopedia)，该书在旧福奇的 A＆P 店里购买，按 A 到 Z 的字母编排。后来一个旅行推销员给我们带来了一本较为复杂的百科全书，带有较少的图片。除了漫画书（偶尔还有"经典漫画"）外，学校里发的教科书，以及理发店里的《读者文摘》(Reader's Digest)（以及一些所谓的男性杂志），就是我的文化知识程度。

因为家里人除了知道大学可以不用去做低薪的工厂工作外，并不了解大学是什么，我也不知道一个人可以同时申请一个以上的大学。我有一个长期交往的女友，我也只申请了一所当地大学并且遭拒。高三那年冬天，我偶然和乐队伙伴提及申请大学被拒的事情。他问我高中毕业后打算做什么时，因为我被大学拒了，所以就回道，"找一份工作"。当他问我为什么不去上大学时（他父亲是一位指导老师，所以他对世界的理解与我不同），我告诉他我已经被威尔克斯学院(Wilkes College)拒绝了，但他对我说："我认识很多比你笨的人都去上大学了。"我只能说，"但他们都被其他大学接受了呀"。几天后，我们班对讲机里大声地喊我名字，让我去校长办公室。我以为是自己做错了什么事，要受到惩罚了。但到了之后我才知道，学校的指导老师，即我朋友的父亲，他的办公室也在校长办公室套间里。他告诉我他下周六安排会见一位招生面试官，讨论我申请大学遭拒的事情。他告诉我一定要穿一件外套，戴上领带，这让我觉得有关照之意(patronizing)，尽管当时我还不知道这个词，但我知道他本意是好的。我必须配合好这场戏。

我所接受的教育和对生活的观察等每件事似乎都跟关照相关，进入大学似乎也是如此。我在杜里埃认识的每个人都嘲笑"最好的人会赢"或"美德可以征服一切"这样的想法。在叙述别人怎么找工作时，我父母就会说是某某人"拉"了一把或认识某人。我能为格雷科工作是因为我认识他。我的老师们（他们似乎都是爱尔兰人）曾在詹姆斯·乔伊斯(James Joyce)担任督学多年的系统里工作。托马斯·凯利(Thomas Kelly)是高中校长，约翰·多诺万(John Donovan)担任副校长。到处都是爱尔兰人。他们的简历肯定特别,因为他们常常能升至高层。或者像我听说的那样,他们有人"拉"了他们一把。我在杜里埃垃圾车上的临时工作,毫无疑问,是因为有人替我美言了几句,这个人可能是当地的市政议员,一个"津巴布韦人"("Zimbo")。如今,我朋友的父亲已经打电话给教务主任或某个官员,使我得以获得第二次被大学录取的机会。所有这些关于世界是如何运行的,它的运行模式及其变幻莫测方面的经验教训,使我在不知道的情况下成为社会史学者。

我不喜欢周六上午见到的那个威尔克斯学院官员。他似乎天生就是从大学校园中走出来的,穿着一件呢大衣,叼着烟嘴。他像是一个从老电影中走出来的人物。我坐在一个宽大的沙发上,很不自在地穿着外套,打着领带。那个官员很冷漠,我和他几乎没有眼神交流,他将烟圈吐出褪色的玻璃窗外,显然对周六上午待在那里很生气。会面后,我获得了威尔克斯学院的考察期,要求参加暑期学校,两门课程至少取得一个 B 的成绩,这样就可以获得录取,并一雪前耻。我学得很艰辛,但结果还不错。其中一位教授在他的课程结束时向那位招生官员写了一封讨厌的信:他斥责招生官员在我本应该去工作赚钱支付秋季学费时让我参加暑期学校。他给我看那封信时我很震惊。这两个男人之间显然有一些历史矛盾。

尽管在威尔克斯学院的录取上有些尴尬,但从我 1969 年进入学院后,它改变了我的生活,使我得以获得进入研究生院所必需的技能,并走上我毕生追逐的事业。事实上,我没有收到过录取通知书,但学费单却准时寄到了我手上。在威尔克斯学院,我在世界文学课(主要是欧洲文学和美国文学)上大开眼界,这对我来说具有变革性的意义:我们阅读经典,从《贝奥武夫》(*Beowulf*)[①]到欧洲的存在主义,后者对我的影响与其他文学大不相同。西方文学方面的必修课程打开了我看待过去的双眼,我很好奇作者们为什么要写下他们在什么时候做了什么。

1969 年和 1970 年,历史没有死,反而在我们周围活着。那些曾被沃尔特·克朗凯特(Walter Cronkite)采访,或被新闻报纸上引用的所谓的领导和决策者,即手握大权的长者,他们的作为导致斯克兰顿已经出现不止一个寡

250

---

① 《贝奥武夫》,或译为《贝奥武甫》,描述了来自斯堪的纳维亚的贝奥武夫的英勇事迹。——译者注

妇,他们用我的小号声安慰世界,让我一个同学在丛林里端盘子。历史是私人的,就像在煤矿中慢慢展现出来的。美国当时处在战争之中,但我应征的可能性不大,我学到的一切都有关联性。由于我很好奇每件事缘何至此,所以在大三时就主修了历史专业。我有一个来自杜里埃的、和我有政治关系往来的朋友,叫敦敦(Dom Dom);他是一个聪明、善良的人。1972年夏天,艾格尼丝飓风横扫怀俄明河谷(Wyoming Valley)以及杜里埃较低地区之后,敦敦帮我搞定了一份报酬不错的工作,使我得以支付得起大学费用。我当时刚被一家快餐连锁店解雇,丢了暑假工作,私下了解是因为经理听说我支持工会。我的确支持工会。我打算团结任何事物的想法是荒谬的。但随后敦敦出现了,像很多关照者一样,把我解救出来。

我很幸运在威尔克斯学院就读期间遇到了一流的教师。其中两个较为突出的教师是:教美国史的詹姆斯·雷德克科[James Rodechko,我在他的课上学习了社会和思想史,并读了默尔·柯蒂(Merle Curti)的《美国思想发展史》(The Growth of American Thought)[1]]以及教英国史和现代欧洲早期史的乔尔·贝拉茨基[Joel Berlatsky,我在他的课上第一次读让-雅克·卢梭(Jean-Jacques Rousseau)和浪漫主义的著作]。我仔细观察他们,希望发现他们是如何知道这么多,让学习变得那么具有挑战性且令人愉悦的。我在大学里再没遇到过比他们更好的老师。他们总会有时间给那些渴望学习的人答疑解惑,他们还纠正了我糟糕的写作并鼓励我。我获得了教中等学校社会课程的证书,在一所农村学校——莱克-雷曼完全中学(Lake-Lehman Junior Senior High School)——实习,这段教学实习经历很愉快,也很难忘。起初,我是不想实习的,即便是我告诉父亲我打算去读研究生,他还是希望我做点实践性的事情。我很高兴我当时接受了他的建议。我教七、九、十一年级的学术班和职业班的历史和社会课程。指导教师很快放手让我自己去掌控班级,这增强了我的信心。整个教学经历一发不可收拾地确定了我对教学的热爱。

从威尔克斯学院毕业后,我在之前读过的高中找到一份工作——这里的教学往往是为了拿佣金——不过我想离开。我曾在大学毕业晚会上受邀

---

[1] Merle Curti, *The Growth of American Thought* (New York: Harper & Brothers, 1943).

得到一份工作,但被我礼貌性地拒绝了。可恶的工作薪资制度仍在宾夕法尼亚州东北部的不同地区存在,不少学校董事会成员和督学都已经完善了裙带关系和腐败的技艺。他们会定期地被抓进监狱。最近联邦调查局通过"刺探"(FBI sting)①把皮茨顿地区的督学投进了监狱,这位督学住在杜里埃,涉嫌当地一系列丑闻。这样的丑闻似乎也没有尽头。几年前在被问到为什么竞选校董事会成员时,我听到一位我敬佩的人答道:"为什么那些人该得到所有的好处!"教育史学家往往会忘记,在学校的众多的功能中,它还总关乎工作;在我长大的地方,学校还总涉及一些没有投标的合约。

在我读过的高中任教没有任何吸引力。尽管工作本身就是为了工资,但仅仅为了工资而工作令我恼火。我知道自己对历史了解甚少,希望通过研究生院能把自己带出这个公开腐败和经济一直低迷的地方。1973年我毕业时,威尔克斯学院的教授并不建议我做学术研究工作,他们说历史学者的市场已经坍塌。但我想我必须抓住机会。雷德克科曾在俄亥俄州的博林格林州立大学(Bowling Green State University)任教过,因此他写的推荐信促使我被录取攻读历史学硕士并获得资助。我再次感觉到,一个人认识谁和他知道什么一样重要。我很幸运地遇到了恰当的老师和导师。我有时会告诉本科生,"认真地挑选你的父母",来促使他们思考美国的社会阶层和流动性。选择你人生中的贵人同样也很重要。

研究生院是一个培养学生成为专家的地方,相较通识知识,它更强调专业知识。鉴于我常常着迷于学校发生了什么,并在威尔克斯学院发现了学习的激情,我跌跌撞撞地走进了教育史领域。主修历史并成为一名合格的教师或许使我作出的选择易于解释,但博林格林州立大学的许多导师主要关注事情的结果是怎样的。我的导师戴维·罗勒(David Roller)是研究进步主义时代的专家。我在该写硕士论文的时候还不确定研究什么。当时我在五大湖-俄亥俄州西北部研究中心(Great Lakes-Northwest Ohio Research Center)担任研究助理,该中心档案管理员保罗·约恩(Paul Yon)建议我去看看最近获得的关于托莱多公立学校系统(Toledo public school system)的档案材料。其中包括学校董事会纪要等材料。鉴于我对教育和历史感兴

---

① "刺探"是联邦调查局的反腐绝招,"sting"原意为"刺痛",有时会更为形象地音译为"死叮"。——译者注

趣,我的硕士论文是围绕19世纪90年代至第一次世界大战期间的城市学校撰写的。我旁听了一门由教育学院一位优秀的教师马尔科姆·坎贝尔(Malcolm Campbell)教的课,并发现该领域里一些不错的书。我读了劳伦斯·A. 克雷明(Lawrence A. Cremin)的《学校的变革:美国教育中的进步主义(1876—1957)》,迈克尔·B. 卡茨(Michael B. Katz)的《早期学校改革的讽刺:19世纪中叶马萨诸塞州的教育创新》,乔尔·斯普林(Joel Spring)的《教育和公司国家的崛起》(Education and the Rise of the Corporate State)以及卡尔·F. 克斯特尔(Carl F. Kaestle)的《城市学校制度的演进:1750—1850年的纽约》。① 一读这些书,我就入迷了。

在罗勒关于20世纪早期史的研讨班上,我们阅读了当时关于进步主义改革的经典作品(其中一些我仍然还会在上课时要求学生阅读)。在较新的书中,戴维·西伦(David Thelen)关于威斯康星州的进步主义的著作《新公民:威斯康星州进步主义的起源(1885—1900)》(The New Citizenship: Origins of Progressivism in Wisconsin, 1885–1900)对我思考问题产生了重大的影响。② 我决定申请哥伦比亚的密苏里大学,跟他学习,结果被录取了。D. 西伦是一位有魅力的教师,他向我强调州历史和地方史的重要性,我从中学到了很多研究经验。他不仅对进步主义改革有一套自己的看法,同时还写了很多关于学校的文章。后来我在印第安纳大学伯明顿分校任教时,D. 西伦成为我的同事,他还提醒我说他曾在威斯康星大学读研究生时担任教育史课程的助教。这门课由梅尔·博罗曼(Merle Borrowman)任教,他显然也是一个很有魅力的人。

密苏里大学的研究生们对一直以来的资助问题大为不满,我也对当时不确定的状况不大开心,因此决定离开。我给威斯康星大学的克斯特尔写了一封信,并收到了他友好的回信,得知自己被教育政策研究系录取为研究生。

---

① Lawrence A. Cremin, *The Transformation of the School: Progressivism in American Education, 1876–1958* (New York: Alfred A. Knopf, 1961); Michael B. Katz, *The Irony of Early School Reform: Educational Innovation in Mid-Nineteenth Century Massachusetts* (Cambridge: Harvard University Press, 1968); Joel H. Spring, *Education and the Rise of the Corporate State* (Boston: Beacon Press, 1972); and Carl F. Kaestle, *The Evolution of an Urban School System: New York City, 1750–1850* (Cambridge: Harvard University Press, 1973).

② David P. Thelen, *The New Citizenship: Origins of Progressivism in Wisconsin, 1885–1900* (Columbia: The University of Missouri Press, 1972).

讲故事与历史

历史学者的培养目的是寻找历史的发展规律,所以我们都知道机遇——以及家庭、人际关系和制度环境——在我们的生活中起着巨大的作用。跟随克斯特尔学习是我的荣幸。他已经是一个冉冉升起的明星,一个模范导师,他善良、体贴且喜欢鼓励人。在一个研讨班上,我们对19世纪的教育史进行了比较研究,我写了一篇关于英国和美国的欧文主义者的文章。鉴于就业市场竞争的激烈性,我和约翰·L. 鲁里(John L. Rury)等同学得知自己有幸留在威斯康星大学。克斯特尔是一个迷人的、具有激发性的教师,但我觉得研究生院很可怕,这与他不无关系。我们其中的几个人曾好奇我们一直以来是如何写好、思考好并说好的。我在克斯特尔撰写《共和国的脊梁:公立学校和美国社会(1780—1860)》①时曾是他研究助理中的一员。在威斯康星大学,我还跟许多其他重要的学者学习过,如于尔根·赫布斯特(Jurgen Herbst)、迈克尔·阿普尔(Michael Apple)和赫伯特·克里巴德(Herbert Kliebard)。爱德华·克鲁格(Edward Krug)虽然在当时已经退休,但常常还会待在办公室并和我们讨论历史话题;克里巴德也总是有时间与你探讨历史,即使对不是他指导的学生也是如此。随着我对克里巴德了解的深入,我意识到一般家境的人也可以成为教授,而且我发现他是一个非常杰出的人。

在威斯康星大学的博士研究生学习期间,让我印象最为深刻的是,这些老师不会向我们强加自己的观点。师生之间有一个良好的交流意识,尊重与其有历史联系的学术自由精神。克斯特尔等人让我们勇敢尝试新的想法,而不会让我们觉得自己愚蠢。他们知道何时让学生畅所欲言,何时指导我们收获较为丰富的成果。20世纪70年代中期,激进的修正主义者从反面来看待克雷明等人的自由主义解释。但在威斯康星大学,从来没有人告诉我去思考什么。老师们知道,如卡尔·贝克尔(Carl Becker)所说,每一代人都在撰写自己的历史。他们所要求的是,我们开展仔细的研究,撰写清晰的文章,以及拥有从书面和口头上捍卫一个观点的能力。

基于我的硕士论文和受到新社会史激发的基础上,我在D. 西伦和克斯特尔的帮助指导下,撰写了一篇进步主义时代草根运动和城市学校的学位

---

① Carl F. Kaestle, *Pillars of the Republic: Common Schools and American Society, 1780-1860* (New York: Hill and Wang, 1983).

论文。这篇论文受到使教育史领域充满生气的劳工史、妇女史、以及正在进行的各种修正主义争论思考的影响。1979年秋，我申请了几十个教学职位并得到一次来自特拉华大学（University of Delaware）的面试，最后获得录用。我在纽瓦克任教了一年，也很喜欢那里，但我又申请了位于伯明顿的印第安纳大学教育学院提供的一个职位，并在1981—1995年任教于此。在这里，我遇到了最棒的同事，尤其是B. 爱德华·麦克莱伦（B. Edward McClellan）。他是一个绅士和学者结合的典型，他花费了大量的时间帮助我理解印第安纳大学的习俗以及处理生活中难以避免的不顺。我有幸在美国研究和历史这两个系获得职位，并爱上这种跨学科环境，这种环境使我有机会结交诸如宗教研究的罗伯特·奥里斯（Robert Orsi），以及教育学院内外的许多人（在此不一一提及），并成为好朋友。

1986年，我修改了自己的学位论文出版，并开始研究高中的起源，回应当前人们关心的美国中等学校的状况，后在1995年出版了一本书。[①] 在印第安纳大学任教期间，我还担任《教育史季刊》的编辑，这使我得以广泛地阅读教育史领域的研究。我在印第安纳大学得以跨三个系教学，这是一段无法比拟的经历。

1995年，我回到母校威斯康星大学麦迪逊分校。我教授本科生和研究生的教育史课程，这两门课在教育政策研究系和历史系交叉进行。我还专门在历史系开设了一门"从平民主义（Populism）到新政（New Deal）的改革运动"研讨班课程。此外，我还写了几本书，并与鲁里合编了一本书以纪念克斯特尔。[②] 所有感兴趣的人都能轻松地找到我和众多同行们的观点意见。

任何学术领域的学者大都是通过他的劳动成果为人所知的：文章或专著。我在这篇文章中少有提及我写过什么，以及写作的原因。我主要关注的是，为什么自己会成为一个历史学者，尽力地重构那条指引我学习研究教育史的难以预料的道路。

显然，学校在我获得教师的技能和知识，成为教育政策研究系的一名学

[①] William J. Reese, *Power and the Promise of School Reform: Grassroots Movements during the Progressive Era* (Boston: Routledge & Kegan Paul, 1986); *The Origins of the American High School* (New Haven: Yale University Press, 1995).

[②] William J. Reese and John R. Rury, eds., *Rethinking the History of American Education* (New York: Palgrave Macmillan, 2008).

生,以及成为一名历史学者中发挥着重要的作用。但是华兹华斯说得对:三岁看到老。我得以成为一名教师和历史学者,是源于那些先于书本和学校的、对我产生重要影响的经验:关于"非毕业生聚会"的家庭争吵,"非毕业生聚会"的意义;格雷科讲的故事;关于谁在威尔逊公立小学获得工作,以及我是如何在被大学拒绝后再被录取的记忆;我的大学老师和导师。我很感激学校为我做的一切,但我从小在宾夕法尼亚州东北部成长的校外经历则塑造了我随后生活的方方面面。从很多方面来说,我从未离开过家。

探寻一部社会和城市教育史

> 约翰·L. 鲁里
> (John L. Rury)

英国历史学家和哲学家R. G. 科林伍德(R. G. Collingwood)曾说过,传记不应该被视为历史的一个分支,很大程度上是因为他认为传记主要是关于闲谈的事情,而非过去发生的较为重大的事件。他认为传记作者是从共情角度来写作的,即便有可能进行客观评价,也会导致难以开展批判性的评价。① 如果科林伍德藐视传记作为一种体裁的话,那么我们就很难想象他如何看待自传了,更别提像本文这种简短且具专业动机的写作了。带着这一警示性告诫,我在此概述自己的主要学术经历。本文详细叙述了那些影响我成为一名历史学者的事件和环境,当然,我也承认对这些过往的经历有一些偏爱,但我也不必夸耀。与此同时,我还描述了我不断变动的职业生涯上的一些曲折和转折点。正如约翰·杜威(John Dewey)提醒我们的,学习是生活的结果,因此学习不可避免地与生活环境相联系。本文可能会存在闲谈的事情,但撇开它们来说,文中的故事应该可以揭示教育史是如何从众多历史学者的思想和经验中诞生的。

纽约和威斯康星:影响深远的经验和教育

因为从小在纽约上州②长大,所以我一直很好奇自己距离大城市有多远。我也把教育看作是发展变化中的人类的基本活动。我从小就和众多"婴儿潮"同伴一样,被告知学校是重要的。学校还跟秩序和纪律有关,是实

---

① R. G. Collingwood, *The Principles of History and Other Writings* (Oxford: Oxford University Press, 1999), 69-75.
② 纽约上州,指远离大城市的纽约北部郊区。——译者注

现潜力的保障,这与有点混乱的家庭生活形成鲜明的对比。最终,这些兴趣使得我持续关注城市教育,并在一定程度上激发我认识到社会不平等,并将平等、民主作为基本原则。

我从小就喜欢历史,并受到父亲对军事战争兴趣的影响,历史一直是我在学校里最喜欢的科目。我在大学主修历史专业,并在历史学术研究与写作中被社会变革中的平等主义诉求深深吸引。教育作为集体经验的一个重要特点看起来是直观的,因此这对新社会史来说是一个值得讨论的话题。我去纽约读大学后发现,城市学校教育和社会不平等的关系是显而易见的,尤其是在我结交了在不同城市和郊区长大的朋友之后。这激发了我的好奇心。虽然我在本科课程中很少接触到中小学教育问题,但我开始在课程论文中涉及教育史的一些主题。这使我随即去阅读了理查德·霍夫施塔特(Richard Hofstadter)、默尔·柯蒂(Merle Curti)和劳伦斯·A.克雷明(Lawrence A. Cremin)等人的著作,因为我想知道教育史是不是一个可以考虑进行研究生学习的领域。

大学毕业似乎来得太快,事情也变得有趣起来。我并没有采纳家人的建议去学习法律,而是注册进入城市大学(City University)的修道院大街校区(Convent Ave campus),攻读"教育的社会基础"硕士学位。我只有部分时间在学

我作为教育史学者成长过程中的代表性著述

John L. Rury, "The New York African Free School, 1827 – 1836: Conflict over Community Control of Black Education," *Phylon* 44 (3rd Quarter, 1983): 187 – 197.

John Rury, " Urban Structure and School Participation: Immigrant Women in 1900," *Social Science History* 8 (Summer 1984): 219 – 241.

John L. Rury, *Education and Women's Work: Female Schooling and the Division of Labor in Urban America, 1870 – 1930* (Albany: State University of New York Press, 1991).

John L. Rury and Jeffrey E. Mirel, "The Political Economy of Urban Education," *Review of Research in Education* 22 (1997): 49 – 110.

John L. Rury, " Democracy's High School? Social Change and American Secondary Education in the Post-Conant Era," *American Educational Research Journal* 39 (Summer 2002): 307 – 336.

John L. Rury, " Social Capital and Secondary Schooling: Interurban Differences in American Teenage Enrollment Rates in 1950," *American Journal of Education* 110 (August 2004): 293 – 320.

John L. Rury, "The Curious Status of the History of Education: A Parallel Perspective," *History of Education Quarterly* 46 (Winter 2006): 271 – 298.

John L. Rury, *Education and Social Change: Contours in the History of American Schooling* (New York and London: Routledge, 2009).

校学习,每周开三四天的出租车,同时还要想明白自己要去做什么。学费不高,我遇到了很多有思想的历史学者,他们建议我,学术事业是值得考虑的。我也开始更加深入地探索美国教育史,并广泛阅读社会史。在弗雷德里克·宾德(Fredrick Binder)和罗伯特·通布利(Robert Twombly)的指导下,我撰写的学位论文是关于内战前纽约的黑人教育,这涉及许多子领域,如非裔美国人和城市历史等。我也发现威斯康星大学的一个年轻历史学者也完成了一篇关于纽约早期中小学教育的论文(和一本书),这个人就是卡尔·F.克斯特尔(Carl F. Kaestle)。[1] 通布利曾在威斯康星大学接受过教育,他和宾德都鼓励我考虑去威斯康星大学攻读博士学位。我有看过其他博士项目,但最后还是选择在 1975 年 8 月离开纽约,前往麦迪逊。

这只是一个偶然的决定。我是第一批到威斯康星大学跟随克斯特尔做研究的学生,一年后又来了比尔·里斯(Bill Reese),当时克斯特尔正处于职业生涯中研究社会史的阶段。大家都在纷纷议论关于"新"城市史的研究,我在当时很快就沉浸在电脑卡和人口统计稿件中,以此进行 19 世纪城市中学校注册人数的基本数据研究。这标志着一个结合历史学、经济学、社会学和教育学的研究生课程学习的开始。我尤其对城市和经济史感兴趣,喜欢使用定量分析的方法来探讨犹如种族和社会阶层等因素对中小学教育的影响。这段时间也是"激进的修正主义"的鼎盛时期,迈克尔·B.卡茨(Michael B. Katz)、克莱伦斯·卡莱尔(Clarence Karier)和经济学家塞缪尔·鲍尔斯(Samuel Bowles)和赫伯特·金蒂斯(Herbert Gintis)等人,使该领域明显地向左转向。

我还成了一个校园积极分子,帮助组织抗议活动,反对大学投资那些在南非做生意的公司等。但我对修正主义的解释框架持怀疑态度,因为它看起来既不是特别激进的,在持续性研究上也不是特别有前途。相反,给我留下了深刻印象的是,其对影响教育发展的经济和社会力量,特别是城市化与劳动力市场的变化进行的"结构性"分析。克斯特尔正在和马里斯·A.维努韦斯基斯(Maris A. Vinovskis)完成对马萨诸塞州的研究,其他一些历史

---

[1] Carl F. Kaestle, *The Evolution of an Urban School System: New York City, 1750 – 1850* (Cambridge: Harvard University Press, 1973).

学家也在研究类似的问题。① 因此,我的研究集中在当时历史研究忽略的教育与经济、城市发展与群体经验的关系。我还想解决一个长期被忽视的主题,即我在学位论文中研究的进步主义时代的女性教育和工作,该研究得到短期存在的全国教育研究所的资助。

密歇根和俄亥俄:开启职业生涯

五年后,我离开麦迪逊,前往底特律,关于女性教育的学位论文仍然还在撰写中。当时即将成为我妻子的埃伦·肯尼迪(Ellen Kennedy),在底特律公立学校找到了一份工作。我在那里最终获得了学位,并在韦恩州立大学的历史系担任兼职讲师,进行教学。当时美国正处于艰难时期,由于严重的经济衰退而导致未来充满了不确定性,而且密歇根州像以往一样经济衰退最为严重。但韦恩州立大学历史系一直聘用我,直至我离开去俄亥俄州耶洛斯普林斯(Yellow Springs, Ohio)成为安蒂奥克学院(Antioch College)的一名助理历史教授,我在韦恩州立大学三年的各种课程教学中学会了很多。教学经验在我获得安蒂奥克学院聘用上起到了作用,但主要原因是我专门研究教育的背景,考虑到安蒂奥克学院的历史根源,学院一直对教育话题保持浓厚的兴趣。与具有创造性且热衷学习的学生一起工作很有趣,即便是每周要往返于我的妻子和家人居住的底特律。我也开始把学位论文的一些章节变成论文,并与一个年龄较大的学生合作研究第一批女子高等教育机构及其建校校长贺拉斯·曼(Horace Mann)。经过一年富有成果的研究后,我接受了距离安蒂奥克学院并不远的、位于哥伦布的俄亥俄州立大学的职位邀请,并进入另一个新的职业生涯阶段。

俄亥俄州立大学与安蒂奥克学院完全相反,它是一个大型的研究机构。我在教育学院任职,这是一个杰出的重视博士教育的专业学院。其教育史传统也较为悠久,这一点我很快就知道了。每个季度,我都负责一门教育史课程的大部分教学任务,负责一个从高等教育到教育政策方面的主题研讨

---

① Carl F. Kaestle and Maris A. Vinovskis, *Education and Social Change in Nineteenth-Century Massachusetts* (New York: Cambridge University Press, 1981).

> **影响我作为历史学者事业发展的著述**
>
> Carl F. Kaestle, *The Evolution of an Urban School System: New York City, 1750－1850* (Cambridge: Harvard University Press, 1973).
>
> Michael B. Katz, "Who Went to School?" *History of Education Quarterly* 12 (Autumn 1972): 432－454.
>
> Carl F. Kaestle and Maris A Vinovskis, *Education and Social Change in Nineteenth-Century Massachusetts* (New York: Cambridge University Press, 1980).
>
> Carl F. Kaestle, *Pillars of the Republic: Common Schools and American Society, 1780－1860* (New York: Hill and Wang, 1983).

班,并指导研究生助教。突然之间,我成为一个专家,即便我受到的研究生教育提供了坚实的基础,我之前的教学并未起到多大作用。幸运的是,我有支持我的同事,他们会宽容我偶尔的失误。我还和校内不同的院系建立联系,其中最值得一提的是,我与历史系的联系,从中我找到了对自己工作感兴趣的新同事和新学生。

我同时还遇到了其他挑战。我被以不成文的方式告知,发表文章是助理教授的一项应当优先考虑的事情。我开始将学位论文中的一些内容和其他各种各样的论文交付发表。结果,我在文章发表方面成果颇丰,我在量化分析和社会史方面的兴趣也得到不断发展。通过使用学位论文收集的城市层面的人口普查数据和个体层面的数据[主要来自综合公共使用微观数据库样本(Integrated Public Use Microdata Sample)],我在不同的文章中揭示世纪之交中小学招生的不同侧面。从研究生院的数据统计课程中,我又学到很多新技术,并逐渐对这方面的工作价值获得了信心。我也发表了一些其他方面的论文,比如有一篇使我获得一点恶名的是关于安蒂奥克学院早期历史的文章。① 历史学家应该著书,而我早期的职业生涯中的一个重要任务仍是从学位论文所做的工作中发表一些文章。那么问题就是,我需要对不同的章节进行拓展研究,并将其连贯成一个具有多面性的研究。这需要大量的时间,在底特律的家庭和哥伦布的初级教员工作之间的通勤生活使我难以完成这项工作。

1985 年,解决这个难题的时机来了。克斯特尔建议我去申请国家教育学院的斯宾塞基金会资助的项目,我很幸运地被列入第一批受资助研究人

---

① 这一时期的研究包括:"Gender, Salaries and Career: American Teachers, 1900－1910," *Issues in Education* 4 (Winter 1986): 215－235; "The Trouble with Coeducation: Mann and Women at Antioch, 1853-1860," *History of Education Quarterly* 26 (Winter 1986): 481－503.

员,这使我有一年的时间致力于研究和书稿写作。这些书稿最后成为我的第一本书《教育与妇女工作:美国城市女性的学业和劳动分工(1870—1930)》(Education and Women's Work: Female Schooling and the Division of Labor in Urban America, 1870-1930)[1]。它还使我成为密歇根大学和韦恩州立大学的访问学者,与家人一起住在底特律。这段时期的收获异常丰富,主要是因为我结交了许多好朋友,尤其是戴维·安格斯(Daivd Angus)和杰弗里·米雷尔(Jeffrey Mirel)。我们那年举行了一个非正式的研讨会,戴维·F. 拉巴里(David F. Labaree,当时正要来密歇根州立大学任教)和维努韦斯基斯(密歇根大学的历史系教师)也参加过。这对重新界定我的研究内容以及拓展我对很多问题的思考很有帮助。虽然当年年底还没有完成手稿,但我已经完成其所需的新研究的主要部分。但这本书的出版还要等到职业生涯的另一阶段,而这一阶段却发生了奇怪的转折。

芝加哥:城市的一幕

在我的资助结束后,考虑到不想再回到长距离的往返奔波生活,我和埃伦决定向西搬到芝加哥,她继续做她的双语教师,我在德保罗大学任教。德保罗大学聘用我在一个成年人项目任教,即新型学习学院(School for New Learning)。德保罗大学并不是一个研究型学校,新型学习学院也不是一个传统的学院,所以这是我职业生涯中的另一个巨大变化。德保罗大学是一所私立的天主教城市大学,历史上曾为芝加哥大都市提供服务,因法

影响我作为历史学者事业发展的著述(续)

Joel Perlmann, *Ethnic Differences: Schooling and Social Structure among the Irish, Italians, Jews, and Blacks in an American City, 1880-1935* (New York: Cambridge University Press, 1988).

Jeffrey Mirel, *The Rise and Fall of an Urban School System: Detroit, 1907-1981* (Ann Arbor: University of Michigan Press, 1993).

David F. Labaree, "Public Goods, Private Goods: The American Struggle over Educational Goals," *American Educational Research Journal* 34 (Spring 1997): 39-81.

Claudia Goldin and Lawrence F. Katz, "Human Capital and Social Capital: The Rise of Secondary Schooling in America, 1910-1940," *Journal of Interdisciplinary History* 29, Patterns of Social Capital: Stability and Change in Comparative Perspective: Part II (Spring 1999): 683-723.

---

[1] John L. Rury, *Education and Women's Work: Female Schooling and the Division of Labor in Urban America, 1870-1930* (Albany: SUNY Press, 1991).

律、商业、音乐和戏剧等专业项目而广为人知。新型学习学院是一个以能力为基础的学院，为24岁及以上的成年人开设课程，并记录学生成绩。学院的大部分学生都是女性，常常是在市中心或郊区的公司等商业领域工作。我是第一批新型学习学院的全职教员，和同事们一起在办公室工作，偶尔也在郊区教学。

德保罗大学非常重视教学，新型学习学院的班级规模小，成年学生的要求得到相当的关注。我在这几年里成为一名成熟的教师，学会回应学生们的广泛兴趣，同时还开设了许多社会史和基础研究方法的课程。我再次成为一名多面手教师，并从广泛阅读课程相关书籍的过程中学到很多。但我在研究方面的产出很慢，我花了好几年的时间才完成《教育与妇女工作：美国城市女性的学业和劳动分工（1870—1930）》[在芭芭拉·芬克尔斯坦（Barbara Finkelstein）的帮助和指导下]。与此同时，我获得当地基金会的资助，担任密尔沃基公立学校（Milwaukee Public Schools）研究的历史顾问。这个项目将我拉回到自己长期以来的城市史与城市学校的兴趣上，还需要和威斯康星大学密尔沃基分校（University of Wisconsin-Milwaukee）不同学科的教员们合作。该项目出版了一本反映城市教育史不同侧面的论文集，由我和威斯康星大学密尔沃基分校的历史学者弗兰克·卡斯尔（Frank Cassell）共同主编。① 最后，该项目以召开关于"密尔沃基公立学校的未来"会议的形式结尾，引起了全国的关注，并被称为改革的一个焦点。这些都令人感到兴奋，并使我确定了一个信念——城市教育话题值得更多的关注。

随后，我的学术生涯和个人生活又发生了转折。1992年，我被提名担任《美国教育研究》"社会与机构分析"栏目（Social and Institutional Analysis Section）的编辑，接替韦恩·J. 厄本（Wayne J. Urban）的职务。同时，我的婚姻也破裂了，埃伦和我达成共同监护的一致意见，因此我也成了单亲家长。结果，担任编辑和养育两个小男孩用掉了我大量的时间，并影响到了我的研究计划。我的确尝试探索过与北伊利诺伊大学（Northern Illinois University）米雷尔及其同事在芝加哥中小学研究方面进行合作的可能性。这个课题需要更多地沉浸到城市教育的文献资料及相关问题上。虽然这个研究未获得资助，我和米雷尔还是就这一主题合写了一篇加长版的评论性

---

① John L. Rury and Frank A. Cassell, eds., *Seeds of Crisis: Public Schooling in Milwaukee since 1920* (Madison: University of Wisconsin Press, 1993).

文章,我还写了一篇关于近来的城市教育史研究的文章,并作为教育史学会的主席演说。[1] 当然,米雷尔也发表了他那篇著名的关于底特律中小学校的研究,以及一些关于城市教育的短文。在与他合作的过程中,我也学到了很多。[2] 他和他的妻子芭芭拉(Barbara)在我面对离婚和作为单亲父亲的困境时给予了很大的帮助,芭芭拉还成为我在德保罗大学的同事。B. 里斯也是我的一个好朋友,他教我的两个儿子在印第安纳州的一个神奇的池塘里钓鱼,并一起分享印第安纳州人的民间传说,他自己的学术研究本身就是一个优秀的榜样。

在此期间,我的另一个主要课题就是德保罗大学史研究,来纪念它在1998年的百年诞辰。这个课题同样集结了不同学科的共同努力,我与社会学方面的同事查克·祖哈尔(Chuck Suchar)合作编著。[3] 我们两个合作编著口述史部分,我还和历史学研究生们一起对大学的年鉴和学生论文进行分析。通过这些努力出版的书主要是面向校友、学生和校内人员的,但同时为我深化拓展研究经验、恢复与高等教育史的联系提供了机会。高等教育史是我在威斯康星大学麦迪逊分校上于尔根·赫布斯特(Jurgen Herbst)的课时一直从事着的分支领域。

关于芝加哥和德保罗大学史的课题研究标志着在这个时期我浸入在丰富的城市史中。我教城市研究方面的课程,并侧重芝加哥,以实地考察城市中的不同场所为特色。德保罗大学史是一个关于城市高等教育史的研究,揭示了芝加哥教育史的多个方面。我开始逐渐熟悉了城市中充满活力的社会科学群体并参与到中小学校教育中去,尤其是在我被选入附近一所初中的地方顾问委员会(local council)之后。1997年,我在德保罗大学的教育学院获得了一个职位,在搬到德保罗大学的林肯公园校区时,我已准备好集中精力研究城市教育。我在《美国教育研究》的编辑工作也刚刚结束,并同时被选入教育史学会和美国教育研究协会 F 分会的全国办公室,但我希望自己可以回到一个持续的研究和写作项目上来。在德保罗大学教师研究经费

---

[1] John L. Rury and Jeffrey E. Mirel, "The Political Economy of Urban Education," *Review of Research in Education* 22 (1997): 49–110; John L. Rury, "Race, Space and the Politics of Chicago's Public Schools: Benjamin Willis and the Tragedy of Urban Education," *History of Education Quarterly* 39 (Summer 1999): 117–142.

[2] Jeffrey E. Mirel, *The Rise and Fall of an Urban School System: Detroit, 1907–1981* (Ann Arbor: University of Michigan Press, 1993).

[3] John L. Rury and Charles Suchar, eds., *DePaul University: Centennial Essays and Images* (Dubuque, IA: Kendall Hunt, 1998).

的资助下,我开始在我之前完成的工作的基础上收集战后城市教育的统计数据。我在回到常规的学术环境中后,我又从社会基础的角度来教授教育史等相关主题。我还和芝加哥一位著名的律师艾达·阿拉卡(Aida Alaka)结了婚,我的两个儿子亚伦(Aaron)和德里克(Derek)也上了高中,生活似乎处于一个舒适的平衡状态。随后,我的事业又发生了一次意外转变。

1999年初,我在办公室思考事情时,帕特里夏·阿尔伯耶格·格雷厄姆(Patricia Albjerg Graham)突然打电话给我,邀请我加入斯宾塞基金会。我很快发现格雷厄姆居然那么具有说服力,我到夏天时就有了新职位并离开了德保罗大学达三年之久。我担任高级项目官员(senior program officer),负责管理审阅研究计划,有点像我在《美国教育研究》的编辑工作,但规模范围更大。再结合其他不同的任务事项,这使得我的日程安排非常满,但同时也令人精神振奋。不用说,在这个过程中我学到了很多,并很喜欢有权参与无数关于各种有趣话题的会议。我有机会和世界一流的教育研究者和社会科学研究人员进行互动和联系,并和非常聪明能干的基金会工作人员们一起工作。当我们成功地资助了一些教育史课题的时候,我将大部分精力投向了其他学科。我开始对教育社会学特别感兴趣,对该领域进行广泛阅读,并最终加入美国社会学协会(American Sociological Association)。

格雷厄姆在2001年退休,并回到哈佛大学继续书写历史,我得以有机会和另外一位杰出的历史学者、基金会主席埃伦·康德利夫·拉格曼(Ellen Condliffe Lagemann)共事。格雷厄姆和拉格曼实行了一项慷慨大方的政策,使项目官员每周可以有一天时间用来做自己的学术研究。我利用这个时间撰写了一本关于美国中小学教育的历史,即《教育与社会变革:美国教育史上的轮廓》(*Education and Social Change: Contours in the History of American Schooling*)。我试图在全书中贯穿了一个广泛的社会科学的视角,着手讨论历史与社会理论的关系。我还顺利地撰写了一些论文和评论性文章,但我大部分时间还是用来评估其他学者的研究思路,而非探究自己的想法。[1] 在斯宾塞基金会的三年任期结束后,我很高兴地回到了大学里,当时

---

[1] 这项工作最近出版了:John L. Rury, *Education and Social Change: Contours in the History of American Schooling* (New York: Routledge, 2009);我在斯宾塞基金会工作期间发表的最主要的一篇文章是源于一个关于综合高中历史的项目:John L. Rury, "Democracy's High School? Social Change and American Secondary Education During the Post-Conant Era," *American Educational Research Journal* 57 (Summer 2002): 307–336.

我还在基金会担任了一年的"高级顾问",每周仅工作一天。在斯宾塞基金会的工作经历使我学会了很多关于研究和写作方面的东西,但同时我也渴望回到自己的研究工作中去。然而,和前面的情况相似的是,又有一个变化即将发生,使我又搬到了一个新的地方。

堪萨斯:开启新的学术生涯

2003年春,在斯宾塞基金会工作刚刚结束之际,我收到了堪萨斯大学(University of Kansas)的邀请担任教育学院中一个系的主任。亚伦和德里克都去读大学了,而且令我惊讶的是,阿拉卡竟然愿意考虑搬家。我当时刚成为德保罗大学的一个系主任,但在一所研究型机构中担任管理职位的想法让我感到具有吸引力。我和阿拉卡决定冒险一试,我们出售了芝加哥的房子并开始收拾行李。夏末时,我们住进了另一套房子,并开始了解所处的新社区。这是一个全新的开始,但在我们最后进入一个舒适的生活状态之前还是有点混乱的。

我在堪萨斯大学遇到的情况并不愉快。我所在的系内部是分裂的,雇用我的院长一年多之后就辞职了。不久,我也辞去了系主任职务,加入教师队伍。2005年,里克·金斯伯格(Rick Ginsberg)担任院长时,该系被改组为几个独立单位。我在堪萨斯大学的行政工作时间比较短,最后我也很高兴能将其抛至身后。虽然我之前来劳伦斯(Lawrence)[①]是为了做管理者,但如今我发现自己又再度成为一名研究型大学的教授,一个专门研究教育史的教授。

当然,在我中断研究从事行政管理工作期间,我还持续思考着教育史领域,尤其是城市教育的问题。我一直保持着积极的状态,偶尔发表几篇论文,并阅读不同作者撰写的关于城市教育的经典作品。[②] 如今,我得以有时间去探索一些曾让我好奇了许久的很多问题。第一个要探索的问题就是,战后非裔美国人的中等教育问题,这个问题总会在讨论20世纪60年代及之后的城市教育危机中被反复提及。毕竟,如果城市学校的主要问题与种族

---

① 劳伦斯,堪萨斯大学校址所在地。——译者注
② John L. Rury, ed., *Urban Education in the United States: A Historical Reader* (New York: Palgrave Macmillan, 2005).

相关的话,那么公正地解决这个问题才是明智的,尤其是考虑到那个时代的众多变革都会对非裔美国青年产生很大影响。第二,我仍对定量分析感兴趣,因为我意识到教育史研究有使用综合公共使用微观数据样本的潜力。从我最初接触以来,综合公共使用微观数据样本已经变得更为精细,更为好用。第三,我发现了一些同事——许多比我年轻很多的人——对历史问题感兴趣,并愿意在一系列课题上展开合作。

我在上述各个方面展开了工作,并开始在校内建立更多的联系。很多历史系同事曾经对教育史感兴趣,现在依然感兴趣,而且我还受邀在历史系挂名任职。最近退休的一位同事雷·海纳(Ray Hiner)长期在教育和历史两个系任职,留下了很多有益的东西。我还被选为"基勒大学教授"(Keeler Intra-University Professor)①。该教授职位的评选竞争激烈,每年颁发给在劳伦斯的两名教师。获选为"基勒大学教授"的教师被允许在社会学系"驻守"一个学期。由于没有教学的任务,我旁听了一些课,并开始与雪莉·希尔(Shirley Hill)合作。希尔是一个研究非裔美国人家庭和非裔美国妇女的专家。我们向斯宾塞基金会起草了一份研究非裔美国人中等教育史的计划,并获得了资助。我和希尔正在研究这个课题。②

大约在同一时间,我参与收集克斯特尔之前的学生、朋友撰写的文章,以纪念他退休。我和威廉·J.里斯(William J. Reese)合作主编了《反思美国教育史》(*Rethinking the History of American Education*)③这本书,主要关注20世纪70年代以来教育史领域的变化。我也开始与堪萨斯大学教育学院的同事合作,他们大都没有历史分析的经验。合作的课题涉及不同方向,但大多是不同形式的数据分析,主要使用综合公共使用微观数据样本的数据,关注战后中等教育的变化。这使我得以更新有些过时的统计工具,并从一些新的维度探讨教育史。在较短的时间里,我就从不大活跃的研究者变成了一名安排满满的研究人员。

---

① 基勒大学教授,即"基勒大学教授职位"(Keeler Intra-University Professorships),是堪萨斯大学向教职工提供机会,使其得以强化学术专长知识,拓宽或深化特定研究领域的程度,增强在新的学术研究领域的竞争力。——译者注
② 该成果已出版:John L. Rury and Shirley A. Hill, *The African American Struggle for Secondary Schooling, 1940-1980: Closing the Graduation Grap* (New York: Teachers College press, 2012).——译者注
③ William J. Reese and John L. Rury, eds., *Rethinking the History of American Education* (New York: Palgrave Macmillan, 2008).

在结束短暂的行政管理工作带来的混乱状态后,我在劳伦斯的生活逐渐走上了愉快的节奏,有时还有点激动。经过一段时间的求职与兼职教学,阿拉卡在沃什本大学(Washburn University)法学院谋得职位,该校位于附近的托皮卡。我们综合考量了搬到其他研究机构的前景,最后决定留在堪萨斯大学。与此同时,我还参与创建一个多个大学的教育研究联盟,以服务堪萨斯这个大都市。联盟最后获得了一家当地基金会的资助,并于2009年正式成立。堪萨斯只是我在劳伦斯的一个短期目标,我仍继续关注城市教育,以及都市不平等与种族歧视等相关问题。许多有才华的、充满活力的研究生来到劳伦斯研究教育史及相关主题,这进一步推进了我作为教师和学者的工作。鉴于这些计划中的进展,并有机会去研究我长期感兴趣的问题,因此我对未来充满期待。

几点总结性的思考

对正在开展的事业进行总结不免棘手,总结几点观察心得似乎更为贴切。第一,毫无疑问,跟随克斯特尔研究社会和城市历史的经历,尤其是定量研究,一直影响着我的研究工作。我仍然感觉有必要去强调教育制度中反映出来的不平等现象,并觉得有深刻的义务去矫正它们。这个价值观念是我从读研究生以来就一直秉持的。幸运的是,一段不同寻常的职业生涯使我得以徜徉在自己的爱好之中,尤其是在芝加哥度过的十六年里。第二,我一直对历史和社会科学之间现存的潜在关系很感兴趣,并在教育研究中享受从这种关系中获得洞见的自由。在我担任编辑和项目官员期间,虽然研究成果少,但却帮助我培养了一个广阔的跨学科视野。我的行政工作也帮助了我去理解同事的观点和价值观,以及将历史研究和他们的兴趣相联系的重要性。[①] 第三,我认为自己是一位社会史学家,一个尤为关注城市教育及其相关的民主、公平问题的学者。这在可见的将来仍是我继续从事的专门研究,在这场研究之旅中不可避免地会遇到不同的人、不同的机构、不同的地方,这一旅程充满了希望,但远未完成。

---

① 这个观点在我的文章里很明显,参见:"The Curious Status of the History of Education: A Parallel Perspective," *History of Education Quarterly* 46 (Winter 2006): 271 - 298.

一个教师的回忆

戴维·泰亚克
(David Tyack)

当我回顾自己的教育史学者工作生涯时,我深深地感受到,日常生活中的公共事件、个人经历在我选择成为教师和作家上所起到的作用。"真实的世界"与我想探讨的历史谜团之间并不存在十分清晰的界线。

近 视

1930年,我出生在哈密尔顿,并在这个马萨诸塞州东部的小社区长大。这个地方几乎算不上是一个典型的美国小乡镇,主要聚居了两类居民。这两类居民使用不同的语言,去不同的学校和大学上学,甚至不通婚。一类居民住在山顶上,居住的宅邸都是仿照英格兰的科茨沃尔德(Cotswold)丘陵乡村小镇上的风格,另一类居民大多生活在平地上的小房子里。两类人都是白种人,都是本地人,且大多数的教徒都是新教徒。撇开这些相似之处,他们之间的区别在于财富和社会地位。我的家庭属于小镇上那一小拨中产阶级群体。

阶级不平等的现象随处可见。我以为富人和工人阶级之间的分割就是事情存在的本来方式。我的长辈们偶尔需要明确地教我一些阶级法则。有一次,我错误地将一个包裹送到一个宅邸的前门,那个管家告诉我"戴维,你得走后门"。还有一次,我在圣公会教堂(Episcopal Church)等母亲时坐在了主教的椅子上,牧师训斥了我。合理的教育是教人知道其所处的位置。

许多宅邸都拥有广阔的农场,从而给当地居民提供了许多工作机会并教授一些传统技能。我有四个暑假都在斯坦迪什·布拉德福德(Standish Bradford)的农场上跟着两个老练的农民工作,他们教会了我如何开拖拉机,打扫牲口棚,挤奶和种菜。当我们在闷热潮湿的8月收获时,我了解到传统农耕是多么费力。

住在宅邸里的人可能都是近视狩猎俱乐部(Myopia Hunt Club)的成员。成员们过去喜欢穿着鲜亮的狩猎服在马背上疾驰于树林中打马球,举行高尔夫球和网球比赛。俱乐部、教堂以及宅邸的纪念活动不断向这些上流阶层强化这一观念:哪怕是在艰难时期,保持英国传统也很重要。与此同时,服务生们要照顾马匹、猎狗和高尔夫球场,还有小孩子。

经济大萧条时期,学校试图像往常一样运行。联邦一直都有划拨资金。我母亲的幼儿园由公共事业振兴署(WPA)[1]资助。有时候,我和她一起把食物、煤炭送到那些饥寒交迫的人手里。在我后来写一本关于经济大萧条时期公立学校的书时,这些人的面孔都还历历在目。[2]

我在回顾哈密尔顿那些年的生活时,觉得这个镇子似乎处于时间错位的状态。我在前文曾提到过,童年时的我认为贫富分化是理所当然的,事情本该如此。与很多学者一样,当我拿着全额奖学金进入哈佛大学时,我渐渐意识到不平等和不公正。

讽刺的是,当时许多学者都变得激进起来,诸如詹姆斯·科南特(James Conant)这样的领军人物曾指出,进入大学将使他们接触到当前的政治、经济制度。相较于哈佛大学的保守特色,我更多地受到左翼自由派的影响,并开始质疑不平等和文化统治是如何深入植入新英格兰的阶级划分中去的。我的第一本书《乔治·蒂克纳和波士顿的上流阶层》(George Ticknor and the Boston Brahmins)尝试回答这一问题。[3]

寒假和暑假的学习

我第一次看到哈佛大学指南的时候,感觉自己像一个有执照的渔夫看

---

[1] 1935年,罗斯福总统颁发行政命令成立公共事业振兴署(Works Progress Administration,简称WPA),这是美国最大和最为雄心勃勃的新政机构。1939年,它更名为公共事业项目署(Work Projects Administration)。——译者注

[2] David B. Tyack, Robert Lowe, and Elisabeth Hansot, *Public Schools in Hard Times: The Great Depression and Recent Years* (Cambridge: Harvard University Press, 1984).

[3] David B. Tyack, *George Ticknor and the Boston Brahmins* (Cambridge: Harvard University Press, 1967).

> **个人作品精选**
>
> *The One Best System: A History of American Urban Education*（Cambridge：Harvard University Press, 1974）.
>
> （With Elisabeth Hansot）*Managers of Virtue: A History of Leadership in American Public Schools, 1820 – 1980*（New York：Basic Books, 1982）.
>
> （With Robert Lowe and Elisabeth Hansot）*Public Schools in Hard Times: The Great Depression and Recent Years*（Cambridge：Harvard University Press, 1984）.
>
> （With Elisabeth Hansot）*Learning Together: A History of Coeducation in American Public Schools*（New Haven：Yale University Press and Russell Sage Foundation, 1990）.
>
> （With Larry Cuban）*Tinkering Toward Utopia: A Century of Public School Reform*（Cambridge：Harvard University Press, 1995）.

到了一池鱼。我知道自己想理解美国,但似乎在每一个可以想到的关于美国的主题上都有无穷的教师和书本。如果我想了解这么多东西,我该如何选择主修专业? 我欣喜地发现一个叫美国历史与文学(American History and Literature,对我来说,它还是太窄,但这个专业可以同时学习哲学、政治学,以及其他许多科目)的跨专业领域。大二时,我的激情有所减弱,但我对那一池鱼的乐趣并未减退。

我决定主修历史,尤其是移民史。在我本科期间(1948—1952年),研究移民史和研究非裔美国人历史一样较为边缘化。我的导师奥斯卡·汉德林(Oscar Handlin)帮我将这个普遍不受关注的研究更换为移民生活研究。他鼓励我下定决心将文学学士论文聚焦在从佛得角群岛(Cape Verde Islands)而来定居在科德角(Cape Cod)附近的非裔美国人移民身上。通过对佛得角人的研究,我得以研究了诸如人种和种族概念,因为这两个概念是历史和当代社会的产物。在哈佛大学的学习中,我开始从希望学习每件事物转向专注地研究一类事物。

暑假工作不仅可以支付大学费用,还对我成为一名社会史学者的教育起到了重要作用。在不同地方不同工作岗位的经历,从不同角度印证了社会理论,指明了机构是如何运作的,并与文学产生共鸣,让我对工会组织和社会运动也产生了一些兴趣。寒假则被安排用来读书学习。寒假和暑假的学习都很重要。

1948年暑假,我在约塞米蒂国家公园(Yosemite National Park)后面的乡村开展CCC[①]类项目工作。一方面,和许多面向青少年的新政项目类似,

---

[①] 全称为Creating, Collaborating, and Computing。——译者注

水泡锈病防治队(Blister Rust Corps)具有多方面的意图。保守地说,一方面是通过消灭传播疾病的主要植物醋栗丛来保护糖松(Sugar Pines);另一方面,则是在经济大萧条期间提供工作岗位。这也表现出一种新政式的积极教育,我和鲍勃·洛(Bob Lowe)、伊丽莎白·昂索(Elisabeth Hansot)后来在《艰难时期的公立学校:大萧条时期和近年来》(Public Schools in Hard Times: The Great Drepression and Recent Years)中对此进行了研究。

1949年夏天,我在卢米斯镇(Loomis)山脚下的水果包装厂里工作,当时加利福尼亚州的李子大丰收。我们偶尔在最忙时一天工作14个小时。捡挑分类员把硬李子挑出来,因为成熟了的李子难以运到芝加哥。露宿铁轨附近的流浪汉就吃那些未被选中的李子,即美味的成熟的李子。

包装屋在一个小镇子上,属于庞大的工厂销售网的组成部分。在热闹的收获时节,山谷中广袤的农场似乎像是空无一人。虽然家庭农场的理念具有强烈的政治说服力,但移民工人更像是《愤怒的葡萄》(The Grapes of Wrath)①中所描绘的状况,而非传统农场那样。与那些广袤土地的经理人或所有者的孩子不同,移民家庭的孩子都在忙于生计中获得教育。因此,教育也反映出更大社会的分化。

1950年,我在密歇根州弗林特的一家雪佛兰工厂找到了一份流水线上的工作。这家工厂以其快速的流水线而臭名昭著(或广为人知),如何评价要看你是工人还是老板。曾有一段时间,这个工厂可以一分钟生产一辆车。的确如此,许多车都缺少挡泥板或前灯,然后被送至一个广阔的场所安装这些缺少的零件。弗林特新的流水线,以及那里年轻的工人们,似乎成为了一个挑战工会和拉拢工会领导的好地方。工人们文化知识水平有限,在进入流水线上工作前也没接受过什么实践操作培训。工人流动性很高,但高工资一直吸引新的劳工前来工作。

我在主要流水线上的第一份职责就是,我需要捡起一个前灯,将其电线穿到左侧挡泥板的洞里,确保灯上有7个螺丝钉——这些都要在流水线上完成。我身后是一个凹地,工人们蹲在下面上紧底板螺栓。装置另一个前灯的人,是一个来自阿巴拉契亚(Appalachia)的年轻白人小伙,他每晚都会梦

---

① 《愤怒的葡萄》,1939年出版,作者为美国现代小说家约翰·斯坦贝克(John Steinbeck, 1902—1968)。它描写了美国20世纪30年代经济大萧条期间大量农民破产、逃荒的故事,充满愤慨、血泪和斗争。——译者注

到盯着一条龙,那条龙把他推到悬崖。我第二份职责是,在挡泥板组件安装位置上,用大钉子将橡胶垫片钉紧到隔板上。这些机器发出的噪声特别大。流水分线是主要生产线的一部分。有一天,从流水线上生产下来的汽车没有左侧挡泥板。成千上万的雪佛兰车列放在停车场,这些有缺陷的汽车迫使弗林特管理层采取行动。问题是什么?流水分线的主管来了,随后还来了不同层面的管理人员。最后一位穿着三件套西装的男人来了。这意味着情况很严重。

找到汽车缺少挡泥板的原因容易,但解决很难。那天有四分之三的工人没来流水分线工作。顶替那些流失工人的杂务工也没来。受到公司老板压力的工头走向一位正在工作、有经验的熟练非裔美国工人说道:"你为什么不能干得更快点?"这位非裔美国工人盯着那个穿着三件套西装的人说:"那些机器或许可以主宰你,但林肯解放了像我这样的非裔美国人。"然后这个非裔美国人就走开了。缺少挡泥板的汽车继续从这个模范工厂涌出。在我经历的所有工作里,弗林特的生产线是最为紧张、最具有启发性的。为了应对持续的噪声、节奏和生活的压力,流水线上的工人们寻找不同的方法来抗议和抵制被视为机器的一部分。那些丢掉流水线生产扳手的人成了英雄,因为他们停止了组装过程。事后,那些曾经参加过静坐示威的老前辈在酒吧中讲述关于抵制的故事。但这个制度——官僚机构和官僚机器——总能找到抵制反抗的方法。虽然城市学校与工厂大不相同,但学校改革者们曾一度把工厂作为效率和生产力的一个典范。同时他们也发现,无论是在学校或工厂车间,使人性工业化都比使工业人性化更为简单。

接下来的暑假工作地点在剑桥,离我家很近。我与来自佛得角群岛的两个移民劳工格斯(Gus)和保罗(Paul)一起做建筑工人。午间,我们会在一棵梧桐树的阴影下交流对比佛得角群岛上的生活与美国的生活。我们很困惑为什么大多数美国人都认为世界上有两种人——非裔美国人和白人。我们也讨论过"人种"的问题。

保罗和格斯说,佛得角人的确也会根据外貌来区分彼此,但不会以人种"血统"的方式。佛得角群岛上存在种族主义,但不存在人种的问题,也就是说,个体关于社会的立场会受到阶级、肤色的影响,而不是肆意地和惩罚性地将所有人都划分成白种人和黑种人。佛得角人让我了解到另一种社会差异的文化观念。此后,多样性这个主题成为我在教育史领域研究的中心。

在我决定撰写学士学位论文,研究佛得角人在美国的经历时,我发现在哈佛大学的众多藏书中,仅有几份关于佛得角领导人的逃亡记录。所以,我的学士学位论文在很大程度上是依据教堂、俱乐部和家庭中的口述史和谈话完成的。这是1951—1952年间发生的事。

当我在半个世纪后再去罗克斯伯里和多切斯特(Dorchester)时,我发现多样性在蓬勃发展。学校的教师们发展了克理奥尔(Creole)双语课程,佛得角学生上了大学并建立了种族俱乐部,社区也为群岛上的儿童提供学校教育。社区领袖和社会团体也迫切地保存佛得角的传统以赢得更多的政治影响力。

职 业 生 涯

撰写佛得角人生活的经历使我明确了自己想成为一个社会史学家的愿望。但面临的问题是,我如何使自己做好从事这项事业的准备。寒假和暑假的学习、学术学习和参与活动两者结合在我本科时有序地进行着,但现在是时候该把重点放在获得学术研究资格的通行证以及一份稳定的工作上了。我获得了哈佛大学的奖学金,我将目标聚焦在两个对我有吸引力的方向上:一个是历史学博士学位,一个是教育学博士学位。两者都可以使我得以教授社会史课程,但我不知道哪个能将我的积极性和智识挑战(intellectual challenge)进行更好地结合?

我选择了教育研究院(Graduate School of Education),因为这是一个非常活跃的地方,它正在进行一项定期开展的活动——通过完善教师教育,提高课程质量和领导的能力来改革美国的学校。除了学校改革外,教育研究院还聘任那些能够突破以往的研究范式并与文理院系建立联系的学者。

伯纳德·贝林(Bernard Bailyn)就是这样一位学者。他想通过广义的视角把教育史带入社会和知识史的主流中去,并把教育史阐释为代际传播的途径。他在《教育与美国社会的形成》①中呼吁历史学者们超越狭隘的视野,

---

① Bernard Bailyn, *Education in the Forming of American Society: Needs and Opportunities for Study* (Chapel Hill: University of North Carolina Press, 1960).

并创造一种新的教育史。

作为贝林的助教和被指导的学生,我很感激有机会跟着他学习,他一直通过这些新的历史问题和解释方式去思考自己的方法。然而,我依然不大明白什么是人们时而称呼的新教育史。我赞同如下观点,该领域里有许多历史阐释已然变得具有庆祝性,且带有狭隘的机构性质。我也同意,教育远比学校教育要宽泛得多,而且在人们熟悉的场合进行,如家里、教堂和媒体。但我对文化传播这个模糊的概念感到不安,我担心它是否被过度阐释了。在我开展自己的研究时,我发现了罗伯特·维贝(Robert Wiebe)的组织方法,这对我想做的研究更为有用。

在波特兰的务实性改革

我和迪克·沙利文(Dick Sullivan)在威德纳图书馆的台阶上坐了两个小时,思考里德学院(Reed College)①教育系的未来发展。他是里德学院的院长,而我只是个刚刚毕业的向里德学院求职的博士。我们在讨论时浮现出一个范例(毫不奇怪,它是直接被拿过来的哈佛大学范例)。我们讨论的主要目的是,整合一所一流的文理学院和一个良好的城市学校制度这两大资源,从而提高高中的学术性科目的教学。这种通过有效的教师教育和最新课程的改革,似乎是可行的而且是重要的。我很渴望开始这一事业。

但有一个问题是,时间不够充分。我在哈佛大学时曾在教育和历史两个系任教,并同时兼任管理新生的院长助理。我在里德学院的教育系也担任过类似的职务,此外,我还是两个硕士项目的管理者。我还教一门"美国思想史"课程,还要负责一个教育史研讨班。我自己的研究被搁置了下来。

这个工作量是不是很荒唐?是的,我很少有喘息的机会,但我确实学到了很多关于学校如何运行的东西,我也得以有机会从无到有地建立一个教育系。我并没有太多的时间来跟上教育史学术研究的步伐。对那些在较小的、人手不足的教育系工作的教授来说,这样的事都是会经历的,然后还要因为未能出版专著而受到批评,灰姑娘和姐妹们的生活还在继续。公正地

---

① 里德学院,成立于1908年,位于俄勒冈州波特兰东南部,是一所私立文理学院。——译者注

说,这一工作大多都是我自己做的。发起改革是一项兴奋且耗时的工作。

进行教师教育、学术课程改革的条件成熟了。波特兰和全国一样,在苏联人造卫星发射后有提高学术水平的压力,同时学校董事会也支持改革。里德学院文理学院的教授都有在高中教师培训机构进行教学的经验。他们希望招收优质的学生。福特基金会和丹佛基金会(Ford and Danforth Foundations)为里德学院的这个项目提供了大量的资助。

我在波特兰的三项改革上参与合作,旨在加强高中的博雅教育。这三项改革分别为:创建一个教学法硕士项目,用以培训教师;修改美国史高中课程;在里德学院开设免费的研讨班和研究所,用来更新高中教师相关教学领域的知识。在里德学院工作的十年时间里,我发现,建立不同的项目以及和众多教师一起工作让我有满足感,但令我最为满意的竟然是,教授教育史——在三个高中轮流担任历史教师,以及对俄勒冈公立学校进行研究和著述。

> **对我产生影响的著作**
>
> Horace Mann Bond, *Negro Education in Alabama: A Study in Cotton and Steel* (Washington, DC: The Associated Publishers, Inc., 1939).
>
> Bernard Bailyn, *Education in the Forming of American Society* (Chapel Hill: University of North Carolina Press, 1960).
>
> Lawrence A. Cremin, *The Transformation of the School: Progressivism in American Education, 1876 – 1957* (New York: Alfred A. Knopf, 1961).
>
> Carl F. Kaestle, *Pillars of the Republic: Common Schools and American Society, 1780 – 1860* (New York: Hill & Wang, 1983).
>
> Michael B. Katz, *The Irony of Early School Reform: Educational Innovation in Mid-Nineteenth Century Massachusetts* (Cambridge: Harvard University Press, 1968).
>
> Patricia Albjerg Graham, *Community and Class in American Education, 1865 – 1918* (New York: Wiley, 1974).
>
> Diane Ravitch, *The Troubled Crusade: American Education, 1945 – 1980* (New York: Basic Books, 1983).

重返教育史

研究被搁置的那段时间里,我在档案馆里偶然发现了一些历史人物,并进行持续跟踪与关注。乔治·阿特金森(George Atkinson)是一位充满活力的牧师,他认为公立学校是上帝的代理机构。在俄勒冈历史学会图书馆(Oregon Historical Society Library)黑暗的角落里,我被一个装满3K党

(KKK)文件的盒子绊倒,里面是关于最高法院皮尔斯案的起源。我撰写了一篇世纪之交波特兰学校改革史的文章,成为后来《一种最佳体制:美国城市教育史》①的主要观点。让我的研究更加充实起来的是,梅德福(Medford)的奥利弗·克伦威尔·阿普尔盖特(Oliver Cromwell Applegate),一位保存其学生的作文、演讲和诗歌的教师。每一项发现都撰写成文,每一个发现也都让我感到学术探究的乐趣。

在过去的十年里,我努力平衡管理、教学、研究和积极改革这些事务,此后我决定来到伊利诺伊大学。伊利诺伊大学是一个研究型大学,我在这里可以专注于教学和学术研究。离开波特兰不容易。我和我的家人在山间登山和滑雪,在哥伦比亚划皮划艇,在沙漠和海岸边徒步旅行中都留下了愉快的回忆。我有一个像三条腿凳子般平衡、丰富的生活,其中一条腿是我的家庭和朋友,一条是工作,一条是我对自然的热爱。

在伊利诺伊大学,我平生第一次感到可以全心专注于教育史的研究和教学。在哈佛大学和里德学院,我总是要开发一些课题或开展一些项目;而在伊利诺伊大学,我能够有时间把研究和新课程的开发结合起来。我最喜欢的一门课是,我和詹姆斯·安德松(James Anderson)合上的课。他当时是一个研究生。为了增加非裔美国人的学生数,伊利诺伊大学招收了一大批一年级学生。这些学生曾在像东圣路易斯(East St. Louis)这样的城市的学校里挣扎求学。他们大概有100个人希望成为教师,但却少有适合他们的课程。但是,此时在大多数大学里,一年级学生参加大班讲座课程,而研究生主要参加量身定做的小班课程。教学上的优先性被我们颠倒了。如果教育研究院不采取措施来满足这些学生的需求的话,那么辍学人数将猛增。

不同的教职工采取了不同的策略。我和J. 安德松面向15名学生开设了一个研讨班,可以提供通常一半的学分。研讨班的成果是设计一种他们希望在其中任教的学校,这是对他们前期撰写和展示的论文的整合。我很少见到这么积极的学生。他们几乎都继续进入大二的学习。反过来,他们也激励我和J. 安德森去更多地去了解城市学校的生活。

---

① David Tyack, *The One Best System: A History of Urban Education* (Cambridge: Harvard University Press, 1974).

一个教师的回忆

合　作

20世纪60年代中期,我写了一篇关于世纪之交波特兰公立学校(Portland Public Schools)史的文章。[1] 我开始发现,一段城市教育的历史不仅本身具有很大的吸引力,而且还能为制定教育政策提供启示。我发现迈克尔·B.卡茨(Michael B. Katz)正在撰写波士顿学校的历史,他撰写的《早期学校改革的讽刺:19世纪中叶马萨诸塞州的教育创新》具有开拓性且很有雄辩力。当我们见面讨论我们的工作时,我很高兴地发现我们都打算把官僚制概念作为理解城市学校制度病理学的关键。20世纪60年代末和70年代,城市教育批评家指出,城市学校已不再是美国教育的最高峰和骄傲,而是变得非常的不平等,带有官僚气息,不仅敌视创新,而且脱离了那些本该服务的家庭。我们认为,这些问题并不仅仅是组织结构上的问题,还是政治经济学上的缺陷。在《一种最佳体制:美国城市教育史》这本书中,我的意图并不是要诋毁或摧毁公共教育,而是提出从根本上去提高和完善它。但在过去的二十年里,保守的批评家曾使用官僚主义这样的批评和《一种最佳体制:美国城市教育史》这个标题来证明公立学校是无法矫正改变的。我们无法预测当图书公之于众以及在被绑架的情况下会发生什么。

我在伊利诺伊大学开始撰写关于城市学校的一本书,并在1969年来到斯坦福大学后将其作为我的主要课题。有十名学生报名参加我的城市学校史研讨班。我警告过他们,我才刚刚开始理解这些成堆的数据、自传、学校报告等从埃尔伍德·P.克伯莱图书馆(Ellwood P. Cubberley Library)挑来的一手资料。资料甚为丰富,似乎是埃尔伍德·P.克伯莱图书馆收集好了为我们所用似的。每个学生在研讨班上都会展示一种一手资料,并对城市学校史提出一个解释性的问题。期末时,都会留下许多需要思考的问题,进入图书馆时,我看到墙上写着"城市学校研讨班继续"的标识。学生们的好奇心受到激发,决定自己继续研究这个课程,并邀请我加入。这个经历强化了我将研究和教学作为硬币的双面的愿望,并将那些受到激发的学生视为

---

[1] David B. Tyack, "Bureaucracy and the Common School: The Example of Portland, Oregon, 1850–1913," *American Quarterly* 19 (Fall 1967): 475–498.

合作者。

在斯坦福大学任教的30年里,我经常是教师队伍中唯一一个教育史学者。这使得我有必要和助教以及同事们进行合作,与此同时,这也是一大乐趣。我教过的大部分课程都有讨论环节,由教育史的研究生来开展。我觉得自己很幸运地能指导一批有才华和学术天分的学生,他们随着时间的推移成为我的同事和朋友。他们有时还能基于自己的研究来授课。通常我每周都会和助教们开会,探讨课程的进展情况;教学是一种有效的学习形式。我还和哲学、公共政策、社会学、政治学、经济学、课程方面的教师同事合作上课。有些合作持续了二十多年,因此会合作开展一些研究或合作著述。

斯坦福大学通过提供短期的研讨班和长期的研究中心来推动教师们的跨学科研究。教育研究院本身就是一个不同学科的混合体。我从不同的看问题方式中受益匪浅。每当我开始一项新的研究项目时——比如男女合校教育、领导力、经济大萧条——我总能找到可以学到东西的研讨班或研究中心。合作研究的场地并不仅限于学术性建筑里,我和拉里·丘班(Larry Cuban)在每周骑行至圣克鲁斯山(Santa Cruz Mountains)时讨论出了《迈向乌托邦:公立学校改革的一个世纪》[1]的部分论点。我和妻子伊丽莎白·昂索(Elisabeth Hansot)有时会在太平洋海滨散步时找到一些重要的研究想法。

为了和那些在这个领域不是专家却又希望了解这个领域的人分享我学到的东西,我曾尝试过多种方法,如有一位来自缅因州的教师曾问过我,"我们过去是如何创建当前我们所拥有的这些学校的?"我很开心可以与萨拉·蒙代尔(Sarah Mondale)、萨拉·巴顿(Sarah Patton)共同承担公共电视网(Public Broadcasting Service)[2]的"纪实学校"栏目,以及帮助《教育周刊》(*Education Week*)的员工出版一部具有启发性的大众教育史。[3] 尝试获得广

---

[1] David Tyack and Larry Cuban, *Tinkering Toward Utopia: A Century of School Reform* (Cambridge: Harvard University Press, 1995).
[2] 公共电视网,或称为"公共广播协会""美国公共电视台",成立于1969年,总部位于弗吉尼亚州,主要制播教育与儿童节目。——译者注
[3] Sarah Mondale and Sarah B. Patton, eds., *School: The Story of American Public Education* (Boston: Beacon Press, 2001).

泛关注之举或许会引起争端,就好比战争会导致意识形态上的倒退似的。但我们希望看到的是,书本应该被用于学习阅读,而非束之高阁。在一个民主社会,公众需成为关于教育目的和实践进行对话的一分子。如果我的研究工作在这方面起到作用的话,那么我就认为自己是幸运的。

在非精英学校学习和工作的经历

韦恩·J. 厄本
(Wayne J. Urban)

我之前有过一次写自传的经历,那篇文章以《韦恩的世界,在俄亥俄州克利夫兰长大(1942—1963)》(*Wayne's World: Growing up in Cleveland Ohio, 1942-1963*)[①]为题,在1996年发表。文章详细地介绍了我的家庭背景(第三代波兰裔美国人)、早期的宗教信仰(罗马天主教),以及在获得学士学位之前在俄亥俄州克利夫兰的公立学校和天主教学校接受教育。1963年,我从克利夫兰郊区的约翰·卡罗尔大学毕业。这所大学是众多耶稣会学校之一,好几个州的大城市里都有耶稣会学校。作为一个走读学生,我在本科学校中的生活经验较少,但足球运动员的身份使我有机会管窥到一些校园生活,尽管看到的也不多。

我在上大学的时候,并不知道教授们都做什么,也没什么兴趣去探究这个问题。虽然我的目标很模糊,但主要还是集中在高中的教学和指导上。我在约翰·卡罗尔大学读书的时候,也做了一些与教学和指导相关的事情。我主修历史专业,辅修中学教育,我的导师几年前曾在俄亥俄州立大学获得博士学位。征兵的不祥阴影是导致我去读研究生的几个因素之一。无论是智识上的满足还是在学术上取得成就,都不是我攻读研究生的原因。我进入俄亥俄州立大学攻读历史学硕士学位时,还需要找一份工作来资助我的学业。经过面试,我成为培训学生宿舍员工项目的助理。我负责一个容纳200名学生的小型学生宿舍。这项任务还要求我每学期必须在教育心理学领域学习两门课程。我毫未抵制地照做了,并在研究生学习的第二学期从历史研究转向高等教育研究。到研究生学习的第二年开始时,我意识到自

[①] Wayne J. Urban, "Wayne's World: Growing up in Cleveland Ohio, 1942-1963," *Educational Studies* 26 (Winter 1995).

己犯了一个错误。获得高等教育方面的硕士学位后,我在俄亥俄州立大学的文理学院担任了一年的学术顾问,在此期间,我发现一个叫作教育史的领域可以同时用到我在本科和硕士期间学习的专业。我相信自己的选择是对的,尤其是在我认识了其他教育史(和哲学)的同学后对此更加确信了。我成功地获得俄亥俄州立大学的助教职位,使我有足够的资金在攻读博士学位期间和妻子组建家庭。我们这些攻读教育史和哲学博士学位的人常常开玩笑说,俄亥俄州立大学可以用钱买来最好的研究生,这句话有一定的道理。

俄亥俄州立大学的教育史和哲学研究项目有着悠久的历史,如教育哲学方面有著名的博伊德·博德(Boyd Bode)和 H. 戈登·胡尔菲什(H. Gordon Hulfish),教育史方面有著名的 H. G. 古德(H. G. Good)。我来的时候,虽然教育史和哲学,以及教育学院仍很有名气,但它的教师已经没有像前辈那么为人所知了。我在俄亥俄州立大学的博士生导师是伯纳德·梅尔(Bernard Mehl)。梅尔曾是伊利诺伊大学阿奇博尔德·安德松(Archibald Anderson)的学生,在几经更换职位后来到俄亥俄州立大学。他曾在弗吉尼亚州的汉普顿大学(Hampton University)任过职,该大学在历史上是一所非裔美国人学院,因其创始人塞缪尔·查普曼·阿姆斯特朗(Samuel Chapman Armstrong)及其学生布克·T. 华盛顿(Booker T. Washington)而闻名。虽然梅尔经常发表文章,但他更像是一位知识的嗜好者而非学者。[①] 那时候,教育史指的是西方(欧洲)教育史和美国教育史。我和另外三个人面向本科生高年级开设西方教育史课程。我们经常会互相听课,有时候会从一堂课上开始争论,一直到另一个助教负责的下一堂课上继续争论。这都是问责制运动开始之前的事情,因为问责制无疑会限制我们在学生面前的争论。然而,我还是以为,这些争论对我们和学生都是有好处的,并不会对学生产生很大的坏处。

伊利诺伊大学似乎对梅尔的影响并不大,至少对我和别人也都是如此。事实上,梅尔是个犹太人,一个来自纽约的犹太人。他常常在哥伦布遇到那

---

① Bernard Mehl, *Classic Educational Ideas from Sumeria to America* (Columbus, OH: Merrill, 1972); Bernard Mehl, "Education in American History," in George F. Kneller, ed., *Foundations of Education* (New York: John Wiley, 1964).

> **个人作品精选**
>
> "Organized Teachers and Educational Reform in the Progressive Era, 1890 – 1920," *History of Education Quarterly* 16 (Spring 1976).
>
> "History of Education: A Southern Exposure," *History of Education Quarterly* 21 (Summer 1981).
>
> *Why Teachers Organized* (Detroit: Wayne State University Press, 1982).
>
> "Black Subject, White Biographer," in Craig Kridel, ed., *Writing Educational Biography: Explorations in Qualitative Research* (New York: Garland Publishing, 1999).
>
> "Liberalism at the Crossroads: Jimmy Carter, Joseph Califano, and Public College Desegregation," in Wayne J. Urban, ed., *Essays in Twentieth-Century Southern Education: Exceptionalism and Its Limits* (New York: Garland Publishing, 1999).
>
> *More than Science and Sputnik: The National Defense Education Act of 1958* (Tuscaloosa: The University of Alabama Press, 2010).

些来自中西部的温顺的、不爱争辩的人时标榜自己的犹太人特性以及一个纽约客的身份。他不是他自己学生的导师,就像我们现在的老师指导研究生那样,但他关心我们,我们经常这么觉得。他是根据我们的背景而挑选学生的,常常敦促我们去审视过去的自己,在感到自豪的同时还要批判性地看待自己从哪里来。他似乎希望我们可以很好地处理自己的文化传统,这并不是为了延续传统,而是为了去批判地理解它,但这不一定是消极的。他最看重的是思想上的争论,这往往会使他疏远大多数的学生,但也会招来一些非常优秀的学生。我希望自己是优秀学生的一员。

我很尊敬梅尔,有时也会怕他。我从他那里学到了很多。

20世纪60年代,俄亥俄州立大学和其他很多校园一样,是一个政治中心,也是一个个人激进主义的中心。许多方面的激进人士都被吸引到梅尔那里,我们这些至少在言行举止上不那么激进的人,常常会对我们的所见所闻目瞪口呆。[①] 我常常称自己是梅尔"最忠实的学生",我用这个词的意思远远超过爱慕的含义。但我必须说,梅尔和我见过的任何聪明的人一样充满智慧。作为一位导师,他要求自己的学生去上俄亥俄州立大学里最好的教师的课,不管是历史学的罗伯特·布雷姆纳(Robert Bremner)、政治学的戴维·斯皮茨(David Spitz),还是社会学的约翰·丘伯尔(John Cuber)。这是我在教育史和哲学之外曾学习过的三个领域。

正如上文所述,我读研究生并不是为了在学术上有所成就。在俄亥俄

[①] 梅尔也是密歇根大学安格斯和威斯康星大学密尔沃基分校的杰克·E.威廉斯(Jack E. Williams)的导师,他们都在我之前完成了博士项目。

州立大学读研究生期间,我参加过许多区域性教育哲学会议,有时也去参加全国性会议,如全国高校教育学教师协会(National Society of College Teachers of Education),该协会的一个分支机构就是教育史分会,后来发展为教育史学会。在这些大会上,我们并不需要宣读论文。但我们会去尽力参加那些著名学者的演讲汇报,如当时的劳伦斯·A. 克雷明(Lawrence A. Cremin)、R. 弗里曼·巴茨(R. Freeman Butts)、玛克辛·格林(Maxine Greene)等人。我们也会参加那些曾在俄亥俄州立大学攻读博士学位的前辈所做的汇报。

我的学位论文对比了20世纪60年代的教育激进主义及其在20世纪30年代的前奏运动。相较而言,我更喜欢早前30年代的运动。我试图在两个时期的运动的写作上都使用一些已出版的书籍和文章作为主要参考文献。这是一段有趣的锻炼,耗费了我一年的时间来完成。在我写作的那一年里,梅尔大部分时间都在夏威夷。俄亥俄州立大学的课程教授保罗·克洛尔(Paul Klohr)是我的学位论文答辩委员会成员,他见证了我学位论文的大部分研究和写作的过程。他甚至还鼓励我在学位论文的基础上撰写文章,并得以在一个课程期刊上发表我的第一篇作品。[1] 我很感谢克洛尔对我的指导。我也很感激梅尔,尽管缺少他的指导,或许甚至在某种程度上正是因为没有他的指导。我获得博士学位后与刚开始时的我俨然换了一个人。我在异议、种族问题,以及评价自己的文化教育背景的优劣势方面都变得敏锐,这都是我接受博士教育的结果。

一

20世纪60年代后期,就业市场不景气,至少对俄亥俄州立大学的教育史和哲学的博士们来说是这样的。1968年秋,经过辗转波折,我终于在坦帕(Tampa)的南佛罗里达大学(University of South Florida)找到了人生中的第一份工作。这在很大程度上还是因为梅尔的关系——南佛罗里达大学社会基础领域的领军人物博日达尔·蒙强(Bozidar Muntyan)在伊利诺伊大学读

---

[1] Wayne J. Urban, "Militancy and the Profession," *Educational Leadership* 26 (January 1969).

教育哲学研究生时,梅尔当时是一名历史系学生。我第一学期的授课内容并没有教育史,而是三门本科生社会基础课。我和另一位教育史学者欧文·约翰宁迈耶(Erwin Johanningmeier)是同一年来到南佛罗里达大学的。他比我年长,比我早一年获得博士学位,也比我早一个月左右获得聘任。因此,他优先担任了南佛罗里达大学开设的美国教育史课程的教学工作。最后我也提出开设另一门历史课程,标题不同但基本相似,在该大学工作的三年时间里一共教过两次。南佛罗里达大学的同事们都很友善,但不太倾向于学术研究。我记得和约翰宁迈耶在翻阅大学指南(当时印刷的)时发现,约有一半的教师是在佛罗里达大学(University of Florida)或佛罗里达州立大学(Florida State University)获得博士学位的。我们两个谁都没有这种经历。教学任务是每个季度三门课,暑期工作也计入其中,这意味着每个人都可以得到他想要的教学量。然而,有意义的研究时间却所剩无几。

上述情况的结果就是,在南佛罗里达大学,尤其是教育学院,研究的氛围几乎是不存在的。我并不知道自己为什么想研究教育史并撰写相关的文章,但我的确开展了这方面的工作。或许是因为南佛罗里达大学很少有人——约翰宁迈耶除外——会去做研究。我对佛罗里达州的资料进行了发掘,并很兴奋地对1968年佛罗里达州教师罢工进行了研究。我通过这项研究发表了一篇文章,并在那段时间里收集了许多采访的磁带和文件。最近,《教育史季刊》邀请我评论一本关于这个罢工事件的著作,我希望自己不会再找理由搁置这些磁带和文件材料了。[1] 我评阅的这本书并不是由历史学者撰写的,而是由一位在罢工期间驻守佛罗里达州工作的全国教育协会(National Education Association)员工撰写的。这本书写得很细致,但对这一事件仍有进行学术研究的空间。我不确定在自己的职业生涯中是否还有足够的时间或意愿去研究这个话题。

我到南佛罗里达大学后,迈克尔·B.卡茨(Michael B. Katz)出版了他的开创性著作《早期学校改革的讽刺:19世纪中叶马萨诸塞州的教育创新》。虽然我对这本专著中使用的批判性分析很感兴趣,但是就像我读的每本书一样,书中的很多部分都采用量化分析。这本书至少使我和南佛罗里

---

[1] Don Cameron, *Educational Conflict in the Sunshine State* (Lanham, MD: Rowman and Littlefield, 2008).

达大学的一个教育统计学者建立起联系。他对 M. B. 卡茨书中使用的技术进行解释,帮助我理解该书,后来他还帮我理解了马里斯·A. 维努韦斯基斯(Maris A. Vinovskis)撰写的关于马萨诸塞州贝弗利的专著。维努韦斯基斯再次分析了 M. B. 卡茨的数据,并对学校和社会流动性得出一个非常不同的结论。从那时起,虽然我不能说自己全然接受量化史学,但我从不回避阅读量化史学的著作,并尝试将这种方法融入自己对教育史的理解之中。①

对我和我的妻子来说,佛罗里达州坦帕给我们带来了一点文化冲击。虽然我不知道"南方"的真正含义,但这里比我想象得更"南方"。尽管坦帕有一个充满活力的、仍然健在的内兹伯城(Ybor City)拉丁语区,但这里的文化还是比较简单纯朴。坦帕的其他地方也都不以智力或文化为导向。坦帕在某些程度上来说,衬托出俄亥俄州的哥伦布别具吸引力,而这是我从来没有想过自己会这么认为的事。坦帕的学校,以及该州其他地区的学校,当时正在经历一段曲折的发展时期,各个学校都试图努力去满足提上本州议程的废除种族隔离的诉求。我在南佛罗里达大学的第一年或第二年时曾参加过一个关于废除种族隔离的会议,在会上遇到了一位从佛罗里达大学退休的教育史学者和哲学学者罗布·舍曼(Rob Sherman)。随后我和舍曼就成为朋友和同事,我每年都会去佛罗里达州盖恩斯维尔(Gainesville)去拜访他和他的同事一两次。

有一次去拜访舍曼时,我遇到了最近刚来到佛罗里达大学的约翰·啥丁·贝斯特(John Hardin Best)。J. H. 贝斯特曾在罗格斯大学(Rutgers University)担任了很长时间的终身教职,而舍曼的博士学位就是在罗格斯大学获得的。我当时觉得盖恩斯维尔像麦加(Mecca)一样,是一个理想圣地,有山,有树,还有一家相当好的书店(这是坦帕所不及的),但 J. H. 贝斯特不以为然。一年后,他离开佛罗里达大学,去佐治亚州立大学(Georgia State University)新建的教育基础系担任系主任。佐治亚州立大学是一所位于亚特兰大市中心的学校,正在不断发展,不再是仅有一个商学院和一个文理学

---

① Michael B. Katz, *The Irony of Early School Reform: Educational Innovation in Mid-Nineteenth Century Massachusetts* (Cambridge: Harvard University Press, 1968); Maris Vinovskis, *The Origins of Public High Schools: A Reexamination of the Beverly High School Controversy* (Madison: University of Wisconsin Press, 1985). 在 1987 年《教育史季刊》的夏季号上,卡茨和维努韦斯基斯进行了一场关于他们各自研究的学术探讨,他们关于贝弗利的研究结论截然不同。

院了。一年后,佐治亚州立大学有一个职位空缺,我获得了聘任。我很高兴能有机会和 J. H. 贝斯特一起工作。① 他在当时的美国教育史领域已经是个响当当的人物了。J. H. 贝斯特是一个温和的人,一个好同事,也算得上是我的一个"导师",他教会我很多之前不知道的东西。

我想在此说说这两份工作。虽然每份工作我都接受了面试,但我可以确定,是因为关系的原因让我得到了工作——第一份工作是我的导师梅尔和南佛罗里达大学资深教授的关系;第二份工作是因为我和佐治亚州立大学的 J. H. 贝斯特的关系。虽然我在学生时代考试成绩总是比较好,但我从来不追求荣誉或精英教育。在中西部和南部的生活以及工作经历使我敏感地意识到那些在精英系统中未曾说明的偏见,就像读迈克尔·扬(Michael Young)的《精英阶层的崛起》(*The Rise of the Meritocracy*)②一样。如果我的这个故事有什么寓意的话,那么就是和你所在领域的其他人建立联系。你永远不知道这些联系何时会令你受益。

二

1971 年秋,我去了佐治亚州立大学,那时教育史学会已经成为一个独立的学术协会,不再附属于某些较大的教育团体。1970 年,我们在亚特兰大建立了一个地方性协会,即南部教育史学会(Southern History of Education Society),由 J. H. 贝斯特和约翰宁迈耶领导。我喜欢自己早期在教育史学会中的经历,更喜欢自己在南部教育史学会中的经历。南部教育史学会反映出 J. H. 贝斯特悠闲洒脱的风格。南部教育史学会没有设置官员,没有会费,也没有论文评论人,一点都不正式,但它一开始就成功了。作为教育基础系的领导,J. H. 贝斯特总能时不时地挤出钱来从其他地方邀请一位资深学者来参加会议。在学会创办的早期,保罗·纳什(Paul Nash)和克拉伦斯·卡里耶(Clarence Karier)就来过,我们也一直努力吸引本地区以外的资深学者等来参会。目前学会仍在运行着,现在由佐治亚州立大学的菲洛·

---

① John H. Best, ed., *Benjamin Franklin on Education* (New York: Bureau of Publications, Teachers College, 1962); John H. Best and Robert T. Sidwell, eds., *The American Legacy of Learning: Readings in the History of Education* (Philadelphia, Lippincott, 1967).

② Michael Young, *The Rise of the Meritocracy* [New Brunswick, NJ: Transaction Publishers, 1994 (1958)].

哈奇森（Philo Hutcheson）领导，仍是我最喜欢的会议。

刚来到佐治亚州立大学时，我在给研究生上的美国教育史课上讲教师工会。这个话题在我读研究生期间就很感兴趣，并在我的学位论文中得到突出呈现。我在俄亥俄州克利夫兰长大，来自一个良好的蓝领阶层的工会城镇，我有很多亲戚是工会成员。当我在读研究生时，教师工会和教师协会在俄亥俄州虽然不占主导地位，但很出名。我有很多研究生同学当时都是教师，或从教多年，他们对教师工会的看法很不同。我对教师工会的看法是，工会基本上是好的；工会尽力地为其会员服务。我总会把工会和工会主义融入教学中来，但尤其是在南方，工会和工会主义并不多见，而且也没有什么好声誉。

在佐治亚州立大学的一节研究生课上，一名学生告诉我，有个亚特兰大公立学校教师协会（Atlanta Public School Teachers Association）的老活动家手里保留着大量的协会记录。这位活动家当时已是一所当地高中的校长。我在富兰克林德拉诺罗斯福高中（Franklin Delano Roosevelt High School，其美丽的学校建筑可以追溯到20世纪30年代，最近已被改成公寓）的一个壁橱里找到了这些记录。这些记录最后奠定了我在教育史领域中第一份真正学术著作的基础。我的学术成长在很大程度上是通过试错进行的。J. H. 贝斯特很善于帮助我在专业领域中进行定位，以及处理与他人的关系，但他对我的教师工会研究并不感兴趣。幸运的是，在佐治亚州立大学有一些工会历史学者，如历史系的默尔·里德（Merl Reed）和加里·芬克（Gary Fink），他们对我的工作给予支持并进行指正。此外，佐治亚州立大学还有一个南方劳工历史档案馆（Southern Labor History Archives），这进一步加强了劳工史在佐

> **对我的工作产生影响的著作**
>
> Horace Mann Bond, *Negro Education in Alabama: A Study in Cotton and Steel* (Washington, DC: Associated Publishers, 1939).
>
> Merle Curti, *The Social Ideas of American Educators* (Paterson, NJ: Pageant Books, 1935).
>
> C. Wright Mills, *White Collar: The American Middle Classes* (New York: Oxford University Press, 1951).
>
> David B. Tyack, *The One Best System: A History of American Urban Education* (Cambridge: Harvard University Press, 1974).
>
> Willard Waller, *The Sociology of Teaching* [New York: Russell and Russell, 1961 (1932)].

治亚州立大学中的重要地位。档案馆当时由戴维·格雷西(David Gracey)领导,后来又由莱斯·霍夫(Les Hough)继任。通过里德和芬克,我获得了历史系的"联合任命"。最后,我还成功地获得了南方劳工历史档案馆里存放的亚特兰大公立学校教师协会的记录,这促使我完成了一部较好的学术研究著作。

我出版的第一本书是和两个俄亥俄州立大学的研究生同学顿·马丁(Don Martin)和乔治·奥弗霍尔特(George Overholt)合著的一本小书,名为《美国教育中的问责制:一种批判》(Accountability in American Education: A Critique)①。这是一本写作技术精炼的作品,一共三章,我们每人负责一章。这本书很快就被人遗忘了,但我很高兴有人在2009年教育史学会的会议上提出这本书值得一读,可以深入了解当前的教育问责运动,该运动是出台诸如《不让一个孩子掉队法案》的主要原因。

我早期的学术研究主要集中在教师工会史上,并在1976年于《教育史季刊》上发表了一篇论文,在1982年通过韦恩州立大学出版社出版了一本书。② 我认为史料所记录的和我之前的观点是一致的,即教师工会努力地为其成员服务。虽然我的研究可能并不讨非教师群体或研究教师的历史学者们的喜欢,但它的确是一部好作品,是在长期的持续研究中完成的。这本书已经很久没有印刷了,那篇文章似乎也已年代久远了,但我的确对它们以及后来的全国教育协会研究工作投入了很多精力。我认为自己做的是一个值得研究的问题,直到今天我都没有完全丢掉。

我在这里想详述一下自己向教育史学会提交的第一篇会议论文相关的事情。那次会议是在20世纪70年代初的芝加哥召开的,我写的论文主题是亚特兰大公立学校教师协会的早期历史。我记得当时有个身材娇小的女人坐在前排聚精会神地听我汇报论文,当时还有很多人也坐在那里。她向我提出的问题不仅很深入,也表达了对我研究的支持,既是帮助也是批判。会议结束后,我向她做了自我介绍,并建立了我和杰拉尔丁·约恩契奇·克利福德(Geraldine Joncich Clifford)长期的友谊和同事关系。我知道许多还有

―――――――――

① Accountability in American Education: A Critique (Princeton, NJ: Princeton Publishing, 1976).
② Wayne J. Urban, "Organized Teachers and Educational Reform in the Progressive Era, 1890 – 1920," History of Education Quarterly 16 (Spring 1976); Wayne J. Urban, Why Teachers Organized (Detroit: Wayne State University Press, 1982).

很多年轻学者都与克利福德有过类似的经历。自从和她在芝加哥初次相见后,我就在多年来的专业会议上一直关注着她。我也在专业会议上尽自己最大的努力去学习克利福德;尽可能多地去参加不同的会议,包括周日上午的会议,倾听汇报人具体展示了什么内容,同时提出具有支持性和批判性的问题。

1977年,J.H.贝斯特离开佐治亚州立大学,去宾夕法尼亚州立大学担任系主任。我在被选为继任他的教育基础系主任一年后,又担任了两个为期三年的主任任期。从1977—1984年,我一共担任了7年的系主任职务,在此期间最大的学术成果就是,在1982年出版了《为什么教师会组织起来》(Why Teachers Organized)这本书。1984年,我高兴地从管理岗位上退下来,开始学术生活的一段新篇章。

我想从这一点来说说我学术生涯中的研究和学术。我曾尝试担任管理工作,并取得了一定的成绩,但我不喜欢这项工作。我在担任系主任期间,还担任着教育史学会主席一职。我在教育史学会的主席演说中给自己的教师工会研究兴趣增加了地域性色彩,并在题为"教育史:一个南方的阐释"(History of Education: A Southern Exposure)的演讲中指出自己为什么喜欢在南方作为一名教育史学者从事研究的原因。[①] 在追求为自己制定的学术重心期间,我在20世纪80年代获得国家人文基金的资助,撰写了一部关于著名非裔美国学者贺拉斯·曼·邦德(Horace Mann Bond)的传记。1992年这本书在佐治亚大学出版社(University of Georgia Press)出版。[②] 撰写传记对我来说是一种新的体验,我选择去写是希望拓宽自己的学术视野,并使我重新去理解一个人的生活背景与其研究之间的关系。[③] 我想去研究一位教育史学者,而在研究邦德时我发现他在职业生涯中也面临着处理学术和行政管理工作的关系,这与我担任近十年系主任期间还要撰写教师工会一书

[①] Wayne J. Urban, "History of Education: A Southern Exposure," *History of Education Quarterly* 21 (Summer 1981). 我很高兴听说,2009年10月费城的教育史学会年会上,艾琳·塔穆拉(Eileen Tamura)在她自己的主席演说中提到了我的主席演说。可参见已发表的塔穆拉演说: Eileen H. Tamura, "Value Messages Collide with Reality: Joseph Kurihara and the Power of Informal Education," *History of Education Quarterly* 50 (February 2010).

[②] Wayne J. Urban, *Black Scholar: Horace Mann Bond, 1904–1972* (Athens: University of Georgia Press, 1992).

[③] 在邦德传记的序言以及克雷格·克里德(Craig Kridel)主编的教育传记中发表的一篇文章里,我也谈到了这些话题。See Wayne J. Urban, "Black Subject: White Biographer," in Craig Kridel, ed., *Writing Educational Biography* (New York: Garland, 1998).

的经历相似。

研究邦德的书出版后不久,我受雇于全国教育协会的研究部为其撰写历史,以在1997年纪念全国教育协会成立75周年。① 在做该研究的同时,我也不断地寻找关于全国教育协会的史料,并于2000年出版了一本关于全国教育协会的历史著作。② 从那时起,我与全国教育协会,尤其是它的研究部,断断续续地一直保持着联系。研究部的部长罗恩·亨德森(Ron Henderson)是一位有责任心的学者,从密歇根州立大学获得教育社会学博士学位并选择为教师工会工作。当我看到他所做的工作时,我开始认识到学术可以,也的确能和行动之间建立联系,赋予那些常常在大学里讨论的问题以生气。借着我在全国教育协会工作之便,我可以自由地使用它的档案。这些档案是关于美国教育史的一个最有价值的收藏文献。但问题是,你需要通过全国教育协会的官僚机构才能获得档案,而这个过程可不简单。我很高兴地注意到这些档案现在被收藏在乔治华盛顿大学(George Washington University)的专用收藏部,这个收藏部还保存了美国大学教授联合会的论文。

三

我在21世纪初时觉得自己的职业生涯是幸运的,同时又是不幸的。我已经从佐治亚州立大学的一名普通教师荣升为一位杰出教授,而整个教育学院只有2位杰出教授,全校也才不到10位。但我也明白,学术研究并不是佐治亚州立大学的首要目标,尽管它也鼓励学术研究。我一直不断地找机会离开佐治亚州立大学,也获得了好几次机会,如在1973年、1974年和1989年的暑假去威斯康星大学麦迪逊分校开展教学,1984年去澳大利亚的莫纳什大学(Monash University)开展教学。我通过这些工作从别人那里学到了

---

① Wayne J. Urban, *More than the Facts: The Research Division of the National Education Association, 1922-1997* (Lanham, MD: University Press of America, 1998). 人际关系再一次在获得这项任务的过程中发挥了重要作用。亨德森问伊利诺伊大学著名的教育史学者詹姆斯·安德松(James Anderson),他是否知道有谁在研究教师协会史。J. 安德松就把我的名字告诉了亨德森,他就联系了我,而我也高兴地接受了任务。

② Wayne J. Urban, *Gender, Race, and the National Education Association: Professionalism and Its Limitations* (New York: Routledge/Falmer, 2000).

很多关于历史学术研究的东西,尤其是在麦迪逊的爱德华·克鲁格(Edward Krug)、赫伯特·克里巴德(Herbert Kliebard)、于尔根·赫布斯特(Jurgen Herbst)和卡尔·F. 克斯特尔(Carl F. Kaestle),在澳大利亚的安迪·斯波尔(Andy Spaull)、理查德·塞莱克(Richard Selleck)和马丁·沙利文(Martin Sullivan)那里受益匪浅。1995年,我参加了国际教育史常设会议在柏林召开的会议,之后就一直参会,提高了自己的国际参与度。通过在这些会议上建立的联系,我于1999年获得富布赖特资助去克拉科夫师范大学(Krakow Pedagogical University)任教,得以有机会在祖先待过的地方同时教本科生和研究生,并和WSP(波兰语中师范大学的缩写)的切斯瓦夫·马若雷克(Czeslaw Majorek)建立起友谊。2004年,我申请并获得富布赖特资助,去位于加拿大多伦多郊区的约克大学(York University)任教。我之前去过几次多伦多,分别是担任哈里·斯莫勒(Harry Smaller)的博士学位论文的外部评审员,以及参加美国教育史学会和加拿大教育史学会联合召开的会议。在约克大学期间,我和一位著名的加拿大教育史学者保罗·阿克塞尔罗德(Paul Axelrod)合作教学一个班,他当时还是教育学院的院长。我很关注加拿大学者的动态,也很欣赏他们对美国学术界的质疑。我在下文将详细叙述。

1995年柏林会议后,我每年都参加国际教育史常设会议召开的会议,从中也收益颇丰。在1999年的澳大利亚悉尼(Sydney)召开的会议上,我被选入国际教育史常设会议的执行委员会;在2002年的圣保罗(San paolo)召开的会议上,我又当选为期三年的会议主席。我认为,自己在参加国际教育史常设会议等世界性学术会议的经历至少让我明白两件事情。第一,世界许多地方都有教育史学者,他们开展的研究与我们美国学者开展的方式大不相同。国际教育史常设会议的历史学者,至少是著名的学者,在理论上要比我们美国学者更为老练。他们通过运用理论来提升研究,而非取代研究。第二,在美国教育史领域,常常存在一种无意识的但又真实的学术帝国主义,使我们在世界其他地区备受质疑。我们经常鄙视,或轻松地忽略掉美国之外的学者所做的研究工作。这对非美国学者来说,在和美国学者一同开会并互动时是非常明显的。这反映出我们的短视和无知,我不知道除了增加联系之外,还有何种途径可以改善这种情况。在这个全球化的时代,我认为我们难以承受得起这种狭隘性。

接近2005年底时,我决定从佐治亚州立大学退休,主要是因为大学的教务长使用程序审查来结束我们系的一个博士项目,使得人人自危。由于我将近退休,并决定继续开展学术工作,所以我就开始去找另一份工作。我知道教育史的职位很少,所以我扩大了自己的搜索范围。幸运的是,阿拉巴马大学重新建立的教育政策中心(Education Policy Center)有个职位空缺。我认识几个阿拉巴马大学的教师,并曾在几年前与一位做期刊出版工作的主任有过联系。我在不甚了解教育政策中心详情的情况下接受了这个职位的面试,并获得了教育政策中心副主任的职位。我主要负责教育政策中心内部事务,协调学院里教师们的工作,以及帮忙引进一些相关的外来人员到塔斯卡卢萨(Tuscaloosa)来与我们在政策问题上进行合作。

我并没有打算在这个新位置上放弃历史研究,而且我还成功地完成了一本关于《国防教育法》的历史研究著作,这本书带有明显的联邦政策的意味。[1] 我在阿拉巴马大学工作了六年的时间,其间仅教过一次美国教育史课程,但我成功地开设了几个带有大量历史成分的政策研讨班。我最近开设的是关于詹姆斯·科南特(James Conant)的研讨班。科南特曾长期担任哈佛大学校长,参与过第二次世界大战期间原子弹的研发,在战后德国担任过外交官,而且是20世纪中期美国教育政策发展中的一位重要人物。科南特所做的政策研究工作主要涉及高中,与高等教育也有关联,这将成为我打算出版的被我称之为教育传记的主题。虽然我之前了解过科南特,但他引起我注意的更为直接的原因是,我在教育政策委员会(Educational Policies Commission)工作的一部分内容涉及他。教育政策委员会由全国教育协会和美国学校管理者协会(American Association of School Administrators)共同创办,我在其中的研究工作由斯宾塞基金会资助。现在我打算向该基金会及其他资助机构申请资助我对科南特的研究。

我做的另一项工作就是与弗吉尼亚大学(University of Virginia)的詹宁斯·瓦戈纳(Jennings Wagoner)合作撰写一本教科书。他也在我之前待过的俄亥俄州立大学博士项目中读过研究生。我们一直保持着联系。当瓦戈纳签订好撰写教科书的合同时,他问我是否愿意加入。学术界并不大看重

---

[1] Wayne J. Urban, *More than Science and Sputnik: The National Defense Education Act of 1958* (Tuscaloosa: The University of Alabama Press, 2010).

撰写教材,教育史领域也不例外。虽然同事们认可你写的教材,但他们通常不会说一些实质性的评论。目前,我们写的书已经印刷了四版,比我任何研究成果的学生读者都要多。[①] 我和瓦戈纳很自豪,很高兴撰写了这本教材。

四

当我重读这篇文章并思考我的职业环境时,我想做以下总结。首先,教育史是一个很棒的领域,像我这样的无名之辈都可以在该领域有所成。但教育史似乎从过去到现在一直不免受到弥漫于整个学术界的等级地位的影响,影响其成败得失。其次,尽管我一点也不趋炎附势,但对我来说,在教师协会史和南方教育史等领域工作都是好的选择。这也可以说是上一点总结中第二部分的另一种表达。对那些不是来自顶尖的大学,而且对排名也没有什么期待的学者来说,根据个人的兴趣而非跟随所在学科的潮流或许是个恰当的选择。最后,在教育史领域工作的一个异常好的方面是,可以和同事们从教育和历史两个方面进行互动,从学术成果的角度来说,这种互动富有成效。由于这种互动是在一个很小的领域进行的,人们可以和这两方面的同事都建立起长久的联系。

我对科南特进行研究是为了探索艺术、科学与教育之间更深层次的关系,以及这些关系对"二战"后中学的发展和高等院校中教育学院的发展的影响。[②] 正如我撰写邦德传记一样,我在研究科南特的过程中,同时也是在研究自己。事实上,教育和艺术、科学之间的关系是我在读研究生以来就一直探究的问题。我认识的人里没有一个人会用温和来形容它们之间的关系。研究科南特对这些关系的看法是一条借助一系列具体细节(他的观察和接触)来考察这些关系的方式。同时我还想从科南特的著作出发,进入那些关系的更深层次进行考察。我觉得这个任务并不简单。

[①] Wayne Urban and Jennings Wagoner, *American Education: A History* (New York: McGraw-Hill, 1996, 2000, 2004; Routledge, 2009).该书已有中译本,参见:韦恩·厄本,杰宁斯·瓦戈纳. 美国教育:一部历史档案[M]. 周晟,谢爱磊,译. 北京:中国人民大学出版社,2009.

[②] 本书的另外两位作者已经对这些话题进行过讨论,请参见:Geraldine J. Clifford and William J. Guthrie, *Ed School: A Brief for Professional Education* (Chicago: University of Chicago Press, 1988); David F. Labaree, *The Trouble with Ed Schools* (New Haven: Yale University Press, 2004).

从里加到安阿伯：对教育史与政策的迟到的追求

马里斯·A. 维努韦斯基斯
(Maris A. Vinovskis)

教育,在我的一生中总是发挥着重要作用。但一开始,与教育有关的问题并不是我的主要关注点。后来,教育史与政策制定成为我学术与政策工作的主要部分,这在某种程度上算是我学术事业中很幸运的意外了。

早年的经历

1943年,我出生在拉脱维亚的里加(Riga)[①],当时拉脱维亚正处于第二次世界大战的连年征战中。父亲阿尔韦兹(Arveds)和母亲露西嘉(Lucija)带着18个月大的姐姐黛拉(Daila)在里加生活。父亲出生在农村,在拉脱维亚大学(University of Latvia)获得法学学位。战前,他在拉脱维亚的审计署就职。1940年6月,拉脱维亚成为苏联加盟共和国之后,父亲前途堪忧,因为他之前曾为前拉脱维亚政府工作,而且在大学时期加入过学校的兄弟会(fraternity,其多数成员具有强烈的民族主义情结)。1941年6月,当苏联准备将前拉脱维亚政府的大部分雇员及其知识分子秘密驱逐至西伯利亚时,父亲在大学时的一位同学给他通风报信,父亲躲进了森林。一周后,德国入侵苏联,德军很快便占领了拉脱维亚。父亲得以回来,并效力于新的拉脱维亚政府(此时被德国人控制)。

1943年末,苏联重新获得军事主动权。这个时候,拉脱维亚人民开始被

---
① 里加,拉脱维亚的首都。——译者注

转移到德国工作。最开始(就在同盟国轰炸袭击之前),我们家被迁到德累斯顿(Dresden)①,但在大规模轰炸之后,又被改送至捷克斯洛伐克。当苏联红军到达时,我们家逃往了慕尼黑(Munich)②,而且幸运的是,最后来到美国占领区。接下来的5年,我们在流亡人员营地度过(这里主要是拉脱维亚人)。父亲受过专业的法律训练,且能说多种语言,得以在慕尼黑上班,为联合国救援和康复委员会(United Nations Relief and Rehabilitation Commission)工作。

后来,美国通过了特殊移民法,允许40万流离失所者入境。1949年,我们移民到内布拉斯加州的布莱尔(Blair, Nebraska),这是一个只有5 000人的小乡镇。我们受到社区的欢迎和热心帮助。父亲在那里的路德教会出版公司(Lutheran Publishing Company)工作,母亲在当地的一个餐馆当洗碗工。到了晚上,他们在一所小学当门卫。

我和姐姐被安排在一年级班。由于不懂英语,大多数课上我们都干坐着,对他们讨论的内容毫无概念。到了二年级,我们逐渐学会一些英语。加上几位老师的额外帮助,我得以在学业上迅速地追赶上我的同学。

奥马哈中央高中

父亲后来换了工作,在奥马哈(Omaha)③的一家食品加工厂当一名普通劳工。这里的工作比之前辛苦很多,但酬劳更高。1957年,我们家搬到了奥马哈,我到那里的中央高中(Central High School)学习,它是一所市区学校,吸引着各种各样的学生,它拥有实力强劲的体育社团,并提供高质量的学术教育[20世纪50年代,中央高中被《每周新闻》(*Newsweek*)评为全美最优秀高中第38位]。我学习还不错,在高中时修习了微积分,以及历史、英语、物理等大学预修课程。同时,我也加入了学校的足球队和篮球队。我们的足球队是州冠军球队,我们的篮球队也进入了州决赛。

---

① 德累斯顿,德国东部萨克森州的首府。——译者注
② 慕尼黑,德国西南部巴伐利亚州的首府。——译者注
③ 奥马哈,美国内布拉斯加州东部的一座城市。——译者注

> **我最喜欢的著作**
>
> Carl F. Kaestle and Maris A. Vinovskis, *Education and Social Change in Nineteenth-Century Massachusetts* (Cambridge：Cambridge University Press, 1980).
>
> Maris A. Vinovskis, *Fertility in Massachusetts from the Revolution to the Civil War* (New York：Academic Press, 1981).
>
> Maris A. Vinovskis, *The Origins of Public High Schools：A Re-Examination of the Beverly High school Controversy* (Madison：University of Wisconsin Press, 1985).
>
> Maris A. Vinovskis, *An "Epidemic" of Adolescent Pregnancy? Some Historical and Policy Perspectives* (New York：Oxford University Press, 1988).
>
> Maris A. Vinovskis, ed., *Toward a Social History of the Civil War: Exploratory Essays on the North* (Cambridge：Cambridge University Press, 1990).

家庭的持续拮据激发了我早期对公共政策,尤其是如何帮助低收入家庭的兴趣。得益于一位善良的美国人的私人抵押,我父母才得以在布莱尔购置了房产。但当这片地要被用于建立一所小学时,我们不得不重新迁址。在去到奥马哈之后,我们有了新家,但很快又不得不搬离,因为那里是某项高速公路工程的一部分。几年后,我们的新家又在城市改造过程中被拆。在所有这些交易中,父亲感觉我们这些被迫放弃的财产从未得到过一个公平的市场价格。但由于无法负担必要的律师费用和时间成本,因而没有对那些决策提出过质疑或论争。后来,父亲工作多年的卡德希食品厂(Cudahy Packinghouse)意外地倒闭了,由于年龄问题,父亲很难再找到另一份工作(最终,他在奥马哈当地的一个印刷厂找到一份薪资极低的工作)。

包括我自己在内的每个人都认为我会上大学。因为我的学业等级和考试成绩都很好,足球技能也有足够的竞争力,两者综合起来,是很有希望进入大学的。我很情愿踢足球和打篮球,而我的父母只关心我的学业成绩,他们将体育运动视为一种暂时性的且具潜在的分散精力危险的活动。因此,我希望进入一所不需要我踢足球的大学。

许多大学代表来参观中央高中,招录有潜质的学生。我参加了几场宣讲会,对一所小型的文理学院——卫斯理大学印象深刻,觉得这是一所理想的学校。我申请了提前录取并获得了一份学术奖学金(尽管我怀疑我踢足球的经历对他们的决定有一定影响)。那年春末,我的经济情况有所改善,我拿到了国家优等奖学金,让我无需从父母那里得到经济资助就可以上大学成为可能(我决定到大学后不再踢足球和打篮球)。

卫斯理大学

后来证明,卫斯理大学对我而言的确是一个理想的地方。最初,我生病在家,还担心竞争不过那些准备充分的同学。但是,经过一段时间之后,一再受益于教授们的特别帮助和鼓励,我得以在学业上有所精进。我为该专攻科学还是历史而犹豫不决,最终我选择了历史。一方面是因为我对这门学科的热情,另一方面我也意识到自己虽然在科学方面有一定的能力,但并非鹤立鸡群,特别突出(当时我也简单地考虑过社会学,但碍于卫斯理大学可选的课程数量有限,也就作罢了)。

那时我对自己的职业追求还没有概念,只是一直对公共政策很感兴趣。1965年大四的时候,我搭便车到亚拉巴马州参加塞尔马的游行①。还没到塞尔马,我就在蒙哥马利全国有色人种协进会的一次和平集会示威中被逮捕,在监狱中绝食度过了一周,后被保释出狱。父母很担心我的安全,也担心逮捕事件对我的将来产生影响。那段经历对我而言,在很多方面都是一个重要的转折点,它强化了我培养社会正义感和帮助弱势群体的兴趣。

大四期间,我在卫斯理大学获得了几个奖项,且被选为学校代表参加在白宫(White House)举行的学生领导会议。作为这次行程中的意外收获,我遇到了约翰·梅西(John Macy),他是文职管理会(Civil Service Commission)主席,也是卫斯理大学的校友。他劝我考虑以后成为联邦文职人员。与此同时,在理查德·比尔(Richard Buel)的指导下,我写了一篇关于内战前南卡罗来纳州无效危机②的荣誉论文。这是一次重要的经历,因为它证明了我能够胜任且很享受原创性的历史研究。有趣的是,即使老师和学校教育在我的生活中很重要,但我从未想到会将教育史作为我荣誉论文的主题。

---

① 塞尔马是亚拉巴马州中部的一个城镇。1965年,塞尔马是登记非裔美国选民和民权运动的中心。尽管美国宪法(U.S. Constitution)第十五条修正案(15th Amendment)对投票权有明确规定,但某些州和地方辖区却为非裔美国人参加投票设置了种种法律障碍。1965年,为支持民众的投票权,举行了从塞尔马到该州首府蒙哥马利的大游行。——译者注
② 南卡罗来纳无效危机,发生于1832—1833年间的一场南卡罗来纳州与联邦政府的公开对抗。原因在于,南卡罗来纳认为联邦的1828年和1832关税法违宪,因而在其管辖范围内认为该法案无效,拒不承认其合法性。——译者注

在准备离开卫斯理大学时，对接下来做什么，我仅有一个模糊的想法。我对进入公共服务领域的兴趣已经提升，但也有一些人劝我继续学业。我简单地想着要去上法学院，但事实上我对美国的律师和法学院知之甚少。比尔建议我申请三个历史类的研究生项目，同时去竞争国家奖学金。最终，我获得了一个四年的丹佛斯研究生奖学金（这种奖学金是为那些对大学教学感兴趣的学生而设的），并于1965年进入哈佛大学历史系。

哈 佛 大 学

在哈佛大学，我想研究约翰·肯尼迪（John Kennedy）的国会生涯（1946—1960），关注他与选民及其华盛顿决策的关系。但是，哈佛大学历史系认为我的选题距离当下太近，所以我转而跟着伯纳德·贝林（Bernard Bailyn）学习。他是一位杰出的美国殖民地史学研究者，并且很支持社会科学研究。之后，我的兴趣便转向了殖民地时期和内战前的人口与社会史。尽管贝林曾写过一部有关殖民地教育的颇具影响力的短篇专著，但我们从未探讨过我将以教育史作为职业生涯的可能性。同样地，尽管我的妻子玛丽（Mary）是一名中学科学和数学教师，但我们从未花时间讨论过教育问题。

我们没有住在剑桥，那里房租高，且多为哈佛大学的老师和学生们居住，我和玛丽决定搬到萨默维尔，那是一个毗邻劳工阶层，因市政腐败而臭名昭著的天主教社区。我加入了全国有色人种协进会，在刚成立的萨默维尔种族理解委员会（Somerville Racial Understanding

---

我最喜欢的著作（续）

Gerald F. Moran and Maris A. Vinovskis, *Religion, Family, and the Life Course: Explorations in the Social History of Early America* (Ann Arbor: University of Michigan Press, 1992).

Diane Ravitch and Maris A. Vinovskis, eds., *Learning from the Past: What History Teaches Us about School Reform* (Baltimore: Johns Hopkins University Press, 1995).

Maris A. Vinovskis, *History and Educational Policymaking* (New Haven: Yale University Press, 1999).

Maris A. Vinovskis, *The Birth of Head Start: Preschool Education Policies in the Kennedy and Johnson Administrations* (Chicago: University of Chicago Press, 2005).

Maris A. Vinovskis, *From a Nation at Risk to No Child Left Behind: National Education Goals and the Creation of Federal Education Policy* (New York: Teachers College Press, 2009).

Committee)中表现活跃。1969年,一位不知名的圣公会牧师 S. 莱斯特·拉尔夫(S. Lester Ralph)决定挑战现任的爱尔兰人市长。尽管几乎没有人相信他会在一场三人角逐的竞选中有任何胜算,我还是加入了支持他竞选的一小撮改革者组成的阵营中。由于对萨默维尔任人唯亲及腐败盛行的义愤,选民轻而易举地选择了拉尔夫。

由于接受了萨默维尔的一份全职的行政工作,我几乎耽误了在哈佛大学的研究生学业。然而,我还是一边继续致力于我的学术论文,一边接受了萨默维尔分区上诉委员会(Somerville Zoning Appeals Board)的一份业余工作,并在接下来的三年中花费了大量时间紧跟着市长工作。我的大部分工作就是帮助市长处理地方、县及州的政治活动[包括拉尔夫和保罗·聪格斯(Paul Tsongas)在米德尔赛克斯(Middlesex county)①的成功竞选,拉尔夫在马萨诸塞州司法部长竞选中的失败,参议员亨利·M. 杰克逊(Henry M. Jackson)在马萨诸塞州总统初选中的失败,以及拉尔夫连任市长的成功]。尽管我仅在萨默维尔政界待了很短一段时间,但它却是我人生中最满意的履历之一。拉尔夫连任了四届市长,之后由另一位当地改革者继任了四届。当更为传统的萨默维尔政党继续试图收回对社会的控制权时,他们依然是失败了。

当时,我个人的政治定位是很复杂的。基于我的背景,以及对国外政策的持续关注,我强烈反对苏联的政策,但我支持美国政府帮助各种族弱势群体的政策项目。和父亲一样,我也是一名登记在册的共和党人,但我花费了大量时间在马萨诸塞州为民主党候选人奔走工作。在哈佛大学时,我加入了一个新成立的自由主义共和党组织——里彭社(Ripon Society)②,并代表萨默维尔参加1970年马萨诸塞州共和党大会。我和玛丽代表里彭社参加了1968年在华盛顿举行的穷人大游行(Poor People's March)③。我在卫斯理大学及哈佛大学的一些同学加入了诸如争取民主社会学生会这种更为激进的组织,但我对他们的许多政策并不赞同,我支持那些相对温和的州及地方的改革努力。

---

① 米德尔赛克斯,马萨诸塞州的一个县。——译者注
② 里彭社,1962年成立,美国共和党内的青年进步组织。——译者注
③ 穷人大游行,又称为"穷人运动"(Poor People's Campaign),发生于1968年,旨在使美国的穷人获得经济上的公正对待。——译者注

我的博士论文准备研究18世纪末及内战前马萨诸塞州出生率降低的情况,之前这种持续的下降也发生在许多其他国家。在专注于论文写作期间,我在新成立的哈佛人口中心(Harvard Population Center)前徘徊。短暂逗留期间,我偶然遇到了人口中心的主管罗杰·雷维尔(Roger Revelle)。在向他解释了我的论文主题之后,雷维尔为我提供了一间办公室,然后我就成为为数不多的与该中心有非正式联系的研究生之一。

人口中心的教员们将我作为一名年轻同事来对待。通过参与他们的研讨班和各种讨论,我受益匪浅。更重要的是,雷维尔成了我亲密的私人导师和行为榜样。我为雷维尔所折服,他曾在肯尼迪当政期间担任内政部的科学顾问。他将卓越的学术与华盛顿的决策相结合,且还抽时间去激励研究生。1968—1969年,当雷维尔决定开设一门新的本科生科学课程"人口、自然资源和环境"时,我成为这门课程的设计者和某些部分的指导者之一[阿尔·戈尔(Al Gore)是参与我那部分内容的一个学生],再加上另一位研究生阿肖克·科斯拉(Ashok Khosla),我们三人一起编写了一本课程阅读材料,①这份材料为我们提供了一个更为中肯的,且我们认为相较于保罗·埃尔利希(Paul Ehrlich)在《人口爆炸》(*Population Bomb*, 1968)中提出的世界末日观更为现实的参考。②

在继续写作我的论文时,教育问题冒出来了。对战前马萨诸塞州人口出生率剧减的一个可能解释是,19世纪30—40年代贺拉斯·曼(Horace Mann)发起的公立学校变革,使得公众的受教育水平提升,进而影响了出生率。但经济史学者艾伯特·菲什洛(Albert Fishlow)利用一些州的教育数据反驳,贺拉斯·曼的改革事实上并没有提高马萨诸塞州的学校入学率。③我重新深入审视了这些情况,发现1840—1860年间马萨诸塞州儿童的在校率确实是降低了,降低的原因是相当大比例的4岁以下儿童在1840年已经进入公立或私立的幼儿学校,截至1860年,几

---

① Roger Revelle, Ashok Khosla, and Maris A. Vinovskis, *The Survival Equation: Man Resources, and His Environment* (Boston: Houghton Mifflin, 1971).
② R. Ehrlich, *The Population Bomb* (New York: Ballantine, 1968).
③ Albert Fishlow, "The Common School Revival: Fact or Fancy?" in Henry Rosovsky, ed., *Industrialization in Two Systems: Essays in Honor of Alexander Gershenkron* (New York: Wiley, 1968), 40–67.

乎没有4岁以下儿童进入马萨诸塞州的学校了。① 发生这种变化部分是由于医学专家认为,过早地对儿童的心智进行智力刺激,将会导致随后青少年阶段的精神错乱。②

对内战前幼儿学校运动的意外发现,让我跟他人合著了几篇文章,以及其他一些关于马萨诸塞州教育趋势、战前女性教师以及分析贺拉斯·曼关于教育的经济生产力的观点的文章。③ 但与此同时,我也在继续撰写我的论文。1974年,我在克拉克大学(Clark University)布兰德·李讲座(Bland-Lee Lectures)中做了题为"人口统计史与世界人口危机"(Demographic History and the World Population Crisis)的讲座,并写了几篇实质性的、方法论方面的人口统计和家庭史文章。④

过去影响我的著作
Bernard Bailyn, *Ideological Origins of the American Revolution* (Cambridge: Harvard University Press, 1967).
Ernest Becker, *The Denial of Death* (New York: Free Press, 1973).
Theodore Caplow, *The Academic Marketplace* (New York: Anchor Books, 1965).
Merle Curti, *The Making of an American Community: A Case Study of Democracy in a Frontier County* (Stanford: Stanford University Press, 1959).
Robert William Fogel and Stanley L. Engerman, *Time on the Cross: The Economics of American Negro Slavery*, Vol. 2 (Boston: Little Brown, 1974).

---

① Maris A. Vinovskis, "Trends in Massachusetts Education, 1826-1860," *History of Education Quarterly* 12 (Winter 1972): 501-529.
② Dean May and Maris A. Vinovskis, "A Ray of Millennial Light," in Tamara K. Hareven, ed., *Family and Kin in Urban Communities, 1700-1930* (New York: New Viewpoints, 1977), 62-99.
③ Maris A. Vinovskis, "Horace Mann on the Economic Productivity of Education," *New England Quarterly* 43 (December 1970): 550-571; Richard M. Bernard and Maris A. Vinovskis, "The Female School Teacher in Antebellum America," *Journal of Social History* 10 (Spring 1977): 332-345.
④ Maris A. Vinovskis, *Demographic History and the World Population Crisis* (Worcester, MA: Clark University Press, 1976). Maris A. Vinovskis, "The 1789 Life Table of Edward Wigglesworth," *Journal of Economic History* 31 (September 1971): 570-590; Richard D. Tabors and Maris A. Vinovskis, "Preferences for Municipal Services of Citizens and Political Leaders: Somerville, Massachusetts, 1971," in Elihu Bergman, et al., eds., *Population Policymaking in the American States: Issues and Processes* (Lexington, MA: D. C. Heath, 1974), 101-134; Maris A. Vinovskis, "The Field of Early American History: A Methodological Critique," *The Family in Historical Perspective* no. 7 (Winter 1974): 2-8; Maris A. Vinoskis and Tamara K. Hareven, "Marital Fertility, Ethnicity, and Occupation in Urban Families," *Journal of Social History* 8 (Spring 1975): 69-93; Maris A. Vinovskis, "Angels' Heads and Weeping Willows: Death in Early America," *Proceedings of the American Antiquarian Society* 86, part 2 (1976): 273-302; Maris A. Vinovskis, *Fertility in Massachusetts from the Revolution to the Civil War* (New York: Academic Press, 1981).

威斯康星大学

在研究生院待了七年之后,似乎是时候寻找一份长久的学术职业了。尽管我的毕业论文进展顺利,但它还未完成,且可能还需几年才能完成。此外,我对计量史学的兴趣在持续增长,但缺乏一定的实践。尽管有人曾建议我尽快完成毕业论文,先不要发表任何文章,但截至1972年,我已经发表了四篇文章,且还有几篇已被刊物接纳。1972年10月,我收到威斯康星大学的邀请,参加一个美国社会史方面的工作面试。很快,我就受邀加入他们的教师队伍。同时,雷维尔在哈佛大学人口中心也为我提供了一个职位,我不确定我该怎么选择,贝林强烈建议我加入这个优秀的历史学项目(指接受威斯康星大学的教职——译者注)中,否则将是一大遗憾。我和玛丽同意接受这一职位,这也在意料之外地将我引向更深入的教育史研究。当我在威斯康星大学继续完成毕业论文时,我遇见了教育学院的卡尔·F. 克斯特尔(Carl F. Kaestle)。克斯特尔刚刚拿到全国教育研究所的一大笔资助来研究内战前马萨诸塞州的教育。最开始,我是作为数据顾问进入这个全国教育研究所项目的,但很快这项工作让我成为全面合作者,以及项目报告和随后著作的合著者。①

与克斯特尔在马萨诸塞州项目上的合作是我职业生涯中给我的思想和生活带来巨大愉悦感的经历之一。尽管我们在问题阐释方面存在一些差异,但这从不对我们解决问题造成任何困扰。我们的研究方向和优势得到了很好的互补,这样的话,合作的专著在分析上自然比我们独自完成这个大工程更为有力,写得也更好、更有趣。对我而言,教育史曾经只是一个令人着迷的但较小的学术话题,但此时,它已成为我几个主要的学术追求之一。在过去的几年中,我已与三十多位一流的学者合著过文章或著作(其中大约三分之一是和我的学生合作的)。但与克斯特尔的合作,以及我们之间持续的友谊仍旧是我诸多经历中最宝贵的。

---

① Carl F. Kaestle and Maris A. Vinovskis, *Education and Social Change in Nineteenth-Century Massachusetts* (Cambridge: Cambridge University Press, 1980).

人口专责委员会

1974年，多亏密歇根大学的慷慨供职，我加入了密歇根大学历史系和社会研究所。1975年，我完成了博士论文，并于1977年获得终身教职。在密歇根大学，除了极感兴趣的教育史外，我还研究了许多其他主题。我继续做人口统计与家庭史研究，启动了一项大型的关于战前精神病院的国立卫生研究院（National Institutes of Health）项目［与芭芭拉·罗森克兰茨（Barbara Rosenkrantz）合作］，分析了联邦堕胎资金的政策（与堕胎和反堕胎组织密切合作）。

20世纪70年代，我对公共政策的兴趣仍在持续。就在理查德·尼克松（Richard Nixon）总统连任后，在白宫工作的一位卫斯理大学同学邀请我到华盛顿同他一起工作。我拒绝了，因为那将延误我毕业论文的进展，也将影响我学术生涯的开端。之后，1977年，美国众议院组建人口专责委员会（Select Committee on Population），主席詹姆斯·朔伊尔（James Scheuer）一直在寻找一位专业人员，雷维尔就举荐我成为候选人之一。尽管我是登记在册的共和党人，朔伊尔还是为我提供了助理主管的职位，我接受了。后来，由约翰·厄伦伯恩（John Erlenborn）领导的共和党在寻找合适的社会科学人员时遇到了困难，朔伊尔和厄伦伯恩达成约定，我转而担任人口专责委员会的少数派主管（Minority Staff Director）。这样，多数派和少数派（the majority and minority）实际上就融合在一起了（尽管在技术上还是分离的）。这就有助于两党代表及职员在某些可能具有争议的问题上进行合作交流。

在人口专责委员会工作的那段时期，无论是参加华盛顿的立法程序，还是证明自己在行政和政策方面的能力，那都是一段珍贵的、令人满意的个人经历。同时，这也展示了我可以同时与共和党和民主党政策制定者合作的能力与意愿。我领导了"青少年妊娠项目特别小组"（Task Force on Adolescent Pregnancy），并担任各种研究堕胎问题的组织之间的联络人。后被提升为副主管，然后是主管。后来，鉴于我的其他一些允诺，以及决定留在学术界的决心，我于1979年初又回到密歇根大学。

青少年妊娠项目办公室

一回到密歇根大学,我就继续分析联邦的青少年妊娠政策。1981年初,玛乔丽·梅克伦伯格(Marjory Mecklenburg)被任命为青少年妊娠项目办公室(Office of Adolescent Pregnancy Program)主管,她是一位反堕胎、反节育计划的支持者。她邀请我抽时间作为顾问去分析她的项目,并提供改进建议。我很高兴地同意了,因为它为我提供了一个难得的接触青少年妊娠项目办公室档案记录的机会。在那里短暂工作后,我被邀请加入她的团队,但那时我还不想返回华盛顿做全职工作。她就聘我为社会科学顾问。另外,我也帮助起草了敏感资料备忘录,当时,我不能共享任何机密信息,但后来可以在学术性分析中使用这些信息。

为了青少年妊娠项目办公室和计划生育项目办公室(Office of Family Planning Programs,梅克伦伯格很快就接手了)的工作,我在华盛顿上了五年班。由于我从来没有就堕胎政策公开表达过立场(因为作为一个学者,我与双方都有合作),因此,后来当梅克伦伯格让我担任计划生育项目办公室的主管时,我很惊讶。我决定不接受这个职位,因为我更喜欢一边继续我的学术事业,一边定期地担任国内政策顾问的角色。基于以上经历,我出版了一部关于青少年妊娠的著作。[①]

20世纪80年代,我发表和出

过去影响我的著作(续)

Oscar Handlin, *Boston's Immigrants, 1790 - 1865: A Study in Acculturation* (Cambridge: Harvard University Press, 1941).

Carl F. Kaestle, *Pillars of the Republic: Common Schools and American Society, 1780 - 1860* (New York: Hill and Wang, 1983).

Michael B. Katz, *The Irony of Early School Reform: Educational Innovation in Mid-Nineteenth Century Massachusetts* (Cambridge: Harvard University Press, 1968).

Stephan Thernstrom, *Poverty and Progress: Social Mobility in a Nineteenth-Century City* (Cambridge: Harvard University Press, 1964).

Yasukichi Yasuba, *Birth Rates of the White Population in the United States, 1800 - 1860: An Economic Study* (Baltimore: Johns Hopkins University Press, 1962).

---

① Maris A. Vinovskis, *An "Epidemic" of Adolescent Pregnancy? Some Historical and Policy Considerations* (New York: Oxford University Press, 1988).

版的许多文章和著作关注的议题多为青少年妊娠、人口出生率的下降、历史上长者的地位、死亡与临终、清教徒的宗教、内战社会史,以及人生周期分析等。同时,我也在继续研究教育。我与克斯特尔合著的关于19世纪马萨诸塞州教育的专著在1980年问世。① 五年之后,在一部集中探讨迈克尔·B.卡茨(Michael B. Katz)分析贝弗利高中的著作中,我对 M. B. 卡茨关于马萨诸塞州学校政治的经典解释提出了质疑。② 除此之外,我还发表了几篇关于殖民地时期及内战前学校教育的文章。③

教育研究与改进办公室

戴安娜·拉维奇(Diane Ravitch)是一位出色的教育史学者,在乔治·H. W. 布什(George H. W. Bush)执政期间被任命为教育研究与改进办公室的助理秘书。1992年,她邀请我到华盛顿担任研究顾问,我同意了。我在教育研究与改进办公室的主要职责就是评估来自10个地区性教育实验室及25个研究与发展中心的教育研究质量,同时为教育研究与改进办公室的其他相关研究议题提供建议。另外,由于拉维奇和我都是教育史研究者,我们还记得同事们抱怨教育政策制定者在政策制定过程中缺乏历史的观点。因此,教育研究与改进办公室邀约了14篇关于当前教育改革的历史研究论文,拉维奇和我合编了这本书,该书后为大学课程所采纳,也被政策制定者咨询借鉴。④

在教育研究与改进办公室的工作经历拓展了我的历史研究,并将其用

---

① Carl F. Kaestle and Maris A. Vinovskis, *Education and Social Change in Nineteenth-Century Massachusetts* (Cambridge: Cambridge University Press, 1980).
② Maris A. Vinovskis, *The Origins of Public High Schools: A Re-Examination of the Beverly High School Controversy* (Madison: University of Wisconsin Press, 1985).
③ Maris A. Vinovskis, "Quantification and the Analysis of American Ante-Bellum Education," *Journal of Interdisciplinary History* 13 (Spring 1983): 761 – 786; Gerald F. Moran and Maris A. Vinovskis, "The Great Care of Godly Parents: Early Childhood in Puritan New England," in Alice B. Smuts and John W. Hagen, eds., *History and Research in Child Development*, *Monographs of the Society for Research in Child Development* 50, nos. 4 – 5 (1986): 24 – 37; Maris A. Vinovskis, "Family and Schooling in Colonial and Nineteenth-Century America," *Journal of Family History* 12, nos. 1 – 3 (1987): 19 – 37; David Angus, Jeffrey Mirel, and Maris A. Vinovskis, "Historical Development of Age-Stratification in Schooling," *Teachers College Record* 90 (Winter 1988): 211 – 236.
④ Diane Ravitch and Maris A. Vinovskis, eds., *Learning from the Past: What History Teaches Us about School Reform* (Baltimore: Johns Hopkins University Press, 1995).

于分析当前教育政策。此前,我已经在几位不同的华盛顿决策制定者手下工作过,再与拉维奇工作让我更有独特的优势和愉悦感。她对我总是持支持态度,从不试图在我对教育研究与改进办公室研究质量的判断上施加不当影响。而且,在过去的 15 年中,与拉维奇的持续性友谊,以及她在知识方面的建议为我的教育政策研究提供了非常宝贵的帮助。

1992 年,当民主党重新执政时,有种猜测说我可能会被促使从教育研究与改进办公室离职。尽管对我的任命是非政治性的,但我一时身居高级行政官要职,待遇优厚,令人侧目。而且,一些实验室和中心主管反对我即将发布的报告,因为报告对他们过去五年的研究质量提出了严重质疑。当我回到密歇根大学时,教育系还就报告是否会被压制下去进行了一次"秘密"调查[因为报告已经被置于教育资源信息中心(Education Resources Information Center)政府文件系统,因而已被视为公共信息]。

当沙伦·鲁宾逊(Sharon Robinson)继任拉维奇的职位时,我依旧是教育研究与改进办公室的研究顾问。观察职员们如何适应新一届政府是很有趣的。我继续致力于各种研究议题,包括编写关于系统性改革概念的政策简报,以及分析之前的"贯彻到底项目"(Follow Through Program)。之前,我已答应1993年秋天回到密歇根大学担任历史系主任,我也确实做到了。之后,教育研究与改进办公室又聘用我做接下来两年的顾问,我又经常去华盛顿。后来,我修改了实验室及研究中心的报告,且将其中的发现纳入我关于教育研究与改进办公室的著作中。[①]

更多地参与教育研究与政策

在教育研究与改进办公室的工作之后,我更多地参与到当前教育政策中去。全国评估理事会(1998)和全国教育目标委员会(National Education Goals Panel, 1998—2001)委托我为其撰写机构史,这些机会拓展了我对教育政策领域的理解,也为我接触这些机构的档案记录及人事提供了机会。之后,我参与了对全国英语课程标准(National English Standards, 1994)、全

---

① Maris A. Vinovskis, *Revitalizing Federal Education Research: Improving the Regional Educational Laboratories, the R&D Centers, and the "New" OERI* (Ann Arbor: University of Michigan Press, 2001).

国历史课程标准(National History Standards, 1995)、艾奥瓦州及肯塔基州教育计划(Iowa and Kentucky State education plans, 1996)、家庭教育计划(Even Start Family Literacy program, 1997—2003)、综合服务中心(Comprehensive Service Centers, 1998—1999),以及教育资源信息中心历史项目(2004 2009)的评估。我曾六次在众议院和参议院前为教育呼吁(1997—2000),也曾两次服务于国会授权的独立审查小组,分别审查了"2000年目标"(Goals 2000, 1995—2001)①和《不让一个孩子掉队法案》(2003—2008)。在这期间,我的几本关于教育与政策的书也问世了。②

因为极为关注20世纪90年代的教育政策,我也得到了一些其他机会。尽管我的一些共和党朋友为我曾效力于克林顿政府而担忧,但多数政策制定者却欣赏或至少接纳了我服务于不同政府的兴趣和意愿。就在2000年11月,布什刚上任不久,我即被委任到新一届政府的三十一人教育转型团队(作为一个组织,我们实际上并没有接触到或起草过任何教育计划)中去。大约圣诞节的时候,新一届政府问我是否会考虑担任下一任教育研究与改进办公室助理秘书一职。能有这样的机会我倍感荣幸,但我仍选择留在密歇根大学以完成各种研究项目。2003年,我再一次被委任到国会授权的独立审查小组去帮助评估《不让一个孩子掉队法案》。

20世纪90年代末,当芝加哥大学的哈里斯公共政策学院(Harris School of Public Policy)正在寻找一位有华盛顿工作经历的教员时,我争取并最终获得了这一教职。虽然玛丽和我对在芝加哥的前景充满期待,但最终我们还是决定留在了安阿伯。但最后,除了在密歇根大学历史系和社会研究所的教职外,我也成为密歇根大学杰拉尔德·R. 福特公共政策学院(Gerald R. Ford School of Public Policy)的一名教员。

---

① 全称为《2000年目标:美国教育法》(Goals 2000: Educate America Act),1994年3月由克林顿总统签署颁布。——译者注
② Maris A. Vinovskis, *Education, Society, and Economic Opportunity: A Historical Perspective on Persistent Problems* (New Haven: Yale University Press, 1995); Ravitch and Vinovskis, *Learning from the Past*; Maris A. Vinovskis, *History and Educational Policymaking* (New Haven, Yale University Press, 1999); David L. Featherman and Maris A. Vinovskis, eds., *Social Science and Public Policy: A Search for Relevance in the Twentieth Century* (Ann Arbor: University of Michigan Press, 2001); Maris A. Vinovskis, *The Birth of Head Start: Preschool Education Policies in the Kennedy and Johnson Administrations* (Chicago: University of Chicago Press 2005); Maris A. Vinovskis, *From A Nation at Risk to No Child Left Behind: National Education Goals and the Creation of Federal Education Policy* (New York: Teachers College Press, 2009).

我当前的工作主要是与我在教育系的同事鲍勃·贝恩(Bob Bain)及杰弗里·米雷尔(Jeffreye Mirel)合作招募历史专业的本科生,培养他们从事初等和中等教育(K-12)的教学工作。密歇根大学迪尔伯恩分校的杰拉尔德·莫兰(Gerald Moran)是我长期以来的合著者,我们在继续合作致力于新书《美国的大众文化、公共教育及性别(1630—1870)》(*Mass Literacy, Public Schooling, and Gender in America, 1630-1870*)的手稿。我的最新研究项目是对尼克松、杰拉尔德·福特(Gerald Ford)和吉米·卡特(Jimmy Carter)执政期间的《提前开端法案》(Head Start)的研究,并分析奥巴马政府的教育政策。我和米雷尔计划从一种广阔的历史视野来调查当前和未来的K-12教育政策。在离开里加70年后,我非常期待2010年5月再回到那里,为鲍尔蒂克教师教育协会(Baltic Association for Teacher Education)发表重要演讲。

容我慢慢道来

唐纳德·沃伦
(Donald Warren)

以下所述与其说是自传,不如说是反思(和评价),尽管它们相差无几,但本文试图跨越它们的界限。有几个切入点浮现在脑海:家庭;得克萨斯州东南部劳工阶层背景;学校[①];大学;教师;相伴五十余载的妻子及儿子;朋友;工作;那些可能认为他们的学习是单向度的学生;巡回讲座;难忘的中国、埃及、印度及越南之行;悲喜交加的各种经历。经再三考虑,这些无一能从时间顺序中"幸免",且当我仔细回忆它们的时候,所有的一切又都浮现出来。其中,已有太多的意外出现,使我不能佯装我控制住了它的去向,更别说设计它了。回顾往事,我并不将其视为线性的或循环的,当然也非进步的,而是将其看作是一个不断变换中的各种力量的汇聚,而我自己身处其中。几乎从一开始,我的背景就已是一段故事,先从近在手边的信息谈起,其他的随后根据艺术和学术著作来补充。由于信息越来越多,很大程度上多亏了我的妻子贝弗利(Beverly,一个极具领悟能力的短篇小说作家)、儿子威尔(Will)和本(Ben,兼具气质与教养的艺术家),以及诸如查尔斯·泰斯克尼(Charles Tesconi,他曾认为,在得克萨斯州的成长经历让我具备了某种少数族裔气质,尽管我的姓氏并不是以元音结尾的)等一些朋友。我的世界已经是一个不断延伸的世界,虽然常常是滞后的,但我有时也已心存感恩。因而,此文夹杂了个人的发展以及在教育史领域中的探索。正如那些在这一领域工作的人所悉知的,这个领域像其他领域一样,对重新研究那些有争议的话题存在某种反感情绪。我们现在处于这一进程的何处还不明了,但这或许是件好事。

---

① 这里主要指中小学,与后面的"大学"作区分。——译者注

这里用保罗·蒂利希（Paul Tillich）的话作开场白，他将教育建构为充满风险和噩兆的旅行，是由每个人从既存的原始材料及规定的学习中建立的知识体系内容和方法的基本要素连接起来的。他终生埋头于阅读、思考、辩论和写作关于个人、群体甚至国家如何面对并超越其自身的矛盾心态以及本性的不确定性。心态和本性转变的各种表现，以及善恶之间连续不断地相互转化的各种方式，这些令他着迷。我在得克萨斯大学（University of Texas）读本科的时候读过他的著作，它将我引到了哈佛大学，在那里，蒂利希系统化的神学讲座把学生们带入了思想史（intellectual history）的语境中。蒂利希像教育史的忠实拥护者般随心所欲地模糊掉了流派之分与学科专业化，坚定地转向人类学习的各种领域和思想中。对他而言，学习的目的在于探究那些未曾探索过的领域和更多的问题，而不是在清晰的道路终点给我们所呈现的东西。蒂利希善于讽刺，这是他维持事物的复杂性，不让其沦为浪漫主义与迷信窠臼的方式。这种规律性出现的既不浓重也不轻描淡写的喜剧效果可以在其他著作中找到。借用马歇尔·麦克卢汉（Marshall McLuhan）的观点，他警告，任何试图在教育与娱乐之间作出区分的人，根本就不知道关于两者任何一方的第一要义是什么。

对蒂利希而言，所有历史既是世俗的，又是神圣的，在研究中，可以采用这两种本质上就相互联系的分析范畴，而他也正是这样做的。他的当代研究对象主要是他曾逃离的纳粹德国。他警告，不要对它进行归类，且要承认它的普遍性。当时，哈佛大学和拉德克利夫学院的学生排队搭乘巴士，前去挑战南方的种族主义。他用浓重的德国口音闷闷不乐地说，你们可以创造历史，但我们需要的是一个和蔼可亲的"独裁者"，一位蛊惑人心的政客，以此来应对变革的恐惧，并在美国培育潜在的、破坏性和纳粹式统治。事实上，学生从他们的"自由之旅"归来时已被殴打、入狱，内心被深深地震颤到。蒂利希的警告将学习的紧迫性和可能性楔入了他们经历的创造历史的过程中，而这些经常是被书写的历史筛选净化掉的。他抱怨，在很大程度上，我们忽略的是对"宗教状况"的好奇，我们应该去寻找一些能够代表过去特殊时代的特征，这个特殊的时代应该可以称得上是一个"成熟的时期"。并不是所有时代都是。无论哪种方式，历史学者只能根据事实来给时代贴上标签，这种按时间顺序开展的研究将或多或少地依赖其本身来探讨历史的潜在影响范围。

机　　构

那个孕育成果的时代都是在回应两位学者之间温和的分歧,这一分歧发生在20世纪60年代的R.弗里曼·巴茨(R. Freeman Butts)和劳伦斯·A.克雷明(Lawrence A. Cremin)之间,主题是关于美国历史上公立学校的地位。巴茨认为,公立学校的地位是核心的、不可替代的。因为公民必须努力维护他们的自由,以及个人偏好与公共利益之间脆弱的体制平衡,所以必须保护公立学校。否则,公民社会的建构(civic fabric)就有可能像过去那样是破碎的。而从伯纳德·贝林(Bernard Bailyn)那里汲取营养的克雷明认为,学校的重要性不能靠假设。它们的历史地位能否得到公认与历史上呈现的各种教育机构有关,这是一种直接质疑教育史研究的精确范畴的观点。正如公认的克雷明思想研究专家索尔·科恩(Sol Cohen)所指出的,克雷明的答案随着其对广泛的美国教育史的宽泛界定而发生了变化。[1] 最初,理查德·J.施托尔(Richard J. Storr)从巴茨与克雷明的分歧中提出了一种方法论上的解决方式,即他建议要把重心转移到调查研究上来,由此可以忽略两者之间的分歧,但这一提议在很大程度上被忽略了。[2] 最终,对机构的关注——尽管机构现已超出学校的范围,还是站稳了

> **个人作品精选**
>
> *To Enforce Education: A History of the Founding Years of the United States Office of Education* (Detroit: Wayne State University Press, 1974).
>
> *History, Education, and Public Policy: Recovering the American Educational Past* (Berkeley, CA: McCutchen Publishing Corporation, 1978) (ed.).
>
> *Pride and Promise: Schools of Excellence for All the People* (Westbury, NY: American Educational Studies Association, 1984) (with Charles A. Tesconi Jr. and Mary Anne Raywid).
>
> "Learning from Experience: History and Teacher Education," *Educational Researcher* 14 (December 1985): 5–12.
>
> *American Teachers: Histories of a Profession at Work* (New York: Macmillan, 1989) (ed.).

---

[1] Sol Cohen, *Challenging Orthodoxies: Toward a New Cultural History of Education* (New York: Peter Lang, 1999).
[2] Richard Storr, "The Education of History: Some Impressions," *Harvard Educational Review* 31 (Spring 1961): 124–135.

脚跟。① 随着克雷明包罗万象的历史进入 20 世纪,甚至克雷明自己都在适应像艾尔弗雷德·诺思·怀特海(Alfred North Whitehead)所描述的,由"海量的事实"构成的臃肿的文学。一种基本的史学分歧一直伴随着我们。我们领域的基本方向是什么? 是教育政策? 是历史学科? 还是学术与专业发展? 通过比较,我们可以从这些二元对立的选择中寻找出路,这条出路允许一种更宽广的甚至不断变换的范围的存在,但同时也要更微妙地予以强调,即所有一切都旨在理解教育的历史地位。

历史研究者总是在重复和概念惯性的脉络中(in the vein of repetition and conceptual inertia)来研究美国公立学校。他们反复回到公立学校的主题上来,在分析上增加一些细节,但新观点却只是偶尔出现。迈克尔·B.卡茨(Michael B. Katz)的《早期学校改革的讽刺:19 世纪中叶马萨诸塞州的教育创新》,恰恰就是一本真正反转我们领域的著作,至少在一段时期内是这样的。② 持续吸引我的不是它的历史影响或评论者们对其统计方法的遁词,我也没有轻信那些想让他将注意力更多地放在变革学校及其他可能的教育计划上的人。M.B.卡茨通过同时扩大教育史领域概念上的、方法论上的,以及实质性的前沿问题等方面的内容,作出了一些可能更加重要的成就。正如他后来所意识到的那样(绝不是一种道歉),这本书展现了一位年轻学者的莽撞。无论好坏,无论宽泛界定与否,教育在理论和实践中都触及了人们的生活。要在意义深远的变化中寻找教育,而非通过对定义的筛选过滤或未经查验论证的假设来寻找教育。作为一种进程或制度,教育在投票记录上留下了印记;人口统计学,尤其是社会阶层划分是新兴资本主义对美国社会影响的结果;关于课程的争论;新兴的学校官僚主义;当然,还有少管所,以及那些被内战折磨和摧残的孩子的生活。"讽刺"的并不是学校、学校附属物,或者任何其他未能民主化的机构,以及那些设计、管理、掌控学校却很少考虑后果或表达对后果认识的人。教育的功能失调在于更深层次的东西,在于年轻共和国的联合霸权以及个人和政策选择之间的调和,这在财富和机会的分配中导致了一种欺骗。在这个迅速变革的时代(19 世纪中期),

---

① See, e.g., Daniel Walker Howe, *What Hath God Wrought: The Transformation of America, 1815–1848* (New York: Oxford University Press, 2007), 451–455.
② Michael B. Katz, *The Irony of Early School Reform: Educational Innovation in Mid-Nineteenth Century Massachusetts* (New York: Teachers College Press, 2001 [1968]).

作为一股解放力量而非现代化进程中社会管理工具的教育理想,没有幸存下来。它也没有通过一些"看不见的手"或模糊的反智主义得到发展。随后的结果显而易见,而我们在 M. B. 卡茨开始分析的地方能够看到一种正在行进中的持续的研究努力。自始至终,他坚持认为,为了重构多层次的叙述手法,我们需要确凿的证据来取代那种充满希望的且经常重复出现的将学校描绘成"民主的典范"的修辞。但 M. B. 卡茨后来对社会福利的探索研究通常都委托给了我们领域的外围人士,尽管他们都是美国史领域的重要成员,这是教育史研究一个明显的败笔,这对我触动很大。

在我担任社会工作者时,关于任何形式的学校都会失败的可能性,以及它们的影响可以从有限的前提中显现的可能性等问题第一次浮现在我脑海中。我进入这些问题中寻找真正的(也许是天真的)原因。作为一名本科生,为了逃避另一份棘手的暑期工作,我在纽约找了一份实习工作,成了东哈勒姆和布朗克斯的安置房的员工。这段冒险经历拓展了我在得克萨斯州形成的人生基础。奇迹的是,我坚持下来了,而且是以某种过去不曾经历过的重要方式。这份实习工作让我领导了波多黎各裔和非裔美国儿童的夏令营活动。实习结束后,我一直心神不宁地怀疑我们设计的活动价值何在。孩子们很享受我们组织的比赛,参观了曼哈顿中他们未曾见过的那些地方,我们所有人都呆呆的,像个观光客。但这些能够持久吗?或者会产生一些好处吗?答案证明,这些价值和意义是转瞬即逝的。只要不做改变,这就是一个合理的却令人困惑的问题。这些

个人作品精选(续)

"Passage of Rites: On the History of Educational Reform in the United States," in Joseph Murphy, ed., *The Educational Reform Movement of the 1980s: Perspectives and Cases* (Berkeley, CA: McCutchen Publishing Corporation, 1990), 57-81.

"Looking for a Teacher, Finding Her Workplaces," *Journal of Curriculum and Supervision* 19, no. 2 (Winter 2004): 150-168.

Civic and Moral Learning in America (New York: Palgrave Macmillan, 2006) (ed., with John J. Patrick).

"Twisted Time: The Educative Chronologies of American Indian History," in Rachelle Winkle-Wagner, Cheryl A. Hunter, and Debora Hinderliter-Ortloff, eds., *Bridging the Gap between Theory and Practice in Educational Research: Methods at the Margins* (New York: Palgrave Macmillan, 2009), 97-110.

"History of Education in a Future Tense," in Steven Tozer, Bernardo P. Gallegos, and Annette M. Henry, eds., *Handbook of Research on the Social Foundations of Education* (New York: Routledge, 2010).

孩子像是受损的物品，被拘束在这个狭小的且总是充满危险的世界里。在上过几年学之后，多数孩子仅仅达到识字的程度（无论是英语或西班牙语）。他们的原始情感就很容易爆发出来。那些照顾他们的社会服务人员都很同情他们，而且除了我之外，都是经过培训的。我也开始认识到我们的力量只是杯水车薪。

我的下一份社会工作地点是马萨诸塞州的剑桥。为了找一份工作，我浏览了哈佛大学的布告栏以寻找机会。其中有一张布告让我眼前一亮。剑桥邻里之家在夏季需要一位员工。但我最后却得到了另一个职位，且一干就是三年。这份工作需要做各种事情，如在夏令营中当顾问，将志愿参与内部俱乐部的青少年分成不同的小组并对他们进行观察（吸引人的地方在于，它可以提供一间会议室和进行实地考察），以及作为代表去剑桥和附近的萨默维尔的街头劝说那些冷淡的人加入到我们的事业中来。这次，我做了功课，初次接触了教育研究的作品。它里边对街头社会提出的建议表达了一种共识，即将这些青少年送回学校去，或者除了那些有病症的，其余的送入军队去。埃迪（Eddie）和开心俱乐部（Jokers）的其他成员在内的所有爱尔兰小伙子都对这些肤浅的论断嗤之以鼻。埃迪是一个孤儿，聪颖且口齿伶俐，与酒鬼祖母住在一间极其脏乱的公寓里，可以预料到他会辍学。在我无数次建议他回到学校后，他反驳道："我马上要去偷汽车了。"他确实这样做了，而且因此在州监狱被关押了半年。这不是中产阶级在寻求生活的意义感，而是在为生存和尊严作斗争，套用他的话，是在对无名的冷漠"竖中指"。他并没有做好准备去赢得这场战斗。对他而言，就算是赢得胜利也是一种浪费和悲剧。对我来说，这也是一种浪费和悲剧，同时还是一个悬而未决的问题。是什么让像埃迪一样的年轻人疏离了学校呢？我曾去过开心俱乐部成员们就读过的中学，同那里的教师、顾问和校长聊天，这是自从我在得克萨斯州博蒙特（Beaumont）上学时度过愉悦而有益的学校时光之后第一次遇到这种情景。这里到处都有点不太对劲，就算那时我还没意识到。学校的全部人员似乎都是无精打采的，而且防御心很重。埃迪和他的俱乐部同伴们说明了学校没有完成自己的使命。如果不是为了轻松的话，他们怎么会放任那些难管的、漫无动机的孩子而使自己得以解脱，而他们的选择似乎也并非勉强。学校人员是按自己的意愿做事吗？还是代表了某个人或其他一些东西？这一问题似乎应该是教师们和我要去解决的。后来，在20世纪60年代，我出版了一部著作，它从内部窥探了那些确实存在的城市学校文化的失败。

从那时开始，我就致力于教育史研究，因为我感觉到剑桥的学校以及其他像它们一样的学校背后还有很多故事有待去揭示和探讨。就像乔纳森·科佐尔(Jonathan Kozol)在《年幼死亡》这部讲述他在波士顿教学的自传所描述的，各种各样的教育发生在这些学校中，但对许多教师和学生而言，这是一种并非源自他们自身的精神谋杀过程。这种观点激起了我对形成时期的美国教育署(U. S. Department of Education)及其早期对教学所发挥作用的兴趣。[1] 教育署作为重建时期(Reconstruction)[2]的产物，是以新成立的农业署、自由民局(Freedmen's Bureau)为范本建立的，靠州的努力去设置相关部门，负责学校监督并收集相关数据。内战后的美国学校处于垂直的政策环境中。这是一个过渡时期，边缘学校逐渐不知不觉地远离了它们的选民。它们还拒绝早期的诊断和简单的干预，结果形成了一个因果怪圈。在后来路易斯·梅南(Louis Menand)认为，内战在道德、宗教、政治、智力等方面改变了美国人对几乎所有事情的思考方式，他利用德鲁·吉尔平·福斯特(Dew Gilpin Faust)记录的关于内战期间普遍的人员死亡档案说明了这一观点。当时，新方向仍远未明朗。回顾19世纪60年代，我们可以将这种困惑看作是教育性焦虑。[3]

引人注目的教育史，哪怕只是研究机构，依然会面临经济的、文化的以及心理的难以跨越的障碍。只要能够解决教育机构重要性的不确定性，教育史研究者们就愿意致力于这些背景的研究。同样重要的是，他们也保护了人性和个性，这些因素为过去的那些行为增加了一些趣味和责任感。正是在这个方面，我想起了剑桥邻里之家的领导者埃尔莎·鲍德温(Elsa Baldwin)，一个自称为"女子学院"(girls college)的毕业生，热情地在地方法

---

[1] Donald R. Warren, *To Enforce Education: A History of the Founding Years of the United States Office of Education* (Detroit: Wayne State University Press, 1974).
[2] 重建时期是指美国内战结束后，对南部社会政治经济和社会生活的改造与重新建设时期。——译者注
[3] Drew Gilpin Faust, *This Republic of Suffering: Death and the American Civil War* (New York: Vintage Books, 2009); Louis Menand, *The Metaphysical Club: A Story of Ideas in America* (New York: Farrar, Straus and Giroux, 2001).

院系统和社会服务部门工作,有着高超的能力,经常露齿而笑,而且一定不会经常克制怒气。轻松下来的时候,她的言语会变得尖刻。当时和现在,我都认为她是一位教育者。但是,她的剑桥邻里之家不复存在了,那座大楼由于可能会倒塌而被拆毁了。谁都能看得出来,它并没有老化,但修缮的代价显然已超过可能的预算。这是包括学校在内的一些机构的本质,维系它们的文化的变迁,使它们一直面临这些毁灭。它们获得发展或走向衰落,在这个过程中逐渐隐没,因为它们留下的历史线索很有限或者已经彻底融入到各种连续性的发展中。它们有时候就变成了我们难以辨别的形式。一旦发现难题,它们就希望教育史研究者超越公众所熟悉的视角和领域来寻找教育发展状况的不同特征,还要谨防自己成为欺世盗名之徒:那些被更加明确地称为"非教育研究者",或者在更微妙的伪装下的"错误的教育研究者"。我们重构过去,我们阅读过去。历史无法重演。蒂利希认为,"解释历史的关键在于历史的活动,即一种经验与解释的集合",批判与创新也要在更"广泛"更"现实"的框架内得以呈现。这种延伸本质上是令人痛苦的,同时也改变了历史及其作者们的观点。解释历史不仅仅是要"忠于事实",还要从原则性批判和"预见性挑战"中汲取力量和洞见。[1]

人　　物

　　我在芝加哥大学上了第一门教育学课程,后来,才知道它们不是典型的教育学课程。教师们在学识上都有丰厚的底蕴,每个人都以一门学科为基础,但在教学和写作中往往是跨学科的。比如,查尔斯·比德韦尔(Charles Bidwell)、罗伯特·哈维格斯特(Robert Havighurst)和罗伯特·麦克考(Robert McCaul)在开设研讨班研究学校改革与社会变革时,就糅合了历史学、社会学和社会文化发展这三个学科。了解到我的兴趣还在形成中,麦克考就让我去历史系参加城市史、内战史、重建时期历史以及思想史的研讨班。奴隶制和种族作为共同的主线突显出来。为了研究教学和学习过程,

---

[1] Paul Tillich, *The Protestant Era*, trans. James Luther Adams (Chicago: The University of Chicago Press, 1948), x – xxix.

我投奔菲利普·杰克逊（Philip Jackson），然后致力于一项关于教室生活的民族志调查。在芝加哥的研究生阶段的学习，我很少在上课，更多的是在"做老师"。这段经验指导了我在芝加哥州立大学（Chicago State University）[以前的库克师范学校（Cook County Normal School）]、伊利诺伊大学芝加哥分校（University of Illinois at Chicago Circle）[现在的马里兰大学帕克分校（University of Maryland at College Park）]、印第安纳大学的教学与管理工作。我很早就明白，教育研究和教师教育需要跨学科的基础。

> **我最喜爱的著述**
>
> Albert Camus, *The Myth of Sysiphus and Other Essays*, trans. Justin O'Brien（New York: Vintage Books, 1960）.
>
> John Dewey, *Interest and Effort in Education* [Carbondale: Southern Illinois University Press, 1975（1913）].
>
> Patricia Galloway, ed., *The Hernando de Soto Expedition: History, Historiography, and "Discovery" in the Southeast*（Lincoln: University of Nebraska Press, 1997）.
>
> Preston Holder, *The Hoe and the Horse on the Plains: A Study of Cultural Development among North American Indians*（Lincoln: University of Nebraska Press, 1970）.
>
> Edward P. Jones, *The Known World*（New York: Amistad, 2003）.

教师史在某些方面提供了很好的例子。经过观察及大量的证据，我怀着对专业的偏见离开了剑桥，但杰克逊的民族志研究以一种清醒的眼光揭示了教师的工作环境。他们被固定的作息弄得筋疲力尽，难以舒缓。杰克逊发现，教师们在多种场景中同时工作，他的发现对于局内人来说或许并不是那么令人惊讶。而杰拉尔丁·约恩契奇·克利福德（Geraldine Joncich Clifford）和芭芭拉·芬克尔斯坦（Barbara Finkelstein）则增加了历史方面的内容。两人共同开拓了对美国教师史的研究，成功地发掘了一些鲜活的人，而非刻板形象。他们关心的主题是教师的家庭、社群、学校环境，进而重建个人与全面呈现各种问题的环境之间的连接。无论在学校或是其他地方，历史都抵制粉饰和美化。不出所料，根据人口统计学因素，教师史属于新兴的女性史范围。波莉·维尔茨·考夫曼（Polly Welts Kaufman）等历史学研究者加入了一场争论中。它变成一场主要是关于自传、传记及其他个人历史文献使用的论争。克利福德甚至在她的教育史学会主席演讲中谈到在某个具体家族的研究项目中这些材料的必要性和可靠性。[①] 教师史研究值得

[①] Geraldine Jonçich Clifford, "Home and School in 19th-Century America: Some Personal-History Reports from the United States," *History of Education Quarterly* 18（Spring 1978）: 3–34; Barbara Finkelstein, *Governing the Young: Teacher Behavior in Popular Primary Schools in Nineteenth Century United States*（Philadelphia: Falmer Press, 1989）; Polly Welts Kaufman, *Women Teachers on the Frontier*（New Haven: Yale University Press, 1984）.

运用创新的历史研究方法,因为他们确实很难被发现,他们的生活都被分散在模糊的档案资料中,或更糟糕地被藏在阁楼高处发霉的盒子里。甚至对教师的关注也引发了争议。他们在自己的时代以及当下历史研究主题中缺乏一定的地位。一些基本的问题阻碍了进步。古老的历史书写方式被仁慈地认为太单薄,而新方法仍然没有得到认可,而且在概念上是碎片化的。在比尔·里斯(Bill Reese)的建议下,我们五个人[我与克利福德、B. 里斯、戴维·泰亚克(David Tyack)、琳达·博金斯(Linda Perkins)]聚在一起讨论挽救失败的策略。我们建议美国教育研究协会出版一本著作,包括教师政策环境、生涯轨迹、正规培训及教师资格证,以及相关改革议题等章节。让我们意想不到的是,这一建议竟被接受了。最终的成书附有详尽的自1988年以来的参考文献,是自50年前威拉德·埃尔斯布里(Willard Elsbree)的《美国教师:民主国家职业的演变》(*The American Teacher: Evolution of a Profession in a Democracy*)之后第一部对教师史进行全面探讨的著作。① 而且该书纠正了《美国教师:民主国家职业的演变》一书中致命的遗漏之处,即没有引用一条文献来反映教师对他们自己的历史的看法。

10年后,我试图通过对一年级时对我个人产生影响的一位女教师进行研究,来评估教育史研究在方法论和实质上的进展。在此期间,通过不断发现的个人历史档案,我完成了大量的工作。在克利福德的指导下,我发现各种档案馆和家庭中都有保留关于教师的文献,似乎它们就在等待着被拯救和挖掘。我的项目要求一种不同的方法。我的脑海中出现了一个名字——格特鲁德·鲍德温(Gertrude Baldwin),但也仅仅是一个名字而已。她没有留下文字或其他关于她的家庭、思想、价值观和教学经验的线索。她在大学的记录也被大火烧毁了。留存下来的就只有她所在学区的个人档案,她曾做了20年主日学校志愿教师的博蒙特第一浸信会教堂(Beaumont's First Baptist Church)留存的档案,外界专家团队通过学校调查所得的真实客观的数据,她的同事和包括我在内的她的学生对她的回忆。最多我只能够提供

---

① Willard Elsbree, *The American Teacher: Evolution of a Profession in a Democracy* (New York: American Book, 1939); Donald Warren, ed., *American Teachers: Histories of a Profession at Work* (New York: Macmillan, 1989).

她在学校、教堂和城市中少数族裔聚居的墨西哥裔美国人社区这三个工作场所的线索。据我所知,她掌握英语和西班牙语两种语言,曾以翻译员、调解员和倡议者的身份在这些社区享有盛名。一份报纸在头版报道她的逝世时称她是一位圣者。然而,我猜想,像大多数过去的教师一样,她现在也处在被遗忘的边缘,越来越淡出历史研究的范围。[1]

最近的研究描绘了奴隶制历史中类似的概念和证据问题。在长期的争论之后,研究内战和重建时期的历史学家最近似乎在关于奴隶制在19世纪美国社会形成过程中所起的关键作用问题上达成了共识。内战是国家最血腥的和最具破坏性的军事活动,也是造成种族界限遗留的主要原因,这种种族界限依旧在歪曲整个国家的种族关系和态度。新近研究尖锐地指出,奴隶制充当了文化教学的供应者角色,是一种不同类型的教育机制。它的影响并没有随着1863年奴隶解放或者两年之后内战结束而消失,而是借以道格拉斯·布莱克蒙(Douglas Blackmon)生动的言辞,"另外一种形式的奴隶制"被坚持一直沿用至今。我最终的研究范围涵盖了从黑人奴隶及其后代的政治斗争直到南方白人自耕农惯于顺从的愿望、结构性的低社会地位,以及猖獗的由种族问题引发的南方白人各阶层的反智主义,还探讨了包括持久的基于信念的种族主义的基本原因,福音派新教主义对其延续的作用,以及受根深蒂固的种族态度影响而扭曲的北方和南方社会资本不均衡分配等问题。在新的引起争论的研究中正备受争议的是,白人和非裔美国人所发挥作用的制度问题。正如乔治·弗雷德里克森(George Frederickson)所指出的,给予太多的重视就会冲淡奴隶们生活的可怕的环境,就会低估奴隶制对白人造成的扭曲的受虐性影响。对制度的强调也对梅森-狄克森线(Mason-Dixon Line)[2]造成了威胁,使其从一种修辞转变为一堵真正的墙,在其之外的其他地区避免了奴隶制的危害,相对没有受多大影响。另外,否定或贬低制度因素,则会低估了现有的证据,将美国历史上改变命运的一幕粉饰为一个关于牺牲的故事。[3]

---

[1] Donald Warren, "Looking for a Teacher, Finding Her Workplaces," *Journal of Curriculum and Supervision* 19 (Winter 2004): 150-168.
[2] 梅森-狄克森线,美国宾夕法尼亚州与马里兰州的分界线。内战期间成为北方自由州和南方蓄奴州的界线。——译者注
[3] George M. Fredrickson, "America's Original Sin," *New York Review of Books* 51 (March 2004): 34-36; Annette Gordon-Reed, *The Hemingses of Monticello: An American Family* (New York: W. W. Norton & Company, 2008); Steven Hahn, *A Nation under Our Feet: Black Political Struggles in the Rural South from Slavery to the Great Migration* (Cambridge: Belknap Press of Harvard University Press, 2003).

教育史研究者倾向于在其母学科中从侧面审视这个实质性的、方法论上的争论。我们已经关注了奴隶们的教育以及随后的非裔美国人正规教育问题，或多或少地忽视了奴隶制本身的教育力量。除了少数例外情况，这项工作正在由我们专业之外的历史研究者进行，他们中的很多人在把握社会形态是如何随着国家的衰弱、动荡，甚至灾难而变迁的问题上毫无困难。但他们也表现出他们的劣势，即他们经常忽略19世纪中期学校对识字率及南北社会资本水平的影响的一些细节。我们可能要专门准备将这些主题包容进来作一些细致描述。①

> **我最喜欢的著述(续)**
>
> Michael Lewis, *Moneyball: The Art of Winning an Unfair Game* (New York: W. W. Norton & Company, 2003).
>
> Charles C. Mann, *1491: New Revelations of the Americas before Columbus* (New York: Alfred A. Knopf, 2005).
>
> Louis Menand, *The Metaphysical Club: A Story of Ideas in America* (New York: Farrar, Straus and Giroux, 2001).
>
> Richard Storr, "The Education of History: Some Impressions," *Harvard Educational Review* 31, no. 2 (Spring 1961): 124–135.
>
> Paul Tillich, *The Protestant Era*, trans. by James Luther Adams (Chicago: The University of Chicago Press, 1948).

在美国人已从奴隶制继承的遗产中，城市的种族暴乱尤其使教育史研究者感兴趣。暴乱多发生在19世纪的后半叶，一直延续到20世纪，像被安排过一样，先是从北部开始，到南部，再到西部。暴乱多由战争、物资短缺、犯罪或更普遍的犯罪谣言，以及很多其他地方问题所造成的，这些问题多发生在低收入白人与人数众多的非裔美国人之间，而非裔美国人会进行有策略的反击。有一次事件就发生在得克萨斯州博蒙特，当时正是"二战"进行得最激烈的时候。当时10岁的我，现在还对那次事件有着模糊却难忘的记忆。具体细节在当地档案馆可以看到。为了还原事件的真实性，我随机访问了一些非裔美国人、白人、墨西哥裔美国人等，除了其中一人，其他人都居住在当时发生暴乱的城市中。三组记忆浮现了出来。非裔美国人生动地回忆了那次事件，且增添了一些在报纸上找不到的反抗事例；白人则不然，他们需要被提示曾发生过暴乱；墨西哥裔美

---

① Douglas A. Blackmon, *Slavery by Another Name: The Re-enslavement of Black Americans from the Civil War to World War II* (New York: Doubleday, 2008); Erskine Clarke, *Dwelling Place: A Plantation Epic* (New Haven: Yale University Press, 2005); Steven Hahn, *The Political Worlds of Slavery and Freedom* (Cambridge: Harvard University Press, 2009).

国人仅能描述该暴乱的概况,但他们却自愿提供发生在洛杉矶的"灯笼裤暴乱"(Zoot Suit Riot)[①],好像他们亲眼看见了似的。一方面,受访者只是证实了人类的记忆是一种摇摆不定的资源;另一方面,他们也证实了通过个人对社会动乱的理解,对其意义的不同记忆被沉淀保留下来。[②]"二战"期间,博蒙特南部经历了最严重的种族动乱。在底特律、哈勒姆、芝加哥和洛杉矶,发生了80起更持久、更具毁灭性、更被全面报道的种族动乱。然而,这似乎让当地的白人很淡定。一些人可能已抑制了自己的记忆,但可能对另外一些人来说,事件根本没有发生过。非裔美国人在这场持续性的公民创伤(civic scars)和对白人的不信任中构建了一种不同的叙述。一位11岁男孩强化了我的这种假设。他在一位受访者的院子玩耍的时候,我一时兴起也访问了他。在没有提示的情况下,他想起了暴乱,复述了我刚刚从他的祖母和父母那里听来的故事,且得出了同样惨痛的教训。当然,他错过了半个世纪之前的那次事件。假如说,暴乱已经成为一种发生在大街上的代际的公民教育,那就有必要由教育史研究者进行案例研究,充分深入挖掘书面或口头形式的个人反思。

　　类似方法论的挑战出现在美国印第安人历史的研究中。在这类研究中,教育史研究者也没有占据研究的前沿。仅在极少的例外情况下,我们关注到了欧洲人、殖民者及18世纪的美国人对印第安人实施的教育。尽管这些很重要,但如果完全置于历史语境中研究,心照不宣地假设是外来者将教育引入"新世界",就剥夺了历史研究者从本土化视角来评估义务学校教育的成本和效益的坚固立足点。在那些决心使叙述多样化的学者手中,如戴维·华莱士·亚当斯(David Wallace Adams)、小维内·德洛里亚(Vine Deloria Jr.)、唐纳德·菲克斯克(Donald Fixico)、普雷斯顿·霍尔德(Preston Holder)及安德里亚·劳伦斯(Adrea Lawrence),多条故事线索的叙

[①] 灯笼裤暴乱,是1943年发生在洛杉矶的一系列种族暴乱的总称。当时美国海军陆战队认为身着灯笼裤的墨西哥裔青少年不爱国而袭击了他们。很多移民来到洛杉矶进行声援,新组建的军队淹没了整个城市。美国军队和墨西哥裔青少年是暴乱的主要力量。此外,美国军队也袭击了一些身着灯笼裤的非裔和菲律宾裔美国青少年。——译者注

[②] John Bodnar, "Generational Memory in an American Town," *Journal of Interdisciplinary History* 26 (Spring 1996): 619–637.

事方式形成了。① 毕竟,印第安人从社会、政治和价值观方面来说都是多民族性的。里奥格兰德河(Rio Grande River)以北的许多部族和联盟都达到了考古学家和历史人类学家称之为先进文明的阶段。他们根据当地气候和土壤状况发展了复杂的经济体,掌握了玉米种植的严密科学。[玉米种植业起源于中美洲,在欧美人到达的几个世纪之前已扎根美洲腹地。那时还是在漫长的原初时代,即先进的、颇具影响力的阿里卡拉族(Arikara Nation)带着专业的农业和商业知识和已有基础的宗教事业逃离了卡多联盟(Caddo alliance),迁徙到了北方。]在遭遇欧洲人之前,美洲印第安人设计了精良的工具和武器,且他们在没有马和马车的情况下,互相之间进行跨越远距离和复杂地形的贸易,这些内容不能被忽视。他们拥有一种独特的、有差异的灵性(spirituality),并在美学上创造出令人印象深刻的艺术,用口头传统和记忆图腾的形式取得一定的文化成就。② 由于缺乏书面材料,利用印第安人资料重构这段历史不可避免地将我们引向人类的记忆。我们可能会讨论其不足,但关于教育在土著民历史中发挥着重要作用这一点上没有分歧,尽管它从来没有形成一种欧裔美国人能够轻松辨认的机构形式。在寻找教育史研究中的重大遗漏时,我们应该考虑帕特里夏·加洛韦(Patricia Galloway)研究美国印第安人时提出的坚定建议。她坚持认为,这项研究必须是多学科领域的研究,要与来自人类学、考古学、历史学及当下其他科学领域的重要研究者合作。德洛里亚补充道,与部落长老交流时,口语文化传统(oral traditions)(他们之间交流信息的语言)和灵性也都是必要的材料。但这些都不是教育史研究者专门搜集的文献。这些文献揭示的是美国历史上曾发生过的在学校影响之外的,或至少部分与学校影响有所抵触的教学过程和

---

① David Wallace Adams, *Education for Extinction: American Indians and the Boarding School Experience* (Lawrence: University Press of Kansas, 1995); Vine Deloria Jr., *God is Red: A Native View of Religion* (Golden, CO: Fulcrum Publishing, 2003); Donald L. Fixico, *The American Indian Mind in a Linear World* (New York: Routledge, 2003); Preston Holder, *The Hoe and the Horse on the Plains: A Study of Cultural Development among North American Indians* (Lincoln: University of Nebraska Press, 1970); Adrea Lawrence, "Unraveling the White Man's Burden: A Critical Microhistory of Federal Indian Education Policy Implementation at Santa Clara Pueblo, 1902 - 1907," Ph. D. Dissertation, Indiana University, 2006.

② Charles C. Mann, *1491: New Revelations of the Americas before Columbus* (New York: Alfred A. Knopf, 2005); Jeffrey Ostler, *The Plains Sioux and U. S. Colonialism from Lewis and Clark to Wounded Knee* (New York: Cambridge University Press, 2004); Patricia Galloway, ed., *The Hernando de Soto Expedition: History, Historiography, and "Discovery" in the Southeast* (Lincoln: University of Nebraska Press, 1997).

形式。正如戴维·肖特(David Shorter)深入详细说明的那样,达到民族志意义上的土著民历史,是将教育作为文明维系和变迁中的一个不可或缺的整体元素考虑的。① 这是印第安人生存的方式以及应对上千年和近几个世纪以来对其社群频繁进行的直接和间接攻击的方法。对不同的文献材料进行叙述都暗合一个核心,即代际的适应力。将美国印第安人的历史看成是教育史必要的组成部分是合理的。

方　　法

并不是所有的民族和所有的历史都是如此。为了搜集教与学的证据,我们需要知道谁对谁做了什么,在哪儿,结果如何。我们也需要知道一些其他事情,并通过定性和定量的材料,在情况允许的条件下,深入广泛地重构情景,以帮助我们讲述历史。正如亨利·巴纳德(Henry Barnard)在19世纪中期所言,几乎从我们这一领域的自我意识开始,我们和我们的前辈就已经在定义和隐性假设的帮助下工作了。我们知道教育意味着什么,而且认为学校和其他正规的机构满足了这种标准。他们的人事、相关法律和政策、立法机关、董事会、理事会、相互联合的政府及志愿者组织,以及各种理念、计划、改革方案总是有条不紊,尽管并不总是那么整齐。经常犯的错误就是忽略了与税务、预算和支出有关的细节,结果就导致忽视或错误评估对隐蔽的经济力量的运用。②

如果说现在有些新动向正在发生,那么或许应归功于施托尔。50年前,在礼貌性回应克雷明的定义方法中,他提出了一种方法论上的创新。③ 如果我们的工作中没有沟通交流,将会是什么样子? 施托尔不认为我们可以提前充分知道教育是什么或者教育应该是什么,他认为通过归纳性研究,教育史或许可以转向更广阔的领域。否则,我们无法确定已经忽视了哪些重要

---

① David Delgado Shorter, *We Will Dance Our Truth: Yaqui History in Yoeme Performances* (Lincoln: University of Nebraska Press, 2009).
② See, e.g., Matthew T. Gregg and David M. Wishart, "The Economic Significance of the 'Trail of Tears': Estimating the Cost of Cherokee Removal" (Paper presented at the annual meeting of the Social Science History Association, Chicago, IL, November 2007).
③ Richard Storr, "The Education of History: Some Impressions," *Harvard Educational Review* 31 (Spring 1961): 124-135.

的教育事件,或者应该采取什么措施来确定一个自称为教育机构的组织是否以合理的方式运作。

近期的研究表明了施托尔建议的价值。可以关注一下 A. J. 安古洛(A. J. Angulo)所做的开创性工作,他研究了在种族问题根深蒂固的南方,奴隶制对科学进步的抑制性影响。① 之后还有玛丽·尼尔·米歇尔(Mary Niall Mitchell)凭借其发现的非裔美国学生记录的文献,而对19世纪中期种族历史进行的精彩分析。② 迪翁·丹纳斯(Dionne Danns)揭示了20世纪60年代芝加哥社会抗议运动中非裔美国人领袖、教师和学生作为活动参与者都学到了什么。③ 艾琳·塔穆拉(Eileen Tamura)中肯地描写了第二次世界大战期间日裔美国人难民营作为教育机构的情况。④ 她的分析不仅仅是对难民营中学校的分析,而且集中于对难民营本身,以及对难民进行的长期的"价值观教育"的探讨。戴维·赛特兰(David Setran)在探寻"Y 学院"(College Y)从19世纪一所强大的福音派基督教学院转变为20世纪一所世俗化教育机构的过程中,对宗教经验和神学经典进行了分析。⑤ 弥尔顿·盖瑟(Milton Gaither)通过对19世纪和20世纪早期美国历史叙述的解释,揭示出贝林对教育史研究,尤其是埃尔伍德·帕特森·克伯莱(Ellwood Patterson Cubberley)的批评中的前后矛盾。⑥ 实际上,他揭示出贝林的孤立语境——学校史学——同样太狭隘了。乔舒亚·B. 加里森(Joshua B. Gaeeison)在探讨青春期观念的起源时也有着类似的延伸,并认为 G. 斯坦利·霍尔(G. Stanley Hall)的思考没有参考19世纪末的科学研究,包括那些在非洲从事研

---

① A. J. Angulo, "William Barton Rogers and the Southern Sieve: Revisiting Science, Slavery, and Higher Learning in the Old South," *History of Education Quarterly* 45, no. 1 (Spring 2005): 18–37; A. J. Angulo, *William Barton Rogers and the Idea of MIT* (Baltimore: Johns Hopkins University Press, 2009).

② Mary Niall Mitchell, *Raising Freedom's Child: Black Children and Visions of the Future after Slavery* (New York: New York University Press, 2008).

③ Dionne Danns, *Something Better for Our Children: Black Organizing in Chicago Public Schools, 1963–1971* (New York: Routledge, 2003).

④ Eileen H. Tamura, "Value Messages Collide with Reality: Joseph Kurihara and the Power of Informal Education," *History of Education Quarterly* 50, no. 1 (February 2010): 1–33.

⑤ David P. Setran, *The College "Y": Student Religion in the Era of Secularization* (New York: Palgrave Macmillan, 2007).

⑥ Milton Gaither, *American Educational History Revisited: A Critique of Progress* (New York: Teachers College Press, 2003).

究的在种族问题上比较麻木的人类学家的作品。① 在寻找相关文献时,加里森修正了类似考古挖掘时使用的方法。也可以看一下格伦·P. 洛宗(Glenn P. Lauzon)对19世纪农业史及乡村集市、田园俱乐部、城镇或县协会组织在公民意识形成中——尤其是中西部农村——的作用的考察。② 他的概念框架类似于尼古拉斯·V. 隆哥(Nicholas V. Longo)在一部关于民主社会中的教育案例分析文集中的概念框架,该文集论证了一种社会建构性的公民教育。③ 在对这本书的一篇评论中,斯科特·J. 彼特斯(Scott J. Peters)强调,在这种方法之前,在20世纪早期约瑟夫·金蒙特·哈特(Joseph Kinmont Hart)的著作中,认为社会/社区比学校更能进行深刻的政治教育。④ 显然,施托尔是站在了他人的肩膀上。前文提到的安德里亚·劳伦斯(Adrea Lawrence)对20世纪之交普韦布洛社区(Pueblo community)的联邦教育政策的研究勾勒出印第安事务局(Bureau of Indian Affairs)的一位女性教师及其导师扮演的多重社会角色。他们的教育性影响,及其期待实施的政策既不受制于她的课堂作业,也不通过它们发挥作用。斯坦丁·贝尔·克劳帕(Standing Bear Kroupa)在重建她关于阿利卡拉族(Arikara Nation)历史的认识过程中,完全超越了欧美学校教育的范围,将这段历史看作是由传统的教学进行的一种精神控制。⑤

这些例子有一些共同特征。作者都用证据说话,而非先验地对教育进行界定。他们构建厚重的背景,产生了一些权威性的以学科为基础的历史叙述,也包括口头传统。研究的扩展预示着教育史可再生的生命力,这个领域已超越对一件又一件熟悉事物的简单重复,而正朝向历史的主要舞台奋力探索。

---

① Joshua B. Garrison, "Ontogeny Recapitulates Savagery: The Evolution of G. Stanley Hall's Adolescent", Ph. D. Dissertation, Indiana University, 2006.
② Glenn P. Lauzon, "Civic Learning through Agricultural Improvement: Bringing the 'Loom and the Anvil into Proximity with the Plow' in Nineteenth century Indiana"; Ph. D. Dissertation, Indiana University, 2007.
③ Nicholas V. Longo, Why Community Matters: Connecting Education with Civic Life (Albany: SUNY Press, 2007).
④ Scott J. Peters, "Book Review," History of Education Quarterly 49, no. 3 (August 2009): 396-399.
⑤ Standing Bear Kroupa, "With Arikara Eyes: History of Education as Spiritual Renewal and Cultural Evolution" (Paper presented at the annual meeting of the American Educational Research Association, Denver, CO, May 2010).

布赖顿地铁的八个站点
——以及其间发生的事

哈罗德·S. 韦克斯勒
(Harold S. Wechsler)

我决定研究美国高等教育史是在1968年5月1日之后不久。[①] 那天一大早,千余名警察清理了哥伦比亚大学校园中的示威者和五座大楼中的占据者。超过800人被逮捕,或许也有同样多的学生、教员和警察受伤。第二天下午,争取民主社会学生会的领导人聚集在哥伦比亚大学法学院大楼的阳台上,看着1 000多名示威者抗议警方的行动。由哥伦比亚大学管理层促使警方采取这个行动的这一画面一直困扰着我。但同时,争取民主社会学生会成员践行"控制民主"(manipulatory democracy)的短暂胜利同样令我困惑。

哥伦比亚大学管理层当时并没有聘请刑事司法专家去预测,如果警察来到校园会发生什么。在已经失去与学生、教员和周围社区进行沟通的情况下,除了将可预见的暴力带入校园外,他们想不出其他可以结束这场危机的办法。相反,当社会学家阿兰·西尔弗(Allan Silver)问争取民主社会学生会的领导者,他们是否发现哥伦比亚大学有任何珍贵的甚至不可或缺的东西,如果有,他们的答案是否足以令他们放弃采取行动时,争取民主社会学生会慌张了。领导者们挤作一团,却没有想出任何答案。任何一方都不愿意为其行为承担责任。[②]

在警察的逮捕行动之后不久,我便加入了一个教师委员会,要求对大学

[①] 以下几段摘自 Harold S. Wechsler, "Presidential Address: How Getting into College Led Me to Study the History of Getting into College," *History of Education Quarterly* 49 (February 2009): 1–38.
[②] See Allan Silver, "Orwell, Thou Should'st Be Living at This Hour," in Immanuel Wallerstein and Paul Starr, eds., *The University Crisis Reader*, vol. 2: *Confrontation and Counterattack* (New York: Random House, 1971), 85–92.

的管理进行改革。① 整个夏天我都在参加委员会会议,讨论大学的过去和将来与学生、教员、周围社区的关系,而且就大学管理问题进行写作。这是我帮助重建一所我已亏欠太多的、有缺点的大学的一种方式。在本科学习期间,哥伦比亚大学为我打开了新的思想和社会视界,以至于在1967年获得文学学士之前,我就已决定留校继续攻读历史专业的研究生。后来,当学校同事们得知我主修历史时,就问我关于之前哥伦比亚大学及其他地方学生示威抗议活动的相关问题。人们对哥伦比亚大学的近期历史了解并不多,而对形成时期的历史、学生抗议及校园管理的历史了解得就更少了。

当时,哥伦比亚大学拥有无可比拟的高等教育史研究团队,包括我的论文指导教师沃尔特·梅茨格(Walter Metzger),以及劳伦斯·A.克雷明(Lawrence A. Cremin)、理查德·霍夫施塔特(Richard Hofstadter)、道格拉斯·斯隆(Douglas Sloan)。最早吸引我去研究高等教育史的是霍夫施塔特和梅茨格于1955年出版的《美国学术自由的发展》(*The Development of Academic Freedom in the United States*)②。斯隆阐明了宗教在理解美国史中的关键作用。③ 克雷明坚持认为,我们应超出教室的范围来理解教育的过程。他们四人都教导我们,要以宽容和欣赏的态度对待不同的观点,这在政治化时代是非常困难的一件事情。哥伦比亚大学历史系和哥伦比亚大学师范学院也吸引了一批注定要塑造我们对美国教育史理解的研究生——艾利森·伯恩斯坦(Alison Bernstein)、葆拉·法斯(Paula Fass)、詹姆斯·弗雷泽(James Fraser)、希拉·戈登(Sheila Gordon)、戴维·哈马克(David Hammack)、埃伦·康德利夫·拉格曼(Ellen Condliffe Lagemann)、戴维·门特(David Ment)、底波拉·达什·穆尔(Deborah Dash Moore),以及斯蒂芬·施洛斯曼(Steven Schlossman)——他们都成了我终生的朋友与同事。

---

① 这一事件被称为哥伦比亚管理结构调整计划(Project on Columbia Structure)。1968—1969学年,实际上是教师团体,即教师管理委员会(Executive Committee of the Faculty)在管理哥伦比亚大学,并监督了哥伦比亚大学议事会(Columbia University Senate)的形成。
② Richard Hofstadter and Walter P. Metzger, *The Development of Academic Freedom in the United States* (New York: Columbia University Press, 1955).
③ Douglas Sloan, *Faith and Knowledge: Mainline Protestantism and American Higher Education* (Louisville, Ky: Westminster/John Knox Press, 1994).

1969年,在准备博士生入学口试时,我注意到弗雷德里克·鲁道夫(Frederick Rudolph)的《美国的学院与大学:一部历史》(The American College and University: A History)一篇参考文献中一句有先见之明的话:"迄今为止,对一部有关美国的大学预备教育的历史应该讲些什么,我们差不多仅有一点猜测而已。"[1] 前一年春天,非裔美国学生和波多黎各裔学生在纽约城市学院静坐抗议。他们的主要诉求是允许更多的有色人种学生进入这所学院,此次事件在历史上以促进教育机会均等而闻名。

个人作品精选

"An Academic Gresham's Law: Group Repulsion in American Higher Education," *Teachers College Record* 82 (Summer 1981):576-588.

Access to Success in the Urban High School: The Middle College Movement (New York: Teachers College Press, 2001).

"Brewing Bachelors: The History of the University of Newark," *Paedagogica Historica* 46 (February 2010):229-249.

Jewish Learning in American Universities: The First Century (Bloomington and Indianapolis: Indiana University Press, 1994) (with Paul Ritterband).

The Qualified Student: A History of Selective College Admission in America 1870-1970 (New York: John Wiley-Interscience, 1977).

纽约的人口在战后几年迅速增加,但它的四年制城市学院——空间不足,仅仅以学术能力评估测试和平均成绩点数作为入学标准——将许多劳工阶层和少数族裔学生排斥在外。城市学院的静坐抗议迫使母校纽约城市大学(City University of New York)向纽约城市中学的所有毕业生开放。支持者和反对者就大学入学要求的历史和政治——开放性和选择性问题争论不休。开放入学的支持者宣称,州立大学传统上应该对所有中学毕业生敞开大门。但反对者控诉,这样做只是会让许多学生在第一年结束之前就退学。支持者回应,从政治方面和教育方面来讲,给所有中学毕业生一个进入大学的机会总比使学生与他们的纳税人父母变得疏远和加剧有争议的种族主义风气要好。反对者补充说,时代不同了。不像旧时的州立大学那样,纽约城市大学追求的是为那些被准许入学者提供成功所需的学术支持。

20世纪60年代至70年代,关于大学入学政策的争论,频繁地使用"配额"(quota)一词,而且通常用于常春藤联盟院校和七姐妹联盟院校。在考

---

[1] Frederick Rudolph, *The American College and University: A History* (New York: Vintage, 1962), 502.

虑改变纽约城市大学的入学政策以适应种族问题与少数族裔学生时也会讨论到配额。① 正是为了避免使用配额制,纽约城市大学官员们选择在大学里找一个为所有人开放的地方。我是在从小长大的纽约布鲁克林区听说配额制的。我有一些犹太朋友以最优秀的成绩毕业于詹姆斯·麦迪逊高中(James Madison High School)。老师告诉我们,麦迪逊高中——位于布赖顿海滩地铁线(Brighton Beach subway line)的金斯公路站(Kings Highway station)附近——是全国最好的高中之一。他们还说,麦迪逊人将常春藤联盟院校指定的学术要求当作一种耻辱。然而到了1963年春天,哈佛大学、耶鲁大学和普林斯顿大学拒绝了我朋友们的申请。

我被鲁道夫对参考文献的评论吸引,在哥伦比亚大学的示威抗议行动仅一年后,我一直从曼哈顿西区的情况观察着纽约城市大学的招生争议,一直在思考是否尽管有诸多否定性意见,针对犹太学生的配额政策却依旧存在。我打算写一部关于美国学院和大学入学要求的历史。该论文将种族与人种因素置于20世纪努力界定中学与大学关系的大背景之下。

我花了一个学期的时间在哥伦比亚大学洛氏图书馆(Columbia's Low Library)②阅读了那些可追溯至1890年的关于那些活跃分子的文献。③ 事实证明,哥伦比亚大学的领导者们在大学入学要求标准化的过程中发挥了关键作用,他们成立了学院入学考试委员会(College Examination Board),设计了"有选择性地招生"(Selective Admissions)政策,将犹太学生排除在外。除了哥伦比亚大学,我的论文也讨论了其他学院和大学,它们在招生政策上的改变有着重要的社会意义——包括在纽约城市大学的"开放招生"(Open Admissions)政策。1973年,我为这篇论文作了答辩,且决心继续研究美国高等教育的入学问题。④

---

① 极少数例外之一:Ernest Cummings Marriner, *The History of Colby College* (Waterville, ME: Colby College Press, 1963),该书坦诚地讨论了学院入学的种族政治学。
② 全称 Low Memorial Library of Columbia University,哥伦比亚大学洛氏纪念图书馆。1895年,由哥伦比亚大学校长赛斯·洛(Seth Low)捐资100万建立,以纪念其父亲埃比尔·阿博特·洛(Abiel Abbot Low)。1934年,巴特勒图书馆(Butler Library)建成之后,洛氏图书馆就作为哥伦比亚大学的行政办公楼继续存在,但楼内还存有大量的学校档案。——译者注
③ 大多数文件夹有半个世纪甚至更长时间没有被碰过了。20世纪90年代,大学对这些文献进行了存档。
④ Wechsler, *The Qualified Student: A History of Selective College Admission in America 1870 – 1970* (New York: John Wiley-Interscience, 1977).

*

犹太学生的重要性——他们对高等教育的诉求,以及他们被大学拒之门外的现实——引导我进行第二个主题研究:犹太人在美国高等教育中的遭遇。该主题与我(之前)对大学入学问题的研究有很多重叠之处。"犹太问题"经常作为与其他群体相关的一些议题的例证出现(反之亦然)。我在纽约城市学院工作了一年,在这里,我和社会学研究者保罗·利特班德(Paul Ritterband)开始研究犹太学生在美国大学学习的历史。

1976年,我开始了在芝加哥大学教育系为期十年的教学生涯。学校获得了斯宾塞基金会的资助,允许更年轻的一代,主要是从事学术研究的学者接替拉尔夫·泰勒(Ralph Tyler)在20世纪40年代聘任的一批学者——包括本杰明·布卢姆(Benjamin Bloom)、哈罗德·丹凯尔(Harold Dunkel)、罗伯特·哈维格斯特(Robert Havighurst)、西里尔·霍尔(Cyril Houle)和赫伯特·西伦(Herbert Thelen)。在C.霍尔退休之后,我就成了系里高等教育项目的主管,教授高等教育领域中一些当代议题的课程,同时继续做我的历史研究,主要进行《美国大学的犹太学生教育:第一个百年》(*Jewish Learning in American Universities: The First Century*)的书稿撰写工作。[1]

该书探究了犹太学生、他们的课程和相关社群对美国大学的影响,以及美国的学术生活对专业人士及美籍犹太人的影响。犹太人调和了美国大学的基督教导向,尤其是人文学科的基督教中心论,同时强化了美国高等教育中犹太人的角色。这一领域的专业学者及相关的犹太社群成员试图强迫非犹太人的大学当局拥护他们公开宣称的与宗教有关的优点与客观性准则,甚至当大学当局觉得不方便或与其他目标相冲突时,他们也不放过。事实上,强迫美国人及其机构承认他们公开宣扬的准则,已经成为犹太人适应美国生活的一种重要策略。

通过使用同样的标准来评判犹太人学者的工作及其课程,通过规章制度来厘清犹太人和非犹太人的领域,美国的大学尽力将信仰与学术分离开来。他们还推动了一项符合母学科(parent disciplines)标准,而非围绕犹太

---

[1] Paul Ritterband and Harold S. Wechsler, *Jewish Learning in American Universities: The First Century* (Bloomington and Indianapolis: Indiana University Press, 1994).

人的书籍或内部组织的研究和课程计划。20世纪，犹太人研究领域的主流观点从普遍主义（universalism）到多元主义（pluralism）和特殊主义（particularism）的转变，让它可以与其他领域进行对比——例如种族和女性研究——这些研究都有可能影响公共准则和行为，或受其影响。

通过对用以限制犹太学生进入大学的理论依据的考察，我补充了关于犹太人教育的研究。管理层担心太多的犹太人（或任何"独特的"群体成员）将诱导其他（更多"令人满意的"）群体离开大学——这种观点的重复表述有多大效果？我发

> **对我产生影响的著作**
>
> F. N. Cornford, *Microcosmographia Academica* (London: Bowes and Bowes, 1908).
>
> Paula Fass, *The Damned and the Beautiful: American Youth in the 1920s* (New York: Oxford University Press, 1977).
>
> Lynn D. Gordon, *Gender and Higher Education in the Progressive Era* (New Haven: Yale University Press, 1990).
>
> David C. Hammack, *Power and Society: Greater New York at the Turn of the Century* (New York: Russell Sage Foundation, 1982).
>
> Richard Hofstadter and Walter P. Metzger, *The Development of Academic Freedom in the United States* (New York: Columbia University Press, 1955).
>
> Max Weber, "Science as a Vocation," in Hans Gerth and C. Wright Mills, *From Max Weber: Essays in Sociology* (New York: Oxford University Press, 1946), 129-156.

现，学院和大学通常不会等着去找到答案。相反，他们提出了一种对"多样性"的渴望，却不顾个体成员的品质去限制一个"独特"群体的入学，担心这个独特群体会"压制"另一个更受青睐的群体。他们理解的"民主"意味着"多数原则"（majority rule），甚至不惜牺牲少数人的权利（包括入学机会）。我的结论是，这种以及类似的对招生政策强加社会约束的理由，是非常虚伪的。

我也考察了犹太教员在非犹太院系的遭遇。我认为，正是排斥的困境导致随后包容的困境。谨慎的品质帮助犹太学者度过了"二战"前的反犹太潮流。但是，我在哥伦比亚大学期间，一些犹太教员坚持的这一相同品质却招来了指责，因为犹太教员们的冷漠甚至疏远会影响犹太学生的宗教和种族认同。[①] 通过写一些美国犹太学校史的文章，关注主流社会如何认可和影

[①] "The American Jewish Academic: Dilemmas of Exclusion and Inclusion," in Mayer I. Gruber, ed., *The Solomon Goldman Lectures*, vol.6 (Chicago: Spertus College of Judaica Press, 1993), 183-209, and "Academe," in Jack Fischel and Sanford Pinsker, eds., *Jewish-American History and Culture: An Encyclopedia* (New York: Garland Publishing, 1992), 3-13. 根据我在芝加哥斯佩图斯犹太人学院（Spertus College of Judaica in Chicago）担任董事和作为"希勒尔：校园犹太人生活组织"（Hillel: The Foundation for Campus Jewish Life）的地方和全国委员会的经历，我研究了学术和公共规范之间的张力。

响了这些机构,我进一步夯实了关于犹太人与世俗大学冲突的研究。[1]

*

那时和现在,许多学术伉俪都经历着在同一区域找工作的困境。我和妻子林恩·D. 戈登(Lynn D. Gordon)也不例外。我们还面临额外的两难境地,因为 L.D. 戈登也是研究高等教育史的。[2] 我们想着,我在高等教育领域的教学经历,及 L.D. 戈登在教授妇女史课程方面的能力将对我们很有利,但我们却承受了 14 年往返于几个城市的异地生活:波士顿—芝加哥,普林斯顿—芝加哥,罗切斯特(Rochester)—华盛顿,以及罗切斯特—伊利诺伊州的埃文斯顿(Evanston)。1991 年,航空公司终于取消了戈登—韦克斯勒之间往返的机票来源。我们在罗切斯特大学(University of Rochester)度过了接下来的 14 年,而且我们的办公室都在同一栋大楼里。

1987 年,我曾接受一份校外工作,试图结束两地往返的生活,就是在华盛顿担任全国教育协会高等教育出版社的主任。[3]《思想与行动:全国教育协会高等教育杂志》(Thought & Action: The NEA Higher Education Journal)——现在有 15 万本的发行量——成为一个供二年制至四年制学院教职员工交流的论坛——他们不是以化学家或工程师的身份,而是作为学术群体的成员来交流讨论的。编辑这份期刊让我用到了 1968 年在哥伦比亚大学示威活动期间学到的教训,即教员、职工和学生像托管人与管理者一样拥有机构的股份,在学校事务中应有发声的权利——而不仅仅是在危机

---

[1] "Jewish Seminaries," in Thomas C. Hunt and James C. Carper, eds., *Religious Seminaries in America: A Selected Bibliography* (New York and London: Garland Publishing, 1989), 128–139; "Jewish Seminaries and Colleges," in Thomas C. Hunt and James C. Carper, eds., *Religious Higher Education in the United States: A Source Book* (New York: Garland Publishing, Inc., 1996), 413–436; and "The Jewish Theological Seminary of America in American Higher Education," in Jack Wertheimer, ed., *Tradition Renewed: A History of the Jewish Theological Seminary*, vol. 2 (New York: Jewish Theological Seminary of America, 1997), 767–825.

[2] 我们都担任过美国教育史学会主席。

[3] 我编辑了《思想和行动:全国教育协会高等教育杂志》(Thought & Action: The NEA Higher Education Journal)、《全国教育协会高等教育年鉴》(The NEA Almanac of Higher Education)、《全国教育协会高等教育动态》(The NEA Higher Education Advocate),我现在仍在编辑《年鉴》(the Almanac)。有两个经验教训:第一,出版宣传可以与高学术标准并存;第二,学者,尤其是历史学者,必须持续不断地与公众保持沟通。在这些年里我还编了《高等教育年刊》(现在被称为《高等教育的历史透视》)。

期间。

令人意想不到的是,我在全国教育协会的工作没有分散我的注意力,反而推进了我的研究。里根政府,尤其是教育署长威廉·本内特(William Bennett)将全国教育协会作为推进其教育改革的障碍,不断对全国教育协会进行攻击。这些攻击在全国教育协会的公关部门与华盛顿高等教育当局之间造成相当大的紧张,后者本身就经常与全国教育协会格格不入。我们的一个回击就能一呼百应:指责里根政府无视非裔美国大学生数量下降。[①] 美国学院协会(Association of American College)的同事们请我写一部关于四年制学院和大学如何从两年制学院增加少数族裔学生转学人数的专著,这引导我重新开始研究入学机会问题。[②]

通过研究第一所中间学院高中(Middle College High School)的规划和发展史,我将我的研究建立在纽约城市大学的"开放招生"政策上。这所中间学院高中于1974年开学,是一所坐落于纽约长岛菲奥雷洛·亨利·拉瓜迪亚社区学院(Fiorello Henry La Guardia Community College)[③]校园中为高危学生(at-risk students)开办的公立高中。一些观察者认为,纽约城市大学有限的少数族裔学生并非都因为采用"客观的"招生标准,而是源自纽约城市中学大量少数族裔学生的高辍学率。中间学院高中的设计者们问道,这些高危学生能够从曾克服过类似困境的老一代社区学院学生的榜样和影响中有所获益吗?这些身处相较于传统城市高中而言更少限制的学生会在大学里成功吗?设计者们能够采纳这种最初旨在为从学术上和社会上而言的精英学生所采取的新方法——在高中就开始大学学业——以满足高危学生的需求吗?

中间学院高中的设计者们总结说,当在帮助十至十二年级的高危学生确保做好足够的大学准备时,拆除中学与大学之间的壁垒将有利于他们继

[①] See American Council on Education, *One-Third of a Nation: Minorities in the United States* (Washington, DC: ACE, 1988); Wayne J. Urban, *Gender, Race, and the National Education Association: Professionalism and Its Limitations* (New York: Taylor & Francis, 2000).

[②] *The Transfer Challenge: Removing Barriers; Maintaining Commitment: A Handbook for Four-Year Colleges* (Washington, DC: Association of American Colleges, 1989), and *Meeting the Transfer Challenge: Five Partnerships and their Model: The Report of the Vassar/AAC National Project on Community College Transfer* (Poughkeepsie, NY and Washington, DC: Vassar College and the Association of American Colleges, 1991).

[③] 菲奥雷洛·亨利·拉瓜迪亚社区学院,是一所两年制的社区学院,现为纽约城市大学的一部分。——译者注

续完成学业。一所有机会接触到社区学院教员和教育设施的中学也将减少研发中等后教育水平的发展性课程的必要。相反,中间学院高中的学生能够在中等教育阶段就选修拉瓜迪亚社区学院的高等教育水平课程并获得学分,对促进中等后教育工作的发展也是一种激励。

中间学院高中及其支持者正是在作为教育研究者和政策制定者的角色来反思综合中学的生命力以及中学与大学之间的过渡问题时出现的。一个为所有学生设计的为期14年的教育标准的前景,一个奥巴马总统(President Obama)认为可行且合意的目标,意味着大学招生人数将大幅度增长。社区学院可能想要——或不得不——为学术上的高危学生做准备,以将中学生人数进行均衡分配。中间学院运动(Middle College movement)展现了在教育处于"边缘"的高危学生的过程中的复杂性。①

*

在撰写关于中间学院这本书时,考虑到当代关于大学招生问题的争议强度,我意识到高等教育史文献中的重大疏漏。我们缺少一部在白人学生为主的学院和大学中对种族、人种、宗教关系进行探讨的通史,对那些院校,少数族裔学生要克服犹豫心态,通过申请入学,而学院也能提供相对较低的学费、便利的交通,并承诺毕业后的职业。

具有这种容纳性的大学包括一些一流的地区性州立大学,如俄亥俄州立大学(非裔美国学生)、华盛顿大学(亚裔美国学生)和位于俄克拉何马州的切罗基族人首府塔勒阔(Tahlequah)的东北州立师范学院(Northeastern State Normal School)[现在的东北州立大学(Northeastern State University),印第安学生]。同时包括地方性的私立学院和大学,如纽瓦克大学(University of Newark)、布法罗大学(University of Buffalo),以及城市大学,如纽约城市学院和韦恩大学(Wayne Unicersity),它们接纳了大量的第一代和第二代美国人。有些学院吸引了多种民族的学生,如马萨诸塞州斯普林菲尔德(Springfield)的美国国际学院(American International College)和印第

---

① Wechsler, *Access to Success in the Urban High School: The Middle College Movement* (New York: Teachers College Press, 2001).

安纳州的瓦尔帕莱索学院（Valparaiso College）。另外，一些学院则只有一种民族或种族的学生，例如，1912—1986年间，宾夕法尼亚州剑桥斯普林斯（Cambridge Springs）的联合学院（Alliance College），它只招收波兰裔美国人。最近，有一些被人认为是少数族裔专属的学院开放了，如布鲁克林的长岛大学（Long Island University）、芝加哥的罗斯福大学（Roosevelt University），它们至少在某种程度上可以作为对社会歧视的回应。① 我决定从关于单个学院的文章开始写起，自己写一本书。②

在《十人委员会报告》（Committee of Ten Report）③发表与学院委员会（College Board）④成立一个多世纪之后，教育学者仍然在入学机会与教育衔接问题上进行争论。中学应该在哪结束，而大学应该从哪开始？哪种高中的预备教育能为进入大学做好准备？谁应该进入大学？社区学院在促进或阻碍进入高等教育入学的过程中扮演什么角色？⑤ 考量少数族裔学生的入学资格时，在有选择性的招生和配额制的使用上有什么不同？⑥ 标准化大学入学考试使用和误用了什么？我们应该如何教育那些不能或没有进入中等后教育机构的学生？我希望我的研究可以提供一种背景，使学者和政策制定者可以在其中针对这些问题提出有教育意义的而不是容易引起争议的答案。

*

在罗切斯特大学，我继续研究犹太学生与美国学院和大学的碰撞问题。

---

① 鲁里为德保罗大学的学生人口统计学研究提供了一种启发。参见：John L. Rury and Charles S. Suchar, eds., *DePaul University: Centennial Essays and Images* (Chicago, Il: DePaul University. 1998). 鲁里在担任斯宾塞基金会项目官员的时候也在项目资助方面提供了帮助。在奥黑尔机场（O'Hare Airport）的一个咖啡厅里喝咖啡的时候，米雷尔坚持让我写一本公正的少数群体进入高等教育的历史。
② "Brewing Bachelors: The History of the University of Newark," *Paedagogica Historica* 46（2010）: 229-249; "One Third of a Campus: Ruth Crawford Mitchell and Second-Generation American Students at the University of Pittsburgh," *History of Education Quarterly* 48（February 2008）: 94-132.
③ 十人委员会，成立于1892年，目的在于确立中学的课程标准，同时明确大学入学要求，使中等和高等教育的衔接更为顺畅。其成果《十人委员会报告》发表于1893年。——译者注
④ 学院委员会，全称为大学入学要求委员会（Committee on College Entrance Requirement），成立于1895年，目的同样在于讨论大学的入学标准。其成果《大学入学要求委员会报告》发表于1899年。——译者注
⑤ See my review of *The Diverted Dream: Community Colleges and the Promise of Educational Opportunity in America 1900-1985*, by Steven Brint and Jerome Karabel, in *Science* 250（December 1990）: 1755-1756.
⑥ See "The Rationale for Restriction: Ethnicity and College Admission in America 1910-1980," *American Quarterly* 36（Winter 1984）: 643-667.

当时集中关注两个主题：在大学校园中试图减少针对犹太学生的偏见的历史，以及犹太学生随着道德和宗教成长而进行的学术和职业选择。① 我将获得的知识立即用到我的下一份工作调动中去。2000 年，纽约大学的斯坦哈特学院(Steinhardt School)——距布赖顿沙滩地铁线金斯公路站共八站——开启了一项"教育与犹太人研究"的博士项目。我成为这个项目的外部规划委员会成员，几年后担任了该项目的合作管理者。《美国大学的犹太学生教育：第一个百年》一书为在一所世俗大学发展这个项目时提供了有用的深刻见解。在教育问题上，将形形色色的未来犹太领导者放在一起，或许有助于团结其他派系的犹太社区。一所大学的位置也有助于保卫犹太人和犹太主义的研究，抵制思想的偏狭与僵化。

我在纽约大学工作的人文与社会科学系，是由历史学家拉格曼创建的，它通过提升学生的历史背景知识、学术内容和教育过程而成为一个人才培养基地。它允许学生自由选择探讨犹太教育的目的。②

*

当选教育史学会主席(2007—2008 年)为我提供了一个思考教育史领域的未来方向的机会。我提出了五点倡议：第一，鉴别并要保存重要的但易丢失的历史档案；第二，加强教育史教学；③ 第三，扭转教育学院课程中和教师教育项目资格认定要求中取消教育史学科的局面；第四，增加教育史学科和教育史学会的公共透明度；第五，向年轻一代的学者传递一种关于教育史学科的兴趣和重要性的认知，并帮助他们在这一领域获得成功。

我在教育史学会主席就职演说中总结了对这些倡议背后的一些思考："针对向马克·路德(Mark Rudd)提出的那个问题，即学术生活中有任何珍

---

① 我研究了基督教徒和犹太教徒全国大会，这是世纪中期最大的宗教组织。这一研究受福特基金会之邀来检验是否可以应用到它的"艰难对话"(*Difficult Dialogues*)项目中。福特基金会将会发表一篇关于该研究的文章。
② See "Belonging Before Belief," and "Promoting a Counterculture," in Jack Wertheimer, ed., *Learning and Community: Jewish Supplementary Schools in the 21st Century* (Lebanon, NH: Brandeis University Press; University Press of New England, 2009), 113-144, 207-235 (both essays with Cyd Beth Weissman).
③ 教育史学会年会现在有一个特色，会举办一个关于教育史教学的专题研讨会。还可以参见纽约城市大学拉瓜迪亚社区学院拉瓜迪亚和瓦格纳档案馆(LaGuardia and Wagner Archives)所构建的课程：http://www.cuny.edu/cc/higher-education.html。

贵的,甚至是必不可少的东西吗? 是的。我们教育史研究者必须通过将理性和严谨带入那些在公共场合经常只有热度和激情的学科中,来担负我们的责任。如果我们不来做,那谁来做呢?"①

我希望我已经通过我的学问、我的教学和我在学会的工作,帮助推进了这些目标的实现。

---

① Harold S. Wechsler, "Presidential Address: How Getting into College Led Me to Study the History of Getting into College," *History of Education Quarterly* 49 (February, 2009): 38.

后 记

凯特·鲁斯玛尼埃
(Kate Rousmaniere)

教育史是一个很特别的循环式领域(circular field)：我们研究过去教育的发展进程和模式，却受到我们自己作为学生、教师、父母或者社区成员的经历中产生的问题驱使。我们在学术机构中生活和工作，教授那些关注教育问题的课程，并且在观察当前教育的同时研究过去的教育。不可避免的是，我们关于教育史的学术问题，螺旋式地回到了我们作为学生和教师的经历：教育是如何帮助我或者没有帮助我的？我那些没有获得成功的朋友，他们发生了什么？为什么是这位老师或者这本书对我产生这么大的影响？教育一开始为我播下一颗种子，后来却成长为一颗我不断试图去砸碎的坚果，这是怎么回事？

由于我们的工作有着持续不断的反思性，因此具有讽刺意味的是，我们很少倾听同僚们的教育经历。作为历史学者，我们经常从别人的学术研究中开始我们的分析，并把历史文献作为组织材料，但很快就会转移到对基本文献的分析上来。虽然有时候，在前言和致谢中会表露出个人的动机，但我们总把故事留给历史自己去述说。作为学者，我们往往身处我们的事业之外。

本书把我们日常的做法颠倒了过来。在这里，教育史领域的这些开创性学者坐下来，静静地和我述说他们的思想历史，追寻他们在教育史领域的个人发展和专业发展的历程。他们通过自画像折射出他们的学术事业，我们可以从中看到个体在这个领域的发展以及20世纪后半叶关于教育的一个更广泛的故事。这些回忆录既是传记，也是历史，它们为历史学者和教育学者提供了很多经验教训，尤其为正准备规划自己事业之路的年轻学者提供了指导。

首先，这种回忆录的方式让我们在大多数情况下都能看到，一个研究者一直到退休，其学术事业所具有的特质和复杂性。书中呈现的主题都很普通，其中最值得注意的是我们这个领域的偶然性：我们跌跌撞撞通过不同的偶然机遇进入到这个学术的角落，然后惊讶地发现了大量作品和很多人物，它们直接提出了很多我们感兴趣的问题。我们受到他人的引导：导师、老师、朋友以及众多读者。我们在高度多样化的生活方式和专业模式中工作，在历史与教育以及人文科学与社会科学之间寻找平衡。我们的脑力工作包括教学和研究，还包括不那么明显的在编辑事业、教育管理、教授治校，以及参与社区、政治和学校活动等方面的服务。

同样有趣的是，要注意到历史背景对我们这些同僚的工作和生活的影响。历史学者受到历史的影响不比我们研究的那些人物小，在本书中，我们可以看到国家事件对人的事业和生活的影响。比如，《国防教育法》提供的机遇以及对高等教育的资助，美国大学教授联合会和教师工会的兴起，选择性教育和进步主义教育、民权运动、女权运动、和平运动和国家战争。年轻学者可能还会注意到这些问题的永恒性：找工作，本领域的发展情况，对出版、终身教职的普遍焦虑，挤出时间做研究。

同样值得注意的还有一些普遍的经验：好的研究总是要花费很长时间，要经过不断的修改，最后也会吸引很多读者。最好的作品总是经常被评论乃至被批评、批判的。合作著书、同学之谊、同僚之情激励着我们进行合作研究。教育史学会和其他组织成为我们整理思路、寻求指导以及反过来指导他人的地方。

这些回忆录的一个共同点是，作者们对这个领域的学术主流有深入的了解，这提醒我们，书写历史的最好方法是去读历史。最好的历史会提醒我们与当前具有共鸣的重要问题，所以一所现代学校中，一位教师对学生与学校疏离这一问题的处理，受到了一项对殖民地时期新英格兰学校教育不平等的研究的启发。至少在 20 世纪 60 年代，历史系的学生们就把当时关于公共教育失败的一些报告运用于他们面对的一些历史问题中，从而反转了过去和现在的联系。无论如何，最好的历史就是与现在进行对话。

这些回忆录闪耀着个人心智成长的激动时刻，同时凸显了美国教育史学会成立的头 50 年间产生大量作品和形成学术规范的共同努力。身处教育史这个领域形成阶段的这些开创性的学者,他们的叙述引发了我们对这个领域"黄金时代"的浪漫化想象,在这个"黄金时代",学术工作朝向一个共同的目标努力。但是,对过去这种齐心一致的想象是靠不住的。确实,过去是有一些教育史学者形成了一个很小但很和谐的群体,他们的回忆录往往是指向自己的,指向相互联系的人际网络和充满活力的赞助性流动。但是,也有一些偶尔的冲突来推动这个领域向前发展,比如为新的定量研究和定性研究方法的合理性正名,批评传统的学术范式,以及在教育政策的重要性,理论的作用,历史分析中阶级、种族、性别背后的政治意味等问题上的争论。在塑造该领域的所有这些论争中,与修正派的论争可能是最广为人知的,尽管这一事件作为一个令人振奋的时刻而被铭记,但它也标志着一个激烈的个人和专业分化的时代。致力于共同事业的学者社区中,同样会有内部冲突。

我作为一名中间代学者,是很多这些开创者的学生,也是另外一些人的同事。这些回忆录让我能够回顾过去,展望未来,感激过去为我的事业奠定的基础,也铭记那种为了新观点和新问题进行争辩的热望。我记得,当我还是一名博士研究生的时候,我就开始明白,如果要进一步推进我的研究事业,我就必须超越甚至批判我的导师们。我还记得,同样是那些导师给予我谆谆教诲,他们给了我勇气,他们是我的行为典范,是他们让我明白,创新是一种建设性的努力,而不必成为一种思想上充满敌意的取代。从我自己的专业发展生涯中,我也懂得了,最终的目的不是单个人的成就,而是不断积累的事业,在这个过程中,不同的研究路径之间既有交叉,也有离散。

这些历史学者不可思议地引领着个体和集体的生活,这些生活的动力来自我们在书桌上埋头于档案文献的孤独工作,当然,我们同时还要借鉴他人的学术成果,并依傍同僚们的意见和批评。正如这些回忆录所深刻揭示的,教育史学者都有"第三只眼",它从我们自身教育经验的意义出发,审视真实的教育世界。在这些回忆录中,"第三只眼"所作的阐述已经证明它在指明作者在事业发展过程中遇到强大挑战时所具备的敏锐性,尽管这些挑战并不是一定要去克服的。我自己这一代以及后来者还要继续面对这些挑战,以及未知的新挑战。

主要人名索引[1]

巴茨,R. 弗里曼(Butts, R. Freeman) 3,25,36,37,39,56,57,84,119,120,277,300,301

贝林,伯纳德(Bailyn, Bernard) ix,1,2,3,4,38,55,57,64,146,147,156,157,158,161,269,290,292,300,309

布查特,罗纳德·E.(Butchart, Ronald E.) xi,3,7

德朱巴克,玛丽·安(Dzuback, Mary Ann) xii,3,69,136,228

厄本,韦恩·J.(Urban, Wayne J.) ix,1,2,3,40,41,76,125,164,223,260,275

芬克尔斯坦,芭芭拉(Finkelstein, Barbara) 2,81,227,259,305

富尔茨,迈克尔(Fultz, Michael) 3,160

盖格,罗杰·L.(Geiger, Roger L.) xii,2,95,136,139

戈登,林恩·D.(Gordon, Lynn D.) 3,76,77,107,317

格雷厄姆,帕特里夏·阿尔伯耶格(Graham, Patricia Albjerg) xi,xii,1,2,4,74,77,79,109,113,117,164,190,235,261

赫布斯特,于尔根(Herbst, Jurgen) xi,1,2,3,4,59,136,139,143,160,252,260,282

霍金斯,休(Hawkins, Hugh) xii,1,2,75,100,129

卡茨,迈克尔·B.(Katz, Michael B.) xi,xii,xiii,2,3,4,14,39,48,159,169,175,179,197,200,251,257,272,278,295,301,302

卡特勒第三,威廉·W.(Cutler Ⅲ, William W.) 2,55

坎特,哈维(Kantor, Harvey) xi,3,165

科恩,索尔(Cohen, Sol) 1,2,25,29,33,36,57,301

科南特,詹姆斯(Conant, James) ix,x,165,266,283,284

克雷明,劳伦斯·A.(Cremin, Lawrence A.) xii,xiii,2,3,25,27,28,29,35,36,37,38,39,56,57,64,73,74,75,84,100,113,120,121,124,125,126,135,156,

---

[1] 所附数字为英文版页码,现为中文版页边码。——译者注

157，160，190，207，208，209，210，211，212，234，235，236，251，252，256，277，300，301，309，313

克利福德，杰拉尔丁·约恩契奇(Clifford, Geraldine Joncich) 1，2，4，21，77，85，121，136，231，281，305，306

克斯特尔，卡尔·F.(Kaestle, Carl F.) xi，xii，2，3，48，57，147，153，251，252，253，256，257，258，263，282，293，295

拉巴里，戴维·F.(Labaree, David F.) 3，193，226，228，259

拉格曼，埃伦·康德利夫(Lagemann, Ellen Condliffe) xii，xiii，2，3，73，74，75，77，78，205，261，314，319

拉维奇，戴安娜(Ravitch, Diane) xi，xii，xiii，2，4，24，25，225，228，231，295

里斯，威廉·J.(Reese, William J.) 3，41，64，241，263

鲁里，约翰·L.(Rury, John L.) 3，57，76，172，201，228，252，253，255

米雷尔，杰弗里(Mirel, Jeffery) 3，76，217，259，260，296

尼尔森，亚当(Nelson, Adam) 3

丘班，拉里(Cuban, Larry) xi，3，45，273

赛泽，西奥多(Sizer, Theodore) xii，154，155，157，182，184

泰亚克，戴维(Tyack, David) xii，xiii，1，2，3，4，31，48，49，51，52，53，76，124，126，164，166，169，170，171，265，305

瓦克斯，伦纳德·J.(Waks, Leonard J.) 1

韦克斯勒，哈罗德·S.(Wechsler, Harold S.) 2，75，76，102，313，317

维努韦斯基斯，马里斯·A.(Vinovskis, Maris A.) xi，xii，2，4，161，226，228，257，259，278，287

沃伦，唐纳德(Warren, Donald) 2，3，299

译后记

美国教育史学再思考

这本集体传记以特殊的方式展现了美国教育史领域在20世纪后半叶走过的历程,而这个历程的起点就是伯纳德·贝林(Bernard Bailyn)的《教育与美国社会的形成》。这份报告最初发布于1959年,1960年出版,至今已经过去整整60年。本书通过26位学者的人生经历,向我们呈现了该报告发布后约半个世纪中,美国教育史研究领域涌现出的学者和著作以及由此带来的挑战、创新、争论还有友谊。当然,在这个过程中,劳伦斯·A. 克雷明(Lawrence A. Cremin)发挥着更加直接和关键的影响,他的名字在本书中被提及200余次,绝大多数作者都直接或间接地受到过克雷明的影响。我们关于美国教育史学的认识,尤其是贝林和克雷明开启的研究新范式以及他们为美国教育史研究注入的新动力,或多或少都在这么多人的人生中得到了印证。正如周采教授所指出的,这场研究范式的转换"是美国史学家们的一种团体行为,而不是某个个人的行为"。[①] 但是,我们对这场研究范式的转换以及他们二人影响下的美国教育史研究群体的认识,依然还有很多值得探索的空间。

贝林和克雷明在20世纪中期美国教育史研究范式转型过程中扮演的关键性角色已被中美学术界反复讨论过,尽管不乏批评之声,但其史学贡献依然是被认可的。但是,20世纪中期的这场转变是不是具有"新""旧"之别的"革命"性质,以及克雷明是不是"革命"的始创者,仍然有待探讨。索尔·科恩(Sol Cohen)就提到,克雷明在哥伦比亚大学师范学院的同事马丁·S. 德

[①] 周采. 美国教育史学:嬗变与超越[M]. 北京:人民教育出版社,2006:123.

沃金(Martin S. Dworkin)要早于克雷明和贝林提出思考教育的新路径,即教育的定义要超越学校和正规教育,应把电影、报纸和收音机等因素都包括进来,德沃金可能是美国教育史上被忽视的一个人物。① 埃伦·康德利夫·拉格曼(Ellen Condliffe Lagemann)、威廉·J. 里斯(William J. Reese)、约翰·L. 鲁里(John L. Rury)等人都谈到了默尔·柯蒂(Merle Curti)对他们学术发展的影响,柯蒂在这场教育史学转型中或许也扮演了一定的角色,虽然其地位和作用还有待评估,但至少也提醒我们,克雷明并不是"孤胆英雄"。早在1961年,威尔逊·史密斯(Wilson Smith)在《美国新教育史学》一文中也提到,20年前的一本高等教育史作品就已经尝试以一种新的范式来研究和解释教育机构的历史。② 此外,修正派在美国教育史研究领域产生的影响也并不具有全面性和彻底性,W. J. 里斯就以其实际经历告诉我们,当时威斯康星大学麦迪逊分校的多位教育史学者没有几人卷入20世纪七八十年代的论争中,他和鲁里也完全是根据自己的兴趣和思路开展研究,"在任何意义上都没有参与这场关于修正主义的争论"。③ 后来,W. J. 里斯和鲁里在其共同主编的《反思美国教育史》一书的前言中再次强调:"不是每一位教育史学者都是修正主义者。"④

由此可见,20世纪后半叶的美国教育史学者群体也是非常多样化的,研究范式的转换确实可以说是一种团体行为,但不是每一位学者都在这个团体之中,团体之外的多种研究路径也是整体图景不可或缺的重要组成部分。哈维·坎特(Harvey Kantor)描述了他最初受修正主义影响,而后又摆脱了修正主义的单一框架,以开放的思路研究学校改革多样化的图景,他以经历者的身份反思道:"我已经看到修正主义的论点被夸大的一面",他希望"用一种更加细致入微的观点来看过去教育的矛盾性角色",以释放教育史研究

---

① Wayne J. Urban, ed., *Leaders in the Historical Study of American Education* (Rotterdam, Boston, Taipei: Sense Publisher, 2011), 38.
② Wilson Smith, "The New Historian of American Education: Some Notes for a Portrait," *Harvard Educational Review* 31, no. 2 (Spring 1961): 136.
③ 祝贺,高玲,威廉·里斯. 教育史研究范式的"美国历程"和"威斯康星经验"——祝贺、高玲与威廉·里斯的对话[J]. 华东师范大学学报(教育科学版),2019, 37(4): 164-168.
④ William J. Reese and John L. Rury, ed., *Rethinking the History of American Education* (New York: Palgrave Macmillan, 2012), 1.

的更多可能性。[1] 杰弗里·米雷尔(Jeffery Mirel)也从他的老师们那里学到,历史研究应该从文献和证据而不是意识形态出发。杰拉尔丁·约恩契奇·克利福德(Geraldine Joncich Clifford)和S.科恩虽然都是移民后裔且出身底层社会,他们以更广的视角看待教育,关注教育史中的移民和少数群体问题,但他们的观点并没有像激进修正派那样充满火药味。尽管在激进修正派繁荣的时代,美国教育史的研究依然是非常多元的,并没有任何一种模式或范式成为学界的主流,甚至还有学者继续专注于学校机构内部的教育史,"旧"的研究范式虽然被冲淡,但没有完全退出历史舞台。同时还需注意的是,虽然本书的26位学者在一定程度上可以反映出20世纪后半叶美国教育史研究的整体景象,但绝不是全景,还有很多没有被收录进来的教育史学者及其研究成果。20世纪美国教育史学还有很大的研究空间,有待今后的研究者以更大努力作更进一步的挖掘和探讨。

基于此,学界长期以来对20世纪美国教育史学作出的"三阶段论"或"三阵营说"的解释模式,[2] 也应该得到重新检视。美国教育史研究的演进有着更加丰富的内容,从来就不是三级式跳跃,更不是从一种模式摇身一变就变换成了另一种模式,这种解释美国教育史学史的模式本身就是一种线性的进步史观,有着浓厚的"辉格"味道。正如贝林所提醒的那样:"史学的目标不是要用某种时间标准来区分不同时段的历史事件,而是要用不断演变的情节来揭示历史事件之间的持续的相互作用。"[3] 具体来说,这个过程中还有更多的情节有待研究者作进一步的探究和解释。我们对"传统教育史学"的认识主要还是依赖贝林和克雷明所作的评述,然而,在接受他们的观点之前,一个更加基本的问题在于,埃尔伍德·P.克伯莱(Ellwood P. Cubberley)是否能够代表20世纪前半叶的美国教育史学? 如果克伯莱的个人研究范式只是众多研究路径中的一种,那么修正派的批判就有以偏概全

---

[1] Wayne J. Urban, ed., *Leaders in the Historical Study of American Education* (Rotterdam, Boston, Taipei: Sense Publisher, 2011), 176.
[2] 秉持这种观点的代表性著述主要有:周采. 美国教育史学:嬗变与超越[M]. 北京:人民教育出版社,2006;冯强. 多元文化:美国教育史学的族群课题[J]. 外国教育研究,2019(3):14-27;孙碧. 民主凯歌、社会控制还是文化整合? ——美国教育史学界中公立学校运动解释模式变迁[J]. 现代教育论丛,2019(3):74-83.
[3] 中国美国史研究会. 现代史学的挑战:美国历史协会主席演说集,1961—1988[M]. 王建华,等译. 上海:上海人民出版社,1990:392.

的嫌疑了。与此同时,克柏莱的教育史观真的就如修正派所指出的那么狭隘和简单化吗？在研究者看来,20世纪中期美国教育史学的路标转换完全得益于美国历史学界的冲击,1957年保罗·H. 巴克(Paul H. Buck)的《美国历史中的教育作用》(The Role of Education in American History)和1959年贝林的《教育与美国社会的形成》这两份报告是其具体体现,与之相对应的是,"美国教育史学家是处于被动地位的"。① 而威廉·W. 布里克曼(William W. Brickman)则从更大的学术视野证明了美国历史学家的评判忽视了绝大部分的美国教育史研究,因此是缺乏足够依据的,美国教育史学家也不是那么"被动"或者"一无是处",反而经常是美国历史学家引证和借鉴的对象。② 如此种种,本书对未来研究课题的启发不胜枚举。"历史本质上是一种论辩,是一种不同意,一种对已有论述的质疑、纠正、提升或抗争,是在过去的混沌中重新发现或发明关联、模式、意义与秩序",③美国教育史学因其多元的本性,依然留给我们巨大的探讨空间。周采教授在《美国教育史学:嬗变与超越》书末就叮嘱道:"历史学家所能肯定的就是将来的历史学家将反驳和改变他所写的东西。"④学术常新,当我们窥见美国教育史学一个更加多样和丰富的群体之后,我们也应该期待一段更加充实和多彩的学术史。

学科的危机与反思

任何一个学科的发展都是该学科中每一位研究者和参与者努力共同积累的结果,每一位学者个人的生命史和学术史既是学科历史的重要组成要素,也是后来者展望学科未来的凭借。本书的作者在他们个人的学术历程中,通过自己的观察和感受,也对教育史学科表达了较为复杂的情绪。多位作者与教育史结缘之初,对教育史的感觉非常糟糕,这也从一个侧面反映了教育史学科在20世纪中期面临的困顿和危机;也有学者通过历史研究,以更

---

① 周采. 美国教育史学:嬗变与超越[M]. 北京:人民教育出版社,2006:122.
② William W. Brickman, "Revisionism and the Study of the History of Education," *History of Education Quarterly* 4, no. 4 (December 1964): 209–223.
③ 罗新. 有所不为的反叛者:批判、怀疑与想象力[M]. 上海:上海三联书店,2019:3.
④ 周采. 美国教育史学:嬗变与超越[M]. 北京:人民教育出版社,2006:308.

大的视野考察了美国的教育学科和教育院系的艰难发展之路;韦恩·J. 厄本(Wayne J. Urban)教授撰写的本卷中文版序言也给读者带来了一丝略带悲观的情绪;还有多位学者描述了不断收获成果和希望的学术之路以及对未来充满期待的乐观情绪。多年来,国内教育史学界关于教育史学科危机的反思和探讨亦不绝于耳,这一方面是因为教育史学科确实存在一定的问题,时代的发展和学术的演进也向教育史学科提出了更高的要求;另一方面,危机意识也应该始终伴随着学科的发展,如果没有了危机,学科本身反而会走向僵化,从某种程度上说,学者对自身学术和所在学科的自我反思与批判,也是学科健康发展的一种保证。

我们在某种程度上可以把20世纪后半叶美国教育史研究的发展看作是美国教育史学者对教育史学科危机的一种应对之道。不管是贝林还是后来的激进修正派,都对当时的美国教育史研究产生了一定的冲击。尽管如此,本书作者在他们各自充满曲折和冒险的学术人生中,并没有感受到由此带来的所谓"危机"。但他们一直会以扎实的学术研究和严谨的学术创作来推动和繁荣教育史的研究,正如W.J. 里斯和鲁里所指出的:"每一代学者都注定要书写属于他们自己的历史……自20世纪70年代以来,教育史家们已经形成了一个新的学术共同体,以现实的关怀重新审视过去的历史并提出新的问题。"[1]或许这就是解决学科危机或者学术危机的最佳途径。亚当·尼尔森(Adam Nelson)也坦承:"我实际上并不认为我们的学科处在危机之中。有时候我们过多地讨论学科危机,以至于使得我们自己真的以为我们在危机之中。"[2]的确,只有真正出色的学术研究成果才是学科危机的真正出路和学科进步的真正力量。

在学术实用主义盛行的今天,教育史学科遇到的危机和挑战绝不比过去的轻松,这对教育史学者来说也是更大的考验。但是,我们责无旁贷:"我们教育史研究者必须通过将理性和严谨带入那些在公共场合经常只有热度

---

[1] William J. Reese and John L. Rury, ed., *Rethinking the History of American Education* (New York: Palgrave Macmillan, 2012), 1-2.
[2] 林伟,孙碧,亚当·尼尔森. 美国教育史学科的现状与前景——访谈威斯康星大学麦迪逊分校亚当·尼尔森教授[J]. 教育学报,2018,14(1): 115-122.

和激情的学科中,来担负我们的责任。如果我们不来做,那谁来做呢?"[1] 这既是一种学术的责任担当,也是过去的学术先行者给我们提供的典范。也正是在这个意义上,厄本认为要把这本集体自传看作是对教育史学科如何更好地生存和发展下去的探讨,在这个基础上,我们才有资格和能力期待一个更好和更乐观的未来。

意外、合作与传承

历史学者的主要任务之一就是讲故事和写故事,有时候历史学家自己也会成为故事里的主人公,本书的作者们在这方面作出了很好的示范,尤其是 W.J. 里斯。正如他的篇名所示,W.J. 里斯通篇都在讲故事,讲述他的人生经历以及他遇到的挫折和幸运。与其他作者不同的是,他较少谈及自己的学术写作、学术作品和学术观点。但是,在字里行间,作为读者和译者的我可以感受到他从小对生活的细腻观察以及对这些观察的反思和再反思,可以感受到他对生活的热爱与温情。正如芭芭拉·芬克尔斯坦(Barbara Finkelstein)所提醒的,我们不仅生活在我们研究的世界里,同时也在我们生活的世界里从事研究。[2] 在一个学者身上,学术和生活从来都是一体的。贝林也早就说过:"集体传记是历史学家经常碰到的主要问题,而从研究人们的言行和著述,到研究人们的经验、感受及其对世界的理解,这些仍然是历史研究面临的一大挑战。"[3] 现在,这些历史学家的集体传记又成了学术后辈的研究对象,这些故事的丰富性和复杂性也确实给我们带来了很多挑战,它们留下的不仅仅是对美国教育史学和教育史学科本身的启示,还包括关于如何看待这份事业和这个学术共同体的思考。

本书多位作者都把进入教育史领域描述为一个意外的过程,甚至一开始对教育史并无好感。罗纳德·E. 布查特(Ronald E. Butchart)的开篇第

---

[1] Wayne J. Urban, ed., *Leaders in the Historical Study of American Education* (Rotterdam, Boston, Taipei: Sense Publisher, 2011), 320.
[2] 同上:87.
[3] 中国美国史研究会. 现代史学的挑战:美国历史协会主席演说集,1961—1988[M]. 王建华,等译. 上海:上海人民出版社,1990:416.

一句话就是:"我与教育史的第一次接触挺糟糕的。"① 克利福德也抱怨攻读硕士学位期间必修的两门教育史课程"上这门课就像接受一种冗长的记忆训练,其采用的是一种狭隘的、基于学校发展的方法"。② 迈克尔·B. 卡茨(Michael B. Katz)更是把教育史职业生涯描绘成一段"意外"的经历,帕特里夏·阿尔伯格·格雷厄姆(Patricia Albjerg Graham)一开始则是因工作需要而与历史结缘——为了教授历史课,必须学习和研究历史,"偶然""机缘""冒险""不确定性"等是多篇自传传达的重要主题。学术之路的起点,总是无法预先规划的,这条路既是漫长的,也是充满不确定性的。这些学者在年轻的时候也有过迷茫和困惑,他们的学术人生也从来不是坦途。这对诸多年轻学者,尤其是一些研究生来说,或许会有更多的共鸣。布查特坦言道:"当我开始研究生学习的时候,我还不知道为什么我要研究这个主题,它将引导我走向何方。"③ 但是,他这份年轻的冲动为他埋下了近 40 年研究的种子。对学术研究而言,一方面,持续的知识学习与积累固然重要,但另一方面,生活的阅历、勤于思考的习惯、批判性思维的养成以及贯穿于生活与事业的毅力和恒心同样不可或缺。戴维·F. 拉巴里(David F. Labaree)、厄本也告诫我们,在这条意外的和充满不确定性的道路上,勇于不断地试错和在错误中成长也至关重要。

这些自传故事从来不是作者的独脚戏,用拉巴里的话说就是:"学术与其说是一种独白,不如说是一种对话。"④ 诸多故事给我们呈现了各种愉快的、收获颇丰的学术合作,如拉里·丘班(Larry Cuban)和戴维·泰亚克(David Tyack)、卡尔·F. 克斯特尔(Carl F. Kaestle)和马里斯·A. 维努韦斯基斯(Maris A. Vinovskis)、米雷尔和拉巴里等,休·霍金斯(Hugh Hawkins)则给我们展现了他与诸多同行同事之间的合作以及这种合作给他带来的助益。没有任何一位作者认为自己是"单打独斗",当然,合作必须基于真正的学术兴趣。个体的学术研究的发展与进步,绝不仅仅是自己一个人努力的结果。在这个过程中,当事者必然置身于一个更大的学术共同体

---

① Wayne J. Urban, ed., *Leaders in the Historical Study of American Education* (Rotterdam, Boston, Taipei: Sense Publisher, 2011), 7.
② 同上: 25.
③ 同上: 15.
④ 同上: 204.

中。在这个共同体中,每个人的观点未必一致,但是在学术研究方面都能相互给出一些意见和建议,尽管当事者未必完全接纳。学者个人在成长过程中必须吸取更多同行的观点,获得他们在思想、观点、方法、文献等各方面的帮助和启发。

  师生之间的友谊、老师对学生的教诲和关心,也是这本集体传记的一个重要主题。书中很多作者都有一种类似的经历和一个共同的感慨,那就是:"我很幸运地遇到了恰当的老师和导师。"[①] 米雷尔的学术之路主要就是围绕着他与三位老师之间的学术友谊来展开的。全书中最令人难忘的一个情景是,于尔根·赫布斯特(Jurgen Herbst)给他的导师霍华德·芒福德·琼斯(Howard Mumford Jones)教授当助手时表示,他非常喜欢埋头文献的工作并愿意为此工作一辈子,谁知这竟让 H. M. 琼斯教授大发雷霆:"是的,这工作是必要的,但它并不是你待在这里的原因。你在这里是要找到我们知识世界的宝藏,拿出来擦亮,让它们熠熠发光,然后带着对知识的热爱去激发你自己和你的学生们!"[②] 这番话成为赫布斯特终生难忘的教训。作为读者,我们可以从中看到一位严肃的教授对他的学生未来事业发展的殷切期盼以及对学术本身的忠诚。译者读到此,也不由得停下笔触为之动容。诚然,学术事业的源源动力不仅在于个人的专注,还在于人与人之间的传承,所有这些学者的成长都离不开这个领域先行者的鼓励和帮助。这种传承带来的不仅是学术观点、方法的迁移,更重要的是给年轻学者的成长提供了一个熏习的过程。凯特·鲁斯玛尼埃(Kate Rousmaniere)在后记中也表达了同样的感激,正是这些前辈树立的典范给予了年轻学人前行的勇气。也正是在这个意义上,《美国教育史研究中的领军人物》与《薪传——教育史分会成立 40 周年纪念文集》有了相得益彰之处:"学术研究是人的事业,学术的发展表现为学者的代际传承。一代人都面对一代人的挑战,一代人都完成一代人的使命,一代人都在历史上留下一代人的笔墨。"[③]

[①] Wayne J. Urban, ed., *Leaders in the Historical Study of American Education* (Rotterdam, Boston, Taipei: Sense Publisher, 2011), 251.
[②] 同上: 146.
[③] 杜成宪,王保星,主编. 薪传——教育史分会成立 40 周年纪念文集[M]. 北京: 人民教育出版社,2019: 前言.

译后记

书缘与人缘

2012年12月至2013年12月,我以联合培养博士生的身份受国家留学基金委资助,前往威斯康星大学麦迪逊分校访学一年。当我沉浸在图书馆丰富的学术资源中为博士论文的写作搜集文献时,无意间发现了《美国教育史研究中的领军人物》的英文版。作为美国教育史的初学者,我对书中这些人名甚至感到陌生,但直觉告诉我,这些人物或许对我将来的专业学习以及中国的美国教育史研究者有用。我当即就把该书的电子版发给导师张斌贤教授并分享给多位师兄师姐,张斌贤老师肯定了该系列丛书的学术意义,并很快确定了将由上海教育出版社出版中译本(当时"教育研究中的领军人物系列"丛书已出三卷,分别是《美国教育史研究中的领军人物》《教育哲学中的领军人物:知识分子自画像》和《课程研究中的领军人物:知识分子自画像》,至2019年,该丛书已增加到九卷)。在完成博士论文后,我就开始着手翻译该书,至2016年6月完成初译。因此,该书的翻译是我博士学习阶段就开启的一项工作,现在终于完成了这份作业。

2018年,本书主编厄本教授受邀在北京师范大学讲学,我专程从杭州赶回母校与厄本见了一面。当时我刚工作三年,正在努力适应高校中各种扰人的行政事务,对自己的学术研究顾及太少,没有抓住机会与厄本就一些自己感兴趣的美国教育史话题进行更加深入的交流。现在回想起来,颇感遗憾。不过,那次短暂的见面也让我有机会真正遇见了一位本书中真实的人物,近距离地接触到了我翻译的"历史"和"故事"。该书的初译稿早在2016年完成,这是我在匆忙中完成的第一本译作,当时翻译和赶工带来的痛苦感还萦绕在心头,无暇体会这些多彩的人生故事及其带来的思考,但在译校和出版的过程中,我又重新领略了这些教育史学者引人入胜的专业人生。如果有机会再见到厄本或者书中任何一位学者,我想我都会有很多问题向他们请教,而且我还想知道更多的故事。

在译校的过程中,我反复地阅读这些故事,于我而言,这也是一场不可多得、丰富多彩的学术之旅,跟着这么多位学者前辈的笔触走过了美国教育史研究的几十年光景,从东部到西部,从北部到南部,感同身受地经历了他们生活和工作中的乐观与悲观、辉煌与困惑,目睹了他们如何在各种各样的机缘巧合之下进入教育史领域,并在曲折中为之奋斗一生。对于一名在中国研究美国教育史的年轻学人而言,所有这些都让我颇受鼓舞。

值得一提的是,在译校书稿的间隙,我无意中翻阅了书架上尘封已久的《社会学的想象力》这部经典作品,作者查尔斯·赖特·米尔斯(Charles Wright Mills)在附录《治学之道》中说道:"选择做一名学者,既是选择了职业,同时也是选择了一种生活方式;无论是否认识到这一点,在努力使治学臻于完美的历程中,治学者也塑造了自我;为了挖掘潜力,抓住任何邂逅相遇的机会,他陶冶成了以优秀的研究者必备的多种素质为核心的品格。"① 我想,这是对这部集体传记的作者们的恰当总结。米尔斯同时还说道:"我想我最好还是先提醒初学者的是,在你们加入的学术共同体中,那些最有名望的思想家并不把研究工作与日常生活相割裂。他们舍不得冷落任何一方面,以至于不能容忍这样的分割,并且力图要使两者相得益彰……作为治学者,要尝试将正在从事的学术研究与同时产生的个人体验协调起来。"② 在这本译作中,美国教育史学者群体给我们呈现出的从来不是单一的学术生活,他们都展现了学术生活与日常生活的紧密联系以及两者之间的相互影响。例如,由于父亲工作的原因而频繁进行家庭迁徙的玛丽·安·德朱巴克(Mary Ann Dzuback)在经常面临新环境的过程中,对"边缘感"有了一份独特的感受和深刻的理解,这在很大程度上影响了她后来将被边缘化的女性群体作为主要的研究方向。芬克尔斯坦的自传给我们呈现出一幅幅生动的生活场景,她的个人经历、生活实践与学术研究紧密地结合在一起且相互影响着,她更是在工作和社会活动中践行着自己的学术观点和主张,学术与生活统一而不割裂,用她自己的话说:"一路走来,我也开始从历史出发来理解和看待我自己的生活和我孩子们的生活。"③ 格雷厄姆的研究工作很大程度上是受到了现实社会和政治活动的催促,她的管理工作也使得她关注美国综合性精英大学中教育学院(系)的命运。克斯特尔则在他的学术奥德赛之

---

① C. 赖特·米尔斯. 社会学的想象力[M]. 陈强,张永强,译. 北京:生活读书新知三联书店,2005:212.
② 同上:211-212.
③ Wayne J. Urban, ed., *Leaders in the Historical Study of American Education* (Rotterdam, Boston, Taipei: Sense Publisher, 2011), 87.

旅中,"继续在追求学术事业、维持家庭生活和醉心于政治活动之间寻求平衡",[①]生活中的各种挑战都成为他事业发展的助力。L. 丘班更是穿梭在学术研究和政策实践之间,他在学术研究上的动力和需求主要来自他在教学和管理实践中遇到的困惑以及由此带来的思考,他是带着解决现实问题的目标来学习和研究历史的,他和泰亚克在结伴骑行中构思和讨论书稿,这段学术合作经历对 L. 丘班来说是令人兴奋的,作为读者,我们也感到羡慕。M. B. 卡茨则是在一次长途骑行中突然产生灵感,为新的研究课题构思出了论述框架。泰亚克的人生也呈现了生活和工作是如何塑造一个学者的观点和信念的,他告诉我们,学术也需要生活的滋养。类似的故事,书中还有很多,这些学者既以某种意外的方式进入教育史,也以特有的方式超越了教育史。可以说,教育史这个领域从来都是开放的而不是封闭的,教育史研究者更应该以开放的姿态面对。坚守与沉浸,应为学术本色;开放与参与,方显责任担当。这对学术研究者或许具有一定的普遍参考价值。

需要坦诚的是,《社会学的想象力》这部经典作品从我最初购买到现在翻阅,已逾九年之久,其间一直未能打开拜读,它跟着我辗转从北京来到杭州,中途还经历了多次搬家,这对一种读书生活而言是需要检讨的。但同时,这也让我领悟到,有时候,人与书、人与人的相遇,真的就是一种无法解释的缘分。它或许就是在书架上静静地等待着我完成这本集体传记的翻译,让我经历过那么多学者的人生之后再来感悟这个学者群体或者说我加入的这个学术共同体的"治学之道",让我在阅读和翻译中有更多的共鸣,让我在近距离的接触中有更多的收获。

本书的翻译和校对是年轻学人们共同合作的结果。丛书中文版总序至休·霍金斯的部分以及后记,由浙江大学教育学院王慧敏博士翻译,哈维·坎特至韦恩·J. 厄本的部分由天津大学教育学院高玲博士翻译,马里斯·A. 维努韦斯基斯至哈罗德·S. 韦克斯勒的部分由陕西师范大学教育学院吴婵博士翻译,于尔根·赫布斯特至卡尔·F. 克斯特尔的部分由浙江大学教育学院张潇方老师翻译。校对工作由王慧敏和张潇方共同完成。在译稿

[①] Wayne J. Urban, ed., *Leaders in the Historical Study of American Education* (Rotterdam, Boston, Taipei: Sense Publisher, 2011), 159-160.

的校对期间，译者联系了本丛书的主编伦纳德·J. 瓦克斯（Leonard J. Waks）教授和本卷主编韦恩·J. 厄本教授，请他们为中文版撰写序言，两位教授都慨然应允，并很快发来文稿。在此，向瓦克斯教授和厄本教授表示衷心感谢。同时，也特别感谢张斌贤教授在翻译过程中给予的支持和鼓励；感谢上海教育出版社的编辑团队，特别是孔令会编辑为本书出版付出的努力。浙江大学教育学院教育史专业硕士陈怀鹏同学也协助通读了全书，在此一并致谢。

本书的作者们都在文中罗列了一些对他们产生较大影响的学术作品以及他们个人的代表作，这些文献都可以为进一步开展美国教育史研究提供重要的指引和参考。为了让读者更好地查找这些文献，译者保留了英文原文，没有译出，同时我们也期待这些作品将来可以更多地被译介至中国。此外，本书的作者们还提到了一些他们认为值得挖掘和进一步研究的美国教育史话题，并提出了思考方式和研究路径方面的建议，这些也对中国的教育史学者有参考价值。

由于水平有限，译文定有不少错误或不当之处，当由第一译者负责，欢迎学界同仁批评指正！

王慧敏

2020 年 11 月 11 日于浙江大学紫金港校区